中央大学学術シンポジウム研究叢書　6

グローバル化と文化の横断

三浦信孝・松本悠子編

中央大学出版部

グローバル化と文化の横断

目　　次

プロローグ——クレオール化と文化の横断
.... 三浦　信孝 … vii

第1章　グローバル化と「国民の歴史」再審

記憶・歴史・国民
.... ミシェル・ヴィヴィオルカ …　3
　序
　1.　フランスにおける歴史と国民　6
　2.　歴史と理性　9
　3.　歪曲された歴史　10
　4.　記憶の歴史への影響　14
　5.　記憶間の競合という発明　19
　6.　多様な観点から見た歴史　21

明治期における「日本史」
　　——表象とそれに賭けられたもの——
.... ピエール・スイリ …　27
　1.　明治維新，近代革命か復古か　28
　2.　「中世」のある新解釈　33

欧化と日本回帰・再論
　　——「戦争」と「戦後」を改めて考える——
.... 西川　長夫 …　41
　はじめに——2006年12月8日に考えたこと　41
　1.　「欧化と（日本）回帰」という問題群　43
　2.　「転向」と「近代の超克」　51
　3.　戦後における「転向」と「回帰」　60

カミカゼという語の正しい使用法
　　——皇国日本における死の称揚——
　　　　　　　　　　　　　　　　　　　　　　　三浦　信孝 … 75
　　1．イスラム過激派の自爆テロをカミカゼと呼ぶのは正しいか？　75
　　2．「9・11」とパール・ハーバーは適切なアナロジーか？　78
　　3．太平洋戦争末期における神風特攻隊作戦　80
　　4．犠牲死の審美化—文化主義的説明　83
　　5．「予定された死」をどう引き受けるか—主体の問題　86
　　6．国家神道，天皇制国家のイデオロギー装置　89

第2章　ヨーロッパとアメリカの史的形成

ルソーと植民地主義
　　——批判？　無知？　無関心？——
　　　　　　　　　　　　　　　　　　　　　　　永見　文雄 … 99
　　はじめに　99
　　1．植民地主義—その正当性のイデオロギーとフランス啓蒙　99
　　2．植民地経営批判と奴隷制批判　102
　　3．ルソーと新世界　106
　　4．ルソーと奴隷制　111
　　5．ルソーと社会的自由　117
　　おわりに　119

ナポレオンのヨーロッパ，スタール夫人のヨーロッパ
　　　　　　　　　　　　　　　　　　　　　　　小野　潮 …125
　　1．ナポレオンのヨーロッパ　128
　　2．スタール夫人のヨーロッパ　139
　　3．ヨーロッパと非ヨーロッパ　154

海を渡った自由の女神
　　　　　　　　　　　……………………………… 松本　悠子 …159
　　1．自由の女神像の誕生　161
　　2．海を渡った「自由」の象徴　163
　　3．自由の女神の受容　169
　　4．自由の女神と移民　176
　　5．自由の女神のアメリカ化　179
　　おわりに　183

大西洋文明における〈共和主義〉問題
　　──アレントによる米・仏比較革命論を中心に──
　　　　　　　　　　　……………………………… 川原　　彰 …191
　　1．はじめに──アレントと〈共和主義〉問題　191
　　2．アレントと『革命について』　193
　　3．アレントの〈ルソー＝ジャコバン・パラダイム〉批判　197
　　4．アレントの〈マルチチュード革命パラダイム〉　201
　　5．おわりに──《トクヴィル的モメント》とアレント　207

第3章　奴隷制とコロニアリズムの遺産

『私はニグロであり，ニグロであり続ける』
　　──エメ・セゼールとフランツ・ファノン，
　　　「黒人の生体験」の二つのアプローチ──
　　　　　　　　　　　……………… フランソワーズ・ヴェルジェス …217
　　1．〈植民地〉と〈ナシオン＝国民〉　218
　　2．出会い　224
　　3．奴隷制と研究　236
　　4．黒人と奴隷　237

肌の色に関する諸問題
　　──コロリスムの歴史，イデオロギー，実践──
　　　　　　　　　　　　　………………………… パップ・ンディアーユ …253
　　1．色が持つ様々なニュアンス：歴史的な起源の数々　258
　　2．フランスにおける事例　265

アルジェリアのユダヤ人，三つの追放
　　　　　　　　　　　　　………………………… バンジャマン・ストラ …281
　　司会三浦信孝による講師紹介　281
　　講　演　282
　　ディスカッサント菅野賢治との質疑応答　293

「われわれは皆同じ場所にいる ...」
　　──カテブ・ヤシーヌ：文化の出会いの「原光景」──
　　　　　　　　　　　　　………………………… ミカエル・フェリエ …301
　　1．クンタからカテブへ：現実的暴力と象徴的暴力　302
　　2．「原光景」　305
　　3．裂け目とポリフォニー　308
　　4．結　論　313

第4章　離散・アイデンティティ・文化表象

離散するスロヴァキア人のエスニック・アイデンティティ
　　　　　　　　　　　　　………………………………… 川崎　嘉元 …321
　　1．多民族が通過し，遭遇したスロヴァキアの地　321
　　2．長いあいだ祖国をもたなかったスロヴァキアの民　323
　　3．離散して暮らすスロヴァキアの民　328
　　4．離散して暮らすスロヴァキア人のエスニック・アイデンティティ　332

日系アメリカ人をめぐる展示表象の多文化ポリティクス
　　——強制収容，ミックスプレート，Hapa——
　　　　　　　　　　………………………………… 森茂　岳雄 … 341
　はじめに　341
　1．アイデンティティ生成空間としての博物館　342
　2．アメリカの強制収容所——日系アメリカ人の体験を語り継ぐ　345
　3．ベントウからミックスプレートへ——多文化ハワイの日系人　348
　4．一部アジア系・100%Hapa　351
　おわりに　354

みやげ物と絵ハガキ
　　——映画の中のニュージーランド——
　　　　　　　　　　………………………………… 中尾　秀博 … 361
　1．『ラストサムライ』の森　361
　2．『ピアノ・レッスン』の海岸　366
　3．『クジラの島の少女』のワカ　372

エピローグ——比較史と文化の翻訳
　　　　　　　　　　………………………………… 松本　悠子 … 387

付録1　研究活動記録 ………………………………………… 391
付録2　シンポジウム・プログラム ………………………… 397

プロローグ——クレオール化と文化の横断

三 浦 信 孝

　本書は第 21 回中央大学学術シンポジウム「グローバル化とクレオール化」の研究成果である。「学術シンポジウム」は中央大学の研究助成制度の一つであり，複数の研究所にまたがる横断的テーマを選んで 2 年ごとに新しいチームが発足する。本プロジェクトは人文科学研究所に事務方をお願いし，2004 年 4 月にスタートした。3 年間で 20 回に及ぶ研究会，講演会，セミナー，調査旅行を積み重ね，2006 年 12 月の公開シンポジウムで研究成果を発表したが，プロジェクトが終了した翌年度内に研究叢書の一冊として論文集を刊行することが義務づけられていた。それが本書である。当初，共同研究の企画書はフランス研究の三浦信孝が作成したが，初年度の 2004 年はアメリカ研究の松本悠子がリーダーをつとめ，その後も協力してプロジェクトを進めたので，本書は三浦と松本の共編とした。歴史的にも地政学的にも異なる条件のなかで国民国家形成をとげたフランスとアメリカが，陰に陽に本書における比較史・比較文化研究の二つの極になっているのはそのためである。

　研究チームは文学部を中心に法学部，総合政策学部，理工学部からの参加を得て人文社会科学を横断する学際的な編成となり，かつ地域研究を束ねた比較文化研究にふさわしく世界の諸地域をカバーしていた。しかし途中で他大学への転出や退職により，中国社会研究，宗教学・文化人類学，イスラム研究，国際関係論の分野の重要メンバーを何人も失った。歴史的グローバル化に伴う世界諸地域の文化接触・文化変容を扱うプロジェクトであるにもか

かわらず，日本がカバーされておらず，アジアやイスラム圏の専門研究者を欠いたのは痛手だった。

　叢書の執筆者は中央大学在籍の研究者が 3 分の 2 を占めることが要件になっているため，外部からの参加は，1990 年代の「国民国家論」や最近の「〈新〉植民地主義論」で知られる西川長夫（立命館大学）以外は，外国から招聘した研究者 5 人に限らざるを得なかった。それがすべてフランス人研究者なので，地域的分布にバランスを欠いたことは否めない。しかし本書がフランス中心の本でないことは，フランスからの寄稿者が，ユダヤ系ポーランド人移民三世だったり（ミシェル・ヴィヴィオルカ），インド洋の海外県レユニオン島のクレオールだったり（フランソワーズ・ヴェルジェス），独立前のアルジェリアに生まれ独立後本国に初めて渡ったユダヤ系フランス人だったり（バンジャマン・ストラ），黒い肌のセネガル系フランス人二世だったり（パップ・ンディアーユ）と，民族的出自が多様であることだけでもお分かりいただけると思う[1]。シンポジウムのオープニング・セッションで西川長夫とともに基調講演をしてもらったピエール・スイリ（ジュネーヴ大学）は比較的「無徴」のフランス人だが，日本の中世を専門とする歴史家で，網野史学の紹介者である。アナール派の伝統の中で育ちながら，フランスのナショナル・ヒストリーを外から見る複眼の持ち主だ。

　プロジェクトのテーマは「グローバル化とクレオール化」だった。「グローバル化」は，とくに経済の分野で，冷戦後，旧共産圏を含め世界が国境を越えて一つの市場になる資本主義の新段階をさす言葉として使われるようになったが，われわれはこれを 15 世紀の大航海時代以後のヨーロッパの世界進出，あるいは世界のヨーロッパ化をさす言葉として使おうとした。グローバル化が経済の世界化だとするならば，クレオール化は文化の世界化だと言える。「クレオール」はもともとアメリカの植民地生まれの白人をさす言葉だったが[2]，転じて植民地生まれの奴隷や，植民地に生まれた混成語（クレ

オール語），混成文化（クレオール音楽や料理）を意味するようになった。しかしわれわれはこれをカリブ海世界に限定せず，歴史的グローバル化に伴い世界の諸地域で生じた文化接触・文化変容・文化混淆の多様なケースを包含しうる広い意味で使おうとした。時代区分も地域もあまりに広すぎるとして内部から批判もあったが，できるだけ多くの研究者が参加できる開かれたテーマを設定するための工夫だった[3]。

狭義のグローバル化の起点を仮に 1989 年 11 月のベルリンの壁崩壊におくならば，偶然の一致だが，クレオール思想のマニフェストである『クレオール礼賛』がパリのガリマール書店から出たのも 1989 年である。コロンブスのアメリカ「発見」500 周年にあたる 1992 年には，マルチニックのシャモワゾーが島の歴史を描いた『テキサコ』でゴンクール賞を，お隣のセントルシアの英語作家デレク・ウォルコットがノーベル文学賞を受賞して，カリブ海文学に世界の注目が集まる。日本では 1980 年代初めから一部の言語学者や文化人類学者にクレオール語クレオール文化への関心が高まっていたが，ポストコロニアリズムと連動するかたちでクレオールが現代思想のキーワードになるのは，今福龍太の『クレオール主義』（青土社，1990 年）や西谷修によるシャモワゾーとコンフィアンの『クレオールとは何か』（平凡社，1995 年）の翻訳を待たねばならなかった。1997 年には『クレオール礼賛』（恒川邦生訳），『テキサコ』（星埜守之訳）と並んで，長老エメ・セゼールの古典的作品『帰郷ノート・植民地主義論』（砂野幸稔訳）がいずれも平凡社から出た。必ずしもクレオール語で書かれているわけではないカリブ海文学が「クレオール文学」として脚光を浴びると，セゼールやフランツ・ファノンあるいはエドゥアール・グリッサンら先行世代の作品が読み直されるようになっただけではない。フランス語表現以外のカリブ海の作家にも改めて光があたるようになった。『〈複数文化〉のために——ポストコロニアリズムとクレオールの現在』（人文書院，1998 年）はこのような傾向をよく代表する[4]。

西インド諸島がこんにち多言語的・多文化的な空間であるのは，カリブ海世界が16世紀以来，スペイン（キューバ，ドミニカ，プエルトリコ），フランス（ハイチ，小アンティル，ギュイアーヌ），イギリス（ジャマイカ，トリニダード，ガイアナ），オランダ（キュラソー，スリナム）などが我先に進出する争奪戦の舞台だったからである。セゼールと同じ世代にはトリニダードの歴史家で『資本主義と奴隷制』（1944年）の著者エリック・ウィリアムズがおり，イギリスのカルチュラル・スタディーズの成立にはジャマイカ出身のスチュアート・ホールが中心的役割をはたした。カリブ海を挟んで，ポルトガルの奴隷制植民地だったブラジルから，フランスやスペインの存在が刻まれているルイジアナまで，クレオールの水脈は半円弧を描いて南北に延びている。そして今，カリビアン・ディアスポラと呼ばれる黒い肌の人口が北米を中心に世界に離散しているのである。

私が初めてマルチニックの大学に教えにいったのは1999年の正月だった。日本文化入門の講義だったので，仏領アンティルの歴史で重要な三つの年号を目印に，日本の近代史をごく大づかみに説明した。マルチニックとグアドループがカトリック王国フランスの領土になった1635年は，日本がキリスト教を禁止し一連の鎖国令を出した時期にあたる。二月革命で成立した第二共和政が植民地における奴隷制を廃止し，奴隷が市民への一歩を踏み出すのは1848年だが，アメリカのペリー提督が東インド艦隊を率いて浦賀に来航し，日本に開国を迫るのはその5年後である。開国と維新で日本は欧化による近代化に踏み出す。第二次大戦終了後，セゼールらの努力でフランスの「古い植民地」が「海外県」として共和国に同化された1946年は，敗戦後，米軍占領下の日本が新憲法を採択し新しい出発を遂げた年である。比較のポイントは，植民地化によっていきなり「近代」のなかに投げ出されたアンティルと，西洋の脅威と外圧の下に自力で近代化し近隣諸国への膨張政策に走った日本の違いである。しかし単一民族国家幻想から抜け出ていない

プロローグ——クレオール化と文化の横断　xi

　日本から行くと，熱帯アンティルの最も強烈な印象は，黒を基調としつつも，ヨーロッパとアフリカとアジアがカリブ海の島でぶつかり混じり合ってできた人種の混淆性である。私は現地で行った講演に「日本，あるいはクレオール性の零度？」というタイトルをつけた。フランス研究に従事する者に，アンティルはフランスを地球の裏側から見る視点を与えてくれるという意味で，「新しい精神の三角貿易のために」という副題をつけた[5]。共和国は奴隷制を廃止したが，植民地支配を続けることに何の痛痒も感じなかったのである。

　「グローバル化とクレオール化——文明の衝突か文化の混淆か」，これは私が2001年6月，東京の日仏会館で加藤周一とエドゥアール・グリッサンの対談を企画したときのタイトルである。「雑種文化論」の加藤と「クレオール化の詩学」のグリッサンを対話させることで，グローバル化のなかで敵対し増幅しあう民族ナショナリズムを脱構築し，他者との共生の哲学を構想するヒントを得たいというのが，私のひそかな動機だった[6]。奴隷制植民地に生まれたクレオール思想の新しさは，セゼールの「ネグリチュード」（黒人性）に影を落している人種的思考やファノンの実存主義的な黒人の疎外分析を越えた，文化的メティサージュ（混淆）論にある。起源神話にもとづくルーツ型のシングル・アイデンティティではなく，起源から引きはがされた者たちが未知の「関係」のなかに投げ出され，逆境のなかでつくりだしたリゾーム型のマルチプル・アイデンティティが，グリッサンのクレオール化論の中核にある。グリッサンはcréolité（クレオール性）が歴史的プロセスの到達点を示す静的なコンセプトであり，ややもすれば閉鎖的な新しい民族アイデンティティの主張に後退する危険があるとして，どこに行き着くか分からない無限のcréolisation（クレオール化）の運動に期待する。クレオールは西洋による植民地化という歴史の暴力が生み出した文化現象だが，クレオール化という多様性の力学のなかに，資本主義の自己肥大化によるグローバリズ

ムという画一化の論理を越える文化の創造力が隠されているのではないか[7]。

　しかし1990年代の世界は，冷戦後の「世界新秩序」を掲げるアメリカの一極支配の構図が次第にあらわになり，ハンチントンの「文明の衝突」論（雑誌発表は1993年，単行本は1996年）が批判を浴びながらも超大国アメリカの有力な戦略思想になっていく過程だった。文明の衝突史観が，国内的にはますます多民族化し文化的に分裂するアメリカの危機意識の投影であることは，ハンチントンのその後の著作を読めば明らかである（『分断されるアメリカ――ナショナル・アイデンティティの危機』，2004年）。2001年の「9・11」は超大国の懐に忍び込んだアルカイダのネットワークが起した前代未聞のテロ事件だった。国境を越えた市場原理の世界拡大というグローバル化の矛盾が宗教戦争の装いのもとに炸裂し，世界の地表を一変した。キリスト教勢力の十字軍よろしくブッシュのアメリカが始めた対テロ戦争が，2003年3月のイラク戦争に帰結するにいたり，世界のクレオール化というどこか予定調和的な響きをもつ幻想は吹き飛んだ。クレオール化はグローバル化の解毒剤にはならなかった。この間，1999年12月のシアトル（WTO閣僚会議阻止）から2001年1月のポルトアレグレ（世界社会フォーラム）へと盛り上がった反グローバリズム運動の高まりには，クレオール思想ではなく，たとえばネグリとハートの『帝国』（原著2000年，邦訳2003年）や変革の新しい主体としての多衆＝マルチチュード論のほうがよく呼応するように思われた。要するに「グローバル化とクレオール化」という問題設定は，われわれのプロジェクトが発足する2004年の時点で，時代のキーワードとしてはすでに有効性を減じていたのである。

　グリッサンのクレオール化もネグリのマルチチュードも，ドルーズ＝ガタリの「リゾーム」や「ノマード」と響き合う脱中心化された複数性の思考という点では通底している[8]。しかし，あえて区別を立てるなら，クレオール化は文化理論であって，マルチチュードのような抵抗や変革の運動を支える

政治理論ではない。クレオール化を共同研究のテーマにするには，クレオールを国民国家の枠にとらわれないポストナショナルな比較文化論の鍵概念にするしかない。専門の垣根を越えて遠くのものを結びつけ，リゾーム的リンケージを張るしかない。プロジェクトの企画を立てるとき私の念頭にあったのは，2002 年に東京大学出版会から出た遠藤・木村編『クレオールのかたち——カリブ海地域文化研究』だった。駒場の地域研究ネットワークの横断的プロジェクトの成果である。2003 年夏にミカエル・フェリエと参加したケベック・モントリオール大学での国際シンポジウム「クレオール状況 (Situations créoles)」も啓発的だった。カリブ海クレオールを参照枠としつつ，世界各地の植民地状況のなかで生まれた文化支配・文化変容・文化混淆のありようを比較検証するものだったからである[9]。

　しかしわれわれのチーム内に，クレオールを参照枠として比較文化論や比較地域研究を行うというコンセンサスが初めから成立していたわけではない。1 年目にアメリカの研究者を招き，ルイジアナのクレオールについて話を聴き，ファノンの『黒い皮膚・白い仮面』の英訳者（クレオール作家マリーズ・コンデの夫君）を招いてアメリカにおけるファノンの受容について議論した。しかし現地調査は，3 年目になってようやく，カリブ海のアンティルではなく，インド洋の二つのクレオールの島レユニオンとモーリシャスを訪ねた。前者は 1638 年にフランス領となり「ブルボン島」と命名される。アフリカ東岸やマダガスカルから奴隷が連れてこられ，プランテーション経済のなかでクレオール語が生まれる。後者は初めオランダ領だったが，1715 年に仏領になり「フランス島」と命名される。クレオール化の波はブルボン島からフランス島に及ぶが，後者は 1810 年にイギリス領になりモーリシャスと改称。奴隷制廃止はイギリスのほうがフランスより早く 1833 年。その前後から英領インドから大量の労働力が投入され，さらに中国系移民もやってきて，複数の民族と言語と宗教がほぼ平和に共存する混成文化の島になっ

ティを考えるとき，クレオールのマルチプル・アイデンティティ論は参考になるかもしれない[12]。クレオール語は奴隷の言葉だから，クレオール語話者は，社会的に優位にある上位言語と劣位にある下位言語を状況によって使い分けるダイグロシア（二言語併用）を強いられる。これは私のように東北出身の方言話者で標準語にコンプレックスをもってきた者には痛いように分かるアイデンティティ分裂の問題である。本当の自分は恥ずかしい存在で，自分を偽らなければ社会的に通用しないという経験は，先進文明とローカル文化が出会う場所では広く共有される苦々しい経験ではなかろうか。ファノンの『黒い皮膚，白い仮面』（1952年；海老坂・加藤訳，みすず書房，1969年）が，分裂したアイデンティティの範列的分析として読まれる所以である。

　われわれ研究チームのメーリングリストのアドレスはcreoleで始まった。しかし共同研究の企画者として，本書の共編者として，私は本書のタイトルを「グローバル化とクレオール化」ではなく「グローバル化と文化の横断」とすることを提案した。クレオールを標榜することで羊頭狗肉のそしりを受けることを避けるためである。「文化の横断」をフランス語にすれば"traversée des cultures"になる。culturesは複数形にし「諸文化間の横断」を意味したつもりである。しかし厳密に言えば，そもそも文化は一つ二つと数えられる均質な一枚岩の実体ではない。文化には国境がない。あらゆる文化は外に開かれており，内部にすでに異質な他者を抱えているというのが，クレオール文化理論の中心命題である。ランボーは「我とは一個の他者である」と言ったが，これはクレオール思想の標語に転用できる。もしもそれぞれ均質で閉ざされた複数の文化の共存を多文化主義と呼ぶならば，クレオールは多文化主義にはない文化横断性をもっている。traverséeというフランス語は，海や大陸，時には砂漠を横断する移動を意味する。オデュッセウスの漂流から奴隷船での大西洋横断 (Middle Passage) まで，大海原の航海のイメージを喚起する。われわれはこの言葉によって，複数文

化の静的並存ではなくトランスカルチャーの力動性を表現したい。共同体ごとに自閉したエスニック集団のゲットー化や排他的な「アイデンティティの政治」を越える開放性を，「文化の横断」という表現に込めたいと思う[13]。文化本質主義ほどクレオールと相容れない思考はない。従来の比較文化論は，本質主義的にナショナル文化や国民性を規定するために「自」を「他」と比較する，国民国家建設のイデオロギー的補完物の役割を果たしてきた。クレオール化の論理は，まさにグローバル化時代のポストナショナルな比較文化論の支柱になるだろう。

　本書の構成は第1章「グローバル化と〈国民の歴史〉再審」，第2章「ヨーロッパとアメリカの史的形成」，第3章「奴隷制と植民地主義の遺産」，第4章「離散，アイデンティティ，文化表象」とし，計15本の論考を収録することができた。ある程度有機的なテーマ上の相互連関を示す構成になったと思っている。編者として欲を言えば，アメリカ文学の同僚から，グリッサンのフォークナー論 *Faulkner, Mississippi* への応答が欲しかった。日本近世史の同僚には，キリスト教の禁教と解禁の歴史を期待していた。社会学の同僚からはイタリアの境界地域をクレオールの島々として分析する論文が，憲法学の同僚からはジェンダーの視点からするフランス公法における普遍主義と差異主義を論じた論考が届くはずだった。本書にメリットがあるとすれば，手探りにせよ新しい比較史・比較文化論の展望を切り開いたことにある。かつて丸山眞男が嘆いた学問のタコツボ化がますます高じている現在，ささやかであれ共同研究がこうして実を結んだことを，ひとまず慶びたいと思う。

1)　フランス革命でユダヤ人と黒人を解放したフランス共和国は，普遍主義的市民権による非エトノス的超民族的ナシオンを国是としており，個人の民族的出自をあげつらうことは人種主義の元になるとして忌避される。ここではあえてフ

ランス的「政治的正しさ」を踏み越えた。
2) 広辞苑は「クレオール（仏 créole）」を「［ヨーロッパ］本国ではなく，中南米やカリブ海の植民地生まれのヨーロッパ人，特にスペイン人の称，クリオーリョ」としている。
3) 比較文化論へのクレオール概念の拡大適用については，拙稿「クレオール的リンケージのすすめ」，『中央評論』No.246，中央大学出版部，2003年を参照。
4) 日本におけるクレオール受容については，マリーズ・コンデ講演集『越境するクレオール』三浦編訳，岩波書店，2001年の巻頭に付した解説を参照。
5) 「日本はクレオール性の零度か？——新しい精神の三角貿易のために」，西川・姜・西編『20世紀をいかに越えるか』平凡社，2000年（拙著『現代フランスを読む——共和国・多文化主義・クレオール』大修舘書店，2002年に再録）。仏語講演原稿は，Nobutaka Miura, "Japon, degré zéro de la créolité?", in *Espace créole*, No.10, GEREC, Université Antilles-Guyane, 2001.
6) 拙稿「クレオールと雑種文化論——加藤周一・グリッサン対談に寄せて」，『日仏文化』No.69，日仏会館，2004年を参照。
7) 拙稿「クレオール化の政治哲学——共和国・多文化主義・クレオール」，三浦編『来るべき〈民主主義〉——反グローバリズムの政治哲学』藤原書店，2003年を参照。
8) ドゥルーズ＝ガタリの『リゾーム』(1976年)は『千のプラトー——資本主義と分裂症』(1980年)を予告する起爆剤として書かれ，1980年代にパリに来たグリッサンとネグリに霊感を与えたはずである。ただしネグリのマルチチュード概念はスピノザの政治哲学に由来する。
9) Carlo A.Célius (éd.), *Situations créoles, pratiques et réflexions*, Québec, Editions Nota bene, 2006. Voir entre autres Michaël Ferrier, "Japon créole ou les aléas de la créolisation" et Nobutaka Miura, "La notion d'hybridité créole est-elle applicable à la civilisation japonaise?"
10) 拙稿「クレオール語の成立とその生き残りの条件」，『ことばと社会』第3号，三元社，2000年を参照。
11) 西川長夫「マルチニックから沖縄へ——独立の新しい意味をめぐって」，西・原編『複数の沖縄』人文書院，2003年（西川『〈新〉植民地主義論』平凡社，2006年に再録）を参照。
12) 姜尚中「クレオール化と複合的なアイデンティティ」，三浦編『多言語主義とは何か』藤原書店，1997年（姜『反ナショナリズム』教育資料出版会，2003年に再録）を参照。

13) ここで否定的に規定した多文化主義は，アメリカの多文化主義を指すよりも，フランスでエスニック集団の閉鎖的なアイデンティティの政治を指す communautarisme（共同体主義）を念頭においている。なおフランス語の communautarisme とアメリカの政治哲学でいう communitarianism（共同体論）は似て非なるものであることに注意。「リベラル」の語感がアメリカとフランスではかなり違うように，比較文化論は言葉の吟味から始めなければならない。

第1章　グローバル化と「国民の歴史」再審

記憶・歴史・国民

ミシェル・ヴィヴィオルカ

序

　1960年代以降，世界中である傾向が際立っている。アイデンティティの名のもとに固有な集団として認知されることを要求し，歴史叙述（récit historique）において，黙殺，忘却，歪曲された過去の再検討を求め，時として補償を求めたりする動きの増加である（以下これら特定のアイデンティティに基づく集団を「アイデンティティ集団」と呼ぶ）。この傾向が特に目立つのは，国家，特に国民国家が問われる場合だ。国民国家は，アイデンティティ集団の標的かつ敵であるだけでなく，説得し，改革を促し，歴史叙述の，特に国民史叙述（récit national）の根本的修正を促すべき，主要な交渉相手でもある。当初，こうした動きは主に国民国家の枠内に限られたし，今日でもその傾向は続く。が，国家やネーション（国民）という社会的枠組みに根ざしつつも，一見逆説的だが，グローバルな動きとなる傾向が増している。例えば，インディアンは，当初，アメリカ，カナダ，ラテン・アメリカ各国家（特にメキシコやアンデス山脈の国々）に謝罪を求めていた。それが今日では，インディアンのアイデンティティは，国家の枠組みを越え，アメリカ大陸全域を対象とする傾向にある。さらに，批判対象が，現在の国民国家のみならず，かつて植民地帝国であったヨーロッパ諸国にまで及ぶのは，1492

年のアメリカ大陸「発見」記念祭に見られたとおりである。他方，多くの国々で，民族が離散し，その傾向は強まり，変化し，時として国民国家を揺さぶるに至っている。この動きを国民国家の枠組みに閉じ込めて分析しているようでは理解できない。ジェノサイドや人道に対する罪の記憶を支えているのは，複数の国家にまたがって存在する個人や共同体である。それは，ナチスによるヨーロッパ・ユダヤ人根絶についても，1915年オスマン・トルコにおけるアルメニア人虐殺についても，アフリカのキブ湖周辺（ルワンダ）におけるツチ族の虐殺についても，旧ユーゴスラビアにおける民族浄化の犠牲者についてもいえる。ディアスポラ的で多国間にまたがった点を踏まえて考えなければ，国内の議論において民族離散問題がなぜ重要なのか全くわからなくなる。

したがって，はじめに取り上げたい特徴は，国民国家に根ざしつつも地球規模ないし超国家規模の広がりをもつ「グローバル」な側面だ（その現われ方は各具体例によって当然違ってくる）。

また，この現象の文化的側面も忘れてはならない。この現象が見られる社会は，たいてい，典型的工業化時代――資本家と労働者運動の対立という社会的な対立構造が集団生活を左右する時代――をすでに通り越した脱工業化社会である。確かにこの現象は，目に余る不平等の打破や経済的要求，または農民運動などと連携し，社会的要素を強く帯びる場合もある。しかし，今日，過去の認知を求めるアイデンティティ集団の帰属意識は，文化的定義に基づく（この定義は当事者の主観に左右されることが多い）。農工業に従事して被害を被った者の子孫がそれを理由に行動に立ち上がるという例は――鉱山その他でアスベストに侵された世帯の苦情がフランスでは時々聞かれるとはいえ――比較的少ない。ただし，「文化的」という表現には注意しなければならない。まず，文化とは，再生産されるだけでなく，生産され創造されるものである。実際，今日運動しているアイデンティティ集団は，同集団が

歴史的不正義を被った時点とはまた違った内容の帰属意識をもっているのだが，それでも何らかの文化的一貫性を主張している。また，「文化的」という表現は広すぎて，様々な意味を含みうる。ここで問題となっている帰属意識は，出身国・人種的なもの・民族・宗教などと関係するが，特に宗教などは何の手続きも踏まずに文化と混同されるべきではない。したがって，以下，「文化的」という表現を使うのは，便宜上に過ぎない。

　いずれにせよ，過去の記憶を認知させようという運動の二つ目の特徴は，文化的要素の強い点であり，文化上の帰属意識を通じて表現される点にある。アイデンティティ集団は，文化的帰属意識なしには組織として持続しにくい。過去に被ったことを認知させるべき損害が文化ではなく例えば政治分野に属する場合にも，文化的要素の重要さは無視できない。アルゼンチン軍政時代（1976–1983）の残虐行為を認知させるためには，かの有名な「五月広場の狂女達」，すなわち女性，母親や祖母たちが先頭に立たねばならなかった。

　今日，十分な分析結果を得るために考慮すべき事例はたくさんある。ページ数も限られているので，今回は特にフランスに分析対象をしぼり，必要に応じて，さらに一般的な例や他国に関連する例を取り上げていきたい。「国民国家の典型」（ドミニク・シュナペール）であるフランスは，上記の問題を扱うのにあらゆる意味で好都合な実験室である点は付け加えておきたい。今日のフランスは，世界に対する国家の位置づけや社会制度の危機といった問題をかかえており，アイデンティティ探求の情熱がいっそう際立って見える舞台であり，極端な例さえ提供してくれるだろう。

1. フランスにおける歴史と国民

モーリス・バレス（1862–1923）が，「国民意識形成に必要なのは墓地と歴史教育だ」（『大地と死者』）と書いているように，フランスでは長らく，歴史と国民は強く結び付けられてきた。歴史叙述が，普遍性を掲げながらも，あくまで国民史叙述と重なる場合には常にいえることだ。この指摘は民主主義国家の中でも特にフランスによく当てはまるように思われる。そのフランスでさえ，1960 年代以降，様々な記憶や主張によって国民の歴史（histoire nationale）が疑問視され大きく揺さぶられている。

一言でいうと，フランスにおいてフランスの歴史に異議を差し挟むことは，国民と国民の表象——歴史専門家が知的自立にこだわりながらも作り出してしまう国民のイメージ——の両方に疑問を投げかけることになる。

ミシュレ（1798–1874）のように，ネーションを偉人に比して語ることは今日では到底できない。かといって，フランスにおいて，国民を批判的に論じ，フランス史の見直しを図るのは，苦しみを伴う極めて難しい問題だ。このような条件下，歴史解釈の変化という歴史の危機は（危機があると認めるとしての話だが），「想像の共同体」としてのネーション（ベネディクト・アンダーソン）という概念を揺るがしている一般的変化と切り離しては考えられない。フランス国民史叙述を疑問視することがなぜ困難であるかを，まずはエルネスト・ルナン（1823–92）を通して考えたい。ルナンは，1 世紀ほど前の有名な講演『国民とは何か』（1882）で，国民意識を築くには，忘却どころか歴史解釈上の誤りさえ必要であると述べている。この視点に立つと，国民史叙述は，敗者の苦しみも勝者の野蛮で残忍な面も覆い隠してしまうことになる。実際，国民が団結し均一な集団であるかのように，祖国のために流された血に言及し，国民が被った残虐行為に言及し，しかも国民が多様で

敵対しあう出自をもつ構成員からなる点に言及しては，全員が統一された社会集団のもとに一体感を感じることは不可能になるだろう。ルナンは，「誰にとっても忘れられるのは良いことだ」と述べたが，後述のとおり，今日そのように考えることはもはや不可能になっている。忘却が不可能となったことは，国民意識の危機やその弱体化と関係があるのではなかろうか。とにかく，まさにこの歴史（Histoire）と国民（Nation）の関係という点を起点とせねばなるまい。現代ハイチの歴史家ミシェル゠ロルフ・トルイヨによると，歴史と国民は「沈黙と轟音からなる親密な」関係を結んでいるという（『ル・モンド・デ・デバ』，2000年11月）。トルイヨは，フランスが黒人売買や奴隷制に加担した事実についての研究や，ナポレオンが奴隷制を敷くためサン・ドマング（後のハイチ）の戦いにワーテルローの戦いよりも多くの犠牲を払った事実についての研究が少ない点をいち早く指摘した。これらの問題は2005年以降盛んに議論されるようになる。

　歴史が叙述される過程において一部の出来事は切り捨てられていくわけだが，トルイヨに倣って，この歴史形成過程を以下のようにまとめたい。すなわち，史料をつくる段階，史料をアーカイヴ化する段階，事実を再構成する段階，そして，最終的な意味づけをし，それが通念としてメディアや教科書などで語られるようになる段階だ。つまり，「職業歴史学者の後ろ盾は国家なのだ」（前掲『ル・モンド・デ・デバ』）。実際，分析する上で，歴史家やその研究結果を国家や国民からむやみに切り離して考えるべきではない。特にフランスでは，歴史形成のあらゆる段階において，双方の相関関係が見られるのだ。新しい現象としてあげられるのは，新テクノロジー，インターネット上のデータバンク，デジタルメディアの飛躍的発展で，歴史に関する情報が入手しやすくなり，歴史と国民だけでなく歴史と社会の関係が以前にも増して強くなってきている点だろう。フランスにおける歴史教師とは，共和国と国家の権化であり，歴史と国民が結びついているという考え方をモデ

ルとして普及させる存在だ。その歴史教師がいまや，国家の統制下にあるとは限らぬテレビ局の手による質の良い(質の悪いものもあるが)テレビ番組と張り合わねばならなくなっている。

　かといって，歴史と国民の不可分な絆という考え方をさらに突き詰めて，「ナショナルなものの専横」(ジェラール・ノワリエル)にまで言及する必要があろうか？　それよりもまずは，ことの複雑さに注目し，この絆が動的なものであることを指摘したい。実際，歴史は多様で，歴史家は各々の方向性をもって研究している。国民意識自体が変化するもので，常に同じ定義が当てはまるわけではない。例えば，ミシュレは，ネーションを人格化し，常に内省的で失敗もし成功もする，常に変化の過程にある一種の複合的有機体とした。逆に，エルネスト・ラヴィス(1842–1922)は50年後に，国民を完結したものとして定義した。他方，リュシアン・フェーヴル(1878–1956)とマルク・ブロック(1886–1944)が，のちに「アナール学派」となる活動の端緒をきった当時，国民を研究対象とすることを避けているが，それは，社会的観点や経済的観点を取り入れるためだけではなく，歴史を国民史という枠組みに閉じ込めないためでもあった。そもそも，フェルナン・ブローデル(1902–85)を有名にしたのは，フランスという一国の歴史ではなく地中海の歴史についての著作ではなかったか。フランス史としては，のちにフランスのアイデンティティについて著すことになるが，この観点はミシュレの時代への逆戻りともみえる。この問題は本稿とはまた別の問題だが...。

　それでは，歴史と国民の不可分の絆という通念の反証を試みたらどうだろうか。例えば，マルク・フェローは学校教科書の分析をし，次のように指摘している。「学校教科書でフランスの占める割合は程よく思われ，約40章あるうちの15章ほどにあたる」。また，教科書の章立てはふつう各国ごとだが(イギリス17世紀，プロシアにおける啓蒙専制主義など)，「様々な国をまたぐ問題，ヨーロッパ規模の問題も扱われている(三十年戦争，産業革

命，ファシズム，共産主義など）」（前掲『ル・モンド・デ・デバ』）。フェローの分析によると，教科書において，国民史に閉じ込もった観点は，比較的限られたものである。また，一般に考えられているのとは反対に，過去の残虐行為は隠蔽されていない。実は，誰も過去の残虐行為にショックを受けていないだけなのだ。国は文明をもたらしてくれるので，多少の残虐行為も仕方がないというのである。事実それ自体は変わらぬが，その事実を解釈する視点は変わる。植民地化問題がその良い例である。フェローの相対主義は次の例からも良くわかる。長いこと，歴史の教科書には，カトリック系と非宗教系(ライック)の2タイプがあり，1970年代にはさらにマルクス主義系の教科書が加わるが，フェローは，「私個人としては，これら3タイプの教科書を使い，生徒に三つの視点を比較させるようにしてきた」という。

2. 歴史と理性

　国民に結び付けて考えられがちな歴史も，理性の産物であるという意味では普遍的なものといえる（理性が普遍的価値との考えを受け入れるという条件付だが）。そこには結構な矛盾がみられる。国とは個別な存在で，数ある国のうちの一つにすぎず，その国民史は他国の歴史とは異なる。その国民史叙述である歴史が，普遍性を主張しているのだ。こうした矛盾から脱却するための解決策として，かなりイデオロギー的ではあるが，自分の国が普遍的価値を広めていると主張する方法がある。だからこそフランスは，普遍的な国として自己宣伝し，世界中に人権・市民権・民族自決権などの普遍的なメッセージを伝えてきたのだ。

　歴史と理性との繋がりは歴史的には15世紀に遡ると考えられる。すなわち，識者が，発明されて間もない印刷技術をすぐさま利用して記憶に頼る必

要性をなくし,「記憶が現在と過去を繋ぐ唯一のものではなくなり, 知識の分野において記憶から解放された」ことを自覚した瞬間である (クシシトフ・ポミアン『歴史について』, 1999年)。このエピソードからわかるのは, 歴史 (histoire) を疑問視してやまぬ記憶 (mémoire) の言説を前に歴史が持ちこたえられるのは, 国民と結び付いているからだけではなく, 歴史叙述上要求される理性と科学的正確さの賜物なのだ。歴史は, 5世紀前に記憶を凌駕して構築されたのだから, 記憶が再びあるいは新たに押し寄せてきている現在, 後退の危険にさらされているといわねばなるまい。あくまで話しついでの仮説だが, フランスの歴史家が口頭伝承に対して警戒するのは, その主要な情報源である記憶に対する警戒心ゆえだと説明できるかもしれない。

3. 歪曲された歴史

今日, 歴史が歪曲の危険にさらされているのは, 国家との関係においてである。というのも, 歴史は国家という枠内で構築されるもので, 歴史はなによりも国民史だからだ。歴史は, つくられるものというよりは, 出来上がったものとして教えられ伝えられるものであり, 学校教科書を通して教員たちは第一に国家の過去を扱い, 自国の視点に立った世界史観を提供する。国家が歴史叙述に対し多くを要求すればするほど, 歴史の「理性的な」側面は弱まる。というのも, 国家は, 独自の基準で過去を解釈したり矮小化したり禁じたりするからだ。国家は, 自分で自分に与えている自己満足できるイメージを損なう危険性のあるもの, あるいは単に国家を疑問視する危険性のあるものすべてを抑圧したり変形したりする。国家は, 長いあいだ歴史を押し曲げて従属させ, 歴史の方は国家に従いがちであったが, 今でもその傾向は顕著である。

国民という観念の定義は不動ではなく，ポーズを決めたまま動かない人物画の偉人とは違う。時として，その表象は相矛盾している。その上，権力者が公認する国民の表象は，時代や，政治体制などによって変化する。たとえば，全体主義体制下や独裁体制下では，そのイデオロギーに当てはまるものだけを過去に見出そうとするから，公認の歴史は普遍的理性から極めて遠ざかることになる。民主主義体制においては，その危険はずっと低くなる。歴史と国家の関係がいかに権力行使の有無に左右されるかは，マルク・フェローの卓論『新しい世界史——世界で子供たちに歴史はどう教えられているか』(パイヨ社，1981年；邦訳，藤原書店)のよく示すところだ。

　そうしたなかで，国民史叙述を揺るがす異議申し立てが数々の国で起きた。アメリカ合衆国では，前述のとおり，西部への躍進としかみなされていなかったものが，インディアンの虐殺でもあることが認識されるようになった。黒人も，かつてラルフ・エリソンがその有名な小説で形容したような「見えない人間」(invisible man)ではなくなった。他のケースでもそうだが，このケースでも，二つのある程度関連した動きが認識上の変化を支えた。一つ目は，社会運動で，現時点で人種差別その他の被害を受けている当事者であり，かつ虐殺されたり存在を否定されたりした犠牲者の子孫であるインディアンや黒人と，その支持者である民主党員(特に1950–60年代の公民権運動)が中心となる。二つ目は，学者の参加で，歴史学者のみならず，人類学者や社会学者などが，問題のグループについて歴史学その他の分野で知られていることを見直すよう求めた。フランスでは，1960年代末に始まるラングドック地方やブルターニュ地方の地域運動が最初の運動としてあげられる。ブルターニュ地方は，指導者の一部が第二次世界大戦中にナチスに協力したという難題をかかえており，ブルターニュ地方の独自性を認知してもらう上で初めのうちは障害となった。ラングドック地方の運動の方は，カタール派の歴史が当時テレビ放送で話題となり，一般大衆の知るところと

なったのと並行して生まれた。その少し後に、今度はユダヤ世界が、フランス・北アメリカ・イスラエルで、いっせいに目覚め変貌をとげる。偉大な歴史家アメリカのロバート・パクストンとカナダのマイケル・マラスによる第二次世界大戦下のヴィシー政権の役割についての研究（『ヴィシーとユダヤ人』カルマン＝レヴィ社、1981年；パクストンの『ヴィシーのフランス』の仏訳は1973年刊）の影響も無視できない。戦争に関する歴史解釈上の変化は、ユダヤ人の運動だけでも、悲痛な過去を明らかにする歴史家の研究だけでも起こせなかったろう。これら両方の条件が必要なのであって、最初からどちらか一方のみの運動では片手落ちになってしまう。とはいえ、歴史専門家の研究（パクストンもマラスもフランスの歴史家ではない点に注意されたい）とユダヤ世界の変貌が相乗効果を発揮して、ドイツ占領下のフランスやヴィシー政権に関する歴史解釈全般の変貌を促した。従来、ドゴール派と共産主義派のみに単純化されて解釈されたレジスタンス運動が一般の関心を集めていたが、いまや、ユダヤ人大量虐殺やフランス人の対独協力といったテーマにも関心が集まり始めている。学校教育方針においても変化が生じ、学校でユダヤ人大量虐殺がしっかりと教えられるようになるだろう。

　インドでは、「サバルタン・スタディーズ」が起こり、歴史の本流から忘れ去られ排除された被抑圧者のために、知識人や社会科学者が、従来の国民史叙述に異議申し立てをし、統一した国民というイメージにそぐわぬ観点や諸事実を黙殺してできたインドの民族主義的歴史叙述に対する批判を提起した。イスラエルでは、いわゆる「新しい歴史学者」が社会全体の動きに援護射撃を加えた。1973年のヨーム・キップール戦争後、さらに第一次インティファーダ以降、イスラエル社会のエートスは一体感を失い始め、国民史叙述は疑われ始め、現在（国状と国の軍事力）のみならず過去に対しても疑いが生まれていた。新しい世代の歴史家（ベニー・モリスとジャーナリストのトム・セゲフが特に著名）ならびに、前の世代の歴史家たち（ゼーヴ・ステルネ

ルなど）が，ユダヤ民族の遠い過去（例えばマサダの戦いの英雄たち）に関してのみならず，近い過去（シオニズム，パレスチナでユダヤ人大量虐殺の生存者がどのように迎えられたか，どのようにパレスチナ人が自分たちの土地を「売ら」ねばならぬ破目に陥ったか，など）をも疑問視し始めたのだ。パレスチナ人や，イスラエル国内の少数派──イスラエル国籍のアラブ人，共産主義者のユダヤ人，超正統派ユダヤ人──が，40年来イスラエル国民史叙述への異議申し立てを唱えてきたが，イスラエルでは聞く耳を持つ者はいなかった。歴史的好条件が整い，イスラエルの歴史家が発言してはじめて，それが一変した。1990年代，激しい論争が繰り広げられたものの，それも静まり，分析は相対化されるようになり，自由な議論が交わされるようになった。いずれにせよ，これで，イスラエルの建国神話に亀裂が走った。それを助長した要素が二つある。第一に，出身グループごと（イベリア半島起源のセファルディム，ロシア出身のユダヤ人など）の分裂が建国当初よりもさらに悪化した。第二に，個人主義の高まりも手伝って，全体的に，統一した集団エートスというイメージが崩れ，1990年代の「新しい歴史学者」の研究を受け継ぐ歴史解釈の道が開かれた。

　記憶の波が高まり，今日「ルナン流」の忘却がいかに過去の遺物となりつつあるかを示す例も見られる。例えば，シラク大統領は，はじめて国家元首に選ばれて数週間とたたぬ1995年7月16日に，ヴィシー政権がナチス収容所へのユダヤ人収容に協力したことをフランス国家の歴史的過ちと認める旨を述べた。2006年1月30日には，奴隷制の記憶保存委員会と対談し，毎年5月10日を奴隷制記念日にするとし，次のように宣言した。「わが共和国においては，歴史に関するタブーがあってはならない（...）一国の偉大さは，その栄光に満ちた過去だけでなく陰惨な過去も含めた全てを受け入れる点にこそある。われらの歴史は，偉大な国民の歴史だ。自国の歴史を誇りを持って見つめよう。自国の歴史をありのままに見つめよう。国民とはその

ようにして結束するのだ。」記憶の要求は，事例によっては，過去認知の要求（象徴的なレベルの要求）にとどまらず補償の要求にもなりうる。例えば，アメリカの黒人の間には，奴隷制被害者の子孫に賠償金を支払うよう要求する者もいる。黒人売買と奴隷制の時代以降，黒人にのしかかる構造上のハンディキャップのために，ほかのアメリカ人のようにアメリカ人らしい暮らしができずにいるというのだ。また，世界各地のアルメニア人共同体が，1915年のジェノサイドの認知をトルコに公的に要求するとき，それがトルコの国民史叙述を問題視するだけでなく，物質的な補償や土地の返還の要求も兼ねることは，アルメニア人共同体自身が意識していることだ。

4. 記憶の歴史への影響

　記憶の高まりは，歴史叙述に様々な影響を与えた。例えば，国民が過去の過ちを認める努力をし，記憶が歴史解釈に修正を施し，黙殺されてきた視点が歴史に取り入れられるケースがある。フランスのユダヤ人のケースがそれにあたることは前述のとおりだ。

　記憶の高まりから混乱が生まれるケースもある。記憶自体が複雑で混沌とし，相矛盾している場合だ。フランスでは，アルジェリア戦争がそれにあたる。通念に反して，アルジェリア戦争の歴史叙述は資料に手堅く基づき，その数も多い。拷問，死者を多数出した一斉検挙，パリのアルジェリア人抗議デモの弾圧（1961年10月17日）など，ことさら残虐な行為に関しても，不足しているのは歴史家の研究ではない。問題はむしろ，アルジェリア戦争の記憶の継承者――特にアルジェリア民族解放戦線（FLN）の闘士の子孫，その他アルジェリア民族運動（MNA）など武装グループのメンバーの子孫，フランス側についたアルジェリア人（アルキ）の子孫，ヨーロッパ系アルジェリ

ア入植者（ピエ・ノワール）の子孫，アルジェリア・ユダヤ人の子孫（通念に反し，ピエ・ノワールとは区別すべきだ）——の問題である。彼らは，過去にできた分裂をそのまま受け継ぎ，ばらばらになり傷ついたまま過去を乗り越えられずにいる。フランス本土に関しても，戦争に徴集された兵士とアルジェリア民族解放戦線に協力してスーツケースを運んだ左翼系フランス人とでは立場が異なるし，ドゴール派内でもドゴールの仏領アルジェリア政策転換を支持したものとそれに幻滅したものとに分かれ，苦渋に満ちた分裂がいまだに続いている。したがって，記憶は，多様で対立した要求の赴くままあらゆる方向へ進み，政治分野にまで相矛盾した結果を引き起こしている。例えば，2005年2月23日法（植民地からの帰還者支援法）の第4条では，植民地政策の有益性について教科書に明記し学校で教えるべきとされたが，この条項が設けられたのは，まさにアルジェリア戦争という過去ゆえなのだ。歴史家がこの条項に激しく反発して署名運動を行ったのも，彼ら自身がこの戦争におけるまた別の立場の後継者であったことと無関係ではない。

　記憶が歴史の興味を惹かず，歴史に影響を与えないケースもある。特定の国家や国民が運動の標的とされていない場合によく見られるケースである。例えば，新たなアンティル・ディアスポラ（旧英領アンティル諸島，アメリカ合衆国，イギリスにまたがる）の場合，文化的帰属意識は記憶に基づいているのだが，過去の表象（黒人売買や奴隷制を含みうる）は，国家や国際関係という枠組みの外でつくられている（ポール・ギルロイ『ブラック・アトランティック』ハーバード大学出版，1993年；邦訳，月曜社）。反対に，ユダヤ人の場合は，イスラエルなど多数の国々に離散しているが，ナチス犯罪の償いを願うドイツとの国際関係という枠内で発展した。

　逆説的ケースとしては，恥ずべきであるはずの過去の残虐行為が，被害者当人の要請もなしに，国民史叙述に書き込まれるケースがある。実際，アルゼンチンでは，国民史の偉大さを誇るために，インディアン虐殺や黒人人口

減少を掲げることが可能になっている。アルゼンチンの民族主義者にとって，国から早々に有色人種がいなくなったと主張することは，アルゼンチン国民が純粋ヨーロッパ系白人からなり，ブラジル国民などのように混血ではないことを示すことになるのだ。

　最後のケースとして，記憶が歴史を麻痺させ，歴史家の研究を不必要にしたり，遅らせたり，禁じたりするケースをあげよう。そのようなケースが見られるのは，政治機関や国家が記憶の直接的圧力を受け，歴史家の研究を待たずして，歴史的価値を決めてしまう場合だ。フランスではアルメニア問題が物議をかもし出した。

　1970年代半ば，世界各地に離散していたアルメニア人が，トルコに1915年のジェノサイドへの謝罪を求めるために「目覚め」た。まずは，ダシナキ党アルメニア解放秘密軍 (ASALA) がテロ行為に出るが，オルリー空港での爆弾テロのような盲目的行き過ぎが相次ぎ，テロリストたちはアルメニア一般大衆の共感を失う。今度は，トルコに圧力をかけるのに有効との判断から，フランスがアルメニア人大量虐殺を認知するよう政治的圧力をかける。1990年代半ば，歴史家ベルナール・レヴィが，『ル・モンド』紙上の対談で，「ジェノサイド」という表現は，あくまでアルメニア人の歴史解釈であって，自分のものではないという類の発言をした。レヴィは裁判に訴えられ処罰された。他方，歴史家ジル・ヴァインシュタインも，レヴィの味方についたために，アルメニア人側につく活動家の激しい宣伝活動の標的とされる。1998年，社会党のジョスパン内閣のもと，アルメニア人のジェノサイドを認知する法案がフランス議会で可決された。この時点から，アルメニア人大量虐殺罪をジェノサイド以外の言葉で呼ぼうとすること，レヴィのようにジェノサイドという表現がアルメニア人的歴史解釈に過ぎないと考えることは不法行為とされる。こうした状況は，純粋な歴史研究を妨げかねない。というのも，もし，歴史家が，このケースにはジェノサイドという表現

が適していると考えた場合には，ことさら詳細な事実解明を急ぐ必要はなくなるではないか。あるいは，もし，歴史家が，ジェノサイドという定義がふさわしくないと考えたとしよう。その場合には，彼は公的にそれを述べる権利がなく，堂々と研究を進めようとすれば裁判沙汰などの重大な危険に身をさらすことになる。この例においては，特定の集団の記憶は客観的な歴史叙述の妨げとなる。

　今日，記憶はいつ鎌首をもたげて喚き出しネーションを揺さぶってもおかしくない状態にある。他方，歴史叙述は常により正確になり，変化し，場合によっては記憶の圧力に屈しないことが求められる。記憶は，歴史叙述を麻痺させ禁じるにとどまらず，愚弄し，事実を歪めて見せる場合があるのだ。極端な例としては，フランスの「漫談家」デュードネの行き過ぎがあげられる。彼は，黒人売買・奴隷制度・植民地化へ注意を引くために，ユダヤ人を攻撃するような発言をし，アンティル系フランス人を中心とする支持者を得た。デュードネによると，ユダヤ人が黒人売買において一役買ったということになり，また，ユダヤ人は歴史的犠牲者の立場を独占し続けたいあまり奴隷貿易という歴史の一章を話題にするのを抑圧する，ということになる。この例において，ユダヤ人は新たに悪の象徴とされ，記憶はもはや記憶ではなくなっている。かつて，ユダヤ人は，宗教（キリスト教）や国民という社会的多数派を脅かす存在として憎まれてきたが，今度は反対に，ユダヤ人自身が同化政策の権化ということにされ，国民と国民史叙述を我が物として，自分たちの都合で過去の出来事を黙殺しているとして恨みをかっている。

　記憶論争で標的とされる社会集団は，必ずしも国民とは限らず，例えばフランスなら，ネーションとはまた別物の国家や共和国が的となりうる。「共和国の原住民」を名乗る者たちは，植民地制度の否定的役割が認知されるよう要求しているが，その名も示すとおり彼らが疑問視しているのは共和国だ。植民地主義は今日的問題でもあり，その残酷さを訴える運動は後を絶た

ず，「植民地主義の過去をめぐる亀裂」（私自身も参加した共著 *La Fracture oloniale*, 2005 の題名にちなむ）が浮き彫りにされている。ここで標的にされているのは国民ではなく共和国だ。共和国の概念は，フランス国民の想像する国民の概念に近いが，帰属意識や文化の共有に加えて，連帯・平等・政治的価値に訴える点で異なる。国民という概念には政治的側面と文化的側面があるが，共和国は前者の要素が強い。フランスはかつて植民地主義であったから暴力的であったと指摘したり，労働者や農民に銃を放ったから社会的暴力を振るったと指摘したりすれば，確かに国民共同体の統一性は疑問視される。ただ，ここで疑問視されているのはあくまで政治的価値であって文化的アイデンティティではないのだ。

2005年2月23日法や植民地政策の有益性を掲げる第4条をめぐる論争は，人々がこの問題にいかに神経過敏であるかを示した。また，法案で歴史的真実を決定しようとする国会議員・権力者・政治責任者側と，それに対抗して立ち上がった歴史家側との直接的関係が浮き彫りにされた。そこには，政治家，権威ある歴史家，無名の歴史家がそれぞれ互いににらみ合う対立関係図が描き出される。こうした植民地主義や奴隷制をめぐる論争を背景として，フランス政府は，1805年のアウステルリッツの戦い200周年記念式典を極力控えめに執り行う判断をくだした。実際，ナポレオン一世が厳しい批判にさらされていたところだった。なかでもクロード・リブなど，賛否両論分かれる問題の多い作家だが，国民的偉人ナポレオン一世を槍玉に挙げ，フランス革命で廃止された奴隷制を復活させたかどで，あろうことかヒトラーに比較したのである。かつて政治家としても活躍した歴史家マックス・ガロが，これを嘆いたのは言うまでもない。

5. 記憶間の競合という発明

　記憶はそれ自身，分裂しうる力だ。記憶を担う運動の方も結集できずに，「被害者間の競合」（ジャン゠ミシェル・ショーモンの著書のタイトル，デクヴェルト社，1997年）を激化させうる。2005年には，アンティル諸島出身者，サハラ砂漠以南出身アフリカ人移民，その他インド洋のレユニオン島出身者など，様々なグループの連盟からなる，フランス黒人団体評議会（CRAN）が創設され，新たな黒人運動が生まれた。この運動の構成員は，肌の色による人種差別を受けている点で一致しているが，各グループごとの記憶のずれは対立を招きかねない。この連盟では，売られてアンティル諸島で奴隷となった者の子孫と，サハラ砂漠以南を中心とする現地でフランスの植民地となる前からすでに黒人売買を組織していた首謀者やその共犯者の子孫とが，顔を突き合せることにもなりかねないのだ。同様に，アラブ系移民とアフリカ系移民との間の記憶上の盟約を考えるのは難しい。というのも，その先祖まで遡ると，前者は黒人を売る側，後者は売られる側，と対立していた可能性があるからだ。売買をしたのは，ヨーロッパ系白人商人だけでなく，アフリカ人やアラブ人も関わっていたとは，すでに歴史家の諸研究（オリヴィエ・ペトレ゠グルヌイヨなど）により証明されている。黒人売買・奴隷制・植民地化を国民史叙述に書き加えることを要求するこの黒人運動にとって，歴史研究は，構成員の過去が対立関係にあることを示す点で障害物となりうる。

　かつて，歴史家の研究は，そのまま国民史叙述に繋がったが，今日ではそうはいかない。国民史上否定されてきた出来事でも，特定集団の要求がある場合には——歴史専門家による認知の有無にかかわらず——，注意を払わねばならなくなっている。この集団を支える帰属意識は，常に再定義の途上に

あり，その定義自体，自己の存在を主張しアイデンティティと記憶のために闘う人々の主観や個人主義にかなり左右されている。つまり，社会的産物であり構築物である記憶におされて歴史叙述が変化を強いられる場合があるのだ。この現象を，伝統にすぎないとか残党の抵抗にすぎないなどと過小評価するのは間違いだ。ありあわせで過去を組み立て直し（レヴィストロースとバスティードの有名な表現ブリコラージュにちなむ），新たに記憶を作り上げる者たちの存在が，今日，記憶を呼び覚ましている。勝者のみでなく敗者の歴史も綴るべきだと考える歴史家（ナタン・ヴァシュテルなど）が，このような記憶の高まりを少し先回りして準備し，支えることもある。逆に，理性を第一としながらも体制側に傾きすぎてある種の過去への感覚が鈍っている歴史家も存在する。ピエール・ノラの記念碑的『記憶の場』（1984–93；邦訳，岩波書店）には，1931年の植民地博覧会以外に，奴隷制や黒人売買に関する記述がない。

　虐殺の認知を求めるために集団が組織されない場合もある。例えば，社会運動は民族運動ほど記憶として残らず，労働者階級の記憶は旧植民地人たちの記憶ほど時の流れに抵抗する力がない。被害者が，ある歴史的局面や状況の下に集まった個人の集合体でしかなく，共同体・国民・民族のような歴史的継続性のあるグループを構成していない場合，被害者の記憶にどのように光が当てられるのだろうか。ここで，歴史叙述に新たな史料をもたらすのは，個人的記憶の痕跡を存分に用いるような，個人主義的感性（主観性の概念も含む）だ。この観点において，アネット・ベッケールとステファン・オドゥワン=ルゾーの第一次世界大戦に関する研究（『1914年から1918年，戦争再発見』ガリマール社，2000年）は興味深い。この研究は，戦線の実体験，兵隊が使った暴力と受けた暴力，死に行く者の主観，生き残った者の主観などに目を向けている。このように，個人的主体に注目したり，主観化と脱主観化のメカニズムに注目したりする感性は，歴史研究では比較的新し

い。ここでもまた，国民や国民史叙述という観点は疑問視され，歴史分析は伝統的テーマ（戦争が主題の場合なら，戦略，政治，地政学，外交，権力上の駆け引き，異民族間の支配・被支配の駆け引きなど）から遠ざかっている。

　かなり前から，歴史家自身がネーションという枠組みを疑問視しながら研究するようになっている。アナール学派が，当初から，歴史をネーションという唯一の論理的枠組みに閉じ込めないよう求めたのは，同学派の功績の一つである。いち早く，マルク・ブロックは1928年の講演会で，「もう，国民史ばかり話題にするのはよそうではありませんか」，と高らかに言い放った。

6. 多様な観点から見た歴史

　ネーションが歴史の枠組みでも原動力でなくなり，歴史に前述のような理性的統一感を与えなくなると，どのような結果を招くだろうか。まず，歴史のグローバルな側面に目を向ける歴史家の例を挙げよう。彼らは，国民や国際関係という枠組みを離れ，国民史叙述という特殊な観点にこだわらない地球規模の歴史，すなわち「グローバル・ヒストリー」とか「ワールド・ヒストリー」を掲げている。2000年夏，オスロで大々的に開かれた歴史科学国際会議のテーマがまさにこれであった。この傾向は，今日の学校教科書にも見られるように思われる。また，表現こそ違うものの，ブローデルの遺産としてイマニュエル・ウォーラーステインが提唱する「世界経済」や，セルジュ・グリュジンスキやサンジェイ・シュブラハマニャムの研究においても同様の傾向が見られる。さらに，ある種のテーマを対象とする研究，例えば，オリヴィエ・ペトレ=グルヌイヨの著作『奴隷貿易』（ガリマール社，2004年）は「グローバル」な視点を持っている。同著は，奴隷制の歴史を経済

史・思想史などの歴史研究諸分野と関連づけるだけでなく，ある事象それ自体に固有な論理を認めながらも，ブラック・アフリカ，イスラム・アラブ世界，ヨーロッパなどそれぞれの地域特有の論理を尊重して分析している。この著書の興味深い点は，フランス国民史叙述を手厳しく批判すると同時に，アフリカ人やアラブ人などのヨーロッパ人以外の関係者の役割にも言及し，今まさにフランスで認知を求めて運動しているアフリカ人やアラブ人のグループの記憶を疑問視し，同じ目的のもとに運動を続けにくくしている点である。実際，被害者の子孫（アンティル出身者など）と加害者の子孫（アフリカ人やアラブ人）が，いかなる共通の記憶の認知を要求できるというのか。他方，国より広い範囲――ヨーロッパなど――を対象とする歴史研究を提唱する者もいる。2000年10月にロワール地方のブロワで大々的に開催された歴史学会のテーマがそれにあたる。逆に「グローバル」と反対の方向へ，国史よりさらに下の段階にあたる地域史，「ミクロ歴史学」を発展させようとする者もいる。「ミクロ歴史学」がイタリアのカルロ・ギンズブルグによってフランスにもたらされたのも偶然ではない。イタリアでは従来，国家や国民への帰属意識がフランスほど強くはないのだ。さらに，歴史と国民の結び付きが栄光に満ち感動さえ与えた時代に終わりを告げた歴史家もいる。ピエール・ノラの大著『記憶の場』（ガリマール社）を私はそのように読む。同書は，ネーションを象徴する場所にささげられた偉業であり，歴史と国民の絆が緩んでいくのを背景に「記憶が横暴に振舞い」記念式典（コメモレーション）が勝ち誇るのを嘆いている感がある。

　歴史とネーションの関係が崩れたことによって，2005年2月23日に国民議会で可決された類の，反動的な発言や，国粋的硬直が起こるケースもある。また別のケースでは，国民史叙述を「グローバルな」歴史の中で考える試みがなされた。ナタリー・ディヴィスは，あくまで「グローバル性を意識」した上で歴史研究上の各レベルを関連付けて考えるよう主張した。比較歴史

学の美点を主張する者もある。また，紛争の後始末を十分に終えていない二国民にそれぞれ属する歴史家が，この二つの歴史を一つにまとめるための機関を設けるケースもある。1990年，チェコとドイツの各外務省の主導でできた，両国の歴史家からなる委員会はその好例だ。同委員会の目的は，18世紀以来のドイツ人とチェコ人の関係に客観的な光を当てる点にあったが，その背景として，数世紀来の難問であり第二次世界大戦当初の問題の一つでもあったズデーテン問題があった。現在，ズデーテンのチェコ領域内に在住しているドイツ人は約三百万人にのぼり，今日的問題でもあり続けている。国家主導のこの種の委員会は，フランス・ドイツ間，ポーランド・ドイツ間にも見られる。さらに独創的で実行の難しいケースとしては，1915年にトルコで起きた大量虐殺に関するアルメニアとトルコ共同の認識をうちたてるためにウィーンに設置されたVAT委員会があげられる。

　また，歴史編纂について考えるに当たり，歴史を作る者，すなわち歴史家という個人を分析対象とすべきだとする者もいる。そうした考えから，フランスの博士論文指導資格審査では，自分史を論文として提出し，歴史家が自分自身について述べ，自己の歩んできた道を通して自分の研究に光を当てるのが慣例となった。

　かつて，歴史が国民と切り離しては考えられなかったように，今度は社会と切り離して考えられなくなったのではないかと考える者もいる。社会が社会について考えることにより，歴史がどのように発展するかが解き明かされ，歴史に正当性を与えるというのだ。歴史は，記憶論争を繰り広げる集団によってつくりだされたり，戦争などの歴史的局面下における個人的悲劇への個人主義的感性によってつくりだされたりする。その意味で，歴史は社会的産物といえる。つまり，歴史は，社会の問題であり，社会問題が議論される知的で普遍的な空間なのである。もはや，社会が歴史の中にあるのではなく，歴史が社会の中にあるのだ。したがって，歴史は社会的に利用できるこ

とになり，我々はその利用者となる。歴史は道具とされるわけだが，必ずしも国家の道具となるのではなく，ある目的を達成するための道具，象徴的認知を得るための道具，あるいは世の中に正義と連帯をもたらすための道具として利用されうる。例えば，アルゼンチンの独裁下における野蛮行為を犠牲者の母親や子供が立ち上がって告発し，歴史の一ページが綴られたが，この運動はまた，公正な民主主義国という構想を描いてみせるのにも役立った。未来がかかっていたのだ。

歴史学は以前よりも「社会集団」あるいは「社会問題」に関するテーマを研究対象とするようになった。アナール学派など1930年代にはすでに社会分析を意図していたが，歴史家一般も——あくまで国民史の枠内に限るとはいえ——社会分析に興味を抱くようになった。ここでは，さらに，歴史が社会を左右する問題だと主張したい。その点，歴史教員は難しい役目を負っている。かつて歴史教員の役割は，生徒を国民史の世界に招きいれ，国民史に関する知識を通して帰属意識を育み，ネーションを称揚してみせる点にあった。いまや，歴史教員は，歴史的事実だけではなく，歴史的事実の用途や，どのように歴史的事実を事実とするかの手続きを教えねばならなくなっている。もはや，歴史教員は，崇高な使命も負っていなければ，ネーションに奉仕する「共和国の黒い軽騎兵」でもなくなった。歴史教員は生徒に自分自身で考えることを要求し，結果的には歴史の劇的な側面や悲劇性を弱めている。生徒に推論させ，熟考させる一方，劇的大事件や流血沙汰，歴史への情熱へと生徒を駆り立てなくなっているようだ。その結果，歴史という教科は弱体化し，同業組合主義（コーポラティズム）が強まっている。同業組合主義は，多勢で地位がありながらも崇高な使命を持たなくなった歴史教員たちが権力を維持する唯一の方法だ。その好例として国立社会科学高等研究院（EHESS）で最近おきた具体例を挙げたい。歴史学者は，多勢で，権力を握っているが，中心に居坐るだけの正当性を失っている。その結果，歴史学

者は，人類学者に対しては彼らに相談もせずに代わりに決めてしまうが，経済学者に対しては自分で自分たちのことを決めるに任せている。ここに矛盾が見られないだろうか。その他の社会科学と同様，常にさらなる理性を求める教科として，歴史学が歴史学について考えれば考えるほど，歴史はネーションから遠ざかり，歴史とネーションを結び付ける情熱的態度は冷え，歴史はかつての特異性を失い，情熱の対象ではなくなる。その結果，かつてネーションの名のもとに破壊された集団的・個人的アイデンティティの方へ情熱は集中していく。国民意識は，数あるアイデンティティの一つでしかなくなり，かつての栄光に郷愁を抱いている。歴史学者や歴史教員は，もはや理性に訴えるしかなす術がない。歴史言説は平板化し情熱をかきたてぬ単なる思考の対象となり，社会集団は記憶の高まりにみられるような文化上の分裂を起こし，個人主義が高揚する中で，歴史家は身動きがとれなくなっている。

(宮崎海子訳)

明治期における「日本史」
――表象とそれに賭けられたもの――

ピエール・スイリ

　本稿の対象は明治期（1868–1912）であるが，この時期に，日本社会は海外との交易を開始し近代化を始めている。この時期における歴史表象を理解するために，われわれはとくにふたつの歴史的時期を取り上げる。第一に1868年から1872年の時期で，これは明治維新を成し遂げた新政府が徳川旧体制に終止符を打つ制度的な諸改革に取り組み始める時期にあたる。われわれが取り上げるふたつ目の時期は1905年から1910年までの時期で，この時期に，日清・日露の両戦争に勝利した日本は，自らを帝国主義列強のひとつと見なし始め，植民地獲得の領土拡大政策を取り，次第に国家主義的になる。

　われわれが本稿で試みるのは，心的なプロセス，心性，表象，イメージ，歴史についての言説をその限りで理解することである。当時の日本人が抱いていた歴史についての表象が彼らの政治的な実践にどのような影響を与えたか，過去についてのヴィジョンがどのように，その時点での彼らの行動に影響していたかが問題となる。そして論の最後で，ひとつの逆説について強調することになろう。少なくとも，イデオロギー的表象は，アプリオリに考えられがちなものより，つねに多少とも複雑なものであることが示されることになるだろう。

1. 明治維新，近代革命か復古か

　明治体制，あるいは明治体制が企てた諸改革は日本でも，あるいは海外でも，当然研究者の注目を引いてきた。これらの諸改革こそが，日本を経済的，政治的，文化的近代化へと推し進めた。1853年のアメリカ人の到来，それに続くヨーロッパ諸国の到来は変化を加速させ，1867年–68年の天皇を押し立てたクーデターの原因となったとしばしば考えられてきた。このような考え方においては，日本の近代化は西欧との出会いの産物として考えられている。ところが実際はこの西欧との出会いは1853年に始まったものではなく，それより早くから行われてきている。「蘭学」が果たした役割を強調する歴史家は現在では少なくない。長崎港で行われていたオランダ人との通商によって，日本人は18世紀初頭以来の西欧の科学的・技術的進歩に通じていた。蘭学は日本を，知的な観点からするなら，すでに「開国」していた。アメリカ人たちはその後にやってきて政治的な，また経済的な「開国」を強いたに過ぎない。

　別の歴史家たちは江戸時代，17世紀，18世紀に日本自体の中で近代化の過程が進行していたことを強調する。彼らが示すのは「国学」が古いイデオロギーに対する批判において重要な役割を果たし，知の近代化へ道を開いていたことである。

　したがって，日本の急速な近代化を説明するのに，外的な要因を強調する人々と，内発的な要因を強調する人々のあいだに論争があることになる。（外的な要因が強調される場合には，続いて，西欧諸国は世界の他の部分は植民地化したのに，なぜ日本だけは近代化したのかという問いが生じてくる）。内発的な要因を強調する人々は，西欧化に先立つ前段階の近代化があったとする。このように考える思想家の何人かは，その点にこそ日本の優

越性を見ようとする。

　江戸時代 (1600–1867) は歴史上，中国思想，すなわち儒教，より正確に言えば朱子学が日本の社会的，精神的構造にもっとも深く食い入った時代であった。西欧人が到来した時期以上に日本が「中国的」になっていた時代はない。中国思想を，あるいは少なくとも中国思想のある形式をこのように深く受け入れていたことこそが，「蘭学」「国学」と同程度には旧秩序の転覆を準備するのに役立っている。本稿ではこの点には深入りせず，歴史そのものについてのヴィジョンに関係する，この思想のある個別の局面だけを取り上げる。

　明治維新を引き起こした政治指導者たちは，政治的・宗教的確信を持った思想家ではなかった。彼らはむしろ実践家であった。彼らの思想はあまり明瞭なものではない。もちろんこのことは彼らが思想を持たなかったことを意味しない。「国学」運動もあり，西欧の影響もあったが，明治人の大半は儒教の伝統のうちに成長した。彼らのかなりの部分が儒教を捨てたとはいうものの，彼らの知性はこの伝統によって構築されたものであり，この伝統は彼らが政治を考えるうえで重要な役割を果たしていた。この点は軽視してはならない。19 世紀の日本のエリート層は歴史についてのある特定の見方を共有していた。以下にその概観を試みよう。

　中国の思想家たちは，中国史が循環的であることに注目した。まず中国史には，中央政府が効率的な官僚組織の上に乗り，国全体がそれぞれ総督，知事，地方官吏に治められる郡と県に分割されている時期がある。この型の体制を中国人たちは郡県制と呼ぶ。すなわち，この体制では国家は「郡と県」に分かたれている。紀元前 2 世紀に成立した漢，7 世紀，8 世紀の唐は歴史の中で郡県制の局面に相当する時期と考えられた。また別の時期には，皇帝は国土の直接所有を放棄し，その管理を封土という形で，諸侯に委ね，諸侯は自らの名において，その領地を統治する。中国人はこの型の体制を「フェ

ンジェン」という語（日本語では「封建」）で呼ぶ。紀元前10世紀，9世紀の周や，戦国時代は封建制の時代として記述される。こうした中国起源の諸概念は中国の古典的著作に二千年以上前から現れている。ヘーゲルでさえ，中国史においては歴史は循環的，反復的過程をたどるとする，（後にマルクスも再び取り上げる考えに基づいた）彼の「東洋的専制」という概念を形づくるために，この郡県制，封建制という概念を用いている。

　これらの中国の概念は，日本ではよく知られており，とくに江戸時代中期にあたる18世紀初頭に再び用いられるようになっていた。日本の思想家たちは，日本史は中国史に似通ったものでなければならないという考えにつねにとりつかれてきた。たとえば朱子学の偉大な思想家である新井白石（1657–1725）は1712年にその『読史余論』において，「武家の世」は日本史において封建制に対応する局面であり，宮廷貴族がその権勢の絶頂にあった「公家の世」は間違いなく「郡県制」に対応する局面であると説明していた。646年の大化の改新から12世紀末まで，唐の国制を模倣した日本は，旧体制への道を進んでいった。12世紀末の鎌倉幕府の成立とともに，日本は封建時代に入る。国家権力は領主たちに委譲され，天皇は将軍に，天皇の名において軍事力を用いることを許可し，領主たちは自らの領地の所有者となり，政府は地方分権化される。

　19世紀初頭，頼山陽（1780–1832）は『日本外史』を著し，日本は後に将軍となる源頼朝が家臣たちを「守護」，「地頭」に任じた1185年に封建時代に入ったと書いている。こうして中央集権の時代に武家の幕府による地方分権の局面が続くとされるのである。

　しかし，日本人は少しずつ，それまで自分たちの考えの基盤になっていた中国風の概念と距離を取り始める。中国においては「郡県」「封建」という表現にはいかなる道徳的性質もない。中国人はこれら2種類の体制を道徳的観点から判断しようとしてはいないのである。中国の古典では，君主の，

また臣下の道徳的資質だけが体制の理想的質を規定する規準であった。強力な皇帝であろうが，地方領主であろうが，君侯たる者は，智恵と徳によってよき統治の理想を思い描かねばならなかった。郡県制の体制は皇帝が専制君主であるなら血なまぐさい専制を招くこともありえた。このことが古代王朝，秦の終焉を説明してくれる。逆に封建体制は中央政府が諸国間，あるいは競合する諸領主間の内戦によって，完全に消滅してしまえば，無政府状態や大変な混乱を招きかねなかった。

　日本においては，中国のそれとは異なる伝統を受け継ぐ歴史家たちが中国風の概念を少しずつ改変し，そこに道徳的価値の概念を導入していった。頼山陽が後の明治政府指導者に与えた影響はよく知られているが，その頼山陽によって提示された封建時代は，弱い政府の時期とされている。その時期には権力は骨抜きにされ，失われた正統性の回復を希求する。その正統性は郡県制の時代として理解された，天皇が実際の政治に携わっていた時期に存在したような正統性である。道徳的観点からいうなら，郡県制はより大きな正統性を備えている。天皇がより強力であり，より尊敬されているからだ。たとえば徳川体制のような，地方分権を特徴とする封建制は，したがってかつての郡県制より劣った性質の体制だとされる。

　中国の思想家たちはこの封建制，郡県制という概念を自分たちの国の歴史を理解するために用いていた。しかし彼らはこうしたものの見方が，自分たちの国以外の国の現実を理解させることができるなどとは想像していなかった。ところが，1840年以後，日本においては，この郡県制，封建制という概念は，世界史に適用しうるものであるとする新しい考え方が登場する。この考え方に拠れば，ローマ帝国の時代は郡県制の時代であり，西欧の中世は封建制の時代とされる。近代の絶対王政は郡県体制ということになる。西欧世界は郡県制の時期，すなわち中央集権化の時代に踏み込みつつあるとされるのである。後に初代首相になる伊藤博文(1841–1909)は1860年代初頭に

は，長州藩の若き攘夷運動家で，倒幕運動家であった。伊藤は長州藩によって勉学のためにロンドンに派遣された。帰国したとき，伊藤は自分がイギリスで見たものは非常に効率的な郡県制であると確信していた。伊藤は攘夷を捨て，その後の彼の目標は，故国日本を封建制から郡県制へと移行させることとなる。

　天皇の政治権力を復興した人々にとって，第一に確立すべきものは，新しい政権の正統性とその政治的有効性であった。彼らにとって，郡県制の枠組み，あるいはこういったほうがよければ中央集権制のもとで天皇の政治的権力の復興と，国家を近代化することのあいだに矛盾は存在しなかった。近代化は徳川家によって体現された封建制，すなわち地方分権的制度の破壊を含意していたのである。

　1872年，明治政府のリーダーたちは，徴兵令の発布が行われた後，新兵たちへの告諭を出す。このテキストは新体制の方針の明示と考えうる。そこで若き天皇は次のように言わせられていた。

　　　朕惟ルニ，古昔郡県の制，全国の制全国の壮丁を募り軍団を設け以って国家を保護す。固より兵農の分なし。中世以降兵権武門に帰し，兵農始て分れ，封建の治をなす。戊辰の一新は実に千有余年来の一大変革なり。此際に当り，海陸兵制も亦時に従い宜を制せざるべからず。今本邦古昔の制に基き海外各国の式を斟酌し，全国募兵の法を設け，国家保護の基を立んと欲す。

さらに先では次のように言われている。

　　　大政維新列藩版図を奉還し，辛未の歳に及び，遠く郡県の古に復す。世襲座食の士はその禄を減じ，刀剣を脱するを許し，四民ようやく自由の権を得せしめんとす。

このテキストはなぜ新体制が自らを復古として提示したのかを理解させてくれる。天皇の権力を復興させることこそが肝要だった。この復古という考え方は天皇が理論上有していた機能を復興せねばならないという思想に身を捧げた国学の思想家たちと明瞭な関係を有している。しかし一方このテキストは中央集権化され神話化された皇帝制という中国の歴史思想からも借用していた。領主を戴いた藩を廃止し，これを高級官僚に指導された行政単位である県に置き換える廃藩置県，文民に指導される行政機構と徴兵制による軍に立脚した政府の誕生は，今日の観点からするならば，自ずから近代国民国家の方向を目指す改革の措置として姿を現す。しかしこれらの改革を実施した人々はそれをかつて存在したが，今日では消滅してしまった理想的秩序への復帰と見なしていた。このように明治とはまず何よりも復古であった。それは天皇の復古というだけでなく，この時代の日本人が考えていた限りでの，古い秩序の復古だったのである。

　明治の指導者たちは，本当に，奈良・平安時代に存在した秩序を復興していると確信していたのだろうか。この問に正確に答えることは困難だが，それでも18世紀末のフランス革命の際の革命家たちもやはり自分たちの運動を，古代ローマ共和国の美徳への復帰と考えていたこと，そして1917年のロシアのボルシェヴィキたちも自分たちはフランス革命をやり直しているのだと考えていたことは指摘できるだろう。日本について言えば，封建制の廃止は失われていた自由の回復として理解された。それは封建制の諸構造，封建制のイデオロギーを明瞭に葬るために必要なことだった。

2.「中世」のある新解釈

　時代を多少下って，対馬海戦（1905年）後のロシアに対する日本の勝利の

直後の時期を検討していこう。若き歴史家原勝郎(1871–1924)は1906年に『日本中世史』を刊行する。原はその10年前に東京帝国大学歴史学科を卒業し，1908年には京都帝国大学教授に任命される人物である。原はこの本の序文に次のように書いている。

> 換言すれば，鎌倉時代より足利時代を経て徳川時代の初期に於ける文教復興に至るまでの歴史は，本邦史中に於ける暗黒時代にして多く言を費すを擁せざるものなりと思惟するに因る。
>
> 余密かに考うるにしからず。かくの如き断定はこれ上代に於ける支那渡来の文物の価値を過大視せるより来たれるものにして，その実当時に於ける輸入文明は，決して十分に，同化利用せられたるものにあらず。[...]この時代〔鎌倉時代〕が本邦文明の発達をしてその健全なる発起点に帰着せしめたる点において，皮相的文明を打破してこれをして摯実なる径路によらしめたる点において，日本人が独立の国民たるを自覚せる点において，本邦史上の一大進歩を現したる時代なることは疑うべからざるの事実なりとす。

原がこの著作で強調しているのは，彼が「文化の諸形態の普及」と呼ぶものであり，これを原は「文明の発達」の指標と見なしている。文化形態は歴史を通じて進歩するという考えを最初に表明したのは1877年に出版される田口卯吉(1855–1905)の『日本開化小史』であった。このような考え方は1920年代に，文学史家津田左右吉(1873–1961)によっても表明されている。『文学に現われたる我が国民思想の研究』における津田のアプローチはかなり国家主義的と言っていいものだった。またこのような考え方はさらに後の1970年代に，マルクス主義に近い思想家である加藤周一(1919–)によって『日本文学史序説』において表明されている。原がこの本で示している考

え方はたいへん重要なもので，20世紀を通じて，多くの知識人サークルに再び見出されることになる。

　原にとっては，中世の諸世紀を通じて出現する新しい文明は，中国文明を忠実に模倣したものではなく，新たなる文化の創造であった。そうであってみれば，日本を単に中国文化が中国の外側に反映したものと見なすことはもはや不可能となる。原は日本の中世の地位を回復させ，その時代を日本が中国文明から独立する時期，文化の「日本化」の時期と見なしている。原によれば，中世は，あるいはより正確に言うならば13世紀の鎌倉時代こそ，新たな日本の誕生を画した時期であった。ここには明らかにパラダイムの二重の変換が見られる。歴史の転換点として重要なのはもはや古代ではなく，明瞭に中世とされる。時代の重要性を測る基準は国家の形態（郡県・封建）ではなく，文化の普及の程度ということになる。この重要性は中国文明からの自律・独立という観念に結びついたものであり，その自律・独立は「健全なる中間的社会」すなわち堅固な中産階級，より明瞭に言うなら武士階級の存在に基づくものである。中国文化の影響によって成立した洗練されてはいるが皮相的なものであった古代，宮廷貴族によって支配されていた古代に，原は中世を対立させ，この時代に「粗野ながら健全な」日本文化が武士のあいだに生まれたとする。このように原によって提示された歴史観は，先に紹介した1872年の天皇による徴兵の詔によって提示される歴史観とはまったく異なったものである。武家政権はもはや社会の停滞の要因として提示されるどころではなく，逆に，進歩の要因と見なされるに至る。

　われわれが扱ってきたふたつの時期のあいだに，全般的な政治状況にかなりの変化があったことは間違いない。日本軍は1895年に中国に勝利し1905年にロシアを打倒した。10年経つか経たないかのうちに日本の国際的地位は完全に変化していた。明らかに，この新たな状況に対応する，新たな思考の基礎が必要なことが明白になってきていた。原の考えによれば，伝統

的な国学思想は正統性という概念をあまりに尊重し過ぎていた。国学思想が中国の儒教思想に汚染されていたからである。平安文化は「女性的」で「皮相的」だと主張することによって，原は日中関係を歴史の最も重要な要素とすることを否定する歴史観を展開する。ここでこのような考え方が当時もちえた衝撃力について考えてみることができる。日本を徐々に中国文化から独立したものとして構築されてきたと考え，古代の中国風文化それ自体「女性的」で「皮相的」と主張するならば，そのような言説が国家主義的言説のうちに，そのこだまを見出すだろうことは想像に難くない。

　武士階級という中間階級が果たす役割を強調することにより，原は歴史についての言説の核心を国家から社会へと移動させた。社会が封建的であれば，それは文化を中央集中的ではないものにし，文化の普及に貢献し，したがってそうしたありかたは進歩の源となる。そしてまさしく原の著作が出たこの時期に，日本語の「封建」という語は，西欧語のféodalité, feudalism, Lehnwesenと同じ意味を表わす語になる。いまや，この語の地位はそれまでとは異なったものになる。かつての分権という観念は封建社会という観念に席を譲る。この「封建社会」という語は，地方における武装した中産階級の興隆を含意しており，この階級が，洗練されているけれども孤立した宮廷の文化と文明から置き去りにされていた地方の架け橋となるのである。

　その上，原勝郎は，彼が創始した歴史についての新たな言説において，関西と関東，西と東の対立を強調している。明治のクーデターの指導者たちの大部分は西南雄藩出身の武士だったが，「真の日本」は東，すなわち鎌倉周辺の関東で生まれたとされる。ここで原自身が日本の東北端の藩のひとつ，南部藩の盛岡出身であることを指摘しておこう。東北地方は新たに出現した天皇制に抵抗し，最後まで徳川体制に忠実であった地方であった。地域的な対立というこの考え方自体も，原の著作が書かれた時期に日本において支配的だったドイツの歴史学のある種の図式と無関係ではない。フランスで行わ

れていたものとは対立するこの図式は，人類を再生させ進歩させる役割をゲルマン諸民族に割り振っていた。ゲルマン諸民族こそが腐敗し堕落したローマ帝国を侵略したとするのである。原ははっきりとローマ帝国と奈良・平安朝の宮廷を平行したものと捉えている。そして原は，中国・朝鮮文化に，ヨーロッパにおいてギリシャ・ローマ文化が果たしたのと類似の役割を見ている。同時に原はゲルマン諸民族を東日本と同一視する。どちらの場合も新しく誕生する社会を導いているのは武装した人々の階級であり，彼らが封建的秩序を打ち立てるのである。そして原は，封建社会がヨーロッパ諸国の誕生にいかに中心的役割を果たしたかを思い起こさせている。日本がひとつの国民として誕生したのは，武家階級の興隆，鎌倉体制の指導者たちの導きにより，13世紀に日本が統一されることによってだと，原は主張しているのである。

前述の時期から20年ほど遡る1885年有名な知識人福沢諭吉 (1834–1901) が論争的なエッセー「脱亜論」を発表している。そこで福沢は日本の開国以来，日本国民が奉じる諸価値はますます西欧が奉じる諸価値に接近しており，アジアが奉じる諸価値との関係は次第に希薄になってきていると説明する。原勝郎が提示する見方はむしろ福沢の見方を逆転させたものである。原の見方によれば，日本はアジアを離れる必要などない。なぜなら日本はそもそもアジア的ではないからである。日本に見られるアジア的文化は表層のものでしかない。日本は独自の純粋な文化を有している。そして奇妙なことに原は，原にわずかに先立つ時期にアメリカでF・J・ターナー (1861–1932) が提唱した「フロンティアの理論」に似た理論を展開している。それによれば，北へ，あるいは東へ行けば行くほど，未開の，そしてあまりに中国化された西からは独立した地域が見出されるのであり，そちらにこそ「真の日本」があるとするのである。したがって原は，東北地域が果たした役割を再評価した最初の歴史家であった。このことは1868年以後日本という国

が西南地方出身のエリートの手に握られていただけに非常に重要である。

また原には，日本の歴史には一定のリズムがあり，そのリズムはヨーロッパの歴史のそれと同一のものだという考えも見出せる。日本，ヨーロッパそれぞれの中世はどちらも国民国家の起源となるものであり，国民国家が成立して初めて，それぞれの国は文化的に堅固なものとなるとするのである。

明治維新後30年経った時期以後，原及び彼に続く一群の歴史家が20世紀を通じて，武家階級の再評価をしようとした。しかしそれは旧秩序に復帰する必要性を唱える反動的言説とはまったく無関係なものだった。それはむしろ，中産階級への，日本の文化的独立への，「昔からの中国の影響」に対する闘いへの賛歌のようなものであり，西欧と共通の，もしかしたら西欧と共有された歴史という考え方への賛歌のようなものであった。

強調しておきたいのは，郡県の時代という概念が20世紀初頭にはすっかり消滅したという事実である。この概念は歴史の動きを理解するのにまったく役立たなくなってしまった。それとは逆に「封建」という概念は生き延び，近代の学問の語彙に取り入れられた。この語は分権化された国家を示すものではなく，まさしく「封建性」という概念を名指すものとなったのである。

締めくくりとしていくつかの指摘をしておこう。

まず注意しておきたいのは，本論で言及したふたつのテキストの性質が異なっていることである。

第一のテキストは政府の公式文書であり，明治のエリート層の大部分が抱いていた歴史観のかなりよくできた要約であり，知的な意味ではさまざまな考え方を折衷したものである。第二のテキストは歴史の専門家による著作である。しかし原のテキストは20世紀初頭に広く読まれ話題になったもので，日本国内に広く普及し，ついには歴史についての新しい表象を生み出した歴史の語り方《historical narrative》を提供している。われわれは同時代の他

の学者のテキストで，同様の観点を主張しているものを引用することもできただろう。たとえば福田徳三 (1874—1930) は 1910 年頃に，彼が学んでいるドイツ史は驚くほど日本史に似ていると，喜びを示しながら説明している。1906 年から 1910 年頃に定着したこうした言説は長期にわたって支配的なものであり続けた。

先に，1870 年頃，中国の影響がどれほど大きかったかを見た。今日では，この影響は歴史家たちによってあまりに低く評価される傾向にあるように思える。彼らはむしろ，西欧の近代主義的言説の重要性を強調するきらいがある。しかし 1868 年に優勢であったのは，そして新しい明治体制にその正統性の一部を提供していたのは，中国的歴史観あるいは少なくとも，日本人が当時中国的歴史観と見なしていたものであった。

「中国風」の歴史観によって支配された問題設定と原勝郎が擁護する問題設定のあいだには，問題の輪郭線の移動があり，新しいパラダイムの出現があった。政治的に問題とされることがらが明らかに変化したのである。1868 年になさねばならなかったのは徳川体制に終止符を打つことであった。1905 年になさねばならなかったのは，西欧人と同等な者，あるいは彼らの競争者としての己を主張することになっていた。ここに見られるのはフランソワ・ハルトクが「歴史性の変換」と呼ぶものであり，この変換には展望の完全な逆転が伴う。この変化の後には封建性の概念は非常に重要になる。なぜならこの概念は西欧と日本を比較する言説の出現を可能にするからである。この概念はユーラシア大陸の両端において，相似的な歴史があったとする考え方の擁護を可能にする。さらに後の時期にはこの概念は，歴史は諸段階を通過するものであり，歴史は輝く未来へ向けて進むという見方を可能にするだろう。封建制は実際資本主義を萌芽として含んでいる。そして日本で資本主義が成功を収めたことはよく知られている。この点もまた，西欧と日本の比較が有効なことを示すとされる。

原によって最初に規定されたパラダイムから歴史家たちが逃れ，ネットワーク，空間及び時間の複数性，社会全体の多様性といった概念に基づく新たなパラダイムを打ち立て，国民国家に基づく歴史を脱構築するようになるには1980–90年の時期の「新しい歴史」の出現を待たねばならなかった。[*]しかしこれはまったく別の話，別の歴史ということになるであろう。

[*] ここで「新しい歴史」とは，『思想』No.845（1994年11月）の特集「近代の文法」に寄稿した歴史家たちを念頭に置いている。

（小野　潮訳）

欧化と日本回帰・再論
―― 「戦争」と「戦後」を改めて考える ――

西　川　長　夫

はじめに――2006年12月8日に考えたこと[0]

〈だれもが同調して雪崩をうつ時代は、そう昔ではない。遠い先のことでもないように思える。〉

　今日は12月8日ですが、これだけはどうしても言いたいこととして、鶴見俊輔・鈴木正・いいだもも『転向再論』（平凡社，2000年）の外岡秀俊氏による書評（毎日新聞，2001年5月2日）の結びの言葉を引用させていただきました。かつてだれもが、つまり政治家や知識人だけでなく大衆の大部分が、同調し雪崩をうって戦争に向かった時代がありました。そしてその時代は私にとってそう遠い昔ではありません。その日、つまり65年前の1941年の12月8日、私は北朝鮮の連浦という飛行場のある小さな町の小学校2年生でした。夕方、数人の生徒が受持の先生の家に集まってラジオのニュースで開戦の詔勅を聴いた記憶があります。だがその日の意味を知るのは後年になってからで、私はわりあい最近になってその日の「同調」と「雪崩」の実態と意味を確認するための一文を書きました（「戦争と文学―文学者たちの12月8日」，拙著『戦争の世紀を越えて』平凡社，2002年，所収）。
　ところで外岡氏のこの予言的な書評は2001年9月11日のほぼ4カ月前

に記されています。そういう時代はそう「遠い先のことでもないように思われる」とこの文章は結ばれていましたが、私たちはいまそういう時代のただなかにあるのではないでしょうか。しかも私たちはそのことを十分認識せず、仮に意識してもどうしてよいか分からない。65年前の12月8日の直前に類似した状況です。雪崩はすでに始まっていて、それを推し進める政治の例は「戦後レジームの再編」などといった言葉を使っています。

　この書評の全文はあとで「転向」の問題について述べるときに読ませてもらうことにして、次に本日の私の報告のタイトルについて少し説明をさせていただきます。「欧化と日本回帰」というタイトルはこの会の主催者の側から与えられたもので、先ほど三浦さんからその趣旨の説明がありました。「欧化と日本回帰」の問題は、私の考えでは近代日本においてくりかえし現れた「だれもが同調して雪崩をうつ」現象にかかわる問題だと思います。

　そのタイトルに「再論」とつけさせていただいたのは、この問題について私はすでに40年ほど前からくりかえし書いていて（最初に活字になったのは「日本におけるフランス―マチネ・ポエティック論」、桑原武夫編『文学理論の研究』岩波書店、1967年12月、所収)、いまそれをまとめて一冊の書物にする計画を進めているのですが、一冊の本にするについては過去の自分のさまざまな試みに一定の距離を置いて、批判的に再読したいと考えているからです。40年間同じテーマで書き続けてきたものを再読すると、欧化と回帰をくりかえす時代の流れのなかで、時代のイデオロギーに抗して書くことの困難さを改めて感じます。自分は変わらないと思いながらも微妙な視座の移動があったことは認めざるを得ないと思います。しかしそうした変化のなかでも、いまここで何かをしなければならない決定的な瞬間があって、その瞬間をいかにとらえるかというのが私の「再論」の意味です。それはより客観的に見ればグローバル化の現実、あるいはグローバル化の概念のなかで欧化と回帰の概念を再考し再論することになるのではないか、今日の私の

報告はその試みの一部だとお考え下さい。

　報告要旨に付した文献表には、最近再読しえた比較的新しいものから3点（鶴見俊輔・鈴木正・いいだもも『転向再論』平凡社，2001年；近藤渉『〈日本回帰〉論序説』JCA出版，1983年；廣松渉『〈近代の超克〉論―昭和思想史の断片』朝日出版社，1980年）のみを出しています。私自身の日本回帰に対する考え方は『増補　国境の越え方―国民国家論序説』筑摩書房／平凡社，1991/2001年に1章を設けて論じており、またその続編である『地球時代の民族＝文化理論―脱「国民文化」のために』新曜社，1995年には巻末に24頁にわたる「日本人論・日本文化論関連年表」を付して600を越える文献を記していますから詳しいことはそちらをご参照ください。

1.　「欧化と（日本）回帰」という問題群

　今日お集まりのみなさんのなかにも、欧化（西欧化，欧化主義）と回帰（日本回帰，国粋主義）といった用語、あるいは「欧化と回帰」という問題設定に違和感をもつ、違和感とまではゆかなくても、いささか古風な用語だなあという印象をもたれた方があるかもしれません。じっさい「欧化」や「日本回帰」という用語は、後に述べる「転向」などとともにいまではほとんど死語となるか、あるいは異なる意味（例えば「転向」は政治用語からスポーツ用語に転向しています）で用いられるようになっています。そのこと自体はたいへん興味深い現象なので、あとで時間があれば少し考えてみたいのですが、明治維新以後（あるいは江戸期も含めて）の日本近代の歴史のなかで、「欧化」と「回帰」が政治的社会的に、あるいは思想史のなかで、重要な問題であったことを否定することはできないと思います。

　日本近代の歴史のなかで近代化とは現実的には圧倒的な欧化であり、外圧

として認識された欧化に対する反応あるいは反動が日本回帰の形をとることは，ごく自然の成り行きでした。だがそうした対立葛藤にはさまざまな形があり，またそれが強く意識された時代とそれほど意識されなかった時代があることもたしかです。強く意識されたのは，明治維新前後を別とすれば日清日露戦争に至る明治末年，転向の問題が切実であった1930年代，戦後では60年代から70年代にかけてではないかと思います。いずれも危機の時代，つまり欧化から回帰への転換期です。30年代の典型的な，おそらく最もよく知られている例として参考資料に萩原朔太郎の「日本への回帰」（昭和13年［1938］）の全文をあげておきました。その一節を読ませてもらいます。

　「かつて「西洋の図」を心に描き，海の向こうに蜃気楼のユートピアを夢見て居た時，僕等の胸は希望に充ち，青春の熱意に充ち溢れて居た。だがその蜃気楼が幻滅した今，僕等の住むべき真の家郷は，世界の隅々を探し廻って，結局やはり祖国の日本より外にはない。しかもその家郷には幻滅した西洋の図が，その拙劣な模写の形で，汽車を走らし，電車を走らし，至る所に俗悪なビルディングを建立して居るのである。」[1]

このような欧化―幻滅―家郷喪失―漂泊という図式は，日本近代の抒情詩の一つの型であるだけでなく，多くの人々によって経験され，類似の言説はいくども繰り返されてきました。配布された資料のなかの図1「支配的イデオロギーとしての欧化主義と日本回帰」をごらんください。この図はロシアのレニングラード（サント・ペテルブルク）で行われた「日ソシンポジウム」で日本の70年代のネオ・ナショナリズム（日本回帰）を説明するために用いたのが最初ですが，日本回帰の動きが顕著になった時代は少なくとも3回は繰り返されています。ここでもこの図を見ながら「日本回帰」の問題点をいくつか要約的に述べておきたいと思います。

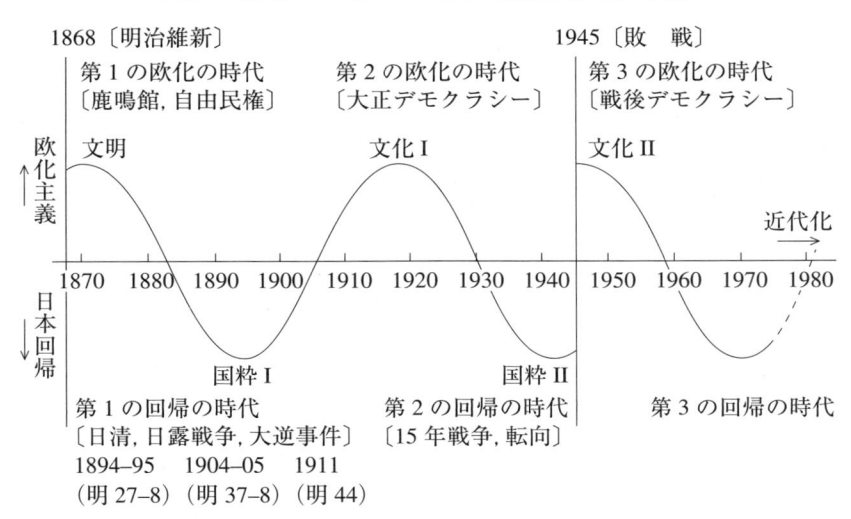

図1 支配的イデオロギーとしての欧化主義と日本回帰

1868〔明治維新〕　　　　　　　　　　　　　1945〔敗　戦〕

第1の欧化の時代　　　第2の欧化の時代　　　第3の欧化の時代
〔鹿鳴館, 自由民権〕　〔大正デモクラシー〕　〔戦後デモクラシー〕

文明　　　　　　　　文化Ⅰ　　　　　　　文化Ⅱ

欧化主義↑

近代化→

1870　1880　1890　1900　1910　1920　1930　1940　1950　1960　1970　1980

↓日本回帰

　　　　国粋Ⅰ　　　　　　　　国粋Ⅱ

第1の回帰の時代　　　第2の回帰の時代　　　第3の回帰の時代
〔日清, 日露戦争, 大逆事件〕　〔15年戦争, 転向〕
1894–95　1904–05　1911
（明27–8）（明37–8）（明44）

（出典）第2回日ソ学術シンポジウム報告集「現代日本の支配構造」, 立命館大学人文科学研究所(1983年3月), 173頁

　(1) まず第一にこの図（グラフ）に「支配的イデオロギーとしての欧化主義と日本回帰」というタイトルを付したことについて。「欧化」にせよ「回帰」にせよ, それはかなり漠然とした主張や願望であって,「欧化」にかんして言えば, 国外に一歩も足を踏み出したことのない朔太郎がいみじくも「西洋の図」と述べているように, 言説と図像をもとに憧れと願望によって思い描かれた想像上のヨーロッパやアメリカであり, 具体性を欠いた西洋です。眼前に展開する具体的な西洋とは, 近代化の政策に従って国家や資本が推し進める諸制度や産業, 生活様式や風俗あるいは芸術や思想であって, それはやがて「拙劣な模写」とみなされることになります。

　他方「回帰」すべき対象もまた実態を欠いた空想上の産物であったと言わざるをえません。朔太郎は先に引用した「日本への回帰」の一節をさらに次

のように続けています。「僕等は一切の物を喪失した。しかしながらまた僕らが伝統の日本人で，まさしく僕等の血管中に，祖先二千余年の歴史が脈搏してゐるといふほど，疑ひのない事実はないのだ。...」ここには典型的なイデオロギーとしての「日本回帰」の論理が見事に示されています。「〈日本人〉の境界」(小熊英二)の問題をもちだすまでもなく，二千余年前(弥生時代でしょうか)，「日本」という名称が存在する以前の日本人の血が「僕等」に流れているなどということを「疑ひのない事実」として信じるためには，よほど強烈なイデオロギー(紀元2600年の建国神話でしょうか)の信奉者でなければなりません。生物学的に言えば，人類の歴史は「混血」の歴史です。もし「伝統」を言うのであれば，その伝統とはいったいどのようにして形成されてきたのでしょうか。仏教や儒教の例を出すまでもなく，中国やインド(いわゆる唐・天竺)の強い影響下に日本的伝統が形成されたことは明らかです。

「日本の文化は，6世紀以降，東アジア文化圏に〈極東〉として〈西洋の衝撃〉を受けとめ，その不断の刺激のもとに近代文化を形成しつつ，今日に至った」。この文章は橋川文三他編『近代日本思想史の基礎知識』(有斐閣，1971年)の「日本への回帰」の項目(宮川透)の冒頭の部分ですが，私たちはここで「欧化と回帰」の前史，いわば欧化以前の欧化(中国化)とも言うべき現象について考えざるをえません。

(2) お手元の資料にあるもうひとつのグラフ(図2)をごらんください。これは上山春平「日本文化の波動―その大波と小波」(梅棹忠夫，多田道太郎編『日本文化の構造』講談社現代新書，所収，初出は『エナジー』1967年10月)からの引用です。上山氏は日本における外国文化に対する反応として「(1) みずからを外に開いて，外来文化をそのままナイーヴに受け入れる時期と，(2) 外と遮断して，それまで受け入れたものを内部的に消化してゆく時期」のかなり明確に異なる二つの時期の交互発現が歴史的に認められると

図2

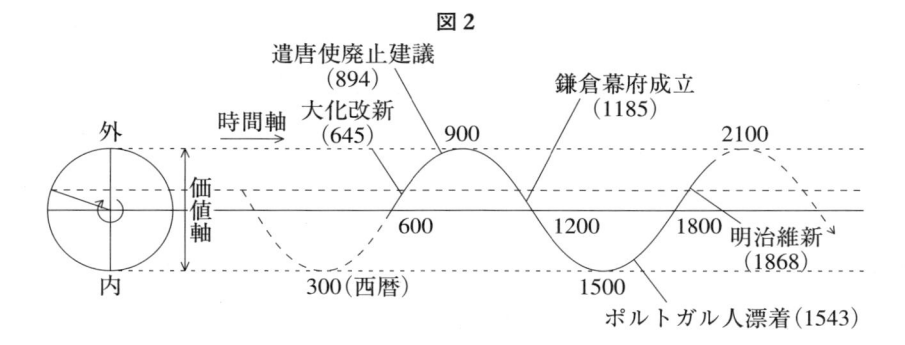

遣唐使廃止建議(894)
鎌倉幕府成立(1185)
大化改新(645)
明治維新(1868)
ポルトガル人漂着(1543)

して，「600年周期と20年周期」という仮説を出しています。

　600年周期の第一のサイクルは中国文化の受容にかかわるもので，西暦300年ころから始まり900年ころに頂点に達しており（受け入れの時代），やがて1200年ころから日本独自のものを生みだす時代（内面化の時代）に移行すると考えられています。また20年周期とは，その第二の600年周期の受容の時期に属する明治維新以後の受け入れと内面化の小サイクルのことです（明治維新以後のこのようなサイクルの存在は，加藤周一「日本人の世界像」，山本新「欧化と国粋」，その他によっても指摘されているが，ここでは省略させていただきます。詳しくは『増補国境の越え方』の「欧化と回帰」の章をご参照ください）。上山春平のこの雄大な仮説にかんしては検証を必要とする部分も多く，また上山氏自身が今日どのように考えておられるかは詳にしないのですが，私がここで改めて確認しておきたいのは，(a)「欧化と回帰」に類似した「中国化と回帰」が先立つ経験として存在したということ——江戸期の本居宣長や国学はその「回帰」の顕著な一例でした。(b) 明治以後に伝統とされているものはこの「中国化と回帰」の産物であったということ。(c) そしてそのような「回帰」の現象が繰り返される主要な理由の一つは，おそらく日本列島の周辺的な位置によるものであろう，という3

点です。

(3) さて，ここで再び明治維新以後を問題にした図１にもどりたいと思います。このグラフが示している誰の目にも明らかな二つの歴史的事実があります。なだらかなカーブによって示される欧化と回帰の存在と，それを突如分断する二つの断絶。二つの断絶とは言うまでもなく明治維新と第二次大戦（アジア・太平洋戦争）の敗戦ですが，それによっていずれの場合も国粋から欧化への急激な変化，そして断絶と転換が行われてきました。象徴的な事件として黒船とミズーリ号を上げれば，いずれの場合もアメリカが深くかかわっていることに思い当たります。内的な条件に呼応してのことであるが，一応は外圧による転換と言ってよいでしょう。

欧化の三つの時代はそれぞれ，明治国家（国民国家）建設と文明開化の時代，大正デモクラシーと大正文化時代，戦後デモクラシーと戦後文化の時代として知られています。これに対して回帰（国粋）の時代は，日清日露戦争と帝国主義，植民地主義が露骨になった時代，そして第二次大戦に至る15年戦争の時代でした。60年代後半から7,80年代にかけての，戦後における回帰の時代を何と呼べばよいのか。戦後デモクラシーの時代は長く続かず，すぐその後にいわゆる「逆コース」の時代がおとずれ，高度成長期につながります。青木保はこの時代を「肯定的特殊性の時代」と呼んでいます（『「日本文化論」の変容』1990年）が，『ジャパン・アズ・ナンバーワン』（エズラ・F・ヴォーゲル，1979年）のような，肯定的な日本人論，日本文化論が盛んな時代でした。

(4)「欧化と回帰」という現象を呼び起こす最大の根本的な要因は何でしょうか。16世紀以来の西欧の膨張とそれに対する世界各地の応答（レスポンス）があったことは否定できない前提条件ですが，私たちにとってより切実な問題は，その応答の仕組みと内実，それにかかわる制度や装置の存在です。ここで近代国家の形成，すなわち国民国家の形成と世界システムの中に位置づけられ

た国民国家の矛盾の問題を考える必要があると思います。とりわけ後発の国民国家は，先進諸国に対抗し，先進諸国に伍して国際関係の中で存続し，しかるべき地位を占めるためには（つまり列強の植民地とならないためには），先進諸国と同様な諸制度（憲法，議会，裁判所，政府，軍隊，学校，新聞，銀行，鉄道，郵便，等々）を設立するだけでなく，先進諸国から文明国とみなされるような風俗，道徳，衛生，生活様式，等々を実現しなければなりません。これらすべてを含む欧化政策が成功するか否かは，国際社会におけるその国の地位と運命に直接かかわる重要かつ緊急の問題ですから，政府は万難を排してその実現を図る。これは日本の明治政府が，あるいは政府と組んだ企業家たちが精力的に取り組み，ごく短期間で強引に，時には迂曲を経て実現していった事柄でした。急激な変化に対する抵抗や賛否両論が起こるのは当然のことでしょう。

　他方，近代国家は他国との境界（国境）を確定し，主権の及ぶ法的に平等で均質な空間（国土）を作りださなければなりません。国民統合，つまり住民の統合と国民化もまた緊急の課題です。広い意味の教育，愛国心に満ち，能率的で能動的な，文明化された国民の形成が急がれました。歴史，地理，国語，修身，音楽や体育など学校のあらゆる教科を通して，他国とは異なる国民の独自な民族性や伝統の優越，風土の美が説かれ，国家や国旗，さまざまな伝説や物語などナショナルな象徴やプロパガンダを通して，祖国への忠誠が求められる。

　これは国民国家論として繰り返し述べられてきたことですが，世界システム，あるいは国家間システム（I. ウォーラーステイン）の存在は，諸国家間の相互模倣性と同時にそれとは裏腹の諸国家間の差異の強調（国民性，国民文化，作られた伝統，等々）を生みだします。一つの世界的なシステムの中で共存するためには，たとえそれが競争的敵対的な共存であろうと，共通のルールと共通の装置を必要とし，他方，諸国家が国内の統合を強化して国家

としての実質と効能を高めるためには，それぞれの国家の独自性を強調しなければならない。いわば差異を強制する普遍性の存在です。こうして明治以後の日本では，欧化と回帰に対応して洋画に対する日本画，西洋音楽に対する邦楽，建築における洋風に対する和風，洋装に対する和装，さらには洋食と和食というような，制度や学問の領域から風俗に至る奇妙な現象が発生し，人々はその差異を享受し，あるいはその狭間(はざま)で苦しみ悩むということになりました。

　欧化と回帰は，また戦争に深くかかわっています。戦争は各国の利害が対立し国益を争う世界システムの中では不可避の事態ですが（戦争をしない，あるいは隣国と国境を争わない国家があったでしょうか），戦争はまた国民統合を強化する好機でした（政府あるいは国民統合の危機を回避するために始められた戦争は枚挙にいとまがありません）。国家のあらゆる装置を動員して行われる求心的な国民統合は，ナショナリズムと回帰を生みだす原動力です。

　なお日本における回帰のメカニズム（最近では回帰に代わってナショナル・アイデンティティという用語が使われるようになりました）の中枢に天皇制があったことは，いまさら言うまでもないと思います。第二次大戦後もこの国家宗教ともいうべき天皇制は維持されています。だがあらゆる国家装置と同様，天皇制も両義性を備えていることは指摘しておかなければなりません。それは天皇の服装によく示されています。白馬にまたがる軍服姿の天皇（ナポレオンを思わせます）と神話的な服装で伝統的儀式（作られた神話と作られた伝統）に立ち会う天皇，欧化と回帰のメカニズムを表象する天皇の姿は現在に伝えられていることは，みなさんご承知のとおりです。

2. 「転向」と「近代の超克」

　1933年6月，獄中にあった佐野学・鍋山貞親による声明「共同被告同志に告ぐ」によって表面化した「転向」は，日本回帰の時代の最も深刻な，しかも「回帰」の典型を示すような現象でした。ここで先に結論の部分を引用した外岡秀俊氏の「書評」の全文を改めて引用させていただきます。この書評は『転向再論』の要約とともに「転向」の現代的な意味と状況を実に簡潔的確に述べています。

　　「国民挙げての「宙返り」再び？（キャプション）「転向」が死語になって久しい。「思想」が色あせた今は，時流にあわせて軽やかに変るのが望ましい。本書は，そうした風潮に放たれた一矢である。
　　62年まで，鶴見氏ら「思想の科学研究会」が，7年かけて三巻本に編んだ『共同研究　転向』（平凡社）は戦後史に残る事件だった。
　　研究会は転向を「国家権力の強制のもとに起こる自発的な思想の変化」ととらえた。33年に日本共産党指導者が，獄中から方向転換を表明し，多くの追随者を生んだ。40年以降は，戦争を支持して初めて「転向」とみなされた。軍国主義に雪崩をうった共産主義，自由主義の日本的な「くずれ方」。それが転向である。
　　では「非転向」が正しいのか。戦時中も獄中でソビエト政策を守った共産主義者の「非転向」を，転向と同じく不毛と論じたのが吉本隆明氏だ。論争を通じて転向論は，「背教」を難じる「殉教」の論理ではなく，この国で思想はいかに現実と切り結ぶ批判精神を持続できるかという核心にまで深められた。
　　「再論」で鶴見氏は，戦争に向け国民単位で「宙返り」をした日本が，

再び「宙返り」しないかと自問し，「転向」という言葉が廃れた事実に，今の日本をとらえる視角を提示する。鈴木氏は，古在由重らの例をもとに転向論研究の新たな視点を示す。いいだ氏は戦争の奔流を通じて多くの思想が変質した全体像を，「人間喜劇」さながらに再現する。
　　人は何度も転向する。そうしなければ自分を保つことすら難しい。では転向の是非を測る照合基準とは何か。鶴見氏はそれを「アイデンティティー」ではなく「インテグリティー」（高潔，誠実）と呼び，「まともな人間」として生きていく考えだという。
　　大切なのは「まともな人間」の基準に照して，思想が外に開かれた柔軟さと，強じんさを保つことができるかどうかだろう。だれもが同調して雪崩をうつ時代は，そう昔ではない。遠い先のことでもないように思える。」

　上記の文章を手がかりにして「転向」についていくつか考えをまとめておきたいと思います。
　第一に，「転向」という言葉が示しているのは，治安維持法によって代表されるような，国家の暴力性がむき出しに表れた時代が存在したということです。国体（天皇制）の変革と私有財産（資本主義）の非認を目指す，さらには戦争反対を主張する人々に対して苛酷で非人間的な弾圧が加えられ，マルクス主義者やアナーキストを始め，さらには多くの自由主義者をも含めて多くの「主義者」が投獄され，時には虐殺されました。『共同研究　転向』によって示された「転向」の定義は「権力によって強制されたために起こる思想の変化」（第1巻，5頁）ですが，この「権力」が国家権力であることは言うまでもありません。ただしその思想の変化が上の書評にあるように「自発的」といってよいのか否かについては議論のあるところでしょう。近代的な抑圧＝イデオロギー装置を整えたばかりの国家権力の圧力の下で「自発的」

な変化がありえたのかどうか。「自発的」に変化（転向）しなければ，生活と生命の保証はない社会というものを，自分たちの歴史の問題として想起する必要があると思います。

　第二に，軍国主義下のこの恐るべき監視社会のなかで，「転向」を強いる圧力は官憲の側からばかりでなく，家族や隣人たちや国民の側からもたらされたということも忘れてはならないと思います。「転向」は知識人の国民のなかでの孤立，大衆に対する同調と不信のなかで進行しました。鶴見俊輔は『転向再論』に寄せた文章に「国民というかたまりに埋めこまれて」というタイトルをつけています。そこには地球大のテントのなかで「国民という単位にかためられた人間団塊」が世界の各地で「宙返り」を競う20世紀100年の大サーカスというイメージが提示されています。国家権力と個人（知的エリート）の思想の自由の問題として提起され，一般に日本的で前近代的な社会の特徴（日本的特殊性）とみなされていた「転向」という現象が，ここでは「国民」の問題として全世界的な拡がりを与えられていることに注目したいと思います。鶴見氏はこれに続く文章で次のように述べています。「21世紀のサーカスについては予見をさしひかえるが，日本の場合，二度目の国民団塊としての宙返りはあるのか。首相はそんなことを言っても国民は許さないという主張のくりかえしは，20世紀の日本歴史の事実からみると，とおらない。そのことを直視する人が，日本の知識人のなかでも20世紀に少なかったという現実から眼をはなさないようにしたい。」（22頁）「転向」における「自発性」とともに「国民」における「自発性」の問題[2]が改めて考えられるべきだと思います。

　第三に，『共同研究　転向』（上・中・下，1959〜1962年）と『転向再論』（2001年）が書かれた，ほぼ40年をへだてた二つの時代のかかわりについて。『共同研究』下巻のあとがきによれば，思想の科学研究会の活動の一環として「転向」の研究が始められたのは1954年5月とされていますから，

この『共同研究』の研究と執筆は、敗戦後の10年を経て戦後の混乱期が終わり、戦後の転換が進行してゆく（1960年は戦後の欧化から回帰への一つの転換でした）なかで、戦中戦後にわたる先行時代の動きを見据えながら行われています。『共同研究』は後の世代の者として、「私たちに先んじた時代の転向について記述するときに、決してその同時代の非転向者の場所に自分を置いてそこから裁くという態度をとらないこと」（「序言」9頁）を表明することによって「非転向者だけが正しい」とするその時代の社会通念を拒否しているのですが、しかし「転向」を問題とすること自体、そして「思想についてつねにその転向、非転向の時点と特徴をはっきり記述する習慣へのいとぐちをつくりたい」として、「公の思想と行動の世界における正札とりひきのルールをつくる」という意図は、思想と行動について是非曲直を正し、自らにその責任を問う倫理的な態度として『共同研究』の読者にはそれ自体が戦後イデオロギーを強く感じさせるものであったはずです（少なくともこの文章を共感と感動をもって読んだ当時20代の私にとっては）。

　40年を経て「再論」が書かれるのはきわめてまれなことですが、『転向再論』にはすでに『共同研究』で示されていた、著者たちの思想のあり方に対する一貫した強いこだわりが読みとれます。この『再論』は、より直接的には石堂清倫の自己の体験をふまえた、この問題に対する執拗で公正な追究（『わが異端の昭和史』1986年、『続 わが異端の昭和史』1990年、『中野重治と社会主義』1991年、等々）に触発されるところが大きかったようです[3]。転向―非転向の基軸となっていたソ連の共産党やコミンテルンの誤謬とその実態、中国共産党の日本共産党とは異なる対応（戦略的「転向」）、日本における政府や軍のプロパガンダ、次第に強化される弾圧（1940年以降は偽装転向のみが非転向の可能な形になったという藤田省三の反省）、そうしたなかでさまざまな形をとって行われた転向による抵抗（鈴木正は四つの典型として古在由重、戸坂潤、吉野源三郎、中井正一の事例をあげている）、等々、

『共同研究』の時代には目に触れなかったさまざまな歴史的事実が明らかになるにつれて,「転向」をめぐる認識と判断に修正が加えられるのは当然のことだと思います。

しかし同時に,「転向」についてそのような考察を続ける著者たちの視座を支えるまさに「国民的」な地盤が時代とともに変化していることにも注目する必要があると思います。著者たちは戦後最大の地すべり的な回帰の時代に直面して,過去の回帰の時代を想起しながら『再論』を書いています。「転向」における「国民」の問題は,「転向」を改めて日本の近代国家と国民形成の問題に,さらには明治期の第一の回帰の時代（日清・日露戦争の時代,鶴見は1905年という年代をあげています）に結びつける一方で,戦前の「転向」と重ねあわされた戦後の「転向」という新しい問題を提起することになる。私たちがいま直面しているこの雪崩をうつ地すべりに直接かかわるこの「戦後の転向」については,次節でもう少し詳しく考えることにして,ここではその前に30年代の「転向」の最終局面を表わす「近代の超克」について述べておきたいと思います。

1940年以後は「転向」をめぐる状況が大きく変る。そこで非転向を貫くとしたら偽装転向しかありえないということを私たちは見落としていた,というのが『転向再論』における著者たちの反省点の一つでした。「近代の超克」は偽装転向しかありえない,つまり国体(天皇制)批判や戦争(聖戦)批判が許されない翼賛体制の下で行われた,いわば思想崩壊後の思想運動の試みでした。私がさきほど「転向」の最終局面と言ったのは,そのような意味においてです。しかしちょっと不思議なことですが,『共同研究　転向』や『転向再論』においても「近代の超克」はあまり重要な位置を与えられていません。それは個人史を中心にした「転向」研究の方法論によるものか,あるいは「転向」研究のもっている思想的バイアスのせいなのか,ここでは疑問を記すに止めておきたいと思います。

「近代の超克」という言葉は、開戦直後の知識人のあいだには一種の合言葉のように浸透していたようですが、私がここで特に問題にしたいのは、開戦直後に雑誌『文学界』が組んだ特集「近代の超克」（1942年9, 10月号）です。この特集は二部に分かれ、「知的協力会議」の名の下に前半の第一部では参加者各自の論文を集め[4]、後半にはほぼ同じメンバーによる2日間（1942年7月23, 24日）にわたる座談会の記録が収められていますが、一般にはその座談会の方が有名になり、「近代の超克」というとその座談会を指すようになりました。座談会の出席者は、「文学界」同人から河上徹太郎（司会）、小林秀雄、林房雄、亀井勝一郎、三好達治、中村光夫が参加し、その他いわゆる京都学派の西谷啓治、下村寅太郎、鈴木成高、神学の吉満義彦、科学者として菊池正士、音楽の諸井三郎、映画評論家の津村秀雄など計13人でした。

　この「近代の超克」をめぐる特集は、司会の河上徹太郎も認めているように、それが最初目指した、総力戦下の知的協力として、何らかの統一的な思想や方向性を見出す試みとしては失敗でした。超克すべき近代西洋の概念やイメージが参加者各自ばらばらで、したがって超克すべき手段や方向性も一致するはずはありません。「世界史的立場」のアカデミックな形而上学と、「勤皇の心」といったファナティックな日本主義の両極のあいだに、神学や科学や音楽のそれぞれの側からの「近代」の定義が出されており、ほとんど対話が成立しないままに誤解と混乱と不信が深まるなかで、最後には「少年航空兵」にみられる「友情」や「精神美」をもちだして何とかまとまりをつけようとしています。もっとも『文学界』の同人たちの間にはある程度のコンセンサスがあり、それは日本の文明開化の最後の段階をプロレタリア文学に見立てて「文明開化の論理の終焉」を説く日本浪曼派的言説と心情を露にした林や小林や亀井の発言に見て取れますが、その中心人物とみなされていた保田与重郎は、出席が予告されていながら欠席でした。

欧化と日本回帰・再論　57

　今回,「近代の超克」を読みなおしてみて特に印象に残ったことを二, 三述べさせていただきますと, 第一に, 当時の知識人にとって, 12月8日の衝撃がいかに大きかったかということです。司会役の河上徹太郎は, この特集が開戦1年の間の「知的戦慄」のうちに作られたこと, また12月8日以来ある種の共通の枠組(型)ができあがっており, それが「近代の超克」の出発点であることを強調しています[5]。この「知的戦慄」の由来は, 単に世界支配(欧化)を目指す英米列強に対して東洋の小国が正義の(無謀な)戦いに挙国一致で立ち上がったということだけでなく, その侵略性が否定しきれない対中国戦争の泥沼からようやく解放されるという心理的倫理的な解放感があったことは否定できません。アジアに対する侵略や植民地支配の負い目は, 解放者の役割に転換したのですから[6]。

　第二に, 西欧的な近代の超克を唱える文章や言葉が, きわめて西欧的な観念とレトリックを用いており, こうして一定の距離を置いて眺めると反西欧を論じるこの集団がきわめてヨーロッパ的な洋学紳士の集まりに見えてきます(そしてそのことに苛立っているのは林房雄ひとりであるようです)。しかもこの特集にはヨーロッパのモデルがあり, 主催者もそのことを隠していません。河上は「結語」で次のように書いています。「これに形式の擬似した会議は, 十年許り前, 国際聯盟の知的協力委員会で開催された, ヴァレリイを議長とした数次の会議であらう。そこには, 既に矛盾を曝露し始めたヴェルサイユ条約の, 応急彌縫策としての知識人の動員が見られてゐる。この目的のために巧妙に案出された議題は「欧羅巴人は如何にして可能なるか」という命題である。一流の知識人が...」。

　「近代の超克」が, ヴァレリーの「精神の危機」やシュペングラーの『西欧の没落』などに代表されるヨーロッパにおける1930年代の危機意識の遠いこだまであることは容易に推察されるのですが, フランスの『nrf』誌をモデルにした『文学界』が, たとえ方向が違うとは言え,「知的協力会議」

の名を借り，「ヨーロッパ人の可能性」にかえて「現代日本人の可能性」を論じるとすれば，それは知的植民地状況を表わす恥ずべき模倣にならないでしょうか。もしこの会議が一種のパロディとして意識されておれば，それはそれで面白いし，救いようもありますが，まじめな出席者たちにその気はないようです。彼らの言葉の端々に，たとえ否定的な表現であろうと，西欧的知性が権威として認められていることが感じられます。こうして回帰の頂点で（あるいはどん底に）欧化が用意されている，というのが私の感想です。

　第三に，私は1冊にまとめられた『近代の超克』の論文と座談会を通読して，やはりこれは失敗作であると思い，一つの時代の傷跡として無残な印象を受けました。しかし一方でこれは，世界史的立場にしろ日本浪曼派にしろ，断片的には名文句や鋭い表現に満ちた魅力的な書物であることを否定できないと思います。現在，文学や論文やジャーナリズムで使われているちょっと気のきいた言葉や表現の多くがここに含まれている。逆に言うと，私たちが何か気のきいた発言や文章を書こうとしたら，用心なさい，その多くはすでに『近代の超克』に出ています。前もって『近代の超克』を読んでみてはいかがでしょうか，ということになるのでしょうか。そのことは何を意味しているか。一つは私たちがいま『近代の超克』が世に出たのとよく似た回帰の時代に生きているということだと思います。だがもう少し時間的に長いスパンをとって考えると，日本の近代において欧化と回帰のディレンマに立たされたとき（私たちは常に多少ともそのようなディレンマの中にあるのですが），私たちが落ちこむある種の（あるいは幾つかの）思考の形が常に用意されている，ということではないかと思います。

　「近代の超克」の評価は，時代によって大きく異なります。その体制協力的側面に照明を当てるか，その偽装転向としての抵抗の側面を強調するかによって異なります。戦後10数年，戦争協力のプロパガンダ的側面が強調されて否定的評価が支配的でした（例えば小田切秀雄の「『近代の超克』につい

て」『文学』1958 年 4 月号）。再評価が行われるようになるのは 1970 年代に入ってからです。この問題の一応のしめくくりとして，次に竹内好の「近代の超克」論の結論の部分を引用しておきたいと思います。この論文は「近代の超克」否定論が支配的な時代のなかでそれに抗して書かれ，再評価への道をひらいた文章です。竹内がこの優れた内在的批判を書きえたのは，彼自身が 12 月 8 日の宣戦の大詔に感動した経験[7]を自分の思想の問題として持ち続けたからだと思います（竹内はこの論文の中にも「「12 月 8 日」の意味」と題する一節を設けている）。

　「要約すれば，「近代の超克」は思想形成の最後の試みであり，しかも失敗した試みであった。思想形成とは，総力戦の論理を作りかえる意図を少なくても出発点において含んでいたことを指し，失敗とは，結果としてそれが思想破壊におわったことを指す。思想としての「近代の超克」には，『文学界』のグループと，京都学派と，「日本ロマン派」の三つの要素が組み合わさっていた。（...）
　「近代の超克」は，いわば日本近代史のアポリア（難関）の凝縮であった。復古と維新，尊王と攘夷，鎖国と開国，国粋と文明開化，東洋と西洋という伝統の基本軸における対抗関係が，総力戦の段階で，永久戦争の理念の解釈をせまられる思想的課題を前にして，一挙に爆発したのが「近代の超克」論議であった。だから問題の提出はこの時点では正しかったし，それだけ知識人の関心も集めたのであった。その結果が芳しくなかったのは問題の提出とは別の理由からである。戦争の二重性格が腑分けされなかったこと，つまりアポリアがアポリアとして認識の対象にされなかったからである。したがって，せっかくのアポリアは雲散霧消して，「近代の超克」は公の戦争思想の解説版たるに止まってしまった。そしてアポリアの解消が，戦後の虚脱と，日本の植民地化への思想

的地盤を準備したのである。」（竹内好「近代の超克」『近代日本思想史講座』Ⅶ，1959 年，278–279 頁）

　最後の「日本の植民地化への思想的地盤を準備した」という言葉にまず注目しておきたいと思います。「近代の超克」が意図した「思想戦」は，アジアという視点と，アポリアの認識を欠いた結果，徹底して戦われることなく終わり，敗戦によって歴史のアポリア自体が消滅した結果，思想の荒廃状態が凍結されたままで残された。アジアに指導権を主張することと，西欧近代を「超克」するという相矛盾する国民的使命観は，日本はアジアでなく西洋である（日本＝西欧）という観念の操作によって解決され，今や「天下泰平の空前の文明開化時代が将来されている」[8]。ではどうすればよいのか。もう一度アポリアを課題にすえ直し，「解決不能の「日華事変」を今日からでも解決しなければならない」というのが竹内好の主張です。

　これは竹内好の「方法としてのアジア」につながる議論であり，竹内の「近代の超克」は「近代の超克」論として今なお最も重要な論文であるだけではなく，竹内好の思想的ポジションとその後の思想の展開の方向を示す重要な論文であると思います。だが，ほぼ半世紀を経た現在，私たちは竹内の主張をそのまま受け入れることができるでしょうか。この問題を考えるためには，竹内の主張の根拠となっている「伝統」や「民族」や「アジア」等々の中心的な概念を戦後の歴史の流れのなかで改めて検証することが必要ですが，ここでは疑問を出すだけにとどめておきたいと思います[9]。

3. 戦後における「転向」と「回帰」

　「転向」と「回帰」の問題は，これまで切り離して別個に論じられること

が多く，両者の関連にはあまり注意が払われてこなかったようです。だが前節で試みられたように，「欧化と回帰」の文脈のなかに「転向」を位置づけ，「転向」のなかに「欧化と回帰」の葛藤を観察することによって，日本近代の思想史のダイナミズムと問題性にいくらか異なった角度から照明を当てることができるのではないかと思います。とりわけ「近代の超克」は「転向」と「回帰」がぶつかり合って合流するドラマチックな現象でした。もし「欧化と回帰」の流れが常に「転向」を伴うのであれば，私たちは「転向」の定義の修正を余儀なくされるであろうし，また「欧化と回帰」の意味についても再考が必要になるのではないでしょうか。

戦後の「転向」の問題を考える場合に，『共同研究　転向』下巻の戦後を扱った第三篇は，私たちに深い示唆を与えてくれます。この下巻第三篇には，藤田省三の「昭和20年，27年を中心とする転向の状況」と題された長文の力作論文の後に，戦後における国家主義者，保守主義者，自由主義者[10]の転向が扱われています。ここで問題にされているのは，「国家権力による強制」という戦前の本来的な意味での「転向」ではなく，それとは異なる「自由な転向」です。したがってここで言われている戦後の「転向」は，鶴見の言う戦後全体を覆い現在に至ってほとんど極限にまで達した全国民的な転向とは異なりひとつの時代に限定された「転向」ですが，しかし「自由な転向」の概念は転向の問題を現在につなげるだけでなく，いわゆる欧化の時代の転向という新しい問題を提起することになります。じっさい戦後と同様に幕末から維新にかけては大きな「転向」（しかも国民的な）が行われた時代ではないでしょうか。

もちろん戦争直後の「転向」は，占領軍という巨大な権力とそれと一体化した日本の側の権力の下で行われた転向ですが，それはむしろ外圧という「欧化」の本質を表わしているのかもしれません。そして「欧化」と「回帰」は「転向」の二つの異なる型であったのかもしれません。一億総懺悔とは国

民的な一億総転向でした。敗戦時に小学生であった私たちの世代は，それを教科書に墨を塗る行為として記憶しています。

　ここでもう一度改めて図1をごらん下さい。1945年の敗戦という断絶を経て出現した第三の欧化のカーヴは1960年前後の転換期を経て急速に回帰へと向かい1970年代に達しています。そこまでが実線なのは，この図1を作った段階でほぼ歴史的事実として確認できると考えられたからであり，それ以後が点線になっているのは，それ以前と同じような欧化と回帰のメカニズムが働いているか否かを確信をもって判断することができなかったからです。占領とともに新憲法の制定や戦後の諸改革として始まった急激な欧化（ジョン・ダワーの言う「新植民地主義的革命」）は，しかし朝鮮戦争や冷戦体制の強化に伴って回帰（逆コース）への道をたどり始めます。再軍備をめぐる保革対立の55年体制，岸内閣の誕生と60年の安保闘争，そして安保闘争の政治的高揚の後の幻滅と経済的な高度成長（池田内閣の所得倍増政策）．．．。こうして68，9年の学生運動とベトナム反戦運動，70年安保闘争の高揚と幻滅を経て再び訪れる回帰の時代。

　1970年代に1930年代に呼応した日本回帰が存在したことの意味は，もう少し深く考える必要があると思います。日本浪曼派の戦後の生き残りであった三島由紀夫が『豊饒の海』4巻を書きあげてから，市ヶ谷の自衛隊駐屯地に向かってクーデターを呼びかけて失敗に終わり自死に至った1970年11月25日の事件は，その日本回帰の象徴的な一面を表わしています（三島と親交のあった宮崎正弘は「三島由紀夫はいかにして日本回帰したのか」と題する回想記を出しています。清流出版，2000年）。

　70年代の日本回帰の考察であり証言でもある書物として2冊の書物をあげておきました。時間の都合で詳しく紹介することはできませんが，『〈近代の超克〉論，昭和思想史への一断想』（朝日出版社，1980年）は，廣松渉氏が1974年12月から翌年9月にかけて『流動』に連載した「〈近代の超克〉

と日本的遺構」に手を加えて1冊にまとめたもので，1975年頃から「近代の超克」論が盛んに論じられる気運があり，その際，大半を占める戦後世代が当時の実態を知らずあまりにも矮小化された「近代の超克」像を抱いていることに不安と危険を感じて書き始められたという事情が「はしがき」に記されています。戦中には資本主義批判は許されなかったというような事実誤認が定着しているような状態で，そうした常識に安住していたのでは「いわゆる「日本的ファッシズム思想」に対しては無防備となり，一旦時潮が変われば，戦前・戦後の〈近代超克論〉の変種や粧いを変えたファシズムに易々と罹患しかねない」（7頁）といった状況が70年代にはあったということです。本書のタイトルは「〈近代の超克〉論」ですが，廣松の主要な関心は座談会よりも，理論的な水準のより高い京都学派の「世界史的立場」の方にありました。彼らの問題提起を70年代の問題として引き受けようとする姿勢は一貫しており，その結論の部分には次のように記されています。

「我が邦における往時の「近代超克論」のアチーブメントに関しては，今の時点から"哲学的に"顧みるとき，誰しもそれが近代知の地平をシステマティックに踰越する所以のものであったとは認め難いであろう。しかし東洋的無の改釈的再措定にせよ，西洋対東洋という二元的構案を超えるべき世界的統一の理念にせよ，はたまた，西洋中心的な一元的・単線的な世界史観に対して複軸的な動態に即して世界史を把え返そうとした意想，降っては，個人主義対全体主義，唯心論対唯物論，模写説対構成説，等々，等々の相補的二元主義となって現われる近代思想の平準そのものを克服しようと図った志向にせよ，往時における「近代の超克」論が対自化した論件とモチーフは今日にあって依然として生きている。」[11]

もう1冊の『〈日本回帰〉論序説』（JCA出版，1983年）の著者である近

64　第 1 章　グローバル化と「国民の歴史」再審

藤渉氏は奥付の著者紹介を見ると 1951 年生まれとあるから，前記の廣松渉氏が 70 年代半ばに「近代の超克」論が「澎湃として湧き起こる気運」のなかで筆を取って呼びかけようとした戦後世代の若者たちのひとりであったはずです。著者の「後記にかえて」には「この書物の中心となっている「〈日本回帰〉序説」は 1983 年 1 月に大学院に提出した論文がもとになっている」とのことですが，全共闘世代の体験を対象化して広く日本近代の欧化と回帰の歴史の中に位置づけようとした本書は，廣松氏の不安（世代的な無知）からは遠く，歴史的な目配りのよくきいた，いま読みかえしてみても「日本回帰」論として出色のものになっていると思います。近藤氏は「68〜73 年という世界的な全共闘運動の高揚と敗退の時期に，この種の〈日本回帰〉論[12]が現出してきたこと」（72 頁）の重要性を指摘したあとで，三島事件の与えた衝撃を次のように記しています。

　「私の世代の〈日本回帰〉論に明確な画期をえがいたのは，昭和 45 年 11 月 25 日の三島由紀夫の政治的行為とその自決である。全共闘運動の内部にもともと，たとえば「日本的"自己否定"」の心情（...）なるものが伝統の暗流として流れていたことも私はあながち否認しようとは思わないが，それを認めたとしてもただそれだけの話であって，全共闘運動の本質である伝統破壊と世界性という思想（心情ではない）にとっては，それはどうであってもよいことだったはずである。三島事件が私の世代に「日本的なるもの」への回帰を自覚させたとしても，それはすでに 70 年末という運動の敗退過程であったことが重要である。つまり敗北感があったればこそ，それはいきなり大地をゆるがすような衝撃を私の世代に与えたのである。」（73–74 頁）

70 年代における若者たちの政治的挫折と敗北感が「日本回帰」に向かう，

日本浪曼派的「転向」の道筋を，近藤渉の「日本回帰」論は見事に描きだしていると思います。自己の体験を「日本回帰」として受けとめた近藤は，それを萩原朔太郎や1930年代の「回帰」と「転向」に重ね合わせ，さらに「日本回帰」の源流を求めて，17世紀中葉の垂加神道創始者である山崎闇斎に至り，その研究に1章をあてています。近藤の「日本回帰」論のもうひとつの特色は，「日本回帰」を「転向」と「近代の超克」との関連で考えようとしたことで[13]，それによって「日本回帰」はファッションではなく「思想」として位置づけられたといってよいでしょう。

　以上が図1で実線で示された戦後の「回帰」の概略です[14]。では点線で記された部分とそれ以後の空白の部分を，どのように考えればよいのでしょうか。それが今日の報告の最大の問題でした。吉本隆明の「1972年大転換」説をそのまま受け入れるか否かは別として，1970年代に日本の社会構造に大きな変動があり，それが支配的なイデオロギーの変化に対応していることは確かだと思います。欧化と回帰の観点から見れば70年代から80年代の前半に至るまで支配的であった回帰の流れは，80年代の半ばには「国際化」の掛け声とともに(第4の)欧化に転じていると考えてよいのではないでしょうか。そして「国際化」という言葉が「グローバリゼーション」に変えられる90年代の半ばに次の時代転換があって現在に至っている。

　したがって90年代の半ば以降を(第4の)回帰の時代と一応は呼ぶことができるのではないか。ここで「一応は」と言ったのは，確かにそれまでの3回に類似した回帰の現象は現れているが，そこにはかなり根本的な違いがありはしないかという疑問があるからです。つまり「国際化」時代の原則は個々の国家を中心に考えられた国家間の関係ですが，「グローバリゼーション」は諸国家を超えた動きや原理が支配的になったという認識に基づいていますから，欧化や回帰を支える，民族や伝統や国民文化といった国境を前提にした原理は第一義的には機能しなくなるはずであり，現にその徴候が現れ

ている。多文化主義やクレオール主義を、そうした国民国家的な定住社会からグローバルな移住社会への変化の徴候とみなすことができると思います。もっとも急激なグローバル化に対して世界の各地でさまざまなタイプのナショナリズムが起こり、そのなかには国粋主義や伝統回帰への激しい動きがあることは否定できませんが、国民国家形成期のナショナリズムとは区別すべきだと思います。

　欧化と回帰のサイクルを生みだすメカニズムは基本的には近代の国際関係（世界システムと国家間システム）のなかで行われる後発諸国の国民国家形成にかかわっており、したがって「欧化」にせよ「回帰」にせよ、あるいは「転向」や「近代の超克」にせよ、それらは国民国家の時代の国家にかかわる国家イデオロギー（広義のナショナリズム）の圏域内にあるイデオロギー的反応である、というのが私のたどりついた結論の一つです。もう一つはグローバリゼーションの問題です。ここで詳しく述べることはできませんが、私は欧化と回帰の現象を全体的統一的に説明するのにグローバル化の視点はきわめて有効だと考えています。私は人類史始まって以来現在に至る長期のグローバル化の流れと、16世紀の西欧の膨張が始まって以来現在に至る中期的グローバル化の流れと、1960年代後半から始まって現代に至るグローバル化の流れという三重の時間を考えているのですが[15]、欧化と回帰のサイクルはまさしく第二の中期グローバル化の中でセットされました。現在私たちが直面している短期的グローバル化の流れが、国民国家の時代にセットされた欧化と回帰のメカニズムの解除の方向に作用するということはありうることだと思います。

　もっともグローバル化と呼ばれる歴史的現象は、定められたプログラムに従って一定の方向に進行するような性質のものではありません。1989年以後に起きた歴史的諸事件は、想定されていたグローバル化の形態や方向をかなり変えたのではないでしょうか。フランス革命200周年の1989年は、昭

和天皇が没し昭和時代が終わった年ですが，天安門事件があり，ベルリンの壁が崩れた年でもあります。ベルリンの壁の撤廃は，東西ドイツの統一と，さらにはソ連邦の解体（1991年）につながり，超大国アメリカの覇権が確立しました。他方でヨーロッパ連合条約が発効しEUの発足がありますが，グローバル化は一極支配的傾向と結びつき，「欧化」は「アメリカ化」を意味する度合が強くなります。冷戦体制の崩壊によって社会主義対自由主義という「転向」の一つの基軸が消滅しました。

2001年9月11日の事件は，アメリカの政治的軍事的覇権に対する攻撃であると同時に，経済的支配と搾取を伴うグローバル化に対する反撃でもあったと思います。アメリカのブッシュ政府の反応は，9月11日のテロリストたちとは直接関係のないイラクを爆撃―占領し支配するという帝国主義的な時代への回帰を思わせるものでした（そして実際この攻撃は太平洋戦争時代の日本に対する空爆―占領をモデルとしていたことがあとで明らかにされます）。こうしてアメリカのブッシュ政権の主導によって，対テロ戦争を口実に世界の政治的軍事的二極化を推し進められると同時に，世界の経済的二極化（格差）が急速に進行します。

他方，日本の小泉―安倍政権は，そのように二極化された世界のなかで，国益と国際貢献を口実にして，アメリカに対する協力と従属の姿勢を鮮明にしました。アメリカ化が現在の「欧化」であるとすれば，日本はかつてない「欧化」のなかにあると言ってよいでしょう。他方で小泉―安倍両政権は「戦後レジームからの脱却」を唱え，教育基本法を変えて国民道徳を強化し，憲法を変えて軍隊をもち国民を戦場に送る政策に固執しており，この点ではかつてない強力な戦前「回帰」を目指しています。グローバル化の原理，つまり市場原理に基づいて，地方や農村を荒廃させ，貧富の格差を拡大させる一方で「美しい国」を作ろうという政策は本来矛盾しているはずですが，矛盾しているが故にいっそう「美しい国」，つまり日本回帰を謳い上げる必要が

ある。そしてこれが重要な点ですがこうした政治とイデオロギーの流れは，政権や与党のあいだだけでなく，ほとんどあらゆる党派（もちろん例外はあります），あらゆるジャーナリズム（5大新聞は戦前，つまり12月8日直前の論調を思わせる日が多くなってきました），知識人（とりわけ9.11以後，私たちは御用学者に事欠かないのだということを知りました），そして大多数の国民「大衆」を巻きこんでいる。鶴見俊輔の言う「日本国民の宙返り」とはそのようなものではないでしょうか。

　最後に鶴見俊輔が『転向再論』のなかで提出した重要な問題のなかから二つを選んで，それに私なりの答えを考えるという形でこの報告を終わらせていただきたいと思います。その第一は，戦後の全期間を通じて進行した国民的大転向の問題です。この問題は，私たちは欧化と回帰をくりかえして結局どこへ行きつくのだろうかという，長年私が抱いていた疑問に通じるものです。そして今回の報告で私はある程度の答案を書いたつもりです。欧化と回帰，つまり図1が示しているのは，一定の国際的な条件の下で行われた国民国家の国家的諸価値をめぐるイデオロギー闘争であったというのが私の仮説でした。では戦後になぜ国民的な大転向が起こったのか。それは戦後という時代が，右も左も国民国家の再興（「復興」というのが戦後の最大の合い言葉でした）に努め，それに成功したからだと思います。

　　第二に，「転向」という言葉はなぜ死語になったのかという設問です。
　「「転向」という言葉が，1930年代，1950年代にくらべて，はやらなくなったという事実の中に，日本を見る大切な見方がある。転向という事実は，煮詰まっている。それをとらえるのに，別の枠組みが用意される必要がある。」（『転向再論』22頁）

　この設問は私にとっては意表をつくものであり，しかも「別の枠組み」と

いう宿題が課されているので，私はかなり長い時間をかけて考えざるをえない問題でした。「転向」は私にとっては半生の悪夢であったと言ってよいと思います。ひとつは自分は「転向」するのではないかという恐怖，もうひとつは「転向」にまつわる暴力に対する恐怖があったのだと思います。いま分かりかけてきたことは，「転向」は唯一のある絶対的な価値に対する信仰を前提としているということです。「転向」という概念が結局は国家的なイデオロギーの内側にあるという判断についてはすでに述べました。「転向」という言葉がほとんど使われなくなったとすれば，それはある唯一の価値基準が支配的であった時代から価値の多元化の時代に移りつつあるということを意味しているのではないか。冷戦構造の崩壊からグローバル化に至る時代的背景があると思いますが，唯一絶対的でない多様な価値に対しながらその都度軽やかに身を処してゆくことを求められる社会が現出しているとすれば，それはあながち悪いとばかりは言えないと思います。だがそのことが，強制を感じさせないで進む「転向」[16]を見すえる動機と視力の欠如につながるとすれば，私たちはどうすればよいのでしょうか。私たちはここでも転換期にある社会の両義性のなかに立たされているのだと思います。

0)　本稿は2006年12月8日のシンポジウム・オープニングセッションでの報告にもとづいて書き下ろされており，講演調の文体は筆者の意図的選択である〔編者〕。
1)　『萩原朔太郎全集』第4巻，新潮社，1960年，478頁。
2)　「近世日本以来のレトリックでしばしば「富士の霊峰」や「朝日に匂う山桜花」に喩えられてきた「神国日本」（その実は明治維新このかたの近代天皇制国家日本）の「国体の崇高全一」「国体の金甌無欠」のイデオロギー主義的仮想現実についていえば，そのような擬似現実（ヴァーチャル・リアリティ）としての「国体」観念の生成・刷り込みそのものが，「明治」期以来の近代日本国民国家の上からの編成・形成過程（「日本国民」そのものの「臣民」「皇民」としての創出・形成）における政治的・思想的攻防の結果であり，とりわけ「昭和」期における治安維持法を法源とする

国家的暴力・ヘゲモニーの発動・行使による共産主義・民主主義運動との激烈な現代政治的攻防の結果として現出してきた社会事象である。

　そうした歴史的総結果として、「一億玉砕」が受動的にせよ "国民的了解" として受容された（精妙な日本語でいえば観念されるにいたった）アジア太平洋戦争の断末魔局面から見返してみるならば、「国体の崇高」については「天皇」と「臣民」、「一君」と「万民」、総力戦国家の聖なる超パワー・エリートと被動員対象としての「日本国民」との間には、「大量転向」現象をも介して、一定の共軛関係・共犯関係が成立していたとわたしは考える。」（いいだもも「8.15 相転移における「転向」の両義性」『転向再論』、231-232 頁）

3) 『転向再論』には石堂清倫氏に対する以下のような献辞が記されている。「渦の中にあって、渦の性格を見とおすことはむずかしい。その仕事を見事に果たされた石堂清倫氏に、敬意をおくる。この本は石堂氏の仕事に啓発されて、うまれた。石堂さんの長寿を祝い、この一冊をささげる。」

4) 『文学界』1942 年 9 月号所収論文のタイトルは以下のとおり。西谷啓治「「近代の超克」私論」、諸井三郎「音楽上の近代及び現代について」、津村秀夫「何を破るべきか」、吉満義彦「近代超克の神学的根拠―如何にして近代人は神を見出すか―」、亀井勝一郎「現代精神に関する覚書」、林房雄「勤皇の心」、三好達治「略記・付言一則」、鈴木成高「「近代の超克」覚書」、中村光夫「「近代」への疑惑」の 9 篇であるが、後に単行本『近代の超克』（1943 年、創元社）の出版に際しては、鈴木成高の論文が取り下げられ、新たに下村寅太郎「近代の超克の方向」、菊池正士「近代の超克について」、河上徹太郎「「近代の超克」結語」が追加されている。なお「大東亜戦争」に思想的根拠を与えようとする類似の座談会としては、すでに『中央公論』1942 年新年号の特集「世界史的立場と日本」（高坂正顕、鈴木成高、高山岩男、西谷啓治）があり、これは京都学派の同じメンバーによる後続の座談会「大東亜共栄圏の倫理性と歴史性」「総力戦の哲学」とともに 1943 年 3 月に出版された単行本『世界史的立場と日本』に収められている。また「文学界」でもその後、日本主義的な傾向を強め、昭和 18 [1943] 年には「日本人の神と信仰について」（1 月）、「現代精神の緊急課題」（5 月）、「日華文化提携への反省」（8 月）、「軍人精神と文学」（9 月）などの特集が組まれている。

5) 「「近代の超克」結語」および座談会の冒頭の発言。

6) 例えば西谷の次の文章を見よ。出席した文学者たちはこのきわめて冷静で倫理的な分析に反論できないが、自我の解体に直面している彼らの心情にとってはきわめて異質な言説であっただろう。

　「わが国が現在直面してゐる課題は、いふ迄もなく世界新秩序の樹立と大東亜

の建設といふ課題である。国家総力の集中，とりわけ強度な道徳的エネルギーが現在必要とされるのも，この課題を実現せんとするためである。然るに大東亜の建設は，わが国にとって植民地の獲得といふようなことを意味してはならないのは勿論であり，また世界の新秩序の樹立といふことも正義の秩序の樹立の謂である。これは或る意味で世界史的な必然であるが同時にその必然がわが国に使命として荷はれてゐるのである。なぜなら，その世界史的必然は，わが国が唯一の非欧羅巴的な強国まで成長し，アジアに於けるアングロサクソンの支配に対して対決を迫られたことによるものである。然もわが国のみがアングロサクソンの支配を脱れて強国への成長をなし得たのは，根本に於て，国家としての強固な統一とそれから生じた道徳的エネルギーによるものであり，その同じエネルギーが今や米英と戦ひつつ大東亜を建設せんとする活動の原動力となってゐるのである。」

7) 1942 年 1 月発行の『中国文学』(第 64 号)の巻頭に発表された無署名の「宣言」(「大東亜戦争と吾等の決意」)は以下のような文章で始められている。

「歴史は作られた。世界は一夜にして変貌した。われらは目のあたりにそれを見た。感動に打顫えながら，虹のように流れる一すじの光芒の行衛を見守った。胸ちにこみ上げてくる，名状しがたいある種の激発するものを感じ取ったのである。

　12 月 8 日，宣戦の大詔が下った日，日本国民の決意は一つに燃えた。爽かな気持ちであった。これで安心と誰もが思い，口をむすんで歩き，親しげな眼なざしで同胞を眺めあった。口に出して云うことは何もなかった。建国の歴史が一瞬に去来し，それは説明を待つまでもない自明なことであった。．．．」

このような反応の仕方は，当時の知識人の大部分に共通した，きわめて典型的なものであった。竹内の「近代の超克」論はこのような文章を書いた自分自身に対する分析と考察として読むことができるだろう。

8) 竹内がここで「天下泰平の文明開化時代の将来」のしるしとして指摘しているのは，日本文化フォーラム編(竹山道雄他)「日本文化の伝統と変遷」(1958 年,新潮社)である。

9) この問題にかんする検討を私は『地球時代の民族＝文化理論』(新曜社，1995 年)で始めたままで中断している。同書 111 頁以下，「戦後期の「民族」にかんするノスタルジックな回想—竹内好の「国民文学論」をめぐって」を見よ。なお最近の優れた竹内好研究としては孫歌『竹内好という問い』(岩波書店，2005 年)を参照されたい。この書物の最終章は「近代の超克」論にあてられている。

10) ここで取りあげられている人物は，国家主義者(第 2 章)では，津久井竜雄，穂

積五一，石川準十郎，東井義雄，石原莞爾，浅原健三，今村均，吉田満。保守主義者（第3章）では，柳田国男，白鳥義千代。自由主義者（第4章）としては蠟山政道ほか，急進主義者（第5章）としては，大島渚，大野明男，神山茂夫，吉本隆明，花田清輝，など。

11) 同じ観点から竹内好の「近代の超克」論に対しても次のような批判が加えられている。「氏は往時の近代超克論においては「戦争の二重性格が腑分けされず」「近代日本史のアポリアが認識の対象にされなかった」と言われる。しかし，実態としてはむしろ，二重性格を対自化したうえでイデオロギッシュに"統一"してみせ，アポリアをイデオロギッシュに"解決"してみせたところに特質があったのではないか。そして，この思想的特質の故に，それは知識人たちの戦争体制翼賛に，"理論的"根拠づけを与える所以となったのではないか？」(163頁)

12) 60年代末から70年代初頭に表われた文学や思想にかんする著作について，著者は以下のような表を示している。

　　　1968年（月／日省略，発行順ではない）
　　1　『日本的なものをめぐって』　広末保編集・解説（全集・現代文学の発見）
　　2　『土着と情況』　樋谷秀照著
　　　1969年
　　3　『日本を亡ぼしたもの』　山本勝之助著，橋川文三解説
　　4　『文化防衛論』　三島由紀夫著
　　5　『浪曼派の魂魄』　村上一郎著
　　　1970年
　　6　『政治と文学の辺境』　橋川文三著
　　　1971年
　　7　『「日本回帰」のドン・キホーテたち』　野島秀勝著
　　8　『回帰と憂憤のはて』　伊谷隆一著
　　9　『殉教の美学』第二増補版　磯田光一著
　　　1973年
　　10　『1930年代論―歴史と民衆』　菊地昌典著
　　11　『日本回帰―西洋近代と日本との相克』"伝統と現代"第20号特集

13) 「かんたんにいおう。昭和初期の〈日本回帰〉の思想とは，消極的意味では「転向」として，積極的意味ではヨーロッパ「近代の超克」論としてあらわれた。」(25頁)，「〈日本回帰〉論の必要十分条件である「転向」概念と「近代の超克」思想との関連から，闇斎学をみるわけだが，両者にとってどこまで歴史的必然性があったかどうかが，ここでの問題である。」(130頁)

14) 70年代の歴史的証言として，もうひとつ吉本隆明の『わが「転向」』文藝春秋，1995年をあげておきたい。この書に収められている「わが「転向」」は，「文藝春秋」の1000号記念号に編集部のインタビューに応じて語られた言葉が一篇の文章としてまとめて掲載されたものであり，「わが「転向」」というタイトルも編集部がつけたもののようであるが，吉本はそれを受け入れてこの本の「あとがき」で次のように記している。「"わが「転向"」という表題をそのままにしたのは，雑誌発表の即興感を尊重したかったのと，72年前後に対する現状分析を契機にして，わたしの思考の転換があり，わたし自身のこしらえた概念と定義によれば，社会総体を把みそこねたために起こる思考転換が「転向」にほかならないから，わたしの軌道修正をそう呼んでもいいと思ったからである。」(169頁) 吉本が「1972年の大転換」を認識して，「大衆」の時代の到来を確認するのは吉本自身の言葉によれば80年代の後半に入ってからのようですが，そうした時代転換の兆候を表わすものとして，文学，思想の領域では，田中康夫，高橋源一郎，山田詠美などの小説，浅田彰，加藤典洋，竹田青嗣などの評論の出現，社会・経済面では第三次産業に従事する人々の数が働く人の過半数を占めることによって「都市と農村の対立」の問題が副次的になったこと，超高層ビルの出現，胸の病気（肺結核）から頭の病気への変化，等々をあげている。私は吉本の時代認識は正しいと思うが，左翼イデオロギーから「大衆」へ，というのは1930年代の「転向」によく見られるひとつの型であったことも指摘しておきたい。

15) 拙著『〈新〉植民地主義論』平凡社，2006年，第8章「未明の地平への歩み―グローバル化の中で考える」を参照されたい。

16) 「転向を，近代国家としての日本の出現以降の進歩に並行する事業として記述することは，日本文化の強さにつきまとう弱さを知る上で大切である。戦後のすでに55年におよぶ，国家の強制を感じさせない形ですすむ転向を見すえることは，ひとつの課題である。しかし，これはむずかしい。研究者の胸中に今すすんでいる転向を見すえる動機がないからだ。」『転向再論』26–27頁。

カミカゼという語の正しい使用法
――皇国日本における死の称揚――

三 浦 信 孝

Kamikaze【発音はカミカズ】男性名詞(「神風」を意味する日本語に由来) 1. 1944～45年に爆弾を積んだ戦闘機を意識的に標的に激突させた日本人飛行士，その戦闘機。2. (比喩的に)ある大義のために自分を犠牲にする向こう見ずな人間。
(『プチ・ラルース仏語辞書』)

1. イスラム過激派の自爆テロをカミカゼと呼ぶのは正しいか？

本シンポジウムのオーガナイザーは「死を与える：殉教者とカミカゼ」のテーマで3人に報告を求めた。フランスのモラリストが言ったように，死と太陽は直視できない。カミカゼという，自分に死を与えつつ敵に死を与える特殊な自死の形について語るのに，個人的で皮相なエピソードから始めることをお許しいただきたい[1]。

2004年の1年を私は大学から研究休暇をもらってパリで過ごした。滞在の終わりに私は妻とともにオート・サヴォワ地方のあるスキー場に行った。スキー場は広大で，すべてのゲレンデを滑るには何日あっても足りないと思われた。3日目だったか，私たちは日本語の名前のゲレンデが集まった一帯を発見した。ゲイシャ・コース，ハラキリ・コース，カミカゼ・コースであ

る。四つ目はフジヤマだったかサムライだったかムスメだったか覚えていない。しかし、きわめて適切に選ばれたクリシェ(紋切り型)のリストから、私は平均的フランス人における日本の表象について理解することができた。他にもスシ、カラオケ、マンガなどフランス語になった日本語は多い。しかし、これらのいずれもゲレンデの名前には不向きである。それに対し、向こう見ずのスキーヤーを引きつけるのに、カミカゼ以上の名前はない。

それにしても、ここ数年、カミカゼほどフランスのメディアでよく耳にし、よく目にする日本語はない。2001年の「9・11」テロのテレビでの第一報は「カミカーズ！」だった。以後イスラム過激派の自爆テロはすべてカミカゼの名で報じられるようになった。さらに2004年の年末年始の休暇は、タイやインドネシアなど東南アジアの海岸を襲った津波のニュースで黒く染められた。哮り狂った海が怒濤となって押し寄せ、未曾有の被害を引き起こした。フランス語には raz de marée という語があるが、ケタ違いの津波を伝えるにはフランス語では不十分だと思ったのか、メディアには日本語の tsunami の語が飛びかった。

kamikaze と tsunami の二例だけで一般化してはならないが、フランス人は無意識のうちに、すべて極端な悪や災害は遠い他所から、東洋ないし極東から来ると思っているのではないかと疑われる。思えばディドロとダランベールの『百科全書』は、既に日本を火山と地震の国、あらゆる自然の暴力が猛威を振るう国として描いていた。幸いなことに、現在、日本文化の名誉を救ってくれる語もある。フランスでは近年、困難な状況でも冷静に泰然としていることを rester zen と表現する。現代フランス語で zen は英語からの借用語 cool とほぼ同じ意味で使われるのである。

私は国境を越えて流通する日本語を取り締まる警察の役割を果たそうとは思わない。しかし、しばしばイスラム過激派に帰せられる自爆テロが報じられる度に、カミカゼの亡霊が喚起されるのは気持のいいものではない。最初

に指摘しておくべきは，自爆テロをカミカゼと呼ぶのは西欧諸国（それも恐らく一部の国）のメディアであって，イスラム過激派と呼ばれる自爆テロの当事者は，神風特攻隊の先例に倣おうとしているわけではないことである。

日本人カミカゼとイスラム系自爆テロリストの連想を正当化する唯一の例は，1972年5月30日，テルアビブのロッド空港で起こった無差別テロである。パレスチナ解放の大義のもとにテロ事件を起こしたのは，日本赤軍派の3人のテロリストである。日本赤軍とは，日本の「68年5月」の生き残りの学生が1969年につくった過激派グループである。武装闘争による世界革命を掲げ，日本赤軍の何名かはレバノンでパレスチナ解放戦線に合流した。

1972年5月30日，3人のテロリストは偽のパスポートでローマ空港を飛び立つ[2]。テルアビブに着くと，荷物からカラシニコフ銃を取り出し，乗客に向けて乱射する。犠牲者はイスラエル人だけではないが，死者24名，負傷者73名を数えた。テロリストのうち2人はその場で銃撃されて即死，3人目は逮捕投獄され裁判にかけられる。しかし当時は誰もロッド空港でのテロをカミカゼと呼ぼうとはしなかった。日本人による自殺覚悟のテロ攻撃だが，航空機による空からの攻撃ではなかったからであろう。

ロッド空港でのテロの翌1973年8月には，ミュンヘン・オリンピックの選手村で，イスラエルの選手11人が犠牲になるテロ事件が起こる。犯人はパレスチナ解放を叫ぶアラブ人テロリストで，ドイツ警察によって全員射殺される。しかし中東で自爆テロが増加するのは1980年代のことで，1983年4月，ベイルートのアメリカ大使館へのテロ攻撃からである。イスラエル・パレスチナ紛争で自爆テロが始まるのは1992年で，自爆テロはオスロ合意を失敗に終わらせるためハマスとイスラム・ジハード団が用いる特権的武器になる[3]。しかし自爆テロと日本のカミカゼが強いアナロジーで結ばれるには，2001年の「9・11」が必要だった[4]。

2. 「9・11」とパール・ハーバーは適切なアナロジーか？

　2001年9月11日，ニューヨークとワシントンで起こった同時多発テロは，直ちにアメリカ人に，1941年12月7日の日本海軍によるパール・ハーバー奇襲を想起させた。アメリカの太平洋艦隊の重要部分が破壊され，3,000人の米軍兵士が死んだ。真珠湾奇襲への反撃からアメリカは太平洋戦争に突入する。「9・11」とのアナロジーは明らかだ。

　ある晴れた朝，マンハッタンのツインタワーにハイジャックされた飛行機が相次いで突入する。まさに青天の霹靂で，何が起こったのか誰も分からない。前代未聞のこのテロ奇襲はイスラム原理主義集団アルカイダの仕業とされる。アメリカが本土を襲撃されたのは，パール・ハーバー以来のことだ。しかしニューヨークはアメリカ文明の心臓であり，太平洋に浮かぶアメリカの50番目の州であるハワイ島とは，その意味がまるで違う。今回は，冷戦後世界に君臨する超大国が，その高度にソフィスティケートされた防衛システムにもかかわらず，大陸の帝国の懐を敵に襲撃されたのである。「9・11」は映像メディアの発達を計算に入れたスペクタキュラーなテロだけに，アメリカ人が受けた衝撃は計り知れないほど重く深かった。

　メディアは直ちに二つの事件を連想で結んだ。世界貿易センターは，60年前のパール・ハーバーと同様，用意周到に準備された奇襲の標的となり，物的損害と人命の喪失は甚大だった。二つの場合ともアメリカは，直ちに反撃と報復を組織した（「テロに対する戦争」）。国民世論の圧倒的支持のもとに，アメリカの戦争機械は引き金を引かれ戦闘状態に入った。二つの場合とも，アメリカはよく知らない敵に直面した。敵は，キリスト教西洋文明の外にある異質な世界からやってきた。

　2001年9月11日の同時多発テロを報ずるに，欧米のメディアはカミカ

ぜほど的確な比喩を見つけることができなかった。しかし，アルカイダが自ら名乗り出たテロ攻撃に日本語のカミカゼを拡大適用することは妥当だろうか。私はそうは思わない。第一に，自爆テロに訴えるイスラム過激派自身が，カミカゼとのアナロジーを使っていないからだ。ある専門家によれば，「カミカゼはジハードの絶対的武器になっているが，それを実行する本人たちはこの呼称を拒否し，自らをむしろイスラム教の殉教者として位置づけている」。彼らの殺人的自殺行為は，12〜13世紀に大麻（ハシーシュ）の効用を借りて十字軍の騎士の暗殺を企てたイスラム教徒の秘密結社アサシン派（仏語ではアサッサン）の伝統に連なるものだという[5]。

　第二に，行動の質が違う。パール・ハーバーは奇襲とはいえ国家間の戦争における軍事行動であり[6]，敵国海軍の根拠地を標的にしたのに対し，「9・11」でテロの犠牲になったのは，朝オフィスに着いたばかりの社員や労働者である。パール・ハーバーで米海軍施設が破壊され3,000人の軍人兵士が死んだとすれば，倒壊したツインタワーの瓦礫の下で3,000人の民間人が不条理な死を遂げた。

　第三に，時系列的に言って，パール・ハーバー奇襲は，語の固有の意味におけるカミカゼではない。爆弾を積んで敵艦に激突する自殺パイロットによる襲撃ではない。神風特攻隊が編成されるのは，太平洋戦争の最終局面でのことである。パール・ハーバーは1941年12月7日のことだが，最初の神風特攻隊の出撃は1944年10月25日という正確な日付をもっている。ヨーロッパ戦線では，1944年6月に連合軍がノルマンディーに上陸し，パリが解放されたのは8月25日だから，第二次世界大戦は連合軍の勝利に向かって最後の局面を迎えていた。最初のカミカゼはパリ解放のちょうど2カ月後のことなのだ。

　空からの奇襲という点で「9・11」とパール・ハーバーのあいだに一定の類推が成立することを認めた上で，真珠湾攻撃とカミカゼ作戦の混同はアナ

クロニズムであり，作為的か否かは別にして事実を歪めるアマルガムだと言わざるを得ない。このアマルガム(間違った同一視)は，アメリカの指導者が自国を不当な奇襲攻撃の犠牲者として表象することで，邪悪な敵への反撃を組織するためナショナル共同体を動員しようとする政治的意志に由来すると思われる[7]。

3. 太平洋戦争末期における神風特攻隊作戦

　日米開戦直後の快進撃は日本軍の参謀本部を盲目にした。しかし初戦の優勢は長続きしない。真珠湾攻撃を指揮した山本五十六の方針は，初戦を勝って日本に有利な条件で早期に戦争を終結させることだった。戦争が長引けば，日米の国力の差ゆえ日本の不利になることを山本は知っていた。戦争続行に必要な石油の備給を日本はアメリカに依存していたのである。

　1942年6月のハワイの北西ミッドウェー海戦での最初の敗北と，それに続く6カ月にわたるソロモン諸島ガダルカナルの激戦での壊滅的敗北で，戦局は一挙にアメリカ有利に転じる。1943年4月の連合艦隊司令長官山本五十六の最期は単なる象徴以上の意味をもった。ラバウルから山本元帥を乗せて飛び立った航空機がブーゲンヴィル島上空で，待ち伏せしていた4機のアメリカ戦闘機に追撃されたのである。

　日本軍の敗走が始まる。だが一度始めた戦争は誰も止めることができない。何のための戦争か分からないまま，戦いは刀折れ矢尽きるまで続けるしかない。1941年1月に東条英樹陸相が軍人に与えた「戦陣訓」は，「生きて虜囚の辱めを受けず」として敵に投降することを禁じていた。1943年5月アリューシャン列島のアッツ島で守護隊が米軍の攻撃を受け全滅したのが，「玉砕」の最初である。玉となって砕けよと言うのだから，最後の1人

まで死を賭して戦うことを義務づける苛酷な命令の，詩的婉曲表現である。最も華々しい「玉砕」は，1944年7月マリアナ諸島の主島サイパンで起こった42,000人の兵士と20,000人の民間人の玉砕で，島の北端に追いつめられた多くが断崖から身をおどらせた（「バンザイ・クリフ」）。玉砕はテニアン，グアムと続き，マリアナ諸島の制圧により，米軍は日本本土をB29で直接空襲することが可能になる。

　大西滝治郎海軍中将が神風特別攻撃隊を編制して局面の打開をはかろうとしたのは，こうして戦況が決定的に悪化した時である。戦況の悪化が起死回生の特攻作戦を生んだ。最初に神風特攻隊が投入されたのは，フィリピンのレイテ沖戦でアメリカの空母を狙ったものだった。1944年10月25日，それぞれ250キロの爆弾を積んだ25機のゼロ戦がレイテ沖を目指して飛び立つ[8]。燃料は行きだけで帰りはない。パイロットの大半は動員されて日が浅い学徒兵である。この日から戦争が終わる1945年8月15日までの10カ月足らずの間に290回の突撃が行われ，2,500人のカミカゼが命を落とした。敵に与えた被害は甚大で，撃沈34艦，損傷288艦に及ぶという[9]。

　なぜこの特別攻撃隊はカミカゼと名付けられたか。外国人には若干の解説が必要になる。フランス人はカミカーズと発音するが，正しくはカミカゼと発音する。カミカゼはカミとカゼから成り，カミは日本古来の神道で人間を超えた精霊すなわち「神」を指し，カゼは「風」を意味する。したがってカミカゼは神の風，神風を意味する。神風特攻隊がそう名付けられたのは，再び神風が吹いて敵の艦隊を撃退してくれとの期待があったからであろう。事実，「神風」は日本人の集団的記憶の中に深く書き込まれたエンブレム的語彙なのである。13世紀に中国の北辺から起こり中国を平定したモンゴル人の帝国・元は，日本に二度に渡って出兵した[10]。1274年と1281年の元寇（蒙古襲来）である。この時二度とも奇跡の大風が起こり北九州の博多沖に迫った元艦を沈めた。

フィリピン戦に備えて編制された神風特攻隊は，戦況の奇跡的逆転を狙った最後の作戦だった。1941年10月に組閣し，陸相・内相を兼ねて太平洋戦争を起こし，日本を破局的な戦争に導いたジェネラル東条の内閣は1944年7月に総辞職する。戦争継続に必要な物資はほぼ底を尽き，兵力も武器も燃料も払底し始めていた。その証拠には，敵軍の本土上陸を見越し，国民総武装と称して竹槍訓練が始まったのは1944年10月である。「一億玉砕」の悲愴なヒロイズムが喧伝された。超自然的奇跡に頼むしかないほど戦況は絶望的だった。そして奇跡が起こるには生贄が必要である。事後的に振り返るなら，神風特攻隊は，戦争続行の方途が尽きた国家が，神風を起こし敵を四散させる奇跡を頼んで捧げた犠牲だった。敗走を重ねる戦争国家が起死回生のため訴えた犠牲の論理が，最後の手段として神風特攻隊を編制させたのである。

1944年10月25日，爆弾と片道の燃料を積んだ25機の神風がフィリピン沖を目指して飛び立つ。その使命は曖昧の余地なく定義されている。敵の空母に激突すること。この日から戦争末期の10カ月の間に3,000機以上の神風が投入された。作戦は初めのうちこそ一定の成果をあげたが，合理的なコスト・ベネフィット計算には耐えられない絶望的冒険であり，軍事的には妥当性を欠く「前方への逃走」だった。

フィリピン戦の後は，1945年4〜5月の沖縄戦で2,000機の神風が投入され，そのほとんどは純粋な損失として散った。しかし国家はもはや理性的思考能力を失っていた。誰も戦争を終わらせることはできない。10万人が死んだ3月10日の東京大空襲も，戦争を終わらせるに十分ではなかった。4〜5月の沖縄戦での23万5000人の死者も，十分ではなかった。8月6日のヒロシマ，9日のナガサキで一瞬にして30万人の命を奪った二つの原爆があって初めて，天皇は「聖断」を下し，8月15日ラジオを通じて国民に「終戦の詔」を発するのである。

実際には，連合国側は 7 月 26 日のポツダム宣言によって，日本の無条件降伏を求めていた。軍部首脳の追放と新しい政治秩序の確立を求めていた。日本はこの機会をとらえなかった。降伏の勧告に天皇制の護持が謳われていないことを理由に，鈴木貫太郎首相はこれを無視した。日本がポツダム宣言を数日早く受諾していれば，ヒロシマもナガサキもなかった。天皇制国家の永続性と引き換えに，無数の臣民の命が犠牲にされたのである。終戦にいたる 1945 年 8 月前半だけで 59 機の神風が飛び立っている[11]。以上が，駆け足で辿る太平洋戦争末期の神風特攻隊の足跡である。

4. 犠牲死の審美化——文化主義的説明

　自分の命と引き換えに敵を破壊しようとする神風の獰猛さは，多くの者に恐怖を抱かせたが，崇高なまでの自己放棄の姿に賛嘆の念を抱く者もまた少くはなかった。神風という特殊日本的な自死の形態を，古いサムライ精神の伝統と結びつけて理解しようとするのはごく自然な動きである。日本で最初にサムライの倫理と行動規範を定めたのは，江戸中期の書『葉隠』(1716 年)だが，自身武士であったその著者(山本常朝)は，武士道を主君のために死ぬ尊厳ある死に方として定義した。

　　「武士道とは死ぬことにあると悟った。生と死が秤にかけられる危機的状況では，ためらわず死を選ばなければならない。人は誰でも生きたいと思う。生きるための口実はいくらでも見つかる。しかし自分の使命を全うしないで生きつづける者は腰抜けとして軽蔑されるだろう。武士たる者は，朝も夕も常住坐臥，死ぬ準備ができていなければならない。死ぬ覚悟ができている時，彼は道を会得したのであり，いつでも自分の

命を主君に捧げることができる。」[12]

　敗戦後，日本は連合軍に占領され，GHQ による非軍事化・民主化の改革が進む。軍国主義は一掃され，『葉隠』の精神は批判された。死を覚悟で敵に突入する特攻の起源には武士道があると見なされたからである。戦時には聖典視された『葉隠』も，平和が戻ると忘れられた。急進的なサムライ精神は，平和時には無益なだけではなく，危険ですらある。戦後誰も顧みなくなった『葉隠』に一書を献じ，武士道精神の復権を主張したのは，小説家の三島由紀夫だった。経済的には繁栄したが精神的には堕落した戦後日本を批判して，自衛隊に決起を呼びかけた三島は，1971 年，すなわち『葉隠入門』を出した 3 年後に，セップクという伝統的儀式によって自死を遂げる[13]。
　しかし戦争中，軍国主義を鼓吹する源泉として利用されたのは，『葉隠』よりも本居宣長だった。宣長は 18 世紀江戸中期の文献学者 (1730–1801)，『古事記』(712 年) や『源氏物語』(1008 年) などの古典を研究し，儒学あるいは漢学の支配的伝統に対し国学の基礎をつくった。日本語の精髄と日本本来の古道を明らかにした宣長は，「漢心（からごころ）」を排し「大和心」を称揚したが，その和歌「敷島の大和心を人問はば，朝日に匂う山桜花」ほど，軍国主義的プロパガンダに利用された歌はない。
　きわめて興味深いことは，この和歌の 4 つの鍵語――敷島，大和，朝日，山桜――が，1944 年 10 月 25 日にレイテ沖に飛び立った最初の神風特攻隊の部隊名に使われたことである。この強い詩的響きをもつ語の選択には，犠牲死を審美化することによって決死の突撃を奨励し，特攻のために選ばれた若い飛行士たちの虚無への飛翔を鼓舞する政治的意志を見ないわけにはいかない。
　「大和」は日本人にとって，「ゴール」がフランス人に喚起するのと恐らく同じ類いのルーツ感覚を与える言葉である。「ゴール（ガリア）」は，ローマ

帝国に征服されラテン化される以前のゴール人の土地を意味する。大陸の文明が及ぶ以前の日本本来の姿（「漢心」に対する「大和心」）を暗示するこの語には，排外的な愛国心の響きがつきまとう。『広辞苑』は，「大和魂」は「勇猛で潔い」のが特性としている。神風特攻隊が編制される前に，「大和」は日本海軍最大の戦艦につけられた名前だった。1941年に建造された戦艦大和は，ミッドウェー海戦からレイテ海戦に参加した後，1945年4月の沖縄戦に「一億特攻の先駆け」として出撃し，敵機の攻撃を受け徳之島西方で沈没する。

「朝日」については，朝昇る太陽（英 rising sun；仏 soleil levant）が日本のエンブレムであることは誰もが知っている。1870年1月に明治政府は白地に赤い日の丸を国旗と定めた。しかしその起源は古く，13世紀末の蒙古来襲の折り，日蓮が鎌倉幕府の将軍に日の丸を献じたという。日の丸のイメージは存亡の危機にある国家の防衛と結びついている。

しかし「桜」についてはより長い説明が必要だろう。桜は日本の象徴であり，日本人の美学の鍵となる花である。4月初めの桜の開花は古くから，列島の南から北まで階層の別なく参加する祭りの機会だった。秋に咲く菊は天皇家のエンブレムであり，より高貴な花と考えられている[14]。春の到来の印として開花が待たれる桜は，満開から散るまで数日の命に過ぎず，その豪奢な美しさははかないがゆえに愛でられる。早く散るだけにその命は密度が高い。生と死のこのコントラストが，はかないフラジャイルな美を前にした痛切な「あわれ」の感情を引き起こす。美とは定義により消えゆくものである。このはかなさへの哀惜にみちた感覚は，仏教の無常観にも由来するだろう。生にしがみつく者は軽蔑され，潔く死を選ぶ者は称賛される。「捨身」の実践は仏教の伝統に属し，仏教は必ずしも自死を禁じていない。武士道と仏教の結びつきには諸説あるだろうが，『葉隠』の著者は武士道を死ぬ覚悟として定義した。

以上で神風特攻隊員の短い命がなぜ，満開になってたちまち散る桜の花に喩えられたかが理解できるだろう。「特攻の生みの親」大西中将は1944年10月，最初の特攻隊員に献じた詩にこう詠んでいる。「けふ咲きてあす散る花の我身かな／いかでその香を清くとどめむ」[15] 同じ部隊の神風たちは，相次いで一斉に散る花に似て共に死ぬ運命にあった。「同期の桜」の意識はひとしお強かっただろう。彼らの死は華となって散る「散華」と形容された。これは仏教用語の転用である。　神風特攻隊が最も多く投入されたのは，1945年春，まさに桜の季節の沖縄戦であった。沖縄戦で編制された特攻隊は「桜花神雷」と命名された。最初の特攻兵器として陸軍が開発した爆弾グライダーには「桜花」の名が付けられた。爆弾の中に人間が入り敵艦めがけて発進されるグライダーだが[16]，桜には死のイメージが隠されているのである。

5. 「予定された死」をどう引き受けるか——主体の問題

　では，神風とは誰だったのか，誰が神風特攻隊に志願したのか。彼らは自分の運命をどう引き受けたのか。どうやって祖国のために身を捧げる決心をしたのか。

　神風は19歳から24歳の若者だった。その7割は法科や文科の大学生だった。第二次大戦中，エリート予備軍の大学生は徴兵を猶予されていた。しかし1943年10月から，士官や兵士の不足を補うため，大学生も動員されるようになる（「学徒出陣」）。神風の特別な任務を全うするには，一定水準以上の教育と知的レベルが要求される。神風の多くは大学生だった。

　太平洋戦争に動員され戦死した多くの学生の証言が残されている。戦没学生の手記『きけわだつみのこえ』である[17]。1949年に刊行されて三度版を

重ね，今日までに 200 万を越える部数を刷った。309 人の戦没学生の手記のうち 75 人の手記が集められている。手紙，日記，遺書など，1939 年から 1946 年の間に戦死した学生が書き残したものだが，そのうち神風は 10 人ほどである。『わだつみ』以外にも神風の証言は多く残されており，心を揺さぶる「最期の書き物」のコーパスを成している[18]。

そこにはもちろん勇気と愛国心の模範的な表現が見られる。家族や親しい友人あての手紙の場合は特にそうである。幸せだった日々の回想もある。しかし個人的なメモには，祖国の未来や近づく命の最期への不安にみちた問いかけが見られる。中には，日本が踏み込んでしまった不条理な戦争の批判的な分析もある。ほぼ全員が死の出撃の覚悟を決めており，自分の死に何の意味もないことを意識している者さえいる。

特攻隊への入隊はこの上ない名誉である。しかし神風特攻隊への選抜は死の宣告を受けるに等しい。1944 年の秋だから，日本の敗色は濃厚になっていた。奇跡を信じることは難しくなっていた。この状況の中で，特攻のために選ばれた者たちは解けない難問にぶつかった。恐らくは無益な死をいかに正当化するか。この絶望的状況を逃れるにはどんな手段でもよかった。いかに短い時間で予定された死に面と向かい，これを飼いならすか。実存の不安，死の恐怖を乗り越えるには，きわめて強い信仰ないし信念が必要になる。イスラムのジハードの戦士なら，死をもってアラーに仕えることで神の加護を期待できるのかもしれない。神風の場合はどうなのか。彼らの最期の言葉を読んでみよう。

1945 年 2 月 22 日，入隊したばかりの岡部平一はこう書く。「遂に特別攻撃隊神風特攻隊員となる。来るべきは三十日間。余の真の人生なるか。時機到る焉。死ぬるための訓練が待ってゐる。美しく死ぬるための猛訓練が。悲壮なる祖国の姿を眺めつつ余は行く。全青春を三十日間にこめて人生駆け足に入る。」[19]

1945年4月21日に「はっきり言うが俺は好きで死ぬんじゃない。何の心に残る所なく死ぬんじゃない」と書いていた大塚晟夫は，突撃当日の4月28日早朝にこう書く。「どうも死ぬような気がしない。ちょっと旅行に行くような軽い気だ。鏡を見たって死相などどこにも表われていない。（中略）東京はもう桜が散りかけているでしょう。私が散るのに桜が散らないなんて情けないですものね。散れよ散れよ桜の花よ。俺が散るのにお前だけ咲くとは一体どういうわけだ。（中略）さて俺はニッコリ笑って出撃する。今夜は満月だ。沖縄本島の沖合で月見しながらおもむろに突っ込む。勇敢にしかも慎重に死んでみせる。」[20] 大塚は沖縄嘉手納沖で戦死する。

　祖国のために死ぬことを決意した瞬間から，「予定された死」へのカウントダウンが始まる。神風は必ずしも自ら志願したわけではなく，我が意に反して指名された者もいた。だが入団は拒否できず，一度入団したら脱走することも，上官の命令に背くこともできなかった。動員は拒否できず，皇国思想の注入は徹底していた。上原良司のように自由主義の勝利とファシズム・全体主義の敗北を確信する「自由主義者」でも，出撃前夜に記した「所感」をこう始めている。「栄光ある祖国日本の代表的突撃隊ともいうべき陸軍特別攻撃隊に選ばれ，身の栄光これに過ぐるものなきを痛感しております。」上原は「日本の自由，独立のため，喜んで，命を捧げます」と書き残して[21]，1945年5月11日，沖縄嘉手納湾で戦死する。

　それぞれが潔く死ぬ覚悟を決めるため，出撃前夜まで苦しんでいる。3人の神風の誰も神国日本の勝利を信じている者はいない。自分の死は恐らく無駄だ。しかし無益な死の観念は受け入れがたい。神風特攻隊への入団は終わりの始まりで，時計は容赦なくまわりだす。自分の死が尊厳と名誉ある死であるように，「予定された死」を内面化するのである。しかし，結局のところ，振り返るなら，神風の特攻死は国家が強いた犠牲死だった。戦争末期には国家そのものが「一億玉砕」の自爆国家になっていた。国家が国民の命を

巻き添えにして自殺したのである。

　神風たちにおいては，いわゆるイスラム過激派のテロリストとは異なり，宗教的な意味での信仰は弱かった。では彼らはいったい何の名において死への跳躍に身を投じたのか。

6．国家神道，天皇制国家のイデオロギー装置

　伝説によれば，戦場で倒れる日本兵は「天皇陛下万歳！」と叫んで息を引き取った。名誉の戦死を遂げれば，英霊として靖国神社に祀られると信じていた。天皇のために命を捧げることは，天皇の赤子たる臣民にとって名誉なこととされた。神国日本の「国体」は万世一系の天皇によって担保されるのであり，天皇は「現人神」として崇められ，国民の情的備給の対象でもあった。しかし，その多くが法科・文科の大学生だった神風の場合，そうした神話を鵜呑みにすることは難しかったに違いない。かといって皇国イデオロギーを真っ向から否定することは許されない。それほどまでに国家神道は，天皇制国家のイデオロギー装置としての中心的役割を演じていた。天皇は日本を創った神の直系の子孫として崇敬され，至高の神官として国家神道の支柱であった。

　1868年の明治維新で成立した新政府は明治4年に大型のミッションを米欧に派遣し，先進諸国の近代的諸制度をつぶさに調査させた（岩倉遣米欧使節団，1871〜73年）。彼らの観察のうちでも特筆すべきは，近代国家における宗教の役割である。このことは1882年，憲法調査のため渡欧した伊藤博文に，ドイツの法学者グナイストがひときわ強調したポイントでもあった。天皇を権力の中心に据え近代国家建設に踏み出した日本にとっては，キリスト教に代わる国家宗教を急いで整備する必要があった。多神教の伝統が

強い日本では，明治維新の時点で神道，仏教，儒教が混在し共存していた。御一新の当初は古代を模した祭政一致が模索され，排仏毀釈の運動が起こる一方，開放開化を示すためキリスト教が解禁された。諸々の宗教宗派を管理しつつ，天皇を正統性の根拠に近代国家を建設するにはどうすればいいか。明治政府が試行錯誤のあげく制度化したのが「国家神道」だった。神道は日本固有の最も古い宗教だが，明治政府は旧来の教派神道とは別に，神社神道と皇室神道を結びつけ国家神道を創造したのである。1889年の明治憲法は公共の秩序を乱さない限りで宗教の自由を認めたが，国家神道は宗教ではないとされ，それゆえ国家神道は臣民の義務だが宗教の自由とは矛盾しないという論理を編み出した。国家神道はすべての宗教の上に位置する「宗教ならざる宗教」であり，天皇制国家が発明した官製の「公民宗教」であった[20]。

　「天皇は神聖にして侵すべからず」。主権者たる天皇が自ら定めた欽定憲法という体裁をとった1889年憲法に引き続き，翌1890年には「教育勅語」が発布され，臣民たる者が従うべき道徳教育の基本理念が示される。勅語は「御真影」とともに天皇制教育の柱だった[22]。こうして国家神道は，「国体」を体現する天皇を神格化し，その権威をいやが上にも高める政治神学の普及装置になったのである。

　何という時代錯誤であろう。日本の近代化には国家と社会の「世俗化」に逆行する論理が働いたように見える。王政復古で権力の座に引き戻された天皇を聖化することで，近代的国家建設を推進する維新政府の正統性を担保する。国家神道はそのための「伝統の創造」（ホブズボーム）だったと言える。フランスでキリストの磔刑像が教室から外された19世紀の終わりに，日本では教室に御真影が掲げられた。明治の日本では「非宗教的共和国」の道を歩むフランスより，1870年の普仏戦争で勝利して国家統一を果たしたドイツ帝国の富国強兵策のほうが参照された。

　西洋の衝撃のもと富国強兵，殖産興業をモットーに進められた日本の近代

化は，欧化の誘惑から身を守るため「和魂洋才」を基本原理にした。外見こそ西洋的立憲君主のスタイルを真似たが，天皇は西洋文明の波から日本のナショナル・アイデンティティを守る，究極の文化原理だった。しかしここで，天皇制国家の政治神学を構築したのは，西洋の「知」に通じた学者や知識人だったことを思い出す必要がある。一例だけ挙げるなら，パール・ハーバーでの電撃的勝利の興奮が冷めやらぬ1942年の夏，東京で，有力な文芸誌『文学界』が第一線の作家や知識人を集めて重要な討論会を催した。「近代の超克」である。日本浪漫派の作家や京都学派の哲学者にとって，「近代の超克」は「西洋近代の超克」，ひいては「西洋化による日本の近代化の終焉」を意味していた。

　しかし，日本の軍事的冒険をその文化的特殊性に還元することで，日本の場合を特殊化すべきではないだろう。ナショナル・インタレストがぶつかる時，民族的あるいは国家的アイデンティティの主張が強まるのは普遍的な現象である。その国が置かれた歴史的・地政学的な文脈によって，ナショナリズムの発現形態は多様であるだけだ。

　神風との関連で最後にもう一度「靖国」に触れておくならば，日本は他の国々と同様，祖国のために死んだ兵士の霊を祀る場所を必要とした。靖国神社は，鳥羽伏見の戦い以後の戊辰戦争で，天皇のため殉難した兵士を弔うため，明治天皇の意向でつくられた招魂社をその前身とする。したがって靖国は天皇の神社であり，敗戦までは国家神道の中心的神社だった。戊辰戦争から第二次大戦まで，幾多の戦争でお国のために死んだ250万人の霊が祀られている。1945年12月，GHQが出した神道指令によって靖国は国家の神社ではなくなったが，神社であることに変わりはなく，首相の公式参拝は1946年憲法が明確に定めた政教分離に違反する。それならば非宗教的な慰霊施設をつくって首相が参拝するのなら，問題は解決するかといえば，問題はそう簡単ではない。宗教的であれ非宗教的であれ，あらゆる国家は祖国のた

めに死んだ兵士を祀る施設をもっている。自衛のためであれ，国家は存続するために戦争し，国民の中から必ず犠牲者を出す。対テロ戦争とて例外ではない。国家が国のために死んだ兵士を手厚く慰霊する儀式は，さらなる戦争に備えるためにも必要だ。靖国は日本の国家神道に固有の形を引き継いでいるだけで，普遍的な国家による戦没者慰霊メカニズムの特殊例に過ぎない[23]。

国家神道という天皇教の神学が，死の出陣を前にした神風たちにどれほどの確信と精神的保証を与えたかは分からない。とりあえず言えることは，神風たちの生と死は，いや死へと定められた出口のない生は，死後の救済の保証のない，苛酷で苦しみに満ちた経験だったということだ。我が意に反して指名された神風の絶望は，想像できる域を越える。家の誉れとして神風を送り出さねばならなかった親も断腸の思いだったろう。これはいかなる状況，いかなる大義のもとであれ，繰り返されてはならない悲劇である。

人類の語彙には，唯一無比の悲劇を言い表す言葉がある。繰り返され陳腐化してはならない，きわめて特殊な現象に限定して使われる言葉がある。「ホロコースト（ショアー）」がその一つだとすれば，「ヒロシマ」はもう一つである。死者の数は比べられないが，「カミカゼ」は国家が強いた犠牲死の典型である[24]。それは国のための自死を称揚した皇国日本に固有の現象であり，イスラム系の自爆テロに転用されてはならない語彙である。

君主制か共和制か，民主政か独裁か，統治形態の如何を問わず，国家は誰であれ人間の生死を思うがままにしてはならない。しかし人の命の犠牲を求めない国家とは，単なるユートピアなのであろうか[25]。

1) 以下は2005年11月，フランスのオセール市で開かれた人間の生と死をめぐるシンポジウムでの口頭報告を発展させた仏語論文を和訳したものである。原文は Nobutaka Miura, «Sur l'usage juste du mot *kamikaze* : Le culte de la mort dans le Japon impérial», in Michel Wieviorka (sous la direction

de), *Les Entretiens d'Auxerre: Disposer de la vie, disposer de la mort*, éditions de l'Aube, 2006, pp. 125–138. 私の報告のすぐ前にイラン出身の社会学者ファラッド・コスロカヴァールによる「ジハードと死」についての報告があり、イスラミトの自爆テロとカミカゼが対比される構成になっていた。なお本稿は、レジス・ドゥブレの雑誌 *Médium* 9 (2006) に «Le *kamikaze*, erreur de traduction» として、またイタリア語訳が *Lettera internationale* 92 (2007) に、«Vento divino: i kamikaze e il cult della morte nel Gioppone imperiale» として転載された。

2) 3人のうちの1人が難波大助名の偽パスポートを所持していたことは興味深い。難波大助は、1923年12月27日、摂政宮裕仁親王（後の昭和天皇）が虎ノ門を通過した際に狙撃した無政府主義者。難波は翌年死刑に処せられる。

3) David Brooks, «The Culture of Martyrdom», *The Atlantic Monthly*, June 2002.

4) イスラム過激派の自爆テロの系譜については以下を参照した。Scott Atran, "Genesis and Future of Suicide Terrorism", *Nature*, n° 299, March 2003. この論文の仏訳版がネット上で見られるが (http://www.interdisciplines.org/terrorism/papers:1/language/en)、英語の suicide terrorism が attentat kamikaze, suicide bomber が kamikaze と訳されている。カミカゼの語をイスラム過激派の自爆テロにあてるのは仏語だけの現象かもしれない。

5) Nicolas Hénin, «La fabrique des kamikazes», *Le Point*, 23 juillet 2005.

6) 宣戦布告が外交ルートを通してワシントンに届いたのは、攻撃開始の55分後だった。そこから「ダーティー・ジャップ」ののしり表現が生まれ、「リメンバー・パールハーバー」のスローガンのもとに国民世論の動員がはかられた。

7) 自分をいわれなきテロ攻撃の一方的犠牲者として描くアメリカ人の（無意識的）意図を示す二つの指標をあげる。一つは、9月11日が、1973年にピノチェト将軍のクーデタでチリのアジェンデ社会主義政権が倒れ、大統領以下数千人の死者が出た命日であることを忘れ、「9・11」をアメリカの独占物のように宣伝したこと。このクーデタの背後にはCIAの支援があったとされる。もう一つは、倒壊した世界貿易センターの跡を「グランウド・ゼロ」と呼んだこと。グランウド・ゼロはもともとヒロシマの爆心地を指す語だった。

8) 神風特攻隊で使われた戦闘機は「零戦」である。零式戦闘機は1940年に開発され、皇国の新しい門出となる零年を記念して「零戦」と命名された。神武天皇が日本を創始した紀元前660年から数え1940年は皇紀2600年という節目の年だった。

9) Louis Frédéric, *Le Japon: dictionnaire et civilisation*, Robert Lafont, 1996 の Kamikaze Tokubetu Kogekitai の項目などによる。
10) 中国に元王朝（1251〜1368）を建てたのは、ジンギス汗の孫でモンゴル帝国第5代世祖のフビライである。マルコ・ポーロは1274年にフビライに謁見、任官されている。
11) 平凡社世界大百科事典の吉田裕による「特攻隊」の項目。
12) 『葉隠』の最新の仏訳は2005年にBudo éditionsから出ている。ここでは岩波文庫版の『葉隠』（全3巻、1940）に依り、仏訳を参照しつつ現代語に意訳した。
13) 1970年11月25日、三島由紀夫は陸上自衛隊の市ケ谷駐屯地に侵入、隊員に決起を呼びかけたが聞き届けられず、割腹自殺をはかった。日本中を唖然とさせたこの自決は「諫死」の伝統に属する。三島によれば、1946年1月1日の「人間宣言」によって天皇は、神としての天皇のために死んだ特攻隊員ら英霊を裏切った（「などて天皇（すめろぎ）は人となりたまひし？」）。1936年の2月26日、天皇中心の国体至上主義から国家改造のため決起した青年将校たちを厳重に処罰させたことにも、三島は批判的だった。天皇が自ら神格を否定したことで、文化共同体としての日本の精神的支柱が崩れ、戦後日本の道徳的退廃を招いた。三島の死は当時東京在住だったフランスの知識人モーリス・パンゲ Maurice Pinguet に深い衝撃を与え、後に *La Mort volontaire au Japon*, Gallimard, 1984（竹内信夫訳『自死の日本史』筑摩書房、1986）を書かせる契機になった。その最終章は「三島的行為」の分析にあてられている。
14) 菊については、この花の記号のもとに異なった仕方で日本のイメージを決定づけた二書を挙げる。フランスの海軍士官で異国趣味の作家ピエール・ロティの『お菊さん』（1887）とアメリカの文化人類学者ルース・ベネディクトの『菊と刀』（1946）である。
15) Maurice Pinguet, *op.cit.*, p. 260（前掲訳書、p. 351）の引用による。
16) これ以外にも海軍は人間魚雷「回天」という残酷な兵器を開発している。
17) 最新版は『新版 きけわだつみのこえ』（岩波文庫、1995）である。
18) 「最後の言葉」の表現は若いフランス文学研究者・宮崎海子の以下の優れた論文による。Miyazaki Kaiko, «Début de la mort, Derniers écrits et travail d'acceptation de la mort volontaire au sein de *Kamikaze Tokkotai*», *Textuel*, n° 48, revue de l'UFR «Lettres, Arts et Cinéma» de l'Université Paris 7, 2005.
19) Maurice Pinguet, *op.cit.*, p. 260（前掲訳書、p. 353）。
20) 『きけわだつみのこえ』前掲書、pp. 365–366。

21) 『きけわだつみのこえ』前掲書，pp. 17–18；p. 376.
22) 三軍の長である天皇が1882年に直接軍人に与えた「軍人勅諭」も，天皇制国家のイデオロギー注入装置として挙げるべきだろう。
23) 小泉純一郎首相が在任期間中（2001〜06）毎年行った靖国公式参拝は，東京裁判で裁かれた14人のA級戦犯が1979年に合祀されていることから，中国と韓国から激しい批判を浴びた。小泉は2001年の首相就任直前に鹿児島の知覧基地跡の神風特攻隊記念館を訪れ，靖国公式参拝を固く心に誓ったという。
24) 連合軍最高司令官の命令で設けられた極東国際軍事裁判（1946年5月〜48年11月）には，被告席に2人の重要な欠席者がいた。昭和天皇裕仁と，勝者の裁きだから当然だがアメリカ合衆国大統領である。天皇の戦争責任は裁かれずに終わったし，ヒロシマだけで一挙に20万人の非戦闘員の命を奪った原爆投下の戦争犯罪について，戦後アメリカ政府は謝罪していない。アメリカ大統領は誰ひとり広島の原爆記念館を訪れていない。パール・ハーバーの記憶が戦争末期のカミカゼ特攻作戦の記憶で増幅され，戦争を早く終わらせ，これ以上の犠牲者が出るのを防ぐには原爆しかなかったというのが，合衆国政府の公式見解である。筆者の仮説を論証抜きで述べるなら，勝者と敗者の間で，天皇の戦争責任を問わないかわりに原爆投下の罪を不問に付すという暗黙のバーター取引が，ほとんど無意識的に行われたのではないか。告発もないかわりに反省も謝罪もない。完全なレシプロシティである。バーターの論理はレベルを変えて，1946年憲法の第1条と第9条の関係にも表われている。第9条の戦力不保持と戦争放棄と引き換えに，第1条で天皇を国民統合の象徴として温存するというバーターである。なお本稿では，アジア太平洋戦争における日本の加害者責任については，意識しつつも触れていない。
25) 国家と犠牲の問題系については，高橋哲哉『国家と犠牲』（NHKブックス，2005）を参照。

第 2 章　ヨーロッパとアメリカの史的形成

ルソーと植民地主義
―― 批判？ 無知？ 無関心？ ――

永 見 文 雄

はじめに

　ルソーの時代にも植民地 colonie という言葉はあったが，植民地主義 colonialisme という言葉はいまだ存在しなかった。ヨーロッパの植民地主義は通常 19 世紀と 20 世紀前半の活動を指して言われる。辞典ロベールによれば，フランス語でコロニアリスムの言葉が最初に使われたのは 1902 年のことである。しかし植民地化 colonisation の大きな流れは 1492 年のコロンブスのいわゆる新大陸〈発見〉に起源を持つのは断るまでもない。人間の本源的自由の擁護者ルソーは植民地の現実をどう見ていたのか？ あるいは，見ていなかったのか？ 植民地主義成立以前の植民地主義について，ルソーの認識はいかなるものであったのか？ 植民地をめぐるフランス啓蒙の言説の中で，ルソーは何らかの位置を占めるのか，それとも占めないのか？

1. 植民地主義――その正当化のイデオロギーとフランス啓蒙

　今日植民地主義の名で総称される地球規模のさまざまな活動は，結局のと

ころは物質的富を手中におさめることを究極の目的としたものであった。国威の発揚や航海技術の優越の競争，知的好奇心といったもろもろの付随物があったにしても，本質的動機はあくなき物質欲であり，それが国家的利益の追求やなにやかやの名前で呼ばれたのである[1]。

　しかし本質を覆い隠す花綱はいつの時代にも必要だ。植民地主義の物質的側面を隠蔽するイデオロギーとして，16〜17世紀の初期の新大陸開発には，〈宣教（布教）〉という精神界の用語が持ち出された。初期の植民地主義の先導者であるスペインやポルトガルはカトリックの強国だった。植民地に出かけた多くの人のうち，イエズス会の宣教師たちは有力な一群だった。遅れてオランダやイギリスのプロテスタント諸国が続いたが，新大陸経営の正当化のイデオロギーはさして変わらなかった。フランスはさらに遅れて加わったが，いずれにしてもキリスト教の普及による住民（原住民＝先住民）教化という大義名分が初期植民地主義の正当化に用いられたのである。

　啓蒙の世紀を経て諸事万般の世俗化が進むと，19世紀以降の本格的植民地主義を正当化するイデオロギーは，よく知られているように，いわゆる〈文明化の使命〉la mission civilisatrice なるものに取って代わられたが，これは要するに宣教の使命の世俗化されたものに他ならず，未開人や野蛮人を教化（すなわち文明化）することが，富の収奪を正当化するイデオロギーとなったのである[2]。ルナンやジュール・フェリーといったそうそうたる学者や政治家たちが大真面目で植民地主義を正当化する理論を説いた。19世紀の中頃，アルジェリアの植民地化をめぐる議会の論争では『アメリカにおけるデモクラシー』の著者トクヴィルさえこれを支持したとみられ，近年のトクヴィル再評価の動きの中で議論を呼んでいる[3]。米国大統領ブッシュは9・11以後のアルカイダとの戦争を〈文明のための闘い〉と呼び，イラクにおける戦争も民主主義のためだと言って正当化した[4]。近代の民主主義も文明化のひとつの産物なのだから，してみると〈文明化の使命〉なるイデオロ

ギーは 21 世紀の今日でもまだ生き延びているらしい。

　ツヴェタン・トドロフによれば，啓蒙主義の言説はこうした植民地主義正当化のための〈文明化の使命〉理論に示唆を与えた，というより，そのために利用された可能性があるという。なるほど，啓蒙の精神が 19・20 世紀のヨーロッパの植民地主義にイデオロギー的根拠を与えたという非難は新しいものではない。しかしながら啓蒙の言説はそれほど単純ではない。初期のヴォルテールから『百科全書』趣意書や序文を書いたダランベール，それに啓蒙主義の遺書と呼ばれる『人間精神進歩の歴史的素描』の著者コンドルセにいたるまで，人間の文明を礼賛し人類の直線的で永続的な進歩を信じる，どちらかと言えば楽天的な一群の思想家たちがいる。彼らが啓蒙の精神の普及によって未開の諸民族も文明の恩恵にあずかることを願ったとすれば，そしてそれがのちの植民地主義正当化の言説に根拠を与える一助となったとすれば，他方，ヨーロッパの文明を相対化して考えた人たち，あるいはさらに数歩を進めて，その文明を間違った文明として断罪し，人類の進歩に対してペシミスティックな疑問を投げつけた思想家たちもいたのである。ルソーは言うまでもなく後者の代表格だ。

　この後者の系譜をたどってみれば，モンテーニュの有名な一節が先ず思い浮かぶ。「自分の習慣にないものを野蛮と呼ぶ場合を除けば［...］この国民に野蛮なところや未開なところは少しもないのだ。」(『エセー』I-30「人食い人種について」[5])。モンテーニュの語る「この国民」とはブラジル人のことだが，いずれにしてもここに描かれた未開人の自足的な状態がいわゆる〈良き未開人〉le bon sauvage 神話を生み，ラ・オンタン(『ラ・オンタン男爵殿とアメリカのある未開人との対話』1703 年)からモンテスキュー(『ペルシア人の手紙』11–14，「トログロディット人について」，1721 年)，あるいはマリヴォー(『奴隷の島』，1725 年)やアベ・プレヴォー(『クリーヴランド』，1731〜39 年)を経てルソーへと受け継がれることとなったのはよく知

られている。

　こうした思想家たちの場合，南北両アメリカと南太平洋の未開人は教化の対象であるどころか，むしろヨーロッパの文明人を照らし返す鏡の役割を担った存在として意識され，あるいは原初の素朴な人間の無垢のイメージを具体的に体現する興味深い人々とみなされた。ルソーがその第2論文『人間不平等起源論』で提出した理論的仮構としての自然状態の人間（すなわち，〈自然人〉）は，こうした〈良き未開人〉神話の系譜に連なる抽象物であり，そうした思想史的背景なしには生まれ得なかった概念と言ってよい。

2.　植民地経営批判と奴隷制批判

　啓蒙の光が迷妄を打破し，理性の輝きによって物事を先入観なく判断できるようになってほしいという啓蒙主義のメッセージが，世界の隅々の未開社会の人たちも文明の恩恵にあずかるべきだという考え方に行き着くのは，いわば理の当然であった。それがのちの植民地主義を正当化する言説にある種の論拠を与えることにもなったが，しかし啓蒙の言説が一般に植民地経営に由来する黒人奴隷制を批判するという点で，きわめて大きな貢献をしたのも事実である。

　そもそも植民地支配とは，先住民を武力で制圧することによって他国の主権を侵してこれを領有することであり，そのことによって植民地に固有の富（とりわけ鉱物資源）を収奪することであり，さらには綿花やサトウキビや香辛料のためのプランテーションを経営して莫大な利益を上げることを指すであろう。このプランテーション経営に必要とされたのがとりわけアフリカの黒人奴隷であり，16世紀以降全地球的な規模で三角貿易が成立してヨーロッパ人は巨万の富を得た。ところが奇妙なことに啓蒙の言説は植民地支配

あるいは植民地経営そのものに批判の矛先を向けることより，むしろ植民地主義を構成する諸要素のうち奴隷制度の批判に特化した感がある。それが一番解りやい問題であったからであろうか。

しかし制度としての奴隷制に反対することと，植民地経営批判とは必ずしも同一ではない。大革命時に奴隷制は一旦廃止され，ナポレオン時代に復活したとはいえ，1848年には最終的に（英国に遅れを取ったが）フランスでも法的には奴隷制は葬られた。けれども植民地経営はその後も連綿と続き，フランスの植民地支配はその後一層発展し，20世紀初頭には植民地主義 colonialisme なる用語も成立し（ネガティブな意味合いを込められていたのはもちろん），第2次大戦後植民地が次々と独立を遂げる中，血まみれの壮絶で悲惨な独立戦争を経て1962年にアルジェリアがついに独立した後も，依然としてアルジェリアの問題はフランス社会に尾を引いている。植民地支配も現地になんらかの貢献をしたのだと強弁する人たちが21世紀を迎えた今日でも後を絶たないのがフランスの現実だ。歴史修正主義は今日，日仏で似たような様相を呈している。

フランス啓蒙の植民地支配に対する言説はおおむね曖昧であるし，そもそも言説自体がきちんと成立していない感がある。18世紀の前半にはアベ・プレヴォーの『旅行総史』（1735年）が出たが，その約半分を占める各国旅行記の翻訳を通じて，新大陸や南太平洋の未開人についての知見が広まり，植民地支配の批判というよりは，むしろ〈良き未開人〉神話を作り上げるのに貢献した。『クリーヴランド』の愛読者ルソーもプレヴォーに恩恵を蒙っている。世紀後半になると，アベ・レーナルの『両インド史』（1770年初版，80年頃まで諸版，ディドロら多数の協力者あり）が出て植民地経営の実態が知られるようになるが，直ちに植民地主義批判に結びついたわけではない。植民地支配そのものに対して反対の立場を鮮明にしたほとんど唯一のフィロゾフはレーナルの友人ディドロで（『ブーガンヴィル航海記補遺』，『両インド

史』への寄稿），仮構の作品の中でタヒチの長老にヨーロッパ人の到来を激しい言葉で呪詛させ，黒人奴隷に反乱を呼びかけさえしたが，ディドロのケースはかなり例外的である。

　これに対して奴隷制に対する非難は多くのフィロゾフに共有されていた。『法の精神』（1748年）の著者モンテスキューや『カンディード』（1759年）を書いたヴォルテール，『百科全書』の「奴隷制」の項目の執筆者ジョクールからプレヴォーやレーナルにいたるまで，誰もが奴隷制には多かれ少なかれ異議を唱えた。特にモンテスキューは奴隷を市民社会の奴隷と家庭内の奴隷と区別しながら，その歴史的起源から始めて，とりわけ風土との関係について，さまざまな角度から検討を加えている（『法の精神』15・16編[6]）。歴史的・実定法的・比較政治史的研究とはいえ，奴隷制は自然に反したものだという固い信念は一貫して揺ぎない。生まれながらの奴隷というアリストテレスの考えを論駁して，「しかしすべての人間は平等に生まれるのだから，奴隷制は自然に反したものだと言わねばならない」と明言した（同書，15編7章[7]）。しかし現実に奴隷制廃止の論調が現れるのは1770年代になってからであり[8]，コンドルセの『黒人奴隷についての考察』（1781年），黒人友の会の活動（コンドルセ，ミラボー，アベ・グレゴワール），そして大革命時に女性の権利の主張と奴隷制廃止を強く訴えた才女オランプ・ド・グージュの活動を通じて，ようやくアボリショニスムの運動が実を結ぶことになったのも事実である[9]。

　啓蒙の言説が黒人奴隷の解放について慎重だったのには理由がないわけではない。黒人はとても人間とはみなせないというヨーロッパ人一般の間に見られる風潮について，「黒人を奴隷にする我々が得た権利を支持しなければならないとしたら，私はこう言うだろう」という書き出しで，モンテスキューは次のように皮肉っぽく描いている。「ヨーロッパ諸国民はアメリカの諸国民を根絶やしにしてしまったから，あんなに広大な土地を開墾するの

に今度はアフリカの諸国民を奴隷にしなければならなかったのだ。奴隷を使わなかったら砂糖の値段はとても高くなっていただろう。問題の人たちは頭のてっぺんから足の先まで真っ黒だ。おまけに鼻はぺちゃんこだから，とても同情なんかできない。いと賢明な神様が全身真っ黒な存在に魂を，とりわけ善良な魂を入れたとは，とても考えられない。人間の本質を成すものは〔肌の〕色であると考えるのはあまりに自然なことなのだ。［...］黒人には人並みの判断力 sens commun がないひとつの証拠は，彼らが金の首飾りよりガラスの首飾りを珍重するということだ。文明諸国民の間では前者の方がずっと価値が高いのに。こうした人たちを人間と想定することは不可能だ（『法の精神』15編5章[10]）。

　黒人を人間とはみなせないという考え方を裏返せば，そこにはヨーロッパの文明人の否定しようのない自負と思い上がりが存在していた。そしてそのことは，知られるとおり，ビュフォンを初めとする啓蒙の人間学でも暗黙の前提とされていた。そもそもフランス啓蒙のユマニスム (humanisme 人間中心主義) は17世紀のデカルトの理性主義のひとつの帰結であり，ユダヤ・キリスト教の神の権威に人間が取って代わろうとする思想上の運動であったが，その場合の人間とは，事実上はヨーロッパの文明人のことであり，人間理性は万人に共通の非経験的で先天的なものであるとは言っても，理性が発達して高度の文明を築いたのはヨーロッパ人を措いては他にないというのは，歴史的事実として，いわば自明のことであった（新旧論争は文学上の争いであったとはいえ，かかる思想史的観点と無縁ではない）。こうしたヨーロッパ文明至上主義 eurocentrisme は，当時は誰もこんな言葉を口にしてはいなかったとはいえ，フィロゾフたちも多くはその影響を免れていなかったに違いない。人間のあいだには，ヨーロッパの文明人を頂点として，暗黙のうちに序列があり格差があった。単なる習俗の違いであっても，疑いようもなく，文明の優劣の違いと受け取られたのである。「奴隷権は，習慣の相

違に根拠を置くところの，ある国民の他の国民に対する軽蔑に由来するのだと，私はおなじくらい言いたくなる」(モンテスキュー，同書，15編3章[11])。以上の文脈に照らせば，「啓蒙のラシスム」が問題とされるのも故無しとしない[12]。そしてまた，黒人奴隷が実際に存在するのは海のかなたの遠い未知の国である，という事情もあった。フィロゾフたちといえども，現実に黒人奴隷たちの実態を目にすることはまずなかったのであり，書物による知識に頼らざるを得ないという動かしがたい現実があったのである[13]。

3. ルソーと新世界

啓蒙の世紀のフランスで植民地についての言説がどのように組織化されていたのかを見るのは必ずしも容易でない。マルコ・ポーロの見聞がすでに中国や「ジパング」といった〈東方〉についてその姿を伝えていたとはいえ，ヨーロッパが現実に見出した異文化世界である新大陸との大規模な接触の結果が，2世紀を経て啓蒙の知識人にいかなる結果をもたらしたのか？ 以下，ジャン=ジャック・ルソー(1712–78)の場合を検討しながら，その一端を見ることにしたい。音楽劇『新世界発見』(1739年着想，40–41年頃制作)，書簡体小説『ジュリー』(1761年刊)の中のアンソン提督の世界周航から戻ったサン=プルーの書簡(1757年頃執筆)，第2論文『人間不平等起源論』(1755年6月刊)から『社会契約論』(1762年4月刊)に至る思想の発展，特に後者の第1編第4章「奴隷制について」などが素材となる。

ルソーと新世界または植民地との関係を探る上で最初に注目すべきは，劇作『新世界発見』である。未完の処女作『イフィス』に続く彼の2番目の劇作『新世界発見』は，1739年の構想になり(まだルソーがシャンベリー郊外のシャルメットにいた時代)，制作は1740年または41年のリヨン時代

とされる[14]。作品はふたつの部分からなる。モンテヴェルディなど初期オペラの作品に類似した音楽劇の「プロローグ」と，「悲劇」tragédie と題された後半部。前半の「プロローグ」は〈ヨーロッパ〉，〈フランス〉，〈運命〉，〈ミネルヴァ〉などが登場し対話を交わすアレゴリー劇，同時にフランス人の男女とコーラスが歌い，フランスの民衆が踊る歌と舞踊の劇でもある。栄光の殿堂に続く並木道で〈ヨーロッパ〉が次のように言うところから始まる。かつては対等だった嫉妬深い姉妹たち（アジアとアメリカ）の栄光がついえた今，自分は英雄と神々の住む栄光の殿堂を永遠の住処に定める。しかし，子供たち（ヨーロッパ諸国）が争っているので，自分は幸せになれない，と。そこに〈運命〉と〈ミネルヴァ〉とが車に乗って空から降りてくる。〈フランス〉も姿を現す。〈運命〉と〈ミネルヴァ〉は〈フランス〉が野蛮なコルシカの混乱を収めて，お前に平和と幸せをもたらすだろうと〈ヨーロッパ〉を慰める。〈運命〉と〈ミネルヴァ〉，ふたたび空へ上がって退場。〈ヨーロッパ〉と〈フランス〉が残って対話。〈フランス〉は言う。「あなたの幸福はいつも私の願いの対象でした。」[15] 〈フランス〉は〈ヨーロッパ〉の世界征服を讃え，新世界征服の物語を〈ヨーロッパ〉の子供たち（ヨーロッパ諸国）に物語ろうと述べて，ふたりで栄光の殿堂に入ってゆく。「新世界の征服者たち，大地と海の勝利者たちが，はじめて，世界の果てまであなた（〈ヨーロッパ〉）の鉄鎖を運んでいったあまりにも名高いあの時代のことを，彼らに物語ることにいたしましょう。」[16] 以上のように「プロローグ」では，ヨーロッパの世界制覇が讃えられると同時に，ヨーロッパ内におけるフランスの，文明化と平和の使者としての役割が強調されている。

　続く「悲劇」の部分は韻文で全三幕（各，五場，三場，四場）からなり，「プロローグ」同様随所でコーラスが歌い，人々が踊る音楽・舞踊劇の様相を呈している。第一幕の舞台はアンティーユ諸島ガナアン島の聖なる森。この島は 1492 年 10 月 12 日にコロンブスによって〈発見〉されたアメリカ大陸最

初の場所で，サン・サルバドルともボナカともべーともイール・デュ・シャとも呼ばれた。第二幕の舞台は海岸。舞台奥ではティンパニーとトランペットに合わせてスペイン艦隊が上陸している。第三幕の舞台は酋長の居宅。登場人物はガナアン島の酋長とその妻のディズィエ，酋長に恋して受け入れられず苦しむ乙女カリム，スペイン艦隊の司令官コロン（コロンブスの仏名）とその士官アルヴァール，大祭司，酋長の臣下のノズィム，そのほかスペイン女にアメリカ男，アメリカの司祭たちと民衆，複数のスペイン人男女。コロンブスが最初に新世界に足を置いた日が選ばれている。つまり新旧世界が始めて顔合わせをした日だ。酋長に恋する現地の娘の告白と妻を愛する酋長の拒絶から劇は始まり，スペイン艦隊来航の風評に怯える現地住民と酋長の思案，大祭司の不吉な予言（「人々は神々の最も大切な賜物を永遠に失うだろう，自由と無垢を」）[17]と続く。さらに，娘とコロンブスの士官の出会いと恋，復讐のための娘の裏切りと後悔，最後は勇気と美徳を示した酋長を許し友人として受け入れる寛大なコロンブス，コロンブスの友人となりカスティリアの女王イザベルの臣下となることを約束する酋長，現地の娘とスペイン人士官の結婚が提示され，愛の賛歌（「新世界の発見は，愛の女神にミルテを捧げること」）[18]，新旧両世界の和合を歌い上げて幕となる（「海で隔てられたふたつの世界をわれわれの友誼で結びましょう」）[19]。

　新世界（アメリカ）を代表する酋長に恋をして第二の妻にしてほしいと迫った現地の娘も結局は旧世界（ヨーロッパ）を代表するコロンブスの士官の求愛を受け入れて結婚することになるわけだから，「プロローグ」で予告されたように，「英雄戦士はそこではやさしい恋人に変身する」[20]わけで，ふたりの若い恋人アルヴァールとカリムの出会いと結婚は，新旧世界の出会いと和解を象徴しており，ここにこの劇の主題が提示されていると見ることができる。酋長の人柄，その勇気と美徳は未開人の善性を暗示しており，良き未開人神話が反映されている一方，コロンブスが示す寛大と仁慈は（実際には残

虐な圧制者であったという最近の新聞報道があるが)[21]，未開の子供に対する文明化された大人であるヨーロッパのいわゆる〈文明化の使命〉を思わせる。またカリムの愛の苦悩とアルヴァールの求愛の洗練された台詞回しはこの劇がフランス的ギャラントリーを理想としたものであることも示していよう。大祭司が「太陽の誇り高き子供たち」(スペイン人のこと)に呼びかけて，彼らの勝利を予言しながら，「しかしその勝利は高くつくだろう」と述べている箇所は[22]後世の植民地主義の代償を予告していると取れないこともないけれども，いずれにしてもこの劇には植民地の現実は反映されていない。というより，思想家として自らを確立する以前のルソーの，ヨーロッパの初期植民地主義の現実に対する認識の欠如(無知)を反映したものということもできる。ここに見られるのはありふれた一般的見解によりかかって牧歌的な音楽劇の構築に専念する若きルソーの姿である。

次に『ジュリー』に目を転じよう。1739年から41年にかけてのルソーが愛の勝利と異文化の和合を夢見る牧歌的な〈音楽劇作家〉であったとすれば，1756年から58年にかけて書簡体小説『ジュリー』を執筆するルソーは，同時代の植民地主義の尖兵である英国提督アントンの世界周航(1740年9月～44年6月)を作品世界に巧みに利用しようとする〈小説家〉の姿を見せている。ジュリーとの悲恋の痛手を忘れるべく世界周航に参加した主人公サン゠プルーは，3年9カ月にも及ぶ艱難辛苦に耐えて大航海から戻り，ジュリーの従姉妹クレールに航海の報告記ともいうべき書簡を書き送る(第4部第3書簡)。ここにはヨーロッパ列強の植民地獲得競争に対する批判的な視点が歴然としており，音楽劇の頃と比べてルソーの成長に瞠目させられずにはいられない。南米について，「この広大な大陸は武器がないためにヨーロッパ人に屈服し，その支配を確かなものとするため彼らはそこを荒野に変えてしまいました。ブラジルの沿岸を見ましたが，リスボンとロンドンがその宝物を巻き上げ，そこの惨めな国民は金とダイヤにあえて手を伸ばすこと

もせずに足で踏んでいるのです。」[23] フアン・フェルナンデス島について，「私は無人の心地よい島に 3 カ月滞在しましたが，そこは自然の古代的な美の，甘美で胸を打つ姿を見せており，迫害された無垢と愛の避難所として役立つために世界の果てに閉じ込められているかに思えるところなのです。ところが貪欲なヨーロッパ人はその獰猛な気質に従って平和なインディアンがそこに住むのを妨げ，またおのれを知って自らそこに住むこともしないのです。」[24] メキシコとペルーの沿岸について，「ふたつの強大な国民の哀れな生き残りである数少ない不幸な住民たちが武器と恥辱と悲惨に打ちのめされ，天が彼らに惜しみなく宝物を与えたことを天にむかって涙ながらに非難するのを私は見ました。抵抗することもなければ守る人もいないひとつの町全部［パイタのこと］の恐ろしい火災も目にしました。これが，ヨーロッパの学識もあり人間らしい気持ちも備えた文明化された諸国民の戦争の権利なのです。」[25] ただし，これ以上の展開は見られない。主人公サン=プルーの単なる見聞の域を結局は出ないと言ってよい。思うにアントン提督に随行するサン=プルーの世界周航の挿話は，長期の不在にもかかわらず彼のジュリーに対する想いが潰えなかったという，いわば愛の持続のテーマ（これこそ小説『ジュリー』の最も重要な主題）をむしろ強調するためにこそ持ち出されたものなのだ[26]。いずれにしても，植民地の現実を批判的に問うという姿勢は，ロマネスクな造形に専念する〈小説家〉ルソーの前にはいささか影が薄い印象を受ける。しかし〈思想家〉としてのルソーは，以下に見るように，新世界と未開社会の発見を彼の思索に彼なりに活かしたのもまた否定できない事実である。

4. ルソーと奴隷制

　植民地支配に対する啓蒙の言説が少しも明確な図式を取らなかったとはいえ，権利としての万人の自由と平等の主張が大革命に至って『人間ならびに市民の権利宣言』（1789年）として結実し，奴隷制度の廃止にまでこぎつけたのは事実であって，その点では啓蒙の言説も結果的には広範な影響力を及ぼし人権の確立に多大の寄与をしたのは間違いない。とりわけコンドルセに始まる奴隷制アボリショニスムの運動については，フランス啓蒙が現実に成し遂げた大きな政治的功績のひとつと言ってよい。ところで，18世紀末の奴隷制廃止に結実する思想的文脈においてルソーはモンテスキューと並んでしばしば言及の対象となってきたが，はたしてルソーの寄与をどのように考えたらよいのか。

　ルソーが奴隷制の廃止に貢献したとされるなら，それは『社会契約論』の中に，他ならぬ「奴隷制について」という一章が設けられているからであって（第1編第4章），事実，啓蒙の奴隷制批判を論ずる場合にはよくこの章が言及される。だが，この章を理解するにはよくよくの注意が必要だ。結論から言えば，初期植民地主義のひとつの歴史的産物として現実に存在する黒人貿易と黒人奴隷制[27]を批判するのがこの章の目的なのではけっしてない。そうではなく，それは政治的権威の正当性の根拠をどこに求めるべきかと問う中でルソーが必然的に出会い格闘しなければならなかった論敵たち，すなわちグロチウスやプーフェンドルフらいわゆる自然法・万民法の学者たちを直接の批判の対象としたものなのである。そもそも国制法の原理として彼らが唱えた服従契約を徹底的に批判することが『社会契約論』第一編の中心的主題である点を忘れてはならない。「奴隷制について」はそのうちの一章に過ぎないのであって，そうした文脈の中で読む必要があるからである。

以上の論点を理解するためには、第2論文の執筆（1753年11月以降）から刊行（55年6月）、さらに『政治体制論』刊行（同11月）を経て『社会契約論』刊行（62年4月）に至る数年間のルソーの思想的軌跡を、すなわちルソーの最もダイナミックな思想的発展の諸段階を、ここで少しばかり振り返ってみなければならない。

第2論文『人間不平等起源論』でルソーは独自の人間学を構想し、自然状態の人間は本来自由で平等であったとして、人間の本源的な善性を主張した（宗教的にはキリスト教の原罪思想を否定したことになる）。それなら、本来自由で平等で善良だったはずの人間がなぜ、どのような経過をたどって、現実に見るような隷従と不平等に特徴づけられる政治社会を作って邪悪な存在となるに至ったのだろうか？　これを解明することがルソーの歴史哲学の主題となり（第2論文後半部）、また同時にその歴史哲学が『社会契約論』に帰結する彼の政治哲学の出発点ともなったのである。

ところで、自然状態における人間が自由で平等であると考えるのは何もルソーひとりではない。なるほど、ある人々は主人となるために、またある人々は奴隷となるために生まれると古代のアリストテレスは言っている（『政治学』第1巻第2章、1252a）。スコットランド生まれの絶対主義者ランセーもアリストテレスと同じ言い回しで自然の服従関係を主張した（『市民統治に関する哲学的試論』第4章）。しかしながら17・18世紀のたいていの哲学者は、——ホッブスからグロチウス、プーフェンドルフ、ロックに至るまで——、自然状態における自由と平等を想定した。ただし、自然状態から社会状態へと移行して（移行の契機をどう見るかは哲学者によって異なるが）、ついに政治社会が成立したとき、自然状態の自由が維持されるべきなのか否か、維持されるべきだとしたらどのような方法でそれが可能なのか、またその場合の自由（すなわち社会的自由）は自然的自由といかなる点で異なるのか、これがまさに大問題であって、その点になると見解は大きく分かれたの

である。

　ルソーの独創は，人間の本来的な自由は人間が人間であり続けるために不可欠のものであって，自由は人間としての本質的な構成要素であり，人間たる資格，権利，否，義務でさえあって，それなくしては人間の道徳性が奪われるのだと繰り返し執拗に主張した点にあり，自由は社会状態においても維持されるべきだと断固として主張して譲らない点にあった。『社会契約論』全編はとりもなおさず，人間の本来的な自由（と等価のもの）が維持できるような政治社会を作り出すための，まったく新しい社会契約の探求に他ならなかった。一般意思と全面譲渡の理論を骨子とする真性の社会契約がそれを可能としたのである。ルソーの政治哲学がしばしば〈自由の政治哲学〉と呼ばれるのはそのためである（レイモン・ポラン『孤独の政治学』）。「自由」こそ，「幸福」と「孤独」の観念と並んでルソーが終生探求して止まなかった哲学的かつ実存的な特権的主題であったし，ルソーこそ語の本質的な意味において自由の哲学者なのである。

　さて，よく知られるように政治社会の成立の契機については伝統的に三つの考え方が存在した。それを自然の中に見る考え方，神に見る考え方，そして人々の間の約束事に見る考え方だ。フィルマーら家父長権論者が第一の立場，カトリックの司教ボシュエを代表者とするいわゆる王権神授説論者が第二の立場，そして第三が社会契約論者たちである。これは換言すれば，主権の起源をめぐる異なる三つの立場と考えることもできるし，また，同じことであるが，政治的権威の正当性の根拠をどこに求めるか，をめぐる見解の相違と考えることもできる。そして第一の立場と第二の立場は必然的に絶対王政を正当化する理論となった。家父長権論者は家族と国家，家長と首長のアナロジーによって，国家は家族と同様に自然なものであり，子供が父親に従うのが自然であるのと同じように臣民が君主に従うのも自然なことだとして，王権を正当化した。他方王権神授説論者は聖パウロの次の言葉 Non est potestas nisi a Deo「神に由来しない権力なし」(『ローマ人への手紙』第13章第1節) を金科玉条として，君主の権力を神の意思によるものとして正当化した[28]。神の摂理の立場に立つユダヤ・キリスト教の考え方からすれば，現世といえども神の意思の実現に他ならず，人間が自らの手でもって政治社会を作り上げるとは到底考えられなかった。人間に自己組織化の能力を認めたがらないのはキリスト教徒にとってはいわば当然のことだったのだ。

　これらふたつの立場に対して，政治社会の成立の契機を人々の間の約束事に見るのが三番目の社会契約論者たちである。こうした考え方はユダヤ・キリスト教的な制約を抜け出したきわめて近代的なものと言えるが，代表者は唯物論の立場に立つホッブスと，プロテスタント系の自然法・万民法学派と呼ばれるグロチウスやプーフェンドルフなどのジュリストたちだ (ルソーの同時代人にはジュネーヴのビュルラマキやフランスのバルベーラックがいる)。ただし両者は同じ契約論者であっても大きく異なる。前者は自然状態を人間が人間にとって狼であるような状態，すなわち永続的な戦争状態と考え，全員が第三者に絶対的な権力を与える契約を相互に結ばなければ人類は滅びたはずだと考えた。こうしてホッブスが単一の結合契約によって政治社会を成立させる独創的な絶対王政の理論家となったのに対して，後者は，人々が社会を作る約束 (結合契約) をした後で，主権者に権力を譲渡するもうひとつの契約 (服従契約) を結んだのだと主張して (二重契約説)，絶対君主制を正当化したのである。ホッブスはその自然状態の立て方からしていわば必然的に絶対主義者となったのに対して，自然法・万民法学派はよく言われるとおり，契約説論者にもかかわらず絶対主義者になったのであって，これこそルソーの許せないところだった。ホッブスについては，人間の社会状態を自然状態と取り違えたのだと批判しているとはいえ，国家を人為の産物とした深遠な思想家として最大限の敬意を表しているのに対して，グロチウスや

プーフェンドルフについては，彼らは国王たちに買収されたのだと，ルソーは軽蔑を隠していない[29]。

　ルソーの1753年暮れから62年4月頃までの著作を検討すると，かなり早い時期から，主権の起源論に関しては家父長権論者や王権神授説論者の議論を退けて契約説の立場に立っているのがわかる。しかしルソーの批判的観点の二面性を忘れてはならない。一方で政治的権威の正当性の根拠を自然や神に求める人たちを批判し，それを人々の間の約束事に求める契約説の見方をとりながら，他方彼は，自然法・万民法学派の二重契約説についても，すでに第2論文後半部で「力は権利を生まない」と主張することによって，彼らのいわゆる最強者の権利，奴隷権，征服権を批判して服従契約説を退けていたのである。『社会契約論』第1編の第2章「最初の社会について」，第3章「最強者の権利について」，そして第4章「奴隷制について」の一連の議論はまさしくその延長上にあり，グロチウスの言う「権利」の数々がいかに根拠のないナンセンスな「権利」であるかを完膚なきまでに論破することによって，人間の自由は譲渡不可能なものなのだと主張しているのであって，たとえば黒人奴隷制のアボリショニスムの運動を展開しようという実践的主張などではまったくないのである。要するに人間にとって自由はその存在の必須の構成要素なのだから，仮にそれを譲渡させるような契約があっても契約として無効である，力は権利を生まないのだから，最強者の権利，奴隷権，征服権などといったものは意味のないまやかしの言葉だ，ということだ。これはジュリストの土俵の上に立った，純粋に思弁的な思索であって，理論的な考察なのである。ひとつ引用しよう。「自分の自由を放棄することは人間たる資格，人間の諸権利，人間の義務さえも放棄することだ。すべてを放棄する人に対しては，どんな補償もない。このような放棄は人間の自然と相容れない。そして人間の意思からおよそ一切の自由を奪うことはその行為から一切の道徳性を奪うことだ。一言でいえば，一方に絶対的な権威を，他方に

無制限の服従を規定するのは，無効な矛盾した契約なのだ。」(『社会契約論』第1編第4章[30])そしてこの第1編第4章「奴隷制について」で主張される人間の自由の譲渡不可能性の考え方が，第2編第1章「主権の譲渡不可能性について」の章と呼応しあっているのは，まさしくロベール・ドラテが正しく指摘しているとおりである[31]。人間が主人に自由を譲り渡すことができないのと同じように，人民が君主に主権を譲り渡すこともできないという考え方は，人民主権を根拠付ける『社会契約論』のもっとも重要な思想といってよい。

以上，『社会契約論』第1編に挿入された「奴隷制について」なる章がいかなる文脈の中で構想され，ルソーのいかなる思想的発展の中で書かれたものかを見てきた。なるほどルソーは奴隷制が自然に反したものだとも述べている。「私は奴隷制については何も述べない。なぜならそれは自然に反しており，いかなる権利もそれを正当化し得ないからである。」(『政治体制論』[32])しかしこれとても自然法・万民法学者たちの奴隷権批判の射程の中で述べられた言葉であるのは明らかだ。そもそもルソーは奴隷制をひとつの歴史的現実として捉えて論じようとしているのではない点には十分に注意する必要がある。ルソーにはルソーに固有の問題関心があったのであり，彼自身の問題の立て方があったのである。思想家の関心の所在，立論の方法を見間違えてはならない。ルソーは社会運動家でもなければ，奴隷制アボリショニスムの運動の先頭に立ったわけでもなかった。カラス事件のヴォルテールやドレフュス事件のゾラとは違うのだ。アナクロニズムや珍妙な誤解に陥るのを避けるには，思想史的な文脈の中で，テキストに即して(すなわちルソー自身に即して)理解しようと努めなければならない。ルソーが人権の確立や奴隷制廃止といったのちの政治的動きに深いところで貢献したとしたら，それはなにより，人間の本源的自由の擁護者，自由の哲学者としての彼の論理と思索にあったとすべきなのである。

5. ルソーと社会的自由

　人間の本源的自由の擁護者ルソーといえども，人間が自然状態から離れて社会状態へと移行し政治社会が成立した時，自然的自由は必然的に変容を蒙ると考えたのは当然である。ルソーによれば人類が政治社会を作った理由は危機に瀕した自然的自由を救うためであったが，結合行為を規定する契約の内実・有り様そのものによって，人間の本来の自由も制約を受けずにはいられないからである。しからば，ルソーの考える社会契約はいかにして政治社会の成立以後も人間の本来的な自由を保証できるのか。そしてそのとき，自然的自由と社会的自由はどのように異なったものとなるのだろうか。

　ルソーによれば，そもそも人間の自由とはまずもって意思の自由である。そして自己の意思にのみ従うことが，すなわち自由の実現に他ならない。ところでおよそ政治社会はすべてが法の権威の下に置かれるから，自己の意思にのみ従うことを法への服従の観点から定義しなおさねばならなくなるだろう。服従することが自由の実現となるような服従は，はたしてあるのだろうか。そのような服従はただひとつしかない，とルソーは考える。法が〈自ら立てた法〉である限りにおいて，その場合にのみ，法への服従は自己の意思への服従を意味するのである。したがって，構成員全員の自由を保証する政治社会を成立せしめる真の契約とは，各人が自ら立てた法に従うことを可能にするような政治社会の成立を実現する契約でなければならない。このとき，一般意思と全面譲渡（共同体の構成員の各人がひとりの例外もなくすべてを共同体に譲渡する考え方）の理論が威力を発揮する。ルソーが考える社会契約によって成立する政治社会は端的に，法が一般意思の表現となるような政治社会であって，そのような政治社会にあっては，法への服従はすなわち自己の意思への服従に他ならず，したがってそれは自由の実現を意味する

こととなるからである。「単なる欲望の衝動は奴隷状態であって、自ら立てた法に従うことが自由なのである。」(『社会契約論』第1編第8章「社会状態について」[33])

　ルソーは〈したいことをする自由〉と〈したくないことはしない自由〉とを明確に区別する。前者は自然状態の自由を表し、個人の力以外には制限を受けないものであって、個人の欲望と能力(意思と力)の関係によってのみ規定される、またそうした観点からのみ考察された自由である。これに対して後者は本来的な社会状態において実現されるべき自由を意味しており、対他的な関係の中で捉えられた自由であり、すなわち他者との相互依存的な関係を前提として考察され、それによって規定される自由である。ルソーの考える社会的自由とはこのようなものであり、他者の意思に無条件に服従させられることがない(換言すれば、他者の意思への服従を拒否できる)という意味合いにおいて、自己の意思にのみ服従する自由なのである。事実、もしも自由がしたいことをする点にあるのだとしたら、誰も(語の本来的な意味で)自由な人間などいなくなるだろう、とルソーは述べている(『エミールとソフィー』[34])。これはすなわち、自然的自由はもはやそのままの形では政治社会においては成立しないことを言っているのである。ルソーはその生涯を通じて、次のように繰り返し主張した。自然的自由に代わる社会的自由とはしたくないことはけっしてしない自由を意味する、自由とはしたいことをする点にあるのではなくしたくないことはしない点にあるのだ、と(『孤独な散歩者の夢想』「第6の散歩」[35]、『山からの手紙』「第8の手紙」[36])。彼は人間の本源的自由を確信したがゆえに、政治社会を作って生きざるを得ない人間というものをめぐって、共同体(政治社会)における個人の自由(社会的自由)の本質を執拗に考察し続けた。まさしくルソーが自由の哲学者とされる所以と言ってよい[37]。

おわりに

　劇作『新大陸発見』と書簡体小説『ジュリー』の中のアンソン提督に随行する世界周航の逸話，これらふたつの文学作品を比較すれば，1739年から57年の18年の間にルソーの植民地理解が飛躍的に深まったことが看取される。しかしながらこれら文学作品に比べた場合，第1論文『学問芸術論』(1750年末刊)以後の〈思想家〉ルソーを代表する作品群ははるかに深くルソー自身を表現していると言ってよい。第2論文『人間不平等起源論』(1753～55年執筆)では南北アメリカとミクロネシアの未開人を原型として独自の人間学を構築し，のちの政治哲学と宗教哲学を築く基礎を固めた。『社会契約論』では，政治的権利の根拠を問う中でいわゆる奴隷権を批判し自然法・万民法の契約論者たちを完膚なきまでに論破した。

　なるほどルソーはヨーロッパ人による新大陸の搾取と収奪を全く知らなかったわけではない。ただ，未開社会の植民地化の現実を主題的に取り上げ，これを批判的に捉え返した人ではなかった。植民地経営に対する疑問を体系化して述べた人でもなかった。奴隷制を論じたが，現実の植民地の奴隷貿易と黒人奴隷の問題を具体的に取り上げたわけでもなかった。要するに，今日に言う植民地主義の諸問題を自己の思想的課題として選び取り，これと格闘した人ではなかったのである。しかしだからと言ってルソーの評価が下がるだろうか。彼はヴォルテールのような器用で目鼻の効く，いわばジャーナリストとしての才覚に恵まれた人ではなかった。むしろじっくりと深く思索するタイプだった。換言すれば，彼には彼の立論の方法と課題があったと言うべきである。コロンブスの新大陸〈発見〉以来のさまざまな知見を手がかりとして作られた未開社会のユートピアに依拠しながら，それを手がかりとして人間の本源的な自由について考察し，奴隷制を自由の問題圏域で原理

的に考察した人，ヨーロッパの現実社会を独自の手法で根底から批判し人類のあるべき未来社会を構想した思想家，それがルソーだったのである[38]。

1) 本稿では15世紀末のコロンブスによる西インド諸島発見以降のヨーロッパ人による植民地経営を一括して植民地主義の名で総称する。ただ，誤解を招きやすい場合は18世紀までの新大陸開発・植民地経営を初期植民地主義，19世紀以降を本格的植民地主義，などと使いわけることにする。
2) 自然と文明，あるいは未開と野蛮，といった対概念がしばしば用いられる。未開と野蛮の区別はどう考えたらよいのか？ モンテスキューは『法の精神』の中で，家畜を飼いならす遊牧民を les barbares と呼び，他方狩猟のみで生活する狩猟採取民を les sauvages と呼んで区別している（第18編第11章）。しかし一般には，（ヨーロッパ人の目で見て）文明化以前の段階にあるものを les sauvages と呼び，これに対して異なる文明間で，遅れている文明に属するものを civilisés されたヨーロッパ文明の人間に対して barbares と呼んだ，と考えるのがわかりやすい。西欧的洗練に対する野蛮という構図だが，両者（civiliés と barbares）はいずれも文明の優劣の問題圏に属するのに対して，未開（野生とも sauvages）は文明以前の問題，という区別である。ちなみにモロッコの作家アブデルケビル・ハティビによれば，フランス文学に現れた異邦人の形象には3つのタイプがあって，良き未開人 les bons sauvages はアメリカインディアンとアフリカ人，野蛮人 les barbares は中近東のイスラム教徒・アラブ人，そして神秘的存在 les mystiques は中国人と日本人のことだという（Abdelkebir Khatibi, *Figures de l'Etranger dans la littérature française*, Denoël, 1987)。
3) Tzvetan Todovov, *L'esprit des Lumières*, Robert Laffont, pp. 27〜29.
4) ル・モンド紙2006年9月12日付け記事参照。
5) Montaigne, *Les Essais*, Le Livre de poche, La Pochothèque, 2001, p. 318.
6) Montesquieu, *De l'Esprit des lois*, L.XV, L.XVI, Gallimard, folio essays I, pp. 466–515.
7) ibid. p. 475.
8) Olivier Pétré-Grenouilleau, *Les traites négrières*, Gallimard, 2004 参照
9) グージュは1788年に『ザモールとミルザ，あるは幸せな難破』という3幕の劇を書いているが，92年に『黒人奴隷制』と改題された。オランプ・ド・グージュの舞台にかけられた唯一の劇作品。

10) Montesquieu, ibid. pp. 472-3
11) Iibid. p. 470
12) Eric Noël, *Etre noir en France au XVIIIe siècle*, Tallandier, 2006 参照。
13) のちの 19 世紀末から 20 世紀初頭にかけて，白人種の優越の思想はハーバート・スペンサーの社会進化論など，ダーウィン以来の進化論の系譜に連なる言説によって後押しされていたらしい。柴田勝二著『漱石のなかの〈帝国〉』（翰林書房, 2006, 32 頁）による。
14) プレイアード版校訂者ジャック・シェレールによる。OC II-1833～4。なお，ルソーの著作はプレイアード版全集から引用し，たとえば第 3 巻 50 頁は OC III-50 のように示す。
15) OC II-817
16) OC II-819
17) OC II-827
18) OC II-840
19) OC II-841
20) OC II-818
21) サント・ドミンゴを統治していたコロンブスは残忍で貪欲な圧制者であったと新発見の資料に基づいて歴史学者のコンスエロ・ヴァレラ女史は主張している。ル・モンド紙 2006 年 7 月 14 日付け記事参照。
22) OC II-827
23) OC II-412～3
24) OC II-413
25) Ibid.
26) 拙論「啓蒙のプロムナード―その 1・アンソン提督とふたつのフランス小説―」，『中大人文研紀要』45 号，2002 年，参照。
27) 黒人貿易と奴隷制はもちろん近代の産物ではない。古典古代にすでに存在し，アリストテレスなども当然のこととしていた。ヨーロッパ中世にも存在し，また 10 世紀以降イスラム教圏のアラブ諸国もこれを行っていた。しかしながらヨーロッパ諸国による新大陸発見とそれに伴う植民地主義の発展によって黒人奴隷の数は飛躍的に増大し，今日ではその総数は 1,200 万から 1,500 万人に達すると考えられている。Marcel Dorigny, Bernard Gainot, *Atlas des Esclavages, Traites, sociétés coloniales, abolitions de l'Antiquité à nos jours*, Editions Autrement, 2006, p. 18 sq.
28) 「人は皆，上に立つ権威に従うべきです。神に由来しない権威はなく，今ある権

威はすべて神によって立てられたものだからです。」(新共同約聖書)
29) 以上，Editions Sociales 版の J.-J. Rousseau, *Du Contrat Social* と *Discours sur l'origine de l'inégalité parmi les hommes*（どちらも 1971 年刊）の J.-L. Lecercle による解説参照。
30) OC III-356
31) OC III-1437
32) OC III-243
33) OC III-365
34) OC IV-917
35) OC I-1059
36) OC III-841〜2
37) 自由に関するルソーの立論の仕方を，ルソーの思索の時間軸に沿ってここにまとめておきたい。最初に，種としての人間を狭義の動物から区別する弁別的特長のひとつとして，ルソーは自由を据えた（ここで言う自由とは，選択の自由，自由の意識，などと呼ばれるもの。もうひとつの弁別特徴は，自己完成能力）。これは非歴史的な，本来的人間の精神的・形而上学的特質を考察する中で生まれたもので，〈自然状態の人間〉における自由のことである。この場合，自由とは人間の本質的構成要素，などとも呼ばれる。ところで，ルソーによれば，種としての人間は自己完成能力の顕在化によって不可避的かつ不可逆的に社会状態へと逸脱し歴史的存在となったのであるから，〈自然状態における人間〉に措定された自由と等価の自由がかかる社会状態においていかにして獲得しうるのかが，次に問われねばならぬこととなったのも当然である。なぜなら自由とは，それなくしてはそもそも人間が人間ではなくなるものなのだから。これが『社会契約論』を頂点とするルソーの政治哲学の究極の課題なのである。この時ルソーは，法の概念に拠って〈社会状態の人間〉の自由を定義し直すことになったのである。したいことをするのが自由なのではない，したくないことをしないことこそ，自由の行使なのだ，というルソーの言説は，以上の文脈から捉えられねばならない。要するにルソーは，自由の概念をあくまで自然状態／社会状態の二分法の枠内で，彼自身の哲学的人間学と歴史哲学に厳密に即して，深めていったのだと言うことができる。自由を論じる際，諸家はしばしばルソーを引き合いに出す。だがはたしてルソーの自由の概念を，以上に述べた（1753 年から 62 年にいたる）思索の時間軸に沿って，ルソーの立論の仕方と思想の基本構造を踏まえて論じた論者がどれだけいるであろうか。
38) 拙論「〈ルソーにおける自由の言説〉のためのエスキース」，『中大人文研紀要』

第 54 号，2005 年，参照。

ナポレオンのヨーロッパ，スタール夫人のヨーロッパ

小　野　　　潮

　ヨーロッパの人々が地域的まとまりとしてのヨーロッパ，あるいはヨーロッパの全体像を考えるようになったきっかけは何だっただろう。この問いにはさまざまな答え方が可能であると思われる。ある人々は，現在のヨーロッパ地域のかなりの部分を領土とし，その後のヨーロッパ文明に大きな影響を与えたローマ帝国にヨーロッパの原型を見るかもしれない。またある人々は，長年にわたってヨーロッパの人々の精神的支柱となり，カトリック，プロテスタント，ギリシャ正教，英国国教会と分岐しながらも，現在に至るまでヨーロッパの主要宗教であり続けているキリスト教のヨーロッパ全体への広がりをもって，ヨーロッパ的意識の誕生を考えるかもしれない。しかし，このいずれの場合をとっても，そこにあるのはローマ帝国というひとつのもの，キリスト教というひとつのものがある地域全体を覆うというイメージである。言語・社会・政治制度に多様性を抱えながらなおかつひとつの地域であり，しかもそのそれぞれの部分が相互に結びついてひとつの全体として動いているものとしてのヨーロッパというイメージが誕生したのは，それほど昔のこととは思われない。そうしたイメージを形成した要因として最重要のもののひとつがナポレオン（1769–1821）の登場，あるいはナポレオンの動きに対する反応であったという仮説が立てられるのではないだろう

か。

　フランス革命の騒乱の中から誕生したナポレオン帝国の登場はまさにヨーロッパ全体を震撼させるできごとであった。そもそもフランス革命が掲げ，ナポレオンがその宣伝者となり，彼がおこなう戦争の口実ともされた諸理念は，ヨーロッパ各国においても広く受容される可能性を持っていた。フランス革命の勃発に各国の支配層は警戒感を抱いたにせよ，それぞれの国の内部にフランス革命が掲げる諸理念に共感を示す人々も少なくなく，まさしくそうであればこそ，各国の支配層はフランス革命が自国に波及することで自分たちの支配が揺らぐことを恐れたのである。しかもナポレオンが登場するに至って，フランスの脅威はただ単に革命の諸理念が自国の民に与えるかもしれない精神的影響にとどまるものではなくなってしまう。ナポレオンが次々と引き起こす戦争に，ヨーロッパ各国は彼に追随するなり，彼と対決するなりということを年々歳々迫られつつ，ナポレオンがブリュメール18日のクーデタでフランスの政権を握った1799年から彼がワーテルローで最終的敗北を被る1815年までの歳月を過ごさねばならなかった。ナポレオンの支配圏と彼の同盟諸国を合わせれば，1812年初めの段階では南はポルトガル，スペイン，北はスウェーデン，ロシアに至るヨーロッパ大陸のほぼ全域を覆っていた。革命フランスの主要敵であり，ナポレオン登場後もフランスと数次にわたって戦火を交えているオーストリアでさえ，この時点では皇帝の娘マリー＝ルイーズをナポレオンに嫁がせて彼の同盟者になっていた。ロシアもまたナポレオンと平和条約を結んだ同盟者であり，ヨーロッパにおける彼の敵対勢力はほとんどイギリスだけという有様だった。後にフランスとロシアは決裂し，ナポレオンは支配下の諸国から軍勢を募ってロシアに攻め込むことになるが，このときのナポレオン軍60万人のうちフランス兵は30万人に過ぎず，他はイタリア，オーストリア，プロシャ，ポーランド，ベルギー，オランダなどから動員された人々であった。この人々は1814年，

1815 年には攻める方向を変え，パリを目掛けて進軍することになる。ヨーロッパのこれだけ広大な地域を，これだけさまざまな国の人々が，これだけの規模で駆け巡らなければならなかったことは，それまでかつてなかったことだった[1]。人々は否応なしに，その戦争の舞台をヨーロッパ規模のものとして考えざるを得なかったはずだろう。ヨーロッパの南の端のスペインで，スペイン民衆がナポレオンが派遣した軍に対し抵抗を続け，これを苦しめているという知らせは，北方のロシア人，また嫌々ながらナポレオンに屈従し続けていたドイツの人々に大きな希望を与えた。以前であれば遠い国でおこなわれる自分とは無縁であったはずの戦争が，同じナポレオンという人物を敵としていることによって，その全体が一体となった動きとして知覚されるに至るのである。

　それではナポレオンは自分が築きつつあるヨーロッパをどのようなものとして構想していたのであろう。そしてそのようなヨーロッパ像に対抗するヨーロッパ像としては，どのようなものが存在していたのであろう。ここではそのようなヨーロッパ像のひとつの例としてスタール夫人（1766–1817）が主張する，あるいは彼女が体現しているとも言えるヨーロッパ像をナポレオンの構想するヨーロッパ像と対比しながら検討してみたい。

　スタール夫人は革命勃発時のルイ 16 世の財務卿ネッカーの娘であり，小説『コリンヌ』『デルフィーヌ』，評論『文学論』『ドイツ論』で知られる作家である。一時期彼女の愛人であったバンジャマン・コンスタン（1767–1830）と並びこの世代の自由主義を代表する論客でもあった。革命勃発後，歴代の政権は，彼女がその財力・人間関係を通して持つ，またその著述によって発揮する影響力を警戒し，彼女をパリから遠ざけようとした。そのため彼女は幾度かパリを，さらにはフランス自体をさえ離れねばならなくなった。彼女とナポレオンの関係も，彼女にとっては非常に困難なものであった。ナポレオンも彼女を警戒し，パリ居住を許さず，彼女の館があったスイ

スのコペーにほとんど軟禁状態に置いていたからである。しかも彼女ひとりを追放するのみならず，人々が彼女に近づくことにも警戒を怠らず，彼女を訪問したことを理由に，マテュー・ド・モンモランシー，レカミエ夫人といったこの時代の有力人物たちをやはりパリからの追放処分に処している。ロシア戦役が始まる直前，スタール夫人はコペーを逃げ出し，オーストリア，ロシア，スウェーデンをまわってイギリスに亡命する。この過程で，スタール夫人は，ロシア皇帝アレクサンドル１世，かつてナポレオン軍の将軍であり，当時スウェーデンの王位継承者であったベルナドット，そして英国政府に，ナポレオンに対抗してヨーロッパ諸国を糾合するためおおいに説得活動を試みる。

　むろん，フランスの絶対支配権力を握り，ヨーロッパのほぼ全域に威令をふるうナポレオンと，裕福な銀行家の娘であり，広くヨーロッパ各国で高い評価を得た文学者であったとは言え，一民間人に過ぎなかったスタール夫人の影響力は比較にはならないかもしれない。だがこのふたりのヨーロッパ観は非常に対照的であり，しかも絶対権力者ナポレオンは，自分に対し圧倒的な劣位に立つこの女性を，その友人たちをまで迫害するほどにつねに意識し続けていたのである。

1. ナポレオンのヨーロッパ

　ナポレオンは自分が築きあげつつあるヨーロッパをどのようなものとして構想していたのだろう。ここでは，ナポレオンの側からの己の事業について美化がおこなわれていることは承知のうえで，『セント＝ヘレナ回想録』によって，ナポレオンが考えていたヨーロッパ像を検討してみよう。『セント＝ヘレナ回想録』は，ワーテルローの敗戦の後，絶海の孤島セント＝ヘレナ

ナポレオンのヨーロッパ，スタール夫人のヨーロッパ　129

に送られたナポレオンが同行した側近に口述した回想録の中でももっとも有名なものである。もはや軍事的な行動をなすことができないナポレオンが，自分の事業の歴史的な意味について，同時代のヨーロッパ人に，そして後世のヨーロッパ人に語りかけている。彼が構想するヨーロッパについても，それをもっとも肯定的な照明のもとに提示しているものと考えられるだろう。

　第一に検討するのは，まだヨーロッパ全体に関係するものではなく，ナポレオンが考えるフランス内部の統治についての一節である。

　　われわれを取り巻いていた数々の重大な困難に勝利し，われわれがなし遂げたあまたの驚異を実現するためにはそうしたものが是非とも必要だったのだ。県庁の創設，その行動，そしてその結果は賞賛すべきものであり，驚異的なものだった。同じ推進力が同じ瞬間に四千万以上の人間に与えられたのだ。そして行動を指揮するこのような数多くの地方センターの力によって，運動は国のあらゆる末端で，国の心臓部におけるのと同様の迅速さを獲得したのだ。
　　われわれの国を訪れ，ものを見る術，判断する術を知っていた外国人たちはこの情景に魅了された。彼らがそれまで理解もできなかったと告白したこうした驚異的な努力，こうした驚異的な結果は，これほど広大な領土中のこの行動の一体性に帰すべきものだと彼らは考えた。
　　知事たちに与えられた権限，また彼らが地方地方で手にしていた行動手段は，彼らを彼らが治める地方における小型の皇帝にした。そして彼らが力を有していたのは，彼らに与えられた最初の推進力によってでしかなく，彼らはその最初の推進力の機関でしかなかった。また彼らの影響力は，彼らがそのときに与えられている職務にのみ由来し，そこにまったく個人的なものはなかった。そして彼らは自分が治めている土地にまったく執着を持っていなかった。こうしたわけで，知事たちは絶対主

義時代の高官たちの利点を保持しながら，そうした高官たちにつきものの弊害をまったく有しなかった。彼らをこのような<u>全能な者</u>にしなければならなかった。<u>私は独裁者となった</u>。状況からしてそうならざるを得なかったのだ。したがって<u>私から出たすべての細い糸が，その糸に運動を伝える第一原因と調和せねばならなかった</u>のだ。そうでなければ求められている結果が得られない恐れがあった。遠方で絶えずわれわれに投げつけられる打撃に反応させるためには，私がフランスの大地を覆い尽くした支配のためのネットワークは激しい緊張，驚くべき柔軟性を持つ必要があった。したがって，<u>こうした歯車装置の大部分は私の頭の中では，独裁のための諸制度，戦争のための装置でしかなかった</u>。私が手綱を緩めるべきときが来れば，私から発していた数々の糸は，皆に気持ちのよいように緩められ，そのときになればわれわれは平和の再興，われわれの地方制度の整備に取り掛かることができただろう。そうしたものがまだできていなかったのは，危機がそうすることをわれわれに許さなかったからだ[2]。

　この一節で問題にされているのはまだヨーロッパではなく，彼が統治するフランス，そのなかでもナポレオンが新たに作り出した行政システムである知事制度である。ここでとりわけ目立つのは「同じ même」「ひとつの une」「一体性 uniformité」といった語である。そして全体的な像として浮かぶのは，中央にひとつの強力な力，強力な意志が存在し，その強力な意志が全体の意志となり末端まで最大の効率をもって伝わっていくというものである。そしてそのことが可能になるための条件として，中央にある力の強大さが求められている。この条件こそが，ナポレオンが独裁者とならざるを得ない理由とされているのである。またこの引用では明示されているとは言えないが，この中央の意志の末端への伝達経路に位置する主体は，それ自身独

自の意志，独自の思考を持つことは許されない。また末端に位置する主体についても事態は同様である。ナポレオンが考えている体制においては，意志・思考はナポレオンのそれがあれば十分とされ，その他の主体の意志・思考はその体制の良好な運動を妨げる障害・雑音とみなされている。

　ナポレオンは，フランス革命の諸理念を引き継ぎ，これによりフランス国民，また他国の民衆を引きつけようとしたが，一見するところそれとは逆行するような動きも見せている。次に引くのはスタンダール『赤と黒』の一節である。

　　君の皇帝のえらかったのは戦場だけで，それと1802年ごろに経済界を立て直したときだけだ。それから後にやったことはいったい何のまねだ。侍従をこさえたり，綺羅を飾ったり，チュイルリー宮殿で謁見指揮をしたりさ。まるで王朝以来の愚行の新版を発行したようなものだ[3]。

　ここで述べられているのは，ナポレオンがおこなったことのうちでも特にある人々からの批判の対象となった旧貴族の呼び戻し，帝国貴族の創設である。この旧貴族の呼び戻し，旧貴族を自分の体制の中で用いようとしたことについて，セント゠ヘレナにおいてナポレオンは次のように言っている。

　　私が旧体制の貴族たちを私の周囲に，行政機関にそして軍に置いたのは，彼らを他の多くの人々の中に嵌め込むためだった。そして全体がひとつのものになるようにするためだった。というのも私とて死すべき人間だからだ。もしこの融合が成し遂げられる前に私が死んでしまえば，このような他と異質の部分がどのような不都合を引き起こすかが君たちにもわかるだろう。そして恐ろしい危険が起きて，ある人々を犠牲者にしてしまうだろう。だから，私のものの見方は人類と高度の政治に関わるものであり，空しく愚かな偏見に関わるものではまったくないのだ。

(*SH*, I, p. 110.)

　ここでも見てとれるのは，ナポレオンが自らの支配下のフランスを一体化しようとしていたという意志に他ならない。フランス革命によって大きく分裂したフランスをひとつのものにすることこそ，ナポレオンが目指していたことであった。またここではナポレオンがそうした体制を自らの死後も永続的なものにしようと考えていたことも見てとれる。ナポレオンはフランスを統治するために用いたこうした考え方をヨーロッパ統治にも延長している。

> 　彼はついで，ヨーロッパ連合体 (association européenne) の繁栄，利益，喜び，幸福のため彼が提案したであろうことを逐一検討された。彼はいたるところ同じ主義，<u>同じ体制</u>をのぞまれていた。<u>ヨーロッパ法典</u>，<u>ヨーロッパ破棄院</u>，それがすべての誤りを正す，われわれの国にあって，わが破棄院が各裁判所の誤りを正すように。いずれの場所におけるも<u>同一の通貨</u>，<u>同一の度量衡</u>，<u>同一の法</u>，等々。
> 　「ヨーロッパは――と彼は言われた――，そんなふうにして，まもなく<u>同一の人民</u>をつくりだすのみとなったろう。そして各人は，いたるところに旅をし，つねに<u>共通の祖国</u>にいるように感じたろう。
> 　〔...〕
> 　<u>パリは世界の首都</u>となり，そしてフランス国民は諸国民の羨望の的となったことだろう！...」(*SH*, II, p. 233.)

　ここに見てとれるのは，ナポレオンがさまざまな国の存在を否定しはしないものの，それを一体のものとして捉えようとしていることである。この世界帝国・世界王国において彼は同じ法律，同じ度量衡，同じ裁判制度を採用させようとしていた。『セント＝ヘレナ回想録』の他の箇所ではフランスにならった大学制度，税制を自らの支配圏に採用させようと考えた旨のことも

述べられている。こうした姿こそが，ナポレオンにとってヨーロッパ文明のあるべき姿だったのである。そしてもちろんその中心にあるものはフランスであり，その首都はパリであり，さらにその中心にあるのはナポレオン自身である。実際，彼はフランス帝国領を広大なものに広げ，フランス帝国がその最大の大きさに達した時点では，フランス帝国領はバルト海に接し，イタリアのローマを中心とする地域はフランスの県と化していた。

　またナポレオンは他国の存在を認めてはいるが，その王たちは，彼と同等の存在ではなく，あくまでも彼の命令に従うべきものとされている。フランス領に併合されなかった地域においても，ナポレオン体制期におけるヨーロッパの数多くの王たちは，ナポレオンに王位を負っている者が大部分であった。ナポレオンの兄ジョゼフは最初ナポリ王とされたが，スペインを支配していたブルボン家が王と王太子の争いで不安定になると，ナポレオンはこの争いに介入し両者にスペイン王位を放棄させ，ジョゼフをスペイン王とした。弟ルイはオランダ王とされた。末弟ジェロームはウェストファリアの王に任じられた。ジョゼフがスペイン王に転じた後のナポリ王位は末の妹カロリーヌの夫でナポレオンの長年の部下であるミュラに委ねられた。また神聖ローマ帝国が崩壊した後，ナポレオンの肝いりで作られたライン連邦においては，それまで神聖ローマ帝国の選帝侯ではあったものの王という称号を持つことはなかった人々が新たに王とされることになるが，彼らの王位もまたナポレオンに負うものであり，そのひとりであるヴュルテンブルクの国王は娘をナポレオンの弟ジェロームと結婚させている。さらにイタリア北部はイタリア王国の名のもとに再編され，その王位にはナポレオン自身がつき，首都ミラノには皇后ジョゼフィーヌが前夫とのあいだにもうけた息子であるウージェーヌ・ド・ボーアルネが副王として駐在することになる。このウージェーヌの妻もまたライン連邦の一国バイエルン国王の娘であった。

　ナポレオンはこうした王たち，そしてその支配する王国を，ナポレオン王

朝の支配領域の部分をなすものと考えていた。ナポレオンの次弟で，彼の兄弟中，彼を除いてはもっとも高い能力をもつ人物として広く認められ，ナポレオンと多くの点で対立したリュシアン・ボナパルトは，ナポレオンから国王にしてやるという提案を受けて，「知事に過ぎない名目だけの王」などなりたくないと言って，兄の提案をはねつけている[4]。

またこうしたナポレオンのヨーロッパ観からして興味深いのは彼が考えた「ムードン学院」の構想である。

　　皇帝はローマ王の教育については多くの斬新なアイディアをお持ちであった。皇帝は「ムードン学院」にたいへん期待しておられた。その学院の指導原理についてはすでに定めてあり，時間があるおりにそれらの指導原理をさらに発展させようとお考えになられていた。皇帝は帝室の王子たちをすべて，とくに皇帝がフランス以外の国々の君主に登位させたすべての一族の王子たちをそこに集めたいと思われていた。皇帝の言われるには，こうすることによって個別教育の利点と集団教育の利点をすべて兼ね備えることができるということだった。

　　皇帝は仰せられた。「各地の王位を占め，さまざまな国を治めることになっているこの子供たちは，その学院で共通の諸原理，同様の風習，似たような考えを得ることができるだろう。帝国を構成する連盟の諸部分の融合と一体性をよりよく促進するために，それぞれの王子はフランスの外から，その王子とほぼ同年齢の，その国で最良の家系に属する10ないし12人ぐらいの子供たちを連れてくるだろう。この子供たちがそれぞれの国に帰ったとき，彼らが及ぼす影響はどれほど大きなものになるだろう！」皇帝は続けられた。「そうなれば，私の一族ではない王家の王侯たちも，私に子弟をその学院に受け入れてもらえるよう熱心に頼んだことだろう。ヨーロッパ連合体を構成する諸民族の安寧にとっ

て，こうした事態からどれほど大きな利益が生じたことだろう！（*SH*, I, pp. 231-2.）

　ナポレオンは自分の支配下にある各国の王族の子弟をフランスに集めて教育することを夢想している。そこでは彼の息子ローマ王と，各国の王族の子弟がともに教育を受け，同じヴィジョンを持つことが目指される。このヴィジョンの内容については詳しくは述べられていないが，当然ナポレオンの後継者たるローマ王に対する服従，またナポレオンのフランスが作り出したさまざまの制度を効果的にヨーロッパ規模で機能させるために各王族がなすべきことが教育の中心となるはずであろう。しかも，この学院に集う王子たちは，自分が将来王位につく国の有力者の子弟を数人ずつ伴ってくるとされている。ローマ王を頂点とし，各国の王たちを中継点として，さらにその末端でナポレオン体制の維持発展を担う地元有力者たちという，先に知事制度について見られたのと同じイメージがこの学院において再現されていることは見やすいことだろう。そしてなお，この成功に引き寄せられて，ナポレオン体制の外側にいた諸国の支配層までがこの学院に引き寄せられることが期待されているのである。

　要するに，ナポレオンが持っていたヨーロッパのイメージは，彼が持っていたフランスのイメージを拡大したものに過ぎない。彼が戦いで打ち破った国々をすべてフランス帝国に統合しなかったのは，その国をフランスに統合したほうが彼の統治にとって効率的なのか，それともフランスの衛星国にとどめたほうがより効率的なのかの判断の結果であり，国王たちは，実質的にナポレオンの徴税請負人，新兵徴募係へと変質させられる。

　であってみれば，彼の統治にとっての効率的な歯車として機能できなければ，たとえ肉親であっても彼の統治から排除されていくことになることは当然であろう。この点で典型的なのはオランダ王ルイ・ボナパルトのケースで

ある。自分の国民となったオランダ人たちの主張に耳を傾けようとしたルイはナポレオンからたびたび叱責を受け，兄と自分の臣下たちの板ばさみになったルイは王位を投げ出してしまう。ルイについてナポレオンはセント゠ヘレナにおいて次のように述懐している。

> オランダに着くや，自分がもはやひとりのよきオランダ人に過ぎないと言われる以上にすばらしいことはないと思いこんで，彼はその地でイギリス派にすっかり心を許し，密輸入を助長し，われわれの敵と通じ合った。ただちに彼を監視し，攻撃も辞さないぞと脅しさえする必要があった。その性格の弱さを片意地な強情のうちに隠し，名誉のために醜聞騒ぎのほうをとって，彼は王座から逃げ出した。私を，私の飽くなき野心，私の耐え難い暴政等々を声を大にして非難しながら。私にすべきこととして何が残されていただろう？ オランダをわれわれの敵の自由にしておくべきだったろうか？ 新しい国王を任命すべきだったろうか？ しかしその人物に私の弟から以上のものを期待しなければならなかったのだろうか？ 私がするすべてのことは，ほとんど同じような結果しかもたらさないのではなかったろうか？ 私はオランダを併合した。しかしながら，この行為はヨーロッパに最悪の効果をもたらし，われわれの災禍を準備するのに貢献しただけだった。(*SH*, II, pp. 375–6)

ナポレオンは彼が各地に配した国王たちが自分の方針に忠実に，リュシアンの言葉を用いるならば優秀な「知事」である国王として振舞ってくれることを期待していたのだろうが，血を分けた肉親たちでさえ彼の思う通りにはならなかった。まして他の人間たちにそれを期待することはできなかった。このことがセント゠ヘレナにおける彼の嘆きのひとつとなる。

> もし，彼らのめいめいが，私が彼らに託したさまざまの大衆に共通の

刺激を与えたなら、われわれは極点にまで進んだろう。みんながわれわれの前におそれかしこまったろう。われわれは世界の局面を変えたろう。ヨーロッパは新しい体制を享受し、われわれは祝福されたろう！...

　私には四人の息子のいたチンギス・ハンの幸せはなかった、それら息子たちの競争意識はもっぱら父親によく尽くすことだったのだ。私は国王を任命した、すると彼はたちまちにして、神の恵みにより、と信じ込むのだ、それほどにその言葉は伝染性のものだったのだ。(*SH*, II, p. 295.)

　長らくヨーロッパを支配して来た権力・権威としてローマ教皇庁は無視できない存在であった。神聖ローマ皇帝とローマ教皇の長期にわたる抗争、フランス革命政府と教皇庁の確執を見ればそのことはただちに了解できる。ナポレオンは政権に就くとすぐに、フランスを効果的に統治するためには教皇庁との和解、教皇庁に影響されたフランス国内の僧侶たちの支持が欠かせないことを理解する。そのためにナポレオンは教皇庁とコンコルダを締結し、ナポレオンの皇帝としての戴冠式には教皇がわざわざパリまで赴くことになる。しかし、ナポレオンは決して教皇を大きな政治勢力として認めていたわけではなかった。先にも述べたように、ナポレオンはローマ周辺の教皇領をフランスに合併してしまい、かつて自分の戴冠式に列席した教皇を当初はイタリア内に、次いでパリ近郊のフォンテーヌブローに軟禁することさえしている。教皇について『セント゠ヘレナ回想録』には次のような一文がある。

　だから、私は霊権と俗権の分離を成し遂げていたのだ。この両者が混ぜ合わされていたことが、前者の聖性にとっては有害だったし、本来調和の中心であるべき者の名によって、またその者自身の手によって、社会に混乱をもたらしていたのだ。この分離が成し遂げられたのだから、今

度は私は教皇を度を越して持ち上げようと，教皇を豪奢と賞賛で取り巻こうとしていたのだ。私は教皇が失った俗権を惜しむことがないようにしてやっただろうし，教皇を偶像にもしてやっただろう。教皇は私の近くにとどまっただろう。パリは世界の政治の首都となっただろう。そのうえ，そうすることは帝国を構成する連邦間の絆をさらに強固にしただろうし，帝国の外側にとどまった部分をも平和な状態にしておいただろう。立法議会を私が定期的に開いているように，私は宗教に関する定期的会合をも開催したことだろう。私が開催する宗教会議はキリスト教世界を代表するものとなっていただろう。こうした会議を私が開会し，私が閉会しただろう。会議の決定は私が裁可し，公布しただろう。コンスタンティヌス大帝やシャルルマーニュはそのようにしていたのだ。教皇は会議の議長に過ぎない存在になっていただろう。私以前の皇帝がこうした至上権を持てなかったのは，霊権の長を自らの遠くに置いておくという誤りを犯していたからだ。それで霊権の長は，皇帝たちの弱さや，危機的な状況を利用して，皇帝たちから自分を解放し，さらには皇帝たちを支配しようとしたのだ。(*SH*, 2, p. 202)

ナポレオンは強大な帝国を打ち立てた。そして彼以前の帝国の統治の妨げであった教皇の権力をも，これを自分の帝国の統治のための手段としようとしていた。教皇の力をも，また自分が唯一者として君臨するヨーロッパの一機関に過ぎないものとしようとしていたのである。

スタール夫人は，このような，ナポレオンの統治のあり方について次のように言っている。ここで述べられていることは，ナポレオン治世下の個人についてのことであるが，個人をナポレオン統治下の諸国のそれぞれと読みかえることもできるだろう。

ボナパルトは他の誰よりも，この寒々とした孤立を生み出す秘訣を知っ

ていた。孤立させられたことによって，人々は彼の前にひとりひとり個別に進み出ることになり，決して一致団結した姿で彼の前に出ることはなくなったのだ。自分の時代の人間の誰一人として，その人間自身の力によって存在できないよう彼は望んでおり，彼の許可なく，人が結婚したり，財産を得たり，住む場所を決めたり，才能を発揮したり，何らかの決定がなされることのないよう彼は望んでいた。そして奇妙なことだが，彼は個々人が互いに取り結ぶ関係のどんな瑣末事にでも首を突っ込んできた。それはこのように言ってよければ，征服者の帝国に噂話を禁じる異端審問所をあわせたような仕方であり，彼は自らの手の内に，この上なく強力な鉄鎖と，非常に細かく伸びる無数の細い糸を同時に握っていたのである[5]。

2. スタール夫人のヨーロッパ

　それではこうしたナポレオンのヨーロッパ像に対して，スタール夫人が対置しようとしていたヨーロッパ像はどのようなものだっただろう。彼女がその理想とするヨーロッパ像をまとまった形で展開しているテキストは残念ながら見当たらない。しかし確実に言えるのは，彼女がこれまで述べてきたようなナポレオンが作り出そうとしているフランス，ヨーロッパに強い反感を覚え，これに異議を唱え，最終的にはこれを打倒するために精力的な活動をおこなったことである。次に引くのは，彼女がナポレオンに圧迫を受け，コペーを逃亡してから自分が蒙った迫害を回顧し，彼女の生前は未完のまま残された回想録の一節である。

　　スイスが自分たちに押しつけられようとしていた統一的な憲法に反対

して武器をとったのは1802年から1803年にかけての冬のことであった。フランスと同様の仕方で組織されるようあらゆる国々に強制しようとするのはフランスの革命家たちの奇妙な偏執である。あらゆる国々に共通な原理というのはおそらく存在はするが，それは自由な諸国民に市民的，政治的権利を保障するものに限られる。だがその諸国家がイギリスのような制限王政であろうが，アメリカのような連邦共和国であろうが，13のスイスの諸邦であろうがそんなことはどうでもいい。ローマ人たちを指揮し，1日であらゆることを変えることができるようにするために，たったひとりの人間に従わせたように，ヨーロッパ全体をひとつの観念に帰属させねばならないのだろうか？[6]

　ここでスタール夫人の批判の対象になっているのはナポレオンではなく，フランス革命が持っていた拡張主義的側面だが，この批判はナポレオン体制についてもあてはまるものだと言えるだろう。スタール夫人が反発しているのは，まさに先に述べたような，全体をひとつのもの，ただひとつの意志に従う全体にしようとするナポレオンの志向であり，またある種の革命家たちの志向に他ならない。スタール夫人は諸国民がその言語，自然環境，同一の歴史の記憶に基づいた国家を構築すべきだと考えていたが，それ以上の大きさの世界帝国・世界王国を志向することは，必然的に外国人による支配状態を現出させ，占領される側にとっても占領する側にとっても不幸な事態をしかもたらさないと考えていた。彼女の『ドイツ論』の一節は次のように述べている。

　　ドイツはその地理的な位置によって，ヨーロッパの心臓と考えられるべきで，ヨーロッパ大陸共同体は，(la grande association continentale) ドイツの独立なしでは自己の独立を再び見出すことはできない。言語の相違，自然の境界，同一の歴史の記憶，これら全てが人類のあいだに国

家という大いなる個体を創造する。国家には一定の規模が必要であり，ある特質がそれらを区別する。だからもしドイツがフランスに併合されれば，フランスがドイツに併合されるという結果にもなり，ハンブルクのフランス人は，ローマのフランス人と同様に，アンリ四世の同胞としての性格を少しずつ変えていくだろう。すなわち，敗者は長い間に勝者を変質させていき，ついには双方が消滅するだろう[7]。

この『ドイツ論』が書かれた時点で，ドイツはナポレオンを盟主とするライン連邦体制下に置かれており，ここで暗黙のうちに批判されているのがそのナポレオンによる体制であることは言うまでもないが，スタール夫人が批判するのはただナポレオンのみではない。ドイツの偉大な君主であるフリードリヒ大王(1712–1786)についても，やはり同様な批判がなされている。

フリードリヒの最大のあやまちのひとつは，ポーランド分割に加担したことである。シュレジエンは軍隊に占領されていた。ポーランドは権謀術数による獲得物であった。そして，このような略奪の目にあった臣民が，君主を自称する手形割引人へ忠誠を尽くすことは，決して期待できなかった。その上，ドイツ人とエスクラヴォン人［＝スラヴ人］が，解きがたい絆によって互いに結びつくことは不可能であった。また一国民が敵意を持つ外国人を臣民として受け入れていると，支配者として受け入れているのとほとんど同じくらい，それが痛みとなるものである。国家の象徴となり，愛国心を構成するあのまとまりが，政治体制の内部になくなってしまうからである[8]。

ナポレオンがヨーロッパ各国に対してなす誤りを，すでに前世紀にフリードリヒがポーランドに対してなしていた。彼らの誤りは，言語，自然国境，同一の歴史によって形成される一国民を，力づくで，それとは異質な一国民

に従わせることである。

　そもそもスタール夫人は初期の著作である『文学論』の時点から，諸国民がそれぞれもつ独自性を重んじることこそ重要であると考えていた。こうした観点から，スタール夫人が各国民に非難するのは，何らの反省を伴わない他国の模倣である。やはり『ドイツ論』から幾つか引いてみよう。

> 模倣された優美はなくても結構だが，各国に特有のものは完成してこそ値打ちが出る。フランス人の礼儀作法の支配力は，外国人には抵抗しがたいものに思われたかもしれない。これに対して対抗できる方法はただ一つ，非常に確固たる国民的風俗習慣である[9]。

> しかしフランス化した外国人は正統的でない意見や言葉を述べることをしない。しかも彼らが新しい意見と思っているのが，実は古びた正統派の信条であることが一番多い。北方のある国々ではルイ14世の宮廷のゴシップをまだ話題にしさえする。フランス人の模倣者はフォンタンジュ夫人とモンテスパン夫人のいさかいを事細かに語る。昨夜のことを話しているのなら，さぞうんざりさせられるだろう。このような閨房の知識，いくつかの社会通念へのしつこい執着，というのも，この種の備蓄の補充の仕方がてんで分からないのだから，こんなことはすべて嫌気のさす，しかも有害なものですらある。真の国力，それは民族性である。外国の模倣はどこから見ても愛国心の欠乏である[10]。

　したがって，他国を無理やり追従させようとすることも，また自国の習俗を蔑ろにして，他国に追随しようとすることもどちらも誉められたことではない。しかしこのことは，それぞれの国が，さらにはそれぞれの国民が自国の習俗のうちに閉じ籠るべきだということではない。それぞれ独自性を備えた諸国民・諸国家間の対話こそ人類の未来のためには重要であるというの

が，スタール夫人の考えであった。こうした彼女の考え方を直接的に述べているというより，そのテキスト自体の存在によって彼女の考え方を体現しているものとして小説『コリンヌ』，評論『ドイツ論』を捉えることが可能だろう。

『コリンヌあるいはイタリア』は，イタリア人の女性詩人とスコットランド人貴族の恋愛を主題とした小説である。ネルヴィル卿オズワルドは広い心を持ち，ものに感じやすい若者だが，祖国イギリスの国力，祖国イギリスを強国とした社会のあり方に非常に強い愛着をもっている。そのようなオズワルドがイタリアを見ると，そこでの女性の生活の仕方，また国民のそれぞれが国家の力を増すために力を尽くそうという気概が見られないイタリア人のあり方に，彼は反感を覚えざるをえない。イタリアを魅力ある土地にする美点が，イギリス人の観点からしかイタリアを見られないオズワルドの目には見えないのである。このオズワルドがローマの女性詩人コリンヌへの恋におち，コリンヌがオズワルドをイタリアの精華たるローマ，ナポリの地を案内し，イタリアの真髄に参入させていく過程がこの物語の骨格をなしている。この小説においては，イギリスはイギリスの，イタリアはイタリアの魅力・長所を保ちながら，対話を交わし，互いへの理解を深めていく。また一方，この物語は悲恋に終わることによって，その対話の難しさを同時に示していることも言い添えておかねばならないだろう。

われわれの観点からするなら，この作品でもっとも注目すべきは，主人公コリンヌの人物像であろう。当初，オズワルドにも，また読者にも明かされないが，実はコリンヌはイギリス人貴族とイタリア女性のあいだに生まれた娘であり，母とイタリアで生活していたが，母の死後，父親に引き取られイギリスで生活していた。しかし女性を家庭内に閉じ込め，女性に一切才能を発揮することを許さないイギリスの田舎貴族の世界に耐え切れず，父の死後イタリアへ戻って来ていた。この混血性により，コリンヌはスコットランド

貴族オズワルドをイタリアへと導く役割を担えることになるのだが，彼女はイギリス，イタリアの両者を混ぜ合わせたものというより，むしろ最良のイタリアを具現する存在として提示されている。何ゆえにそのようなことが可能となるのだろう。

彼女の最良の理解者と名指しされているカステルフォルテ公はコリンヌを次のように紹介している。

> まずコリンナの作品に特有の価値をはっきりと示した。彼が言うには，その価値は，彼女が外国文学に造詣が深いところから来ている[11]。

またオズワルドが訪ねるコリンヌの住居については次のように記述されている。

> 着いた時，コリンナはまだ書斎にはいなくて，オズワルドは不安な気持ちで待ちながら，住まいの中を歩き回った。そこにはどの部分にも，フランス，イギリス，イタリアの三国のそれぞれ快適なものがうまく折衷されているのに気づいた。つまり社交性と文学趣味と美的感覚とが[12]。

コリンヌは各国のもののよいところを，自分の作品，自分の生活に取り入れようとしている。しかしだからと言って，彼女はイタリア人でなくなるどころではなく，カステルフォルテ公の言葉に従えば「我らのイタリアの美しき象徴」であり，「私たちの風土，芸術が産み出した成果，過去から出た新芽，未来に対する神託」[13]である。それは彼女が，自らの国の自然，過去を否定することなく，それに深く根ざしながら，同時に外国へと開かれていることによって，外国とも対話を交わす能力を備えているということに他ならない。

ナポレオンのヨーロッパ，スタール夫人のヨーロッパ　145

　コリンヌが好意を抱いたオズワルドにローマ訪問のガイド役を務めようと申し出る手紙は，次のように結ばれている。

　　繰り返しますが，私の祖国に対するこのような愛をお許しください。この祖国愛のゆえに，あなたのような男性にイタリア贔屓になってもらいたいのです[14]。

　このようなコリンヌが，英語，イタリア語のみならずフランス語をも話すということは重要なことだと思われる。この作品ではイタリア語の美しさがしばしば話題にされるが，そのイタリア語の美しさも他の言語の知識があればこそ，それとの対照によってより明瞭に意識されるものである。スタール夫人は『ドイツ論』に多くドイツの作品の抜粋を翻訳・引用しているが，同時に，ドイツ語の独自性，翻訳では伝わりきらないドイツ語作品の美しさについても強調し続けている。『コリンヌ』も『ドイツ論』も外国語学習が，相手の国について理解を深めるために果たす役割，そして翻って自国について理解を深めるために果たす役割を主張しているといっていいだろう。

　このようにイギリスとイタリアの対話の傍らにあって，この対話に耳を閉ざしている，あるいはこの対話に耳を傾ける能力を持たない人物がひとり登場する。フランス人デルフイユ伯爵である。イタリアへ向かう道連れとなったオズワルドに彼は次のように言う。

　　あの国についてどう考えたらいいか分かっています。楽しむことなど期待してはいません。イタリアで半年過ごした友人が言っていました。「フランスのどの田舎にだって，ローマよりはましな劇場や社交界がある」ってね。でもあの古い都で，きっとおしゃべり相手にフランス人を見つけられるでしょうよ。それだけが願いです。〔中略〕私は国民としてはイギリス人とフランス人しか好きではないのです。イギリス人のよ

うに誇り高いか,我々のように優れていなくては。他の国民は皆まがいものです[15]。

コリンヌの家で戦わされる文学論においては,デルフイユ伯爵はもっぱら自国の文学の優越性を主張する。

> わが国にはそのジャンルでは,本物の古典大家がいます。ボシュエ,ラ・ブリュイエール,モンテスキュー,ビュフォンを凌ぐ者はいません。とりわけ初めのふたりは,彼らはルイ14世時代の人ですが,讃えても讃えすぎることはないでしょう。彼らの完璧な手本にできる限り従わなくてはなりません。外国の方々も,我々のように熱心に見習わなくては,と申し上げたいですね。

これに対するコリンヌの反論にスタール夫人の考え方がよく示されている。

> そうは思いませんわ,民族色(couleur nationale)や,感性と精神の独創性をなくしてしまうのが,全世界にとっ望ましいことだなんて。申し上げたいものですわ。デルフイユ伯爵。あなたの国でも,その文学の正統性と言うのかしら,その正統性が時宜を得た改革を阻んで,長い間にはフランスの文学を枯渇させるはずです[16]。

『ドイツ論』は,フランス人にドイツを初めて紹介した本ではないが,すでに大きな文名を確立して,ヨーロッパ的な名声を得ていた女流作家によるドイツ紹介という意味で,独仏交流の歴史において特筆すべき書物である。書かれた時代の制約もあり,スタール夫人の著作でなされた個々の著述家の紹介については異議を挟む余地があるとは言え,実際の作品の著者自身による抜粋翻訳を数多く用いながら,ほとんど同時代のドイツの文学者,思想家

をフランスに紹介するこの著作は，当時のフランスの軍事的優勢，また先に引いたデルフイユ伯爵に戯画的に示されているような，当時のフランスの文化人の自国中心主義的な姿勢を考え合わせるならば画期的なものと評価すべきであろう。そこでは，多くのフランス人にとって政治的・軍事的な弱小国，文化的な後進国でしかなかったドイツが，文化的にはむしろフランスより進んだ国，少なくともフランスには存在しない独自性を持ち，そこに学ぶことによって枯渇しかけているフランス文芸に新たな活気をもたらすかもしれない国として提示されている。この著作の出版によってスタール夫人が示しているのは，互いが互いの特性を認めたうえで，互いに互いから刺激を受け合うような関係の構築を目指す姿勢であり，この著作はそうした方向へ向けての実践であるとも言える。『ドイツ論』の一節を引いてみよう。

　それぞれの国の優れた人たちが，最高の完成地点に到達するには，フランス人は敬虔でなければならないし，ドイツ人はもう少し社交的でなければならない。フランス国民の欠点でもあり天賦の才でもあるある種の魂の蕩尽は信仰心によって防ぐことができる。人間や社交界についての知識はドイツ人に欠けているセンスや器用さを文学の分野で与えるであろう。両国の作家たちはどちらも公平な相互評価をしていない。しかしながらこの点に関しては，フランス人の方がドイツ人よりも罪が深い。フランス人はよく知らずに判断しているか，偏見をもってしか検討していない。ドイツ人たちの方がかたよっていない。広範な知識は非常に多種多様な物の見方を示すので，普遍性から生じる寛容さを精神に与えるのである。
　ドイツ人はフランス風の良きセンスを取り入れれば得をするだろう。しかしながら，フランス人がドイツ的な閃きを宿す方がもっと得をするだろう[17]。

芸術と社交への判断の下し方について，ドイツ人とフランス人の間に和平条約を提案してみよう。かりに礼儀作法に欠けていても，強い思考，真の感情で補われている時には，フランス人は非難の矛先を和らげてほしい。ドイツ人は，自然な好みを逆撫でするもの，感覚が拒絶反応を起こすようなものの生々しい描写は控えてほしい。哲学理論がどれほど独創的でも，感覚的嫌悪を無視しては受け入れられない。作法を重んじた詩であっても無意識の感動を抑えることはできないのと同じである。リア王の娘たちの仕打ちを理解しようとして，彼女らの生きた時代がいかに野蛮であったかを示し，コーンウォール公がリーガンにそそのかされて，舞台の上でグロースターの目を靴の踵で潰すのも許すべきであると，ドイツのどれほど頭のよい著述家たちが弁護しても，無駄である。私たちの想像力はこの光景をどうしても容認できない。別の方法で偉大な美しさを達成してもよかったのにと思うのだ。しかしまた，フランス人たちが，マクベスの魔女たちの予言やバンクォウの亡霊の出現などにたいして，文学的批判の限りをつくしても，私たちが魂の底からゆり動かされる恐ろしい劇的効果をとどめることはできない[18]。

　そしてよく指摘されることだが，このふたつの著書において印象的なのは，そこからフランス人の像，とりわけナポレオンの像が抹消されていることである[19]。1807年出版の『コリンヌ』はナポレオンが第一統領としておこなった1804年第二次イタリア戦役の後に書かれ，ナポレオンがイタリア王に就任した1805年の後に出版されているにもかかわらず，その舞台は1796年のナポレオンの第一次イタリア戦役の以前1794-95年に置かれている。出版時点ではナポレオンがフランスへ持ち去り，現在ルーヴル美術館となっているナポレオン美術館に納まっていた多くの美術品がイタリアに存在しているものとして記述されている。

『ドイツ論』をスタール夫人がフランスで出版しようとした1810年においては，すでに1806年に神聖ローマ帝国が崩壊し，ナポレオンを盟主として仰ぐライン連邦が成立しており，ドイツ各地でナポレオンが派遣した行政官が活動していたにもかかわらず，『ドイツ論』にはそうした言及はほとんど見当たらない。

　スタール夫人はフランス人にイタリアの魅力，ドイツの魅力をその著作を通じて伝えようとし，また『コリンヌ』のヒロインには，自由で独立したイタリアを夢想させ，『ドイツ論』では，ドイツが中心を持たず，政治的にひとつの国家を成立させられないことを嘆いて見せるのだが，そこからは実際には暗く両国を覆っていたナポレオンの影が抹消されている。

　こうした事態に，ナポレオン本人はともかく，ナポレオン体制を支える人々は敏感だった。『ドイツ論』は検閲で出版を差し止められ，スタール夫人はフランスを去るよう命令を受ける。次に引くのは，その際にナポレオンの側近のひとりであったロヴィゴ公爵がスタール夫人に書き，後にイギリスでスタール夫人が『ドイツ論』を出版したときに，そこに挿入した書簡である。

　　本官が貴女に通告しました命令は，貴女が最近の著書において皇帝陛下に関し沈黙を守られたことが原因だ，とは考えないで下さい。そのようにお考えになられることは間違いです。皇帝陛下は然るべき扱いをお受けになってはおりません。しかし貴女の追放は貴女がここ数年来続けてこられた行動の必然の帰結です。この国の空気はどうやら貴女には相応しくないようです。一方，われわれは，貴女が賛美される諸民族の中にやむなく範を求めるまでには至っておりません。貴女の最近の著書はフランス的とは申せません。本官はこのような著作の印刷の禁止を行ったもので，このため出版社が損失を受けたことは遺憾ですが，刊行を見

過ごすことはできません[20]。

　ナポレオンの構想するヨーロッパと対照的なスタール夫人のヨーロッパを，彼女の著作に述べられていることのみならず，彼女のコペーの館における生活のあり方にも見ることができる。コペーはスイスのジュネーヴ近郊の村で，ここに夫人の父ネッカーが館を買い求め，フランス革命初期の彼の失脚以来居を構えていた。その後，スタール夫人自身，総裁政府，ナポレオンの統領政府によって，パリへの居住を禁じられ，この館で過ごすことが多くなる。スタール夫人自身はパリのサロンの生活が何より好きであり，幼年時代は母親のネッカー夫人が開いていたサロンで大人たちに混じってその学才を称えられ，スウェーデンのフランス駐在大使スタール氏と結婚の後は自らサロンを開いてその主宰者となっていた。パリ居住時代にもパリを訪れる外国人たちを自分のサロンに数多く迎えていた。革命初期には自分と政治的立場を同じくする友人たちが多く亡命していたロンドンに滞在し，またドイツに関心を抱き二度にわたって長期にドイツを訪問してゲーテ，シラー，シェリング，フンボルト，シュレーゲル兄弟といった当時の一流のドイツ知識人たちと交流を結び，『コリンヌ』の執筆を前にしてはイタリアを訪れ，やはりイタリアの知識人たちと交わってもいる。このようなスタール夫人のコペーの館には，ヨーロッパ全域から多くの人々が訪れることになる。しかも父親ネッカーから巨額の財産を相続していたスタール夫人の館は，訪れる多くの人々を長期間にわたって滞在させることができた。そしてこの地において，ヨーロッパ各地から訪れた国籍を異にする彼女の友人同士が交わることになる。彼らは各々午前中を，自らの著述の執筆にあて，夕刻になると集まって，それぞれの著述を披露しあい，批評しあう。そしてそれぞれがコペーの館を離れた後でも互いに文通しあい，お互いに刺激を与え合っていくことになる[21]。

またスタール夫人の『ドイツ論』にも大量の翻訳抜粋が含まれていたが，コペーに集まった各国の知識人たちも，その多くが翻訳，あるいは他国の文学の自国への紹介に努め，ヨーロッパの各国間の対話を促進していくことになる。シスモンディの『南欧文学論』などがその代表的なものとしてあげられる。翻訳にあたっては，むろん，フランス語と他のひとつの言語という形のものも少なくないのだが，同時にフランス語を介さないドイツ語と英語，スペイン語とドイツ語という形の翻訳もおこなわれていた。その一例として，シュレーゲルによるシェークスピアの翻訳，カルデロンの翻訳をあげておこう。

　もちろん，コペーのグループの中心はスタール夫人であるが，すべてがスタール夫人に，あるいはスタール夫人の母語であるフランス語に収斂するわけではなかった。ここではナポレオンが構想したヨーロッパネットワーク，単一者から発し，単一者の意志の実現のみを目指したネットワークとは異なった，一対多ではなく，多対多の形のネットワークができあがっているということもできるだろう。

　皮肉なことに，スタール夫人がナポレオンによってパリを追放されたことにより，スタール夫人はヨーロッパ人となり，彼女がコペーに居を構えることにより，ナポレオンのヨーロッパとは異なるもうひとつのヨーロッパが，パリから見れば片田舎の周縁の地に過ぎないコペーの地をひとつの結節点として目に見える形で出現したのである。

　ナポレオンのヨーロッパは，ひとつのもの，同一のもの，普遍的なものを性急に目指すという性格を持っている。これに対し，スタール夫人のヨーロッパは，互いに違ったものがその差異のうちに閉じ籠ることを良しとするものではないが，互いが異なったものであるというそれぞれの独自性をかけがえのない価値としている。互いが互いを異なったものとして認めたうえで，互いが相手を理解をする努力をすることが互いを豊かなものとするとい

うのがスタール夫人がその著作・生活スタイルのすべてをあげて主張していることなのである。もうひとつ言えるのは，ナポレオンのヨーロッパは，中心から発し，ひとつのものを目指す意志にそぐわないすべての意志を，効率性の名のもとに排除しようとするのだが，スタール夫人がもっとも強く異を唱えるのもこの点に他ならない。

> 彼の祖国はどこだろう？　彼にとっての同胞市民はどこにいるのだろう。彼の祖国とは，彼に従属する土地である。彼の同胞市民とは彼の命令に服従させられている奴隷たちだ。彼はある日タメルランのように，思考することに無縁な諸国民を支配下においていなかったことに不平を言った。想像するに，いまや彼はヨーロッパ人に満足していることだろう。彼らの習俗は，彼らの軍隊同様に，かなりタタール人のそれに近づいた[22]。

ここで「思考」と訳したのは raisonnement という語であるが，スタール夫人はその構成員のそれぞれが個人として，国家として raisonnement を行う権利が重要なものだと考え，それぞれが raisonnement を行う主体として留まりつつ，互いに対話を交わし，相互理解を目指す空間としてヨーロッパを夢見ていたのである。このヨーロッパはスタール夫人にとって，単に美しい夢ではない。彼女の周囲に各国から集まったコペーのグループの人々がすでにその原型である。彼女は，そうしたネットワークが，いまだ彼女が知ることのない人々をも巻き込んだネットワークになる可能性を考えているのである。

> 真に美しく道徳的なひとつの事柄がまだ残っている。それは全ヨーロッパにいるすべての考える人たちの集まりである。多くの場合，彼ら同士の間にはどんな関係もない。彼らは往々にして，お互い遠い距離をおい

て分散しているのである。しかし出会った時には一言で十分お互いに仲間であることがわかる。彼らを結びつけているのは、ある特定の宗教、特定の意見、特定の研究分野ではなく真実への崇拝である。〔中略〕つまり、彼らは人類という種族にまだ絶望せず、人類に思考の帝国を保存してやろうとしている、まさしく神の民である[23]。

ここで語られているような出会いの一例を、スタール夫人が語る彼女とシラー(1769-1805)の出会いに見ることができる。

私がはじめてシラーに会ったのはヴァイマール公夫妻のサロンでの華麗で厳しい社交の場であった。彼はフランス語をとてもよく読むことはできたが、話すのは初めてであった。私はフランスのドラマの理念が他のどの国のものより優れていることを力説したが、彼は遠慮なしにそれに反論した。フランス語で意見を述べるのが困難であり、時間がかかることも厭わず、また彼の意見には反対の聴衆がどう考えるかを恐れることもなく、信念が彼をしゃべらせたのである。私は初めは彼に反論するために、辛辣さと冷ややかさというフランス式武器を使ったが、まもなく、シラーが訥々としゃべっていることの中に、実に豊かな内容があるのを見抜いた。私はこの純粋な性格にいたく心を打たれた。才能ある人が、考えていることに追いつかない言葉を使ってこのような論争に乗り出すのである。そして私には、彼が非常に謙虚な人であり、また自分の評判だけが問題であることにはとても無頓着でありながら、真理だと信じていることをとても誇りを持って活発に擁護する人だということが分かった。その時から、早速、私は彼に賛嘆の入り交じった友情を捧げた[24]。

コペーのグループに集う人々はもちろん当時の知的エリートであり、ス

タール夫人とシラーはこの当時の両国の代表的な文人である。しかしスタール夫人は単に知的選良のネットワークだけを展望していたわけではない。それを糸口として最終的に目指されているのは，互いに独立した諸国民が，それぞれの独自性を深化させながら，同時に他の国民の美点に目を開き，互いを豊かにしていくことである。

> 国民はお互いにガイドを利用すべきである。どんな国民でも，相互に提供しあえる知性を自らに禁じるのは間違っているだろう。違った二つの民族の差異には何か非常に特別なものがある。気候，自然の様相，言語，政体，最後にとりわけ，他のすべての物よりさらに並外れた力である歴史的な出来事などがその多様性を作り出している。どんなに優秀な人にも，別の土地で生き，別の空気を吸っているものの精神の中で自然に展開していくものが何であるかを見抜くことはできない。だからすべての国で大いに外国人の思索を受け入れればいいであろう。というのはこの種の事柄では歓待することが受け入れる人間を豊かにするからである[25]。

3. ヨーロッパと非ヨーロッパ

ヨーロッパはヨーロッパ内部で完結するわけではない。またヨーロッパの独自性，アイデンティティは非ヨーロッパ世界との対照においてより明確になるとも言えるだろう。それではその非ヨーロッパ世界に対するナポレオンとスタール夫人の眼差しはどのようなものであっただろう。

ナポレオンが非ヨーロッパ世界ともっとも濃密な接触を持ったのはもちろんそのエジプト遠征においてである。彼はエジプト遠征に多くの学者を伴っ

ていき，彼らが現地で収集したものがその後のエジプト学の発展に大きな貢献をなしたことは否定できない。しかし，彼と彼が連れて行った学者たちの眼差しが向けられたのは偉大な古代エジプトに対してであり，彼らの同時代にそこに生きていた人々ではない。同時代に生きていた現地の民はナポレオンにとっては征服の対象，支配の対象でしかなかった。さらに言えば，エジプトという土地自体，彼にとっては対イギリス戦争の過程での通過地点でしかなかった。『セント＝ヘレナ回想録』においてナポレオンは次のように語っている。

> 会話の続くなか，エジプトやシリアのことを話しながら皇帝はこう言われた。アクレ城塞を奪取したなら，これはやらねばならないことだったのだが，自分としてはオリエントに革命を起こさせたろう。「ごくささいな事情が，ひどく大きな事態を導く」と彼は言われた，「港内への侵入を強行するかわりに，沖合に退避するフリゲート艦の一艦長の弱さが，また何隻かの小艇あるいは軽量艦のちょっとした行動の乱れが，世界の局面の変わるのを妨げた。アクレ城塞が奪取されたなら，フランス軍はダマスカスへ，アレッポへと飛び，あっという間にユーフラテス河に至っていたろう。シリアのキリスト教徒，ドルーズ族，アルメニアのキリスト教徒がフランス軍に加わったろう。諸民族は動揺していったろう」われわれのうちの一人が，やがて10万の増強がみられたでしょうと言うと，皇帝はそれに応じて「60万と言え。どうなったか誰が数えられよう？ 私はコンスタンティノープル，インドへ達したことだろう。世界の局面を変えただろうに！（*SH*, 2, p. 476.）

ナポレオン，及び彼の周囲がエジプトで自分たちと戦った敵をどのように見ていたかは，ナポレオンがことのほか長じていた絵画によるプロパガンダにも見てとることができる。彼らは，裸体の野蛮な民として示され，ナポレ

オンがヨーロッパ圏内において戦った敵とは明らかに異なった表象を与えられている[26]。

スタール夫人はヨーロッパ圏外に出たことはない。彼女が馴染んでいたヨーロッパからしてもっとも非ヨーロッパ的な環境に彼女が身を置いたのは，コペーを逃げ出してロシアに赴いた時であろう。しかし彼女に馴染みのヨーロッパ内部においても，スタール夫人は非ヨーロッパ地域の人々も含めてさまざまの国民がその民族色を失わずに共存するさまを『コリンヌ』の一節において描いている。この一節に，ヨーロッパの枠組みさえ越える諸国民の共存を好ましいものと見なす彼女の夢想を見ることも許されるであろう。

> 海と山に恵まれたこの町は美しく，店の前で東洋風に座って働いているたくさんのギリシャ人や往来で出会う中近東の人々の色々な衣裳のせいで，独特な，面白い景観の町となっていた。文明の技術は，あらゆる人々を見かけも実際も均一化する。だが人間の知性や想像力は，それぞれの民族を特徴づける多様性というものを好む。人間たちは気取ったり，計算したりして互いに似せているだけだ。本来のものは多様なのである。だから衣裳が多様であるのは，とにかく目にはちょっとした保養なのである。衣裳が様々あるということは，感じたり判断したりするのに新規なやり方もあることを感じさせてくれる。
>
> ギリシャ正教，カトリック，ユダヤ教の礼拝が，アンコーナの町に平和共存している。それぞれの宗教儀式は極めて異なっているが，同じ一つの感情がこれらの典礼において天に向かって立ちのぼっている。同じ一つの苦悩の叫びが。同じ一つの救いを求める願いが[27]。

1) ヨーロッパ全体から人々が動員されたという意味では十字軍がこれ以前に存在

するが，その動員地域に北欧，ポーランド，ロシアといった地域は含まれず，また動員された人々の数もナポレオン戦争時とは比較にならない。

2) Las Case, *Le Mémorial de Sainte-Hélène*, 1–2, Flammarion, 1983. 以下同書からの引用は（　）内に *SH* という略号によって示す。同書からの引用は拙訳である。下線も筆者による。
3) スタンダール『赤と黒』，桑原武夫訳，岩波文庫，1958，第二部第一章。
4) Antonello Pietromarchi, *Lucien Bonaparte le frère insoumis*, Perrin, 2004, p. 196.
5) Madame de Staël, *Considération sur la Révolution française*, Tallendier, 1983, p. 388. 翻訳は拙訳である。
6) Madame de Staël, *Dix années d'exil*, Fayard, 1996, p. 140. 翻訳は拙訳である。下線も筆者による。
7) Madame de Staël, *De l'Allemagne*, Garnier-Flammarion, 2 vol, 1968, I, pp. 41–42. 引用は次の邦訳による。スタール夫人『ドイツ論』1，中村・梶谷・大竹・グロート訳，鳥影社，2000, p. 16–17. 下線は筆者による。
8) *Ibid.*, I, pp. 130. 邦訳, p. 149.
9) *Ibid.* I, p. 94. 邦訳, p. 97.
10) *Ibid.* I, p. 97. 邦訳, p. 100.
11) Madame de Staël, *Corinne ou l'Italie*, Gallimard, Folio, 1985, p. 55. 訳文は次のものによる。『コリンナ，美しいイタリアの物語』，佐藤夏生訳，国書刊行会，1997, p. 31。コリンヌの名は古代ギリシャの女性詩人の名から取られており，佐藤氏の訳文では彼女の名前をこの女性詩人の名に合わせ，またイタリア人の名前としてそうであろうようにコリンナとしている。本論ではフランス式の発音であるコリンヌという名で記述している。
12) *Ibid.*, p. 73 邦訳, p. 44.
13) *Ibid.*, p. 57, 邦訳, p. 33.
14) *Ibid.*, p. 92. 邦訳, p. 58.
15) *Ibid.*, p. 36. 邦訳, pp. 18–19.
16) *Ibid.*, pp. 176–177, 邦訳, p. 115.
17) Madame de Staël, *op.cit.* I, p. 162, 邦訳は次のものによる。『ドイツ論』2，中村加津・大竹仁子訳，鳥影社，2002, p. 13.
18) *Ibid.*, I, pp. 248–249, 邦訳,『ドイツ論』2, p. 108.
19) Simone Balayé, *Madame de Staël, écrire, lutter, vivre*, p. 156.
20) *Op. cit.*, I, p. 39, 邦訳『ドイツ論』1, p. 11–12.

158　第2章　ヨーロッパとアメリカの史的形成

21) Simone Balayé, *op. cit.*, pp. 43–61.
22) Madame de Staël, *Dix années d'exil*, Fayard, 1996, p. 231.
23) *De l'Allemagne*, II, pp. 232–233, 邦訳スタール夫人『ドイツ論』3, H・ド・グロート, 大竹仁子, 中村加津, 梶谷温子訳, 鳥影社, 1996, p. 210。
24) *Ibid.*, I, p. 195, 邦訳, 『ドイツ論』2, p. 48–49.
25) *Ibid.*, II, p. 75, 邦訳, 『ドイツ論』2, p. 356.
26) 杉本淑彦「ナポレオンとヨーロッパ意識」, 谷川稔編『歴史としてのヨーロッパ・アイデンティティ』山川出版社, 2003 所収。
27) *Op. cit.*, pp. 39–40, 邦訳, p. 21.

海を渡った自由の女神

松 本 悠 子

　自由の女神像は，アメリカ合衆国（以後アメリカ）の象徴としてあらゆる機会に使われる。たとえば，サミュエル・ハンチントンは，国民のアイデンティティを象徴するものとして，国旗と並べて自由の女神像を持ち出し，「移民たちは，困難と危険を乗り越えて自由の女神を見たとき歓喜の涙にむせび，彼らに自由と仕事と希望を与えた新しい国に誇りを持ち，最も熱心な愛国者となった」と語っている[1]。また，女神像は多様なメディアをとおして再生産され，タバコから戦争公債まであらゆる商品の広告に登場してきた。しかし，これほどアメリカを象徴しているものでありながら，自由の女神像はアメリカでつくられたものではない。アメリカの独立百周年を祝って，1886年にフランスから贈られたものである。1865年に女神像の建造計画がはじめられ，20年かかってアメリカのニューヨーク港にようやくその姿を現したのであるが，なぜ，20年もかけて，高さ46メートルもある巨大な像（土台からトーチの先まで約92メートル）をフランスはアメリカに贈ったのであろうか。その正式名称は「アメリカ独立の記念像：世界を照らす自由」であるが，なぜ「自由」が選ばれたのであろうか[2]。
　一方，アメリカの側では，贈られた当時，それほど自由の女神像に関心が集まらなかった。にもかかわらず，1986年の自由の女神百年祭では，アメリカの「自由」の象徴として大変なお祭り騒ぎとなった。あるいはそのよう

に演出されたのであるが,それはなぜであろうか。両国間の自由の女神像をめぐるやりとりでは,「姉妹共和国」という言葉が幾度となく出てくるが,両「共和国」は「自由」の理念に関して,どのような接点をもち,どこで相互に乖離したのであろうか。普遍的な意味での自由の概念については,哲学者,政治思想家をはじめとして多くの論客や研究者によって論じられてきており,自由という理念そのものを論じることは本論の力の及ぶところではない。本論では,自由の女神像をめぐって「自由」がどのように表現されてきたかを跡づけることによって,共和主義,自由,平等など共通の言葉を持つかにみえるアメリカとフランスの文化や理念がどのように交錯し,またどのように異なってきたのかという大きな問題を解く糸口を考えたい。

19世紀後半のアメリカにとって,ヨーロッパはアンビヴァレントな存在であった。ヨーロッパ,なかでもフランスの文化はアメリカの絵画や文学に影響を与え,フランス・ルネサンス様式をまねた邸宅が建てられるなど,憧れが高まっていた。この時期になると,ヨーロッパを周遊するアメリカ人も多くなったが,アメリカ人のグランドツアーは,文明の共通の起源を探し,ヨーロッパの文化や芸術を称える旅でもあった。しかしながら,そこで見るヨーロッパは聖堂の石の壁のごとく時代を経ても変わらない昔の遺物であり,同時代の世界としては「新世界」アメリカと「旧世界」ヨーロッパのあいだの一種の断絶は,依然として意識されていたのである。当時のアメリカ人の旅行記などの分析によると,フランスやイギリスの労働者などの貧困と悲惨な生活を専制主義の結果と考えることによって,「新世界」アメリカの民主主義と自由というイメージが一層確固としたものになったという。とりわけ,ナポレオン三世下のフランスは,アメリカ人旅行者には専制にあえぐ「旧世界」というイメージ通りのヨーロッパに映ったようだ。しかし,19世紀後半には多くのアメリカ人がヨーロッパに渡り,社会改革思想とその実践について学んでいる。[3] また,社会主義や労働運動も大西洋を越えて大きな

うねりを見せていた。イメージとしての「新世界」、「旧世界」という大西洋による断絶と，実際の交流からうまれた大西洋を一体とする社会改革思想や労働運動の動きが交差する中で，自由の女神は何に明かりをともしたのであろうか。

1. 自由の女神像の誕生[4]

1865年，独立百周年と南北戦争における「自由」の勝利を記念してフランスからアメリカに何か像を贈ろうと発案したのは，法律政治学者のエドゥアール・ルフェーブル・ド・ラブレイ (1811–1883) であり，具体的な女神像をデザインしたのはフレデリック＝オーギュスト・バルトルディ (1834–1904) である。ウージェヌ・ドラクロワの絵である「民衆を導く自由の女神」 (1830年) にみられるように，「自由」が女性像で象徴されることは定着していた。したがってバルトルディのデザインはこれまでの伝統を受け継いだものだったが，枠組みをギュスターヴ・エッフェルが担当するなど，最新の建造技術が駆使された像となった。この計画は民間主導であったため資金集めが必要であり，1874年，賛同者とともにラブレイが仏米連合を組織し，寄附を募った[5]。資金集めは難航したが，女神像の建造が開始され，1875年には像の一部がパリで公開されて，ようやくひとびとの関心を集め始めたという。1876年のフィラデルフィア万博にはトーチと手の部分が展示され，アメリカ側に紹介された。さらに，1878年には，パリ万博で頭部が展示され，入場料だけでなく，模型の販売，ロゴの販売，宝くじと組み合わせるなど多様な方法で資金が集められた。発案者であったラブレイは完成を見ることなく1883年に死去したが，1884年7月4日，仏米連合の会長を引き継いだフェルディナンド・ド・レセップスの下，パリでアメリカ国民に女神像

を贈呈する式典が行われた[6]。ただし，折からのコレラの蔓延で，贈呈式はひっそりと行われたという。

　アメリカ側では，フランスでの女神像計画の進行にもかかわらず，当初から受け入れの直前まで，慎重というか，あくまでも受け身であった。ようやく1877年にニューヨーク在住の富裕なひとびとや共和党員を中心にアメリカ委員会が組織され，国務長官のウィリアム・エヴァートが委員長となって，受け入れのための活動が始められた。連邦議会も公式に受け入れを決め，あくまで灯台としてではあるが，設置する場所と維持のための予算を承認した。しかし，連邦議会の予算だけでは設置する費用には足らず，1881年，像を設置する台座の建設がベドロウ島（現在はリバティ島）で開始されると同時に募金活動が行われたのである。しかし，アメリカ側でも思うように資金は集まらなかった。1883年には，募金活動の一環として，エマ・ラザラスに作詩が依頼され，現在は自由の女神像の表玄関に刻まれている「新たなる巨像」"The New Colossus" が会合で朗読されている。1884年，ニューヨーク州議会が台座のために5万ドル用意するという案を決議したが，その後大統領になるクリーブランド知事が拒否権を発動し，失敗に終わった。しかし，自由の女神が海を渡ってくるというぎりぎりの1885年，『ワールド』紙が大々的なキャンペーンを開始し，約4カ月弱で10万ドルの募金を達成し，なんとか資金繰りがついたのである[7]。

　1885年6月には自由の女神像を積んだフランスの船がニューヨークに入港し，その1年半後の1886年10月28日，自由の女神像は，電気を使った灯台として，お目見えした。式典は総勢2万人以上のパレードで幕を開け，クリーブランド大統領やバルトルディ，レセップスなどのフランス代表および来賓が乗船した蒸気船を先頭に，ヨットや観光船，海軍の船など200隻が自由の女神像まで航行した。式典ではクリーブランド大統領が公式に自由の女神像の受け入れを表明し，バルトルディが女神像の除幕を行った後，花

火が打ち上げられ，祝典が盛大に行われたのである[8]。

2. 海を渡った「自由」の象徴

　自由の女神像は，姉妹共和国の連帯と「世界を照らす自由」の象徴として計画された。しかし，外交や経済上の仏米関係は1880年代までそれほど親密であったわけではない。植民地時代のフレンチ-インディアン戦争（1756-63年）を除いて，フランスがアメリカの歴史に登場するのは独立革命に参加したラファイエット，建国直後の外交，1803年のルイジアナ購入などわずかであり，しかも南北戦争ではフランスは南部を支持し，普仏戦争（1870-71年）ではアメリカはプロシアを支持したのである。では，フランスのひとびとはどのような意味を込めて「自由の女神」をアメリカに託したのであろうか。

　フランスあるいはヨーロッパの知識人が語るアメリカ像は，時代によって大きく揺れていた。独立革命から革命直後には，ヨーロッパの知識人にとってアメリカは圧政からの解放の象徴であった。たとえば，アン・ロベール・ジャック・テュルゴは，1778年に，アメリカが政治的自由，宗教の自由，商業や産業の自由を世界に示していると論じている。1848年の第二共和政では，合衆国憲法に関して7つの異なった版が出され，アメリカの政治体制を理想的であると称賛する政治家や知識人もみられた。とりわけナポレオン三世に反対する自由主義者あるいは共和主義者は「アメリカの自由」の神話を信じ続けた[9]。たとえば，自由の女神像贈呈の発案者であり，1863年につくられたフランスの自由主義連合の中心的立場にいたラブレイは，アメリカの憲法と民主主義を評価し，「自由と安定した」政治体制をフランスもモデルとすべきだと論じた[10]。たしかに奴隷制に関しては，ヴィクトル・

ユーゴーも論じているようにアメリカは批判の的であり,ラブレイ自身フランス反奴隷制協会の会長であった。『アンクルトムの小屋』は,1852年にすでにフランス語訳されていたのである。しかし,南北戦争後,自由主義的立場に立つフランス知識人のなかには,奴隷解放を評価し,南北戦争を自由のための戦いと位置づける立場を表明する人も多かった。フランスの混乱は南北戦争と重なり,南北戦争を経たアメリカがフランスより早く「自由と民主主義」を回復することに成功したかに見えていたと考えられる。

さらに,1871年のパリ・コミューンとその鎮圧は,フランス本国においても専制に対する「自由」という意味だけでは「自由」をとらえきれないことを明らかにした[11]。1874年にラブレイが組織した仏米連合のメンバーもほとんど穏健共和派と言われるひとびとであったが,彼らは王党派やいわゆる保守派とは一線を画すと同時に,パリ・コミューンを批判し,安定と秩序を基盤とする「自由」な体制を志向したのである。1875年には,ラブレイが大統領制と二院制議会を中心とする政治体制を提案したが,行政の権力が強すぎてアメリカに近すぎるとして左派から否決された。しかし,その後,その案が修正されて,第三共和政憲法が成立したのである[12]。1884年にヴィクトル・ユゴーが建設中の自由の女神像を見学したとき,「...平和を回復した偉大な二つの国の結合をあらぶる海が見守る」[13]と記している。1886年の自由の女神の除幕式では,フランスを代表してW・A・ルフェーブルが,「物質の支配に対する理性と正義の勝利,科学の研究と法の尊重と弱者への同情をとおして血なまぐさい戦いを消滅させること。それが自由の女神が象徴していることである」と論じた[14]。これらの言葉と自由の女神像の贈呈を推進した穏健共和派のパリコミューンに対する対応とあわせて考えると,海を渡ってアメリカにたどり着いた自由の女神像は「平和」あるいは安定と共和国の秩序の中の「自由」を象徴していたと推察できる。帝政から共和制,コミューンなどの急進主義から王党派の台頭まで揺れ動く政治的に

不安定な時代を迎えていたフランスの一部知識人は，フランス革命のいわゆる「失敗」の側面とパリコミューンを重ねあわせ，啓蒙主義の理念を基盤とする国家，近代民主主義の実験が成功した国家としてのアメリカをフランスのモデルとみなしていたのである。

　ただし，穏健共和派のスポークスマンの一人であったラブレイにしても，単なるアメリカ派というわけではなかった。ラブレイの研究者であるジャン=クロード・ランベルティによると，思想的にはむしろスイス生まれでフランスの政治家でもあるバンジャマン・コンスタンの影響を受け，スタール夫人のコスモポリタニズムを受け継いでいたという。ランベルティによると，ラブレイの基本的理念としての「自由」は個人の市民的自由であり，市民的自由を追求できる国家あるいは政府をつくるために「自由諸国民のためのコモン・ロー」が必要であるという立場であった。その具体的手本として，ラブレイはアメリカの代議制共和国と憲法を評価したのであった[15]。

　それはバルトルディの女神像のデザインにも示されている。ニューヨークの『ワールド』紙によると，バルトルディはエジプトを訪れて巨大像に魅せられたそうだが，歴史家のモーリス・アギュロンによると，19世紀前半から巨大な彫像はフランスにおいて，進歩的，革命的であると考えられていたという。『ワールド』紙も，その象徴しているところは，「文明の進歩と共和制のもとでの自由の増大」であったと報告している[16]。女神はローマ風のローブをまとい，壊れた鎖の足かせを踏んでいるが，それは「専制の鎖」から解き放たれた姿を象徴していた。右手には「自由のたいまつ」を掲げ，左手には，1776年7月4日と刻まれた法律書を抱えているが，その法律は，憲法を意味している。頭には7本の光線の王冠をいただき，「7つの大陸と7つの海」を照らしているのである[17]。とりわけ，革命後のフランス共和国を象徴するマリアンヌ像が「赤いキャップ」すなわちフリジア帽を「自由」のシンボルとしてかぶっていることと比較すると，光線の王冠に象徴される

「自由の女神」像の「自由」の意味の特殊性が浮かび上がる。1876年、ラブレイ自身、自由の女神像が指し示す「自由」がフリジア帽の象徴する「自由」ではないことを次のように強調していた。「真の自由だがアメリカの自由。彼女は頭に赤いキャップをかぶり、手につえを持ち死体をまたいでいる自由ではない。私たちの自由は手にたいまつを持ち、——たいまつといっても火をつけるためではなく、照らすための明かりである。... 真実と正義、啓蒙と法のもとの自由である。」アギュロンによると、この時期のフランスにおいて、フリジア帽を持つマリアンヌ像は「大衆的革命派」に支持され、ブルジョア共和派は帽子に批判的であったという[18]。アメリカの自由の女神は、ドラクロワの自由の女神と異なり、民衆を率いて戦うことはないのである。

　このように、自由の女神像に託されたものは、穏健共和派の望む安定した秩序のもとの「自由」であったと考えられるが、フランスの一部知識人の願いというだけでは、大金をかけてつくられた巨大な像が大西洋を渡った理由を十分には説明できない。フランス政府からの贈呈ではなく、民間の計画と寄附でつくられたとはいえ、フランスからアメリカへの贈り物とされるためには国家規模の関わりが必要であった。その理由のひとつとしては、当時の経済外交関係の問題が考えられる。1878年のパリ万博において、自由の女神像を推進する大西洋両岸の有志のひとびとが、通商条約を結ぶように両国に働きかける試みを行ったという。さらに1880年にレセップスが民間事業としてパナマ運河建設に着手すると、むしろ仏米関係は経済的にも緊張関係の側面を伴うこととなった[19]。レセップスは自由の女神像の除幕式における演説を、「すぐに我々は新たな征服、平和の征服を祝うことになるでしょう。パナマでお会いしましょう。パナマでは、星条旗を掲げた船が、南アメリカの国々の船と行き交い、パナマは人類の善のために、フランス—ラテン人種とアングロサクソン人種との永遠の友情を生み出すでしょう」と結んだ。し

かし，アメリカはレセップスの事業の背後にフランスの進出が用意されているのではないかと危惧したのであり，相互の経済および外交関係が意識される中で，女神像の贈呈も意味を持ったと考えられる[20]。

　フランス国内の事情としては，19世紀後半，フランスが国民国家を創る過程であったからこそ自由の女神像の計画が現実化したと考えられる。既にわが国でも多く論じられているように，第三共和政において，フランスが国民国家として確立を計るための多様な施策が行われた。たとえば，1880年には，パリ・コミューン支持者の恩赦が発表されるとともに，国歌が制定され，7月14日が記念日になった[21]。このような時期に，国家や国民の統合を示すものとして，マリアンヌ像など共和主義を顕彰する像が建造されたことはよく知られているが，自由の女神像の建造計画も，その一環として一定の支持が集まるようになったと考えられる。パリには自由の女神をかたどった像などを売るためにライセンスを取得する業者が現れ，パリに二つの像が造られ，他の地域にも自由の女神を模した多くのモニュメントが建てられた。地方の祭りでは女神像の複製をのせた山車が牛に引かれてパレードの最後を飾ったという例も報告されている。アギュロンによると，自由の女神像の意味はマリアンヌなど他の記念像とほぼ同様のものであり，フランスにおいては国民統合の象徴のひとつとして機能し，さらにはアメリカや世界にフランスの政治的象徴を見せる役割を果たしたのである[22]。換言するならば，「自由」という普遍的に見える価値観が国の象徴であることを見せることによって，フランス独自の国民統合の基盤のひとつとしたのである。それは，穏健共和派の主張に，愛国主義的な表現が用いられていたことからもうかがえる[23]。資金集めのキャンペーンにも，愛国的な表現が多用された。たとえば，アメリカ独立革命におけるフランス人の軍事的成果を称えることは，ドイツに敗北したばかりのフランスにとって，意味があったのである[24]。

　このように，自由の女神像は，現実の仏米関係から生み出されたものとい

うより，アメリカの「安定した」共和制にフランスの未来を見たいという希望の象徴であり，ナショナリズムの表現であったといえよう。したがって，あくまでイメージであって，現実のアメリカ社会において「自由」を守ることが可能であったかどうかは，それほど問題にされていなかったように思われる。アフリカ系アメリカ人の問題にしても，奴隷制は批判の的であり，解放後の状態に対する批判も見られないわけではなかったが，全体としてはアメリカの人種問題は，フランスではそれほどの関心を呼ばなかったという。この時期の旅行記を分析したジャック・ポルトによると，むしろ，再建期にはアフリカ系アメリカ人の「劣等性」を記述する旅行者も多く，アフリカ系アメリカ人はアメリカの「エキゾティシズム」を示すエピソードとしてしか触れられていないという[25]。

しかも，第三共和政が定着する1880年代には，安定した共和国としてのアメリカを称賛する発言すら多くの支持を得られなくなっていた。むしろ，アメリカにフランスの悲観的な未来をみる論調あるいは反アメリカ的な発言や書物も多くでてきた[26]。富の独占や貧窮した移民の生活，労働争議，膨張主義など，批判の対象は多岐にわたったが，なかでもアメリカを批判する常套句は「物質主義」であった。既に1857年の万博では，ゴンクール兄弟が技術的物質主義を「アメリカ化」と論じたが，19世紀後半に実際にアメリカ大陸を訪れたひとびとの紀行文も，技術文明が急速に発達したアメリカの「物質主義」を批判し，ヨーロッパが「アメリカ化」するのではないかという懸念を煽っていたのである[27]。

フランスの対アメリカ意識の歴史を論じたフィリップ・ロジェは，「持っていないものをそれをほしがっていない人に与える」というラカンの愛の定義を引用して，自由の女神をめぐるフランスとアメリカの関係をまとめているが，アメリカの現実とは関わりのないところで，フランスの歴史的背景が生み出した「自由」への希望が自由の女神に託されたといえよう[28]。

3. 自由の女神の受容

　独立当初から，アメリカにおいても自由を象徴する女性像は描かれてきたのであり，自由の女神という発想自体はそれほど新しいものではなかった[29]。では，フランスが自由の女神に託した「自由」をアメリカ側はどのように理解していたのであろうか。既に歴史家のジョン・ハイアムが指摘しているように，自由の女神像完成の式典の主題は，米仏国家間の友好と平和を讃えることともに，アメリカ的理念が他国に及ぼす影響力の大きさを強調することであった。『ハーパーズ・ウィークリー』誌も，式典直前の記事で，自由の女神像は「一番年若い共和国のフランス」から「最も偉大な共和国」に送られたものであり，「アメリカの自由は世界を照らしてきた」と論じている[30]。クリーブランド大統領も式典の演説で，フランスとアメリカだけが「自由と民主主義の新しい時代」を迎えようとしていると紹介し，アメリカの社会的調和と政治的安定性の重要性を強調し，自由の女神の光は「無知の暗闇と抑圧を貫き自由が世界を照らす」まで輝き続けると結んだのである[31]。また，式典で最後に演説したチョンシー・M・デピューは，「自由」とは「全ての人種を兄弟とし，戦争をなくし，全ての国のひとびとが幸福と豊かさを追求できることである」とその普遍性を指摘したが，結論としては「［米仏］両国民が共和制，理念を基礎とした政府，自由への忠誠を共有していることを祝し」「アメリカの自由は一世紀のあいだ他の国々を導く明かりとなってきた」と自賛するのである[32]。

　これらの政治家の演説にみられる「自由」は，あくまでアメリカの理念の勝利，「旧世界」に対する勝利を意味していたと考えられるが，自由の女神像を迎えた普通のひとびとにとってはどのような意味を持っていたのであろうか。1880年代，一般のひとびとは，自由の女神像の建造を一部のニュー

ヨークの金持ちのばかばかしい振る舞いだと考え，富裕層は女神像があまりにも大衆的なシンボルだと感じていたと，歴史家のマイク・ウオレスは指摘する[33]。しかしながら，自由の女神像がアメリカにたどり着いたのは，一般のひとびとの寄附の後押しがあったからである。『ハーパーズ・ウィークリー』誌は，『ワールド』紙のキャンペーンが始まった1カ月後に，「バルトルディのモニュメントへの関心は盛り上がらず，寄附が止まってしまった」時，『ワールド』紙が小口の寄附を集め始めたがむずかしいであろうとコメントしたが，同誌の予測を裏切って，12万人以上の人から寄附を集め，なんとか目標を達成したのである[34]。実際，小学生が1セントを送るような運動なども行われ，5月の段階で約4万人から38000ドルが集まっていたが，これは平均すると1人1ドル以下ということになる。では，『ワールド』紙によるキャンペーンは，ひとびとにどのようなメッセージを送ったのであろうか。賞金をかけるなど多様な宣伝を行い，子供や貧困家庭による寄附を名前入りで取り上げるなど感情に訴える記事も多かった。このような『ワールド』紙の手法は，メディアがセンセーショナルな手法で世論を作り上げていくパイオニア的事例ということもできよう。しかし，たとえレトリックであっても，どのような言葉でひとびとの関心を集めたかを見ることによって，当時の「自由」の理解を明らかにできるのではないであろうか。

　同紙が「大衆」に訴える際，「愛国の精神」や「強固な忠誠心と公共の精神」に訴える方法が功を奏したと考えられる。自由の女神が手を差し伸べて「全世界の被抑圧者を迎え入れている」ことに誇りを持つ必要性を説くとともに，政府が恥をかくことに黙っていられないという愛国心に訴えた。既にフランス側では発送の準備もできているのに，アメリカ側の政府が動こうとせず，台座を完成させる資金を調達できなければ，アメリカの威信が損なわれるという論調である[35]。さらに，同紙は，寄附をしたひとびとの「公共精神」を称え，「彼らの力強い腕と寛大な心がなければ，人民の政府は不可能

であろう」と訴えたのである[36]。

　同時に、『ワールド』紙は、富裕者層を批判し、「大衆」を基礎とする「自由」な共和国というメッセージを強く打ち出した。1883年に同紙の経営権を譲り受けたジョセフ・ピューリッツァーは、「資力を持った有力者のためよりも一般大衆」のための新聞を目指し、「大衆」のために「すべての公的な悪と濫用に戦いを挑む」ことを目標とすると宣言し、3年後には、1カ月の発行部数が約90万部から549万部に増加したと報告している[37]。自由の女神像のキャンペーンに関しても、同紙は次のようなアピールを紙上に掲載した。「自由の女神像を造るための25万ドルはフランスの大衆から支払われた。階級や生活に関わらず全てのひとびとによって──労働者、商人、売り子、職人など。私たちもそうしよう。金持ちの寄附を待つことはない。自由の女神像はフランスの金持ちからアメリカの金持ちへの贈り物ではない。フランスの全ての人からアメリカの全ての人への贈り物である。」[38] 実際には、寄附をしたフランス側のひとびとの大半はミドルクラス以上であったといわれる。しかし、ことさらにフランスの「大衆」からアメリカの「大衆」に贈られた自由の女神であることを強調したのである。同様の記事で、同紙は「自由」を愛する精神は「不誠実な貴族階級の間では不幸なことに消滅しつつある」が、貧しい若いひとびとや労働者たちが「自由」を愛する精神のもとに寄附を行っていると強調した。労働者層は、「金持ちの隣人よりも公共精神と愛国心」をもっていると論じるのである[39]。自由の女神は「人民のモニュメント」であり、「公共精神」に欠けている富裕層は、「ワシントン、ジェファソン、ラファイエットがつくったすばらしい平等国家の敵である」と訴えた[40]。自由の女神キャンペーンが、一般のひとびとの力がなくては共和国が機能しないことを明らかにし、「建国の父祖たちが勝ちとり、私たちが記念しようとしている建国の父祖の理念をもう一度思い出させた」ことを、同紙は強調したのである[41]。

では，『ワールド』紙のいう「大衆」にとっての「自由」とはどのような意味であろうか。同紙が富裕者層に対峙する集団として「大衆」を位置づけた背景には，当時の急速な工業化や都市化，富の独占と格差，移民の流入，労働者階級の台頭などが引き起こした社会不安と混乱があった[42]。一方で，資本家は経済活動や財産権の「自由」がアメリカの「自由」であると論じた。1886年には，アンドリュー・カーネギーが『勝ち誇った民主主義』というタイトルの著書で，私有財産と企業を守るアメリカの自由と民主主義がヨーロッパの諸国よりも優れていると喧伝した。彼は，1889年のエッセイでは，富は神の福音であり，貧困は不道徳の結果であると説くのである。憲法の歴史を論じたマイケル・ベネディクトによると，この時期には，「自由放任立憲主義」のもとに，特定の階級に利する統治を否定するという論理で労働者問題を片付けようとした。貧困は悪徳や怠惰の結果であり，労働者の賃金や労働条件も，自由契約の論理のもと，需要と供給のバランスで決定されるという考え方が趨勢であった[43]。

他方，労働者は，そのような「自由」が自分たちの生存権や平等を求める権利を損なっていることに抗議の声を上げた。自由の女神が明かりを照らし始めた1886年，アメリカ労働総同盟は8時間労働を要求して全国規模のストライキを呼びかけ，5月にはシカゴでヘイ・マーケットの暴動が起きた。このような動きを警戒して，多くの州で，1880年代に法と秩序を守るための自発的組織が作られ，反サンディカリズム法が成立した。にもかかわらず，1890年代にはプルマン・ストライキなど労働運動は本格的に広がるのである。さらに，1888年には，エドワード・ベラミーが『顧みれば』を出版し，ヨーロッパ各国で翻訳され，社会主義運動にも影響を与えた。ベラミーは，「自由」は国家やコミュニティの集団の支配と規制によってのみ保障されるというメッセージを出したのである[44]。19世紀的な意味での土地所有と「自由」の関係では論じきれなくなっていた南北戦争後のアメリカ社

会では，束縛からの解放という意味での「自由」と，アメリカ市民としての「自由」とが必ずしも同じ意味を持たないことが明らかになったといえよう。経済の「自由」と平等や市民としての生活の権利を求める「自由」との間の矛盾，あるいは国家からの「自由」から国家の保護の下の「自由」への重心の移動の必要性などが顕在化したのである。

ただし，富裕者層を批判して「大衆」に訴えかけたにもかかわらず，『ワールド』紙は，「大衆」が「急進的」な行動にでることには一貫して否定的であった。『ワールド』紙は，フランスの「急進的」といわれる活動を紹介して警告した。たとえば，1885年のパリ・コミューンの記念日にフランスでデモが行われたことを大きく取り上げ，共産主義者や無政府主義者が争乱を引き起こしていると報告した。また，同年の選挙についてはフランス社会主義党の大統領制の廃止や教会財産の没収などの綱領を批判し，選挙の結果，いわゆる保守派が一定の支持を集めたことを同紙は評価している。保守派の躍進は共和政府を脅かすのではなく，むしろ，「最悪の要素」すなわち「暴力的な共産主義者」の排除を意味したと論じているのである[45]。さらに，1886年の論説では，「もしフランスを取り囲んでいるような危険に［アメリカが］見舞われたら，我々は治安外人法を考えなければならないであろう」と警告したのである[46]。

このようなフランスへの関心は，国内状況に関する同紙の危機感を反映していた。1886年のシカゴのヘイマーケット暴動に至る労働争議に関して，『ワールド』紙は，「彼ら［シカゴの無政府主義者たち］は共和国の市民ではなく，市民権を欲してもいない。彼らはヨーロッパの君主制の国々の国旗と同様にアメリカの国旗も嫌悪している」と，「外国人」の煽動であると決めつけ，当局は「アメリカ共和国の敵」に厳しい態度で臨むべきだと論じている[47]。さらに，社会主義者たちがフランス革命を引き合いに出していると指摘し，「フランス革命の亡霊」はアメリカ市民に何の影響も持たないと指摘

している。同紙によると，フランス革命は長年の抑圧と少数者による財産と特権の専有の結果であり，アメリカの場合，世界で最も財産と特権が平等に分配されており，フランス革命が起こったときのような状況にはない。したがって，シカゴのような混乱が起こるのは，「共和国に同化しない，異質のひとびと」によって引き起こされており，フランス革命というより，「単に破壊的で残忍でしかない」パリ・コミューンの精神といってよいだろう，と繰り返し論じるのであった[48]。たしかに，フランス革命百周年の1889年には，パリで第二インターナショナルが創設されており，この時期，大西洋の両岸において自由や平等と秩序の関係が問われていたのである。

　いわゆる急進主義が「外国人」のもちこんだ非アメリカ的なものであり，なかでもフランスが「危険思想」の輸出国であるという主張は，『ワールド』紙だけのものではなかった。『ハーパーズ・ウィークリー』誌も，シカゴの暴動に関わったひとびとを無政府主義者とし，「パリの大通りに突然現れた悪名高い犯罪者集団」にたとえて批判し，「生産に関わる全ての要素の調和した関係が文明の勝利である」と論じた。同誌によると「パターナリズムと政府による介入を主眼とする社会主義」に対して，アメリカの理念である民主主義は個人主義を基底とし，「個人の機会のために広く門戸を開いている」のであり，「大衆が自分でできることに関して共和政府は何もすべきではない」と論じている。さらに，ヘンリー・ジョージの議論を批判して，たしかに貧富の格差はあるが，他の国に比べれば賃金水準も高く，土地や住宅の所有者も多く，教育は無償であり，固定された階級もなく，「財産を築き，独立を確保する機会はすべての人に開かれている」と，同誌は一貫して主張しているのである[49]。

　このように，「大衆」が主体であると唱えながらも，「平等」に関しては曖昧にしたまま秩序と規律を基盤とした「自由」を守るという考え方は，その後の政治や外交にも受け継がれていった[50]。しかし，『ワールド』紙が批判

したような労働運動や社会改革の要求は，これまでの「自由」の意味の変革を否応無しにアメリカ社会に迫っていた。「自由」と財産権の関わり，契約の自由と労働時間の短縮や児童労働の禁止など労働条件改善の要求との間のバランスなどの議論が高まり，20世紀初頭のいわゆる革新主義の時代にかけて，政府の規制からの「自由」というより，機会の「自由」を保障するための秩序ある体制の必要性が論じられるようになっていくのである[51]。

　なお，「自由」が保証されるべき「大衆」が具体的に誰をさすかも明確にされていなかった。たとえば，南東欧からの移民はその「白人性」が問われ，アフリカ系アメリカ人は秩序の名の下にその「自由」を制限されていたが，管見の限り，『ワールド』紙にそのことに関する論及はみられなかった。同時期，アメリカ南部ではジムクロウ体制が実質的な支配体制となっていたのである。1885年にはジョサイア・ストロングが『私たちの国』を出版し，アングロサクソニズムと適者生存の社会進化論を論じた。北部においても人種科学と優生学の名の下に「人種」のヒエラルヒーが確立したのである。さらに，1898年の米西戦争が明らかにしたように，キューバやフィリピンの「自由」は，あくまでアメリカの「保護」下の「自由」であった。植民地との関わりにみられるように，「自由」と秩序の問題はアメリカ国内だけの問題ではなかったのである。

　そのうえ，アメリカでは，この頃，宗教の「自由」も争われていた。モルモン教の一夫多妻に関して，最高裁は，行動と信仰は別であり，一夫多妻を禁止しても宗教の自由を妨げたことにはならないと判断した[52]。1885年には，ニューヨーク州で矯正施設や福祉施設における信仰の自由に関する法制化が論議されていた。元来全ての宗派が協力している施設であるが，収容者や収容者の保護者が望む宗派のサーヴィスを行うべきだという法案が特にカトリック教徒から出され，論争となったのである。公共の施設は中立でなければならず「施設の適切な規律に適合した信仰の形をとるべきである」とい

う『ハーパーズ・ウイークリー』誌の論説は，信仰の自由か否かというより，公共の秩序と信仰の自由の問題が論じられていたことを示唆している[53]。

　一言でまとめるならば，機会の「自由」を誰に保証するか，秩序と「自由」のバランスをどのように保つべきかという問題に大西洋の両岸の国家が直面していたときに，自由の女神は海を渡ったのである。このことをいまひとつ明示している事実が，自由の女神の除幕式の式典に，フランス側の代表の妻以外の女性の参加が拒否されたことであろう。女性が「自由」を象徴して来たことは先述の通りであるが，特に19世紀後半には，パレードの中心に自由や豊穣を象徴する女神などの女性像を据えることが多かった。パレードの政治性に注目したメアリ・P・ライアンによると，女性性は社会的不和や争いを越えた調和と市民の団結を象徴したという[54]。しかし，現実には，女性の公共の場への参加は制限されていたのであり，ニューヨーク州女性参政権協会は，独自の船を調達して自由の女神の式典に参加し，「女性に政治的自由のない国で，女性が自由を象徴している」と批判したのである[55]。

4. 自由の女神と移民

　船の上から移民が自由の女神を望んでいるという写真が現代の多様な教科書やガイドブックに載っているように，移民と自由の女神には密接な関わりがあるかのようにいわれて来た。「自由をもとめる者たちの群れを．．．わがもとへ送りつけよ」というテザラスの詩を実現する国としてのアメリカを，自由の女神が象徴しているとされてきたのである。

　しかし，これまで述べてきたように，当時自由の女神が世界に光を照らす「自由」とは，それぞれの社会の秩序のなかの「自由」であり，移民の流入はむしろ社会秩序にとって不安定要因の一つであった。中国人移民禁止法が

成立した 1882 年には,「貧窮者, 精神異常者, 犯罪者など公的な負担となる恐れのあるもの」の移民を禁止する連邦法が成立し, さらに契約労働移民禁止法も通過し, 移民のコントロールの中心が連邦政府に移行し始めた[56]。20 世紀に入ると, 1903 年の移民法, 1917 年の読み書き法（移民は自国語で最低 40 語読めなければならない）など連邦による移民のコントロールは本格化し, 1924 年にヨーロッパからの移民の国別割当制限とアジアからの移民禁止を骨子とする移民法が成立するのである。

　移民の入国基準を定めるだけでなく, それぞれの移民の入国管理を行うために 1892 年, 自由の女神像の近くのエリス島に入国管理施設が建設された。移民の入国審査を行うエリス島は,「涙の島」と呼ばれていたように, 移民を受け入れる「自由の国」アメリカの玄関というよりも, 誰をアメリカに受け入れるかを国家としてコントロールする場であり, 健康チェックや入国審査など, 移民にとっては不安と恐怖の施設であった。たとえば, 1907 年のエリス島の統計では, 約 100 万人の移民が入国を許可されたが, 20 万人弱は入国を一時的にであれ阻止された。さらに一時的に引き止められたひとびとのうち, 約 1 割か 2 割は国外追放となったのである[57]。

　第一次世界大戦時, 移民の流入が減少すると, エリス島はドイツ人乗組員やいわゆる「敵性外国人」の収容所として使用された。戦後直後のレッドスケア［赤狩り］の興奮の中では, 労働運動や政治活動のために国外追放とされたひとびとが集められた。1924 年の移民法成立以降は, 各地の領事館が移民受け入れの審査の主体となり, エリス島では入国する移民より国外追放者の数が多くなった。たとえば, 1933 年には, 4,488 人の移民をエリス島が受け入れたのに対し, 7,037 人がエリス島から国外追放されたのである。ただし, 1954 年の閉鎖まで, アメリカへの移民の約半数はエリス島が受け入れていたという記録がある[58]。このようにエリス島と当時の連邦政府の施策は, むしろ移民管理であり, 自由の女神が手を差し伸べる「自由」が入

余地はあまりなかったといえよう。大統領になる前から移民法の改革を唱えていたジョン・F・ケネディが書いたとされる『移民の国』という書物の中で，1921年以降の移民法と移民の入国管理は，ラザラスの詩の後に，「彼らが北ヨーロッパ出身であり，疲れすぎていず，貧しすぎず，病気でない限り，また，彼らが，一切れのパンを盗んだこともなく，疑わしい組織に参加したこともなく，過去2年の活動を明確に述べることができる限り」という条件を受け入れの基準として付けていたと指摘されている[59]。

　自由の女神は移民の国アメリカの「自由」の象徴として渡ってきたわけではなかったばかりでなく，移民そのものとすら関りがなかったといえよう。1890年に自由の女神像の設置されているリバティ島に入国管理施設を建設する計画が発案された時，各方面から反対意見が相次いだ。『ワールド』紙も反対のキャンペーンを行い，バルトルディも反対を表明した。主な理由は，聖なる「自由」の象徴は美しい公園に置かれるべきであり，バルトルディの言葉によれば移民受け入れ施設を置くことによって自由の女神を「冒瀆する」というのである[60]。移民の受け入れ国としてのアメリカの理念をうたった詩としていつも引き合いに出されるラザラスの詩も，1886年の式典では，全く触れられなかった。1903年にラザラスの詩は像の台座の内側の壁に取り付けられたが，その後30年間，ほとんど注目を浴びることはなかったのである[61]。

　なお，このような移民の「自由」の問題は，アメリカだけの問題ではなかった。この時期，フランスも「外国人」問題の重要性に気づいており，1889年には出生地主義の強化と帰化の促進を目的とする新国籍法が制定された。この法律によってフランスで居住許可を得て3年後の「外国人」は帰化でき，「外国人」の親からフランスで生まれた人は，成人に達したときフランスに居住していればフランス人になることができるようになった。この法を見る限り，移民の管理に関してはフランスの方が寛容であるかのよう

に見えるが，それは「外国人」やマイノリティに自由と平等が均等に与えられたことを意味しているわけではない。事実，19世紀末には社会進化論や優生思想がフランスでも支持され，植民地に対する「優越意識」が高まっていた。1880年代の反ユダヤ人の動きは，1894年のドレフュス事件で頂点に達した。またフランス人労働者と「外国人」の対立が見られ，行政府による外国人の監視が1890年代には進んだのである[62]。近代化，工業化の進展に伴う国境を越えた人の移動は，両国に「自由」の意味の問い直しを迫ったのである。

5. 自由の女神のアメリカ化

　自由の女神像がアメリカの「自由」の象徴，とりわけ移民の「自由」のシンボルとして表舞台に出てきたのは，ジョン・ハイアムも指摘するように，20世紀に入ってからである。まず，第一次世界大戦の国民動員の中で，自由の女神が注目を集めた。1916年には女神像のライトアップが始まり，1917年，戦争公債がリバティ・ボンドと名付けられ，自由の女神像は自由を求める移民を受け入れる国アメリカのシンボルとして公債の販売宣伝などに使われた。ある食料節約のポスターは，自由の女神像と移民を描き，「あなた方はここに自由を求めてやって来た。あなた方は，今その自由を守らなければならない」と訴えるのである[63]。1919年に出版された市民権獲得のための教科書には，アメリカの国旗を背景に自由の女神が描かれ，「自由な人々の国，勇者の故郷」というスローガンがそえられていた[64]。

　戦争が終わって，移民制限と入国管理のシステムが確立するにつれて，自由の女神像は移民の「自由」と「夢」の象徴として一層ひんぱんに語られるようになった。移民法が成立した1924年，クーリッジ大統領は女神像を国

家の記念碑であると語った。1933年以降，国立公園局が像の管理を行うことになる。1936年，フランクリン・D・ローズベルト大統領は，自由の女神の50周年を祝う式典で，アメリカが「自由」のふるさとであり約束の地であることを強調し，移民たちは，生きるための「自由」を求めてアメリカに来たのであると論じた[65]。1940年代に入って女神像を訪問する人が増加し，1941年の『ニューヨーク・タイムズ・マガジン』は，「自由が世界で希少価値になっている」とき，自由の女神は「私たちのナンバーワンのシンボル」であり，「自由」を求めてひとびとは自由の女神像を訪れると論じている[66]。第二次世界大戦中には，ラザラスの詩にメロディが付けられ，各地の独立記念日のコンサートなどでうたわれた。ヨーロッパの独裁国家の悪夢からの避難所としてのアメリカを象徴する女神像は，愛国心のシンボルとなった。1945年にはラザラスの詩が銅板に彫られ，女神像の表玄関に飾られたのである。

　第二次大戦後，自由の女神像が移民の国アメリカの「自由」と本格的に結びつけられ始めた。1952年には自由の女神像の下にアメリカ移民博物館をつくる計画が提案された。1954年にエリス島の移民受け入れ施設が閉鎖され，エリス島に移民のための博物館をつくる計画も出されたが，女神像の下に博物館をつくる提案者は，『ニューヨーク・タイムズ』紙に「移民は，エリス島によってアメリカに魅力を感じたわけではない。．．．彼らの道しるべは自由の女神のトーチである」と論じた。博物館は，女神像が基本的に象徴するとされる理念，すなわち「多様な出自の何世代ものアメリカ人が求め，発見し，発展させてきた自由の理念」をさらに拡大することを目的としていた[67]。この計画は化学会社経営のピエール・S・デュポン三世を主導者としてあくまで民間の寄附を主な財源としていたため，完成するまでに20年かかったが，まさにこの期間は冷戦の期間であり，この博物館は移民に関するアメリカのプロパガンダになったと歴史家のウォレスは分析する。主要な

テーマは，悲惨さや貧困を逃れてアメリカへやって来た移民が困難を乗り越えて成功する物語であり，自由の国アメリカにおける移民個人の努力とその結果としての勝利が称賛されたのである[68]。

自由の女神像を移民の「自由」の象徴とするこのような記憶の創出は，1960年代以降さらに拍車がかかった。先に紹介したケネディの著書は1964年に出版されたが，トクヴィルを論じることから始め，「選択と行動の自由に制限のない雄大な社会」でひとびとが生活を始めたいと熱望することこそアメリカの発展の秘密であり，そのためには寛容，公平で柔軟な移民政策が必要であり，そのような政策こそ「伝統の理念の再確認」を促し，「汚れのない良心」で世界とアメリカの歴史に向き合うことを可能にすると結んでいる[69]。ちなみに，1964年版の同書の表紙は，自由の女神像がトーチを掲げた写真である。1965年，ケネディの意志を受け継いでアジアからの移民禁止の撤廃と出身国別割当法の廃止を決めたジョンソン大統領は，自由の女神像の下で，エリス島と自由の女神像を一体として国家のモニュメントにする法案に署名した。同大統領は，ラザラスの詩に言及し，申請者の技術や能力を基準とする新しい移民法に支持を訴え，キューバからの難民の大量受け入れ計画を発表した[70]。

自由の女神像が光を照らし始めてから百年が近づくにつれて，自由の女神像は移民の国アメリカの象徴として一層の注目を集めることとなった。1981年には，レーガン大統領がクライスラーの会長のリー・アイアコッカ（イタリア移民二世）を委員長に指名して私的な「自由の女神／エリス島基金」を組織し，翌年には百年祭委員会もアイアコッカのもとに活動を開始した。大会社からの寄附やライセンス料だけでなく，100ドルで祖先の名前を「名誉の壁」のプレートに入れるという方法をとって個人からも寄附を募り，自由の女神像の修復と百年祭の計画を推進した。1984年，アイアコッカは，自由の女神像について，資金集めの演説で次のように述べている。「100年

前，フランスの児童たちが自由の女神像を造るために小銭を集めた。ちょうど，私たちの子供たちがいましているように。この計画は南北戦争直後に始まった。フランスのひとびとの中に，この国が，...自由の実験...を最悪の時にも貫き通したことに感謝したひとびとがいた。彼らは，このアメリカの実験に世界の模範例を見て，ありがたく思った。それは希望の模範例であり，彼らはその希望のシンボルとして自由の女神をつくったのである。...どんなにつらく，不安で孤独であっても，移民を歓迎している自由の女神が苦労のすべてに報いてくれる。...女神像は自由とよりよい生活という輝かしい希望のシンボルであり，エリス島は犠牲と苦難のシンボルであり，同時に希望を現実のものとする勤勉のシンボルでもある。...自由の女神は決して過去のシンボルではない。自由の女神像のそばを通過したすべての移民，すべての帰還兵は過去から逃れ未来に入る」。さらに，アイアコッカは，アフリカ系アメリカ人にとっても同様に希望のシンボルであると論じるのである[71]。

　1986年7月3日，レーガン大統領，ミッテラン大統領などが一堂に会して，自由の女神像の新しいトーチの点火の式典が行われ，ハリウッドのプロデューサーが指揮する4日間の「自由の週末」という祭典が全国で始まった。ボブ・ホープやヘンリ・キッシンジャーなど著名な帰化市民に自由の女神のメダルが贈呈され，25,000人の移民が全国44カ所で市民権を得るための宣誓式に臨んだ[72]。百年祭の式典においてもレーガン大統領とアイアコッカは，移民が個人の力で貧困から脱出して成功したこと称賛し，彼らにとって「自由」とは自由に仕事や活動を行う権利を意味すると強調した。それは，同時に現代の移民もアフリカ系アメリカ人も自力で上昇しなければならないというメッセージでもあった[73]。自由の女神の祭典を特集した『ニューズウィーク』誌は，「亡命者の母」，「機会と希望のシンボル」などのキャプションを女神像の写真につけ，「移民の冒険」，最近のアジアやメキシコからの移

民を扱った「新しい顔——7人の新来者がアメリカの夢の力を証明」といった記事を掲載した。最後のページの論評で，編集者の1人であるジョージ・ウィルは，アメリカが特別の国であり，世界の自由にアメリカは責任があり，アメリカのナショナリズムは世界に対して「道徳的使命」を持っていると結んだのである[74]。

冒頭でふれたハンチントンの言葉にもみられるように，20世紀には自由の女神にアメリカの夢と「自由」を象徴させることによって，国民統合とナショナリズムが促進された。しかし，移民個人の「自由」と成功物語を強調することによって，「自由」を活用できない貧困層の切り捨てなど多様な問題を覆い隠す装置になっていたことも否めない。1986年には，同時にエリス島の移民博物館もオープンしたが，その企画に参加した移民史家やデザイナーは，感傷や成功物語あるいは犠牲者としての移民という視点をできるだけ排除し，歴史の主体としての移民に焦点を当てた。デザインに関しても，各検査室をできるだけ忠実に復元し，エリス島の建物が「アメリカが強く豊かな国であり，法の遵守が必要である」ことを移民に印象づけるように設計されていたという事実を念頭に置いていたという[75]。成功の夢と自由を求めるひとびとの避難所という自由の女神とエリス島の記憶の再生産に懐疑的であったと言えよう。

おわりに

1989年の天安門事件のときに自由の女神像の模造が抗議の手段として天安門広場に置かれたことは，女神像がアメリカの象徴だけではなく，「圧政」からの「自由」と個人の「自由」という意味で，普遍的な「自由」のアイコンとしても機能していることを示している。

しかし，自由の女神の歴史は，むしろ姉妹共和国の「自由」の多義性と変遷を示す歴史であった。19世紀後半の両姉妹共和国にとって，女神像に託した「自由」は，専制を排するが急進主義も拒むという「秩序」を優先した「自由」であった。さらに，両共和国にとってこの時代には国民国家の確立が必須の課題であり，普遍的理念としての「自由」をナショナリズムの象徴として掲げるという点においても，姉妹共和国は自由の女神を共有していたといえよう[76]。

　ところが，その後，アメリカにおいては，自由の女神像は，「自由」を求める全ての人を受け入れ，「機会の自由」を全ての人に保障し，世界に「自由」をもたらすというアメリカの「夢」の記憶の再生産のための装置となった。20世紀に入り，「移民の国」アメリカが玄関の敷居を整備して高くする過程において，逆に「自由」の意味の拡大と移民の成功物語の記憶の創出が必要になったのである。自由の女神が大西洋を渡った後の歴史は，それぞれのナショナリズムの中で「自由」の意味が変遷していく歴史であったといえよう。

　ただし，フランスとアメリカにおける「自由」の意味に関して，その後，文化が交錯していないかどうかは今後の課題である。エマニュエル・トッドにいたるまでフランス知識人の多くは，アメリカとの「乖離」を強調する。たとえば，移民の「自由」に関しても，アメリカの多文化主義が移民やマイノリティから主流アメリカ社会に進出する機会を奪って孤立させ，彼らを「隔離」したのに対して，フランスは，外国人を寛容に受け入れる代償として「混淆」を可能にする場としての「同化」を支持したと論じる[77]。しかしながら，その場合の「同化」にしても受け入れの寛容さにしても，ある基準と枠組みを受け入れ側が設定した上での「寛容」でしかない。フランス語の強制は，言語の問題だけでなく，社会の力関係を象徴しているのである。そのような力関係のもとで行われる「混淆」とはなにを意味するのであろう

か。ひるがえって，アメリカの多文化主義は受け入れ側の政策では本来なかった。移民に「同化」を期待したアメリカ社会において，現実には多様な差異化が行われた結果，移民や非白人人種集団が与えられた集団の単位を引き取って力としたことが起源である。同じような現象がフランスでも起こってはいないであろうか。そもそもアメリカを批判の対象として自国の「統合」を論じる背景には，共通する問題意識があると考えられる。姉妹共和国両国において「自由」という言葉の意味がどのように変遷してきたのか，さらなる比較検討が必要であろう。

1) Samuel P. Huntington, *Who Are We?: The Challenges to America's National Identity* (Wimon & Schuster, 2004), p. 5.
2) 英語には "liberty" と "freedom" の二語があり，語源をさかのぼってまとめたFischerによると，"liberty" には，独立，分離，個人あるいは集団の自立という意味が強く，"freedom" には自由の人々のコミュニティに属する権利といった人とのつながりを持つ自由という意味が込められている。たとえば，南北戦争後の解放奴隷は，"freedom" は手に入れたように見えるが，"liberty" は確保できなかったのである。しかし，彼自身の著作が示しているように，アメリカの歴史を通じて「自由」の持つ意味は拡大変化しており，両者の違いも，それほど明確ではない。David Hackett Fischer, *Liberty and Freedom: A Visual History of America's Founding Ideas* (Oxford University Press, 2005), p. 717.
3) Daniel T. Rodgers, *Atlantic Crossings : Social Politics in a Progressive Age* (Harvard University Press, 1998); Halvdan Koht, *The American Spirit in Europe: A Survey of Transatlantic Influences* (Octagon Books, 1970); 松本悠子「アメリカの自己像」谷川稔編『歴史としてのヨーロッパ・アイデンティティ』(山川出版社，2003年)。
4) 誕生の経過や仏米のやりとりに関しては，Mary J. Shapiro, *The Story of the Statue of Liberty and Ellis Island* (Vintage Books,1986); James B. Bell and Richard I. Abrams, *In Search of Liberty: The Story of the Statue of Liberty and Ellis Island* (Doubleday & Co., 1984), 小田基『「自由の女神」物語』(晶文社，1990年)，宇京頼三『フランス―アメリカ―この〈危険な関係〉』

(三元社, 2007)等参照。
5) Catherine Hodeir, "The French Campaign" The New York Public Library and the Comité Officiel Franco-Américan pour la Célébration du Centenaire de la Statue de la Liberté, *Liberty: The French-American Satue in Art and History* (Harper & Row, 1986).
6) *The World,* July 9, 1884.
7) *The World*, November 3, 1886.
8) *The World*, Oct. 27, 1886.
9) Jack P. Greene, *The Intellectual Construction of America: Exceptionalism and Identity from 1492 to 1800* (The University of North Carolina Press, 1993), pp. 141–142.; C. Vann Woodward, *The Old World's New World* (Oxford University Press, 1991), p. 27.
10) Walter D. Gray, "Liberalism in the Second Empire and the Influence of America: Edouard Laboulaye and His Circle" in Joseph Klaits and Michael H. Haltzel eds., *Liberty/Liberté* (the Johns Hopkins UP, 1991), pp. 71–82.
11) Michael Kammen, *Mystic Chords of Memory: The Transformation of Tradition in American Culture* (Vintage Books, 1991), pp. 291–292.
12) Jacques Portes, *Fascination and Misgivings: The United States in French Opinion,1870–1914*, translated by Elborg Forster (Cambridge University Press, 2000), pp. 163–172.
13) Maurice Agulhon, "Bartoldi's Liberty in the French Political Context", Joseph Klaits and Michael H. Haltzel eds., *Liberty/Liberté* (the Johns Hopkins UP, 1991), p. 94.
14) *The World*, November 3, 1886.
15) Jean-Claude Lambetti, "Laboulaye and the Common Law of Free Peoples" in The New York Public Library, *Liberty: The French-American Statue in Art and History*.
16) *The World*, November 3, 1886.
17) Mary J. Shapiro, *The Story of the Statue of Liberty and Ellis Island*, p. 15
18) David Hackett Fischer, *Liberty and Freedom*, p. 371. モーリス・アギュロン『フランス共和国の象像』阿河雄二郎他訳(ミネルヴァ書房, 1989年), pp. 69, 104
19) June Hargrove, "The American Committee" in The New York Public

Library, *Liberty: The French-American Statue in Art and History*, pp. 151–152.
20) *The World*, November 3, 1886.
21) Michael Kammen, *Mystic Chords of Memory*, pp. 285, 288.
22) Maurice Agulhon, "Bartoldi's *Liberty* in the French Political Context", pp. 94–96.
23) Ibid., pp. 88–96.
24) The New York Public Library, *Liberty: The French-American Statue in Art and History*, pp. 122–129.
25) Jacques Portes, *Fascination and Misgivings: The United States in French Opinion,1870–1914*, pp. 104–136.
26) Jessica C. E. Gienow-Hecht, "Always Blame the Americans: Anti-Americanism in Europe in the Twentieth Century" *American Historical Review*, LLL, NO. 4(Oct., 2006), pp. 1072–1073; Philippe Roger, *The American Enemy*, translated by Sharon Bowman (University of Chicago Press, 2005), pp. 100–101.
27) Rob Kroes, "French Views of American Modernity: From Text to Subtext" in Michael Kazin and Joseph A. McCartin, *Americanism* (The University of North Carolina Press, 2006), pp. 225–6; C. Vann Woodward, *The Old World's New World* (Oxford University Press, 1991), p. 15 ; Philippe Roger, *The American Enemy*, pp. 101–128.
28) Philippe Roger, *The American Enemy*, p. 102.
29) David Hackett Fischer, *Liberty and Freedom*, pp. 233–242.
30) *Harper's Weekly*, XXX (Oct. 30, 1886) p. 695.
31) ジョン・ハイアム『自由の女神のもとへ』斉藤真他訳（平凡社，1994 年）101–102 頁，*The World*, November 3, 1886.
32) *The World*, November 3, 1886.
33) Mike Wallace, *Mickey Mouse History and Other Essays on American Memory* (Temple University Press, 1996), pp. 60–61.
34) *Harper's Weekly*, XXIX, (April 18, 1885), pp. 243.
35) *The World*, March 18, 1885.; March 25, 1885; April 1, 1885; August 12, 1885.
36) *The World*, April 29, 1885; May 6, 1885.
37) *The World*, May 12,1886.

38) *The World*, April 28, 1886.
39) *The World*, April 22, 1885.
40) *The World*, May 25, 1885.
41) *The World*, August 12, 1885.
42) この時期のアメリカ社会と「自由」の関わり関して、Eric Foner, *The Story of American Freedom* (W. W. Norton & Co., 1998) 参照。
43) Michael Les Benedict, *The Blessings of Liberty: A Concise History of the Constitution of the United States* (D. C. Heath and Co., 1996).
44) *Ibid.*, pp. 224–230.
45) *The World*, May 27, 1885 ; July 8, 1885 ; Oct. 14, 1885.
46) *The World*, February 1, 1886.
47) *The World*, May 12, 1886.
48) *The World*, Oct. 27, 1886.
49) *Harper's Weekly*, XXX (May 22, 1886) p. 322.
50) Michael Kammen, *Spheres of Liberty*, pp. 111–112.
51) 1986年の自由の女神百年祭にちなんで行われた「自由の女神展」のために編集された本の中で、歴史家のコマジャーも、自由の女神像が到着した時期、アメリカでは19世紀後半の自由放任主義と社会進化論に基づく「政府から」の「自由」が一般の人々の生活の「自由」を奪うという矛盾が明らかになりつつあり、その後、政府による人々の「自由」を守る模索が始められたと論じる。ただし、法による平等の保護と福祉によって、行政の積極的働きかけが個人の「自由」を保証するようになったという彼の結論は、自由の女神百年祭という背景を考慮して考える必要があろう。Henry Steele Commager, "The Idea Behind the Symbol: The Changing Meaning of Liberty in American History" in The New York Public Library, *Liberty: The French-American Statue in Art and History*.
52) Michael L. Benedict, *The Blessings of Liberty,* pp. 231–23; David Hackett Fischer, *Liberty and Freedom,* pp. 396–398.
53) *Harper's Weekly*, XXIX (Feb. 7, 1885), p. 82; (March, 28, 1885), p. 194.
54) Mary P. Ryan, *Civic Wars: Democracy and Public Life in the American City during the Nineteenth Century* (University of California Press, 1997), pp. 246–7, 251.
55) Mary J. Shapiro, *The Story of the Statue of Liberty and Ellis Island*, p. 65.
56) *Harper's Weekly*, XXX (March 6, 1886) p. 185.

57) Thomas M. Pitkin, *Keepers of the Gate: A History of Ellis Island*, p. 73.
58) エリス島の歴史は，Mary J. Shapiro, *The Story of the Statue of Liberty and Ellis Island*; Thomas M. Pitkin, *Keepers of the Gate: A History of Ellis Island* (New York University Press, 1975); Pamela Reeves, *Ellis Island: Gateway to the American Dream* (Crescent Books, 1991) に詳しい。
59) John F. Kennedy, *A Nation of Immigrants* (Harper Torchbooks, 1958, revised edition, 1964), p. 77.
60) Thomas M. Pitkin, *Keepers of the Gate: A History of Ellis Island*, p. 12
61) ジョン・ハイアム『自由の女神のもとへ』101 頁。
62) 渡辺和行『エトランジェのフランス史』(山川出版社，2007 年)。
63) Mary J. Shapiro, *The Story of the Statue of Liberty and Ellis Island*, p. 227.
64) Hanson Hart Webster, *Americanization and Citizenship: Lessons in Community and National Ideals for New Americans*, (Houghton Mifflin Company, 1919), p. 117.
65) James B. Bell, and Richard I. Abramas, *In Search of Liberty: The Story of the Statue of Liberty and Ellis Island*, pp. 60–62.
66) *The New York Times Magazine*, June 22, 1941, p. 13.
67) Thomas M. Pitkin, *Keepers of the Gate*, p. 182.
68) Mike Wallace, *Mickey Mouse History and Other Essays on American Memory*, p. 59.
69) John F. Kennedy, *A Nation of Immigrants*, pp. 2, 82–83.
70) Thomas M. Pitkin, *Keepers of the Gate*, p. 186.
71) Lee Iacocca, "Remarks to the Ethnic Heritage Council of the Pacific Northwest,1984" in Ronald H. Bayor ed., *The Columbia Documentary History of Race and Ethnicity in America* (Columbia University Press, 2004), pp. 841–844.
72) *Newsweek*, A Collectors Edition, "Sweet Land of Liberty" (Summer, 1986).
73) Mike Wallace, "Hijacking History: Ronald Reagan and the Statue of Liberty" *Radical History Review* 37 (1987).
74) George F. Will, "Our 'Patriotism Plus'" in *Newsweek* (Summer, 1986).
75) Robert A. Parker, "The Ellis Island Immigration Museum", *Communication Arts*, (January/Febraury, 1991).

76) Desmond King, *The Liberty of Strangers: Making the American Nation* (Oxford University Press, 2005).
77) 桑田禮彰「民主的専制下の自由―フランス知識人のアメリカ批判」, 三浦信孝編『来るべき〈民主主義〉』(藤原書店, 2003年)所収。

大西洋文明における〈共和主義〉問題
――アレントによる米・仏比較革命論を中心に――

川　原　　　彰

1．はじめに――アレントと〈共和主義〉問題

　「アレントによるアメリカ革命とフランス革命」というタイトルが，編者から与えられたテーマであった。このテーマ自体はすでに論じたことがあるので(川原，2006，第2章)，このテーマを筆者なりに考えている間に，近年，政治理論の分野で議論が盛んになっている「(大西洋文明における)〈共和主義〉問題」[1]とリンクさせて議論していく方向に強く興味をひかれた。このテーマは，20世紀を代表するユダヤ系政治理論家ハンナ・アレント(Hannah Arendt, 1906–1975)と，19世紀フランスの代表的な政治思想家アレクシス・ド・トクヴィル(Alexis de Tocqueville, 1805–1859)の《共和主義的モメント》を検討するものである。
　この課題に対して，本稿ではアメリカ(英米圏)とフランス(大陸圏)という二つの共和国の「創設」をめぐる問題群を検討することで，大西洋文明における〈共和主義〉問題を考えてみたい。フランス側から見ると，この問題群を単純化するならば，たとえばレジス・ドゥブレ(Régis Debray)が言うように，「フランスは共和主義でアメリカは民主主義だ」ということになる(ドゥブレほか，2006: 1–50)。ところが，この二つの国のあり方は，古典

的な共和主義の問題にとどまるだけではなく，アメリカ(独立)革命とフランス革命という二つの世界史的な「革命」の評価にかかわる問題である。このことは，近年の〈共和主義〉問題が新しい段階に入っていることを示している。

「共和主義」(republicanism)に関する定義はきわめて困難であるが，古典的な定義からすると，古代ギリシアのポリス(polis, civitas)や古代ローマにおけるレス・ププリカ(res publica)に示される「公的な事柄」という原義的な意味内容をもつ概念である(中谷，2004: 211-212)。後に，ルネッサンス期フィレンツェ共和国のマキアヴェリが重視した「市民的徳」(civic virtues)に代表される「シヴィック・ヒューマニズム」の流れが，古代共和主義との対話を通して，近代共和主義の礎を築いた。さらに，なんと言っても，アメリカ(独立)革命とフランス革命といった世界史的な「創設」の出来事が，こうした共和主義論の決定的な「変容」をもたらしたのである(中谷，2004: 217-248)。この変容の核心には，中谷猛氏が指摘するように，「直接民主制による都市共和国論から広大な領土に樹立される人民代表制による共和国論への転換」(中谷，2004: 217)があった。つまり，「それまで君主制的秩序にとって例外とみなされていた共和政は歴史的実体として創出される」(中谷，2004: 217，傍点＝筆者)ことになる。そこから新たな段階の共和主義論が活発になるのであり，アレントの共和主義的なアメリカ革命論も，この系列に属している[2]。

というのも，もともと古典古代においては，〈共和主義〉をめぐる問題は直接民主政をめぐる問題であり，古代ギリシア・ローマの時代のポリス(都市国家)や共和国にせよ，マキアヴェリが活躍した時代の北イタリアの都市国家にせよ，小さな政治体における問題であった。この古典的な〈共和主義〉問題は，ついに18世紀のアメリカ革命とフランス革命を通じて，きわめて広大な空間に樹立される，特に人民(people)の代表制に基づいた共和国と

は何かという問題に転じたのである。この「民主的共和制」を具体的にどのような形で「制度化」していくのかという課題をめぐって，アメリカとフランスでは異なる仕方でそこに「民主的共和政」を樹立したのではないか，という問題が生じる。つまり，「民衆を基盤とする平等な共和国」の創設をめぐって，通常は「リベラルな」ロック的解釈と，「ラディカルな」ルソー＝ジャコバン的解釈で説明される[3]。ところが，近年では「共和主義的な」解釈が注目され，トクヴィルとアレントの問題系が再評価されている。本稿は，この「民主的共和政」の制度化をめぐる〈ルソー＝ジャコバン・パラダイム〉批判としてのアレントの特異な革命論の意義を，トクヴィルの議論との関連性に着目することで，検討するものである。

2. アレントと『革命について』

考えてみると，革命の〈ルソー＝ジャコバン・パラダイム〉を全面的に批判するアレントの立場は，フランス革命のジャコバン独裁からロシア革命の共産党の独裁へと至った，20世紀の全体主義の時代経験を踏まえたものである。アレントの特異な革命論は，「あの頃」（ヨーロッパ時代）と「いま」（アメリカ時代）に引き裂かれた，「パーリアとしてのユダヤ人」としてのアレント自身の実存的な経験から生まれたものとも言えよう（Young-Bruehl, 1982＝1999）。つまり，アレントはドイツに生まれたユダヤ人であり，ナチスの台頭に伴ってフランスに亡命して，1933年から1941年までフランスに滞在した。その後，スペイン・ポルトガル経由でアメリカに亡命し，1951年に市民権を取得するまで，「難民」として生きた実存的経験を基盤に思考した（川原，2007）。「戦争と革命の世紀」に荒れ狂うドイツで生を享け，フランスを経験して，アメリカの地に渡り，二つの世界を比較しながら

20世紀の時代経験を思考したのである。

　アレントの思考方法は，トクヴィルと同様に，やはり「旧世界」と「新世界」（ヨーロッパ時代の「あの頃」とアメリカ時代の「いま」）というイメージに基づいていた。アレントのこのイメージに基づいて，あくまでも「全体主義」の問題を同時代的に切実に受け止めていた。アレントは，アメリカに亡命した直後にアウシュヴィッツでのホロコーストの情報を伝え聞いたために，「ヨーロッパ文明の終焉」を意識せざるを得なかったのである。旧世界としてのヨーロッパが全体主義化したために，アレントは亡命先のアメリカの地に，ヨーロッパの失われた伝統を発見していくという発想をとっていた。しかし，アメリカの地でも第二次大戦後，マッカーシズムという「画一主義」が台頭し，新世界も大衆社会化の問題を抱えているという現実に，アレントも直面するのである（Young-Bruehl, 1982＝1999）。

　こうした実存的経験を基盤に思考するアレントの問題意識は，きわめて極端なものとなっている。そのため，1963年に刊行された『革命について』（Arendt, 1963〔2006〕＝1995）の主張も，当時としては非常に特異なものとなっている。つまり，これまで革命のモデルとされていたフランス革命は，明確に「失敗した」革命のモデルであり，逆に「忘れられている」アメリカ（独立）革命こそが革命のエッセンスを実現した「成功した」モデルなのだという「非常識な」議論を，アレントはあえて行う（川崎，1995および川崎，1998）。これまでの常識を逆転させたアレントの革命論は，現在の常識からしてもまだ難解な議論に思えるのだが，その理由は，要は《「創設」というはじまりの行為に，暴力が必然的に伴うのか》という根源的な問いかけを政治理論的に行っているからなのである。「権威が近代世界から姿を消している」現代に，あらためて政治理論にとって根本的な概念である「権威」（authority）の概念を再検討し，近代における「権威の基礎」を探求する試みこそがアレントの政治理論なのである。

権威はつねに服従を要求するため，一般に権力（power）や暴力（violence）の形態と取り違えられている。しかし，権威は外的な強制手段の使用をあらかじめ排除する。強制力（force）が使用されると権威は損なわれる。他方，権威は説得と両立しない。説得は平等を前提し，論議の過程を通じてはたらく。論議のさなかにおいては，権威は保留される。説得の平等主義的な秩序に対して，権威主義的秩序はつねにヒエラルキーをなす。かりにともかくも権威を定義しようとすれば，それは力（force）による強制と論議による説得の双方に対立するはずである（Arendt, 1968a〔1961〕: 92＝1994: 125）。

こうした問題意識をもつ「権威とは何か」（Arendt, 1968a〔1961〕: 91–141＝1994: 123–192）という論文は，『革命について』のプレリュードとなっている。

　一般に革命は伝統との徹底的な断絶であると見なされているが，われわれの文脈では，革命の人びとの行為が依然としてローマの伝統の起原によって生気を吹き込まれ，また人びとの最大の力がその起原から引き出されている出来事としてその姿を現わす。革命は，このローマ―西洋の伝統が危機の時代のために準備した唯一の救済のように思われる。だが，20世紀のさまざまな革命のみならず，フランス革命以後の一切の革命が失敗し，復古か暴政に終わった事実は，伝統が手わたすこの最後の救済手段でさえも十分ではなくなったことを暗に示しているように思える（Arendt, 1968a〔1961〕: 141＝1994: 191–92）。

アレントは，伝統に回帰することで権威を樹立することが困難になった現代のアポリアを踏まえたうえで，「革命」をめぐる政治理論の課題をこの論文の末尾で以下のように宣言している。

われわれは超越なしに，あるいは権威に伴う意識，つまり権威の源泉は権力ならびに権力の座にある人びとを超越しているという意識を抱くこともなく，政治の領域を生きねばならないからである。このことは，神聖なはじまりに対する宗教的信頼なしに，また伝統的なそれゆえ自明な行為の基準に庇護されることもなく，われわれが人間の共生という根本問題に新たに直面していることを物語っている(Arendt, 1968a〔1961〕: 141＝1994: 192)。

この「超越なしに」人間の共生を「はじめる」という政治行為として，アレントは「革命」を定義した。それは，手段としての暴力を肯定したフランス革命以降の革命をすべて「失敗」だと宣言することになる。ここにアレントの革命論の「難解さ」の根源がある。アレントはこの「権威とは何か」において，アメリカ革命が「成功」した重要な要因を，「暴力が多かれ少なかれ正規の戦闘行為に限定されていたアメリカ革命の非暴力的な性格」(Arendt, 1968a〔1961〕: 140＝1994: 191)に求めている。建国の父たちが，「暴力を用いずに，憲法の助けでまったく新しい政治体を創設した」試みに，アレントは着目しているのである。言うならば，この仮説を正当化すべく，アメリカ革命を詳細に分析したものが，『革命について』と言っても過言ではない(Arendt, 1968a〔1961〕: 294＝1994: 398)。

このような文脈に置くと，難解なアレントの議論を読み解く手がかりが得られる。今はもうフランス革命に関しても，アルベール・ソブール(Albert Soboul)などのマルクス主義の革命史家だけではなくて，フランソワ・フュレ(François Furet)などの修正主義的なフランス革命論が出ていて，革命をめぐる思想空間にも変化が見られるが，この本が書かれた1963年当時はマルクス主義の影響力が絶大な時代であった。特にロシア革命が革命のモデル——当然，それはフランス革命がそれに先行する革命のモデル——とされ

ており，フランス革命からロシア革命へというラインこそが，正当な革命パラダイムだと確信されていた。その時代に，アレントはあえてそのパラダイムそのものを転換させる問題提起型の議論を行っている。そのため，そうした議論の文脈がわからないと，どうしてこれほど極端な議論をするのかがわかりにくい側面がある。

　アレントに言わせれば，「痛ましい事実であるが，フランス革命は悲惨のうちに終わりはしたものの，世界史をつくり，他方，アメリカ革命は誇り高く勝利したものの，局地的な重要性をもつにすぎない出来事にとどまった」（Arendt, 1963〔2006〕: 46＝1995: 77）という評価になる。このことは，先ほど確認したように，アレントは「大西洋文明」という形で，旧世界と新世界との関連性を考えている。こうしたアレントの強烈な問題意識がストレイトに示されているのは，『革命について』の最終章「革命的伝統とその失われた宝」であり，そこでは独創的かつ非常に興味深い議論がなされている。つまり，「17世紀と18世紀を通じて広がっていたアメリカとヨーロッパの強力な精神的・政治的結びつきの断絶を最終的にもたらしたのは，革命の事実ではなく，革命の悲惨なコースとフランス共和政の崩壊であった」（Arendt, 1963〔2006〕: 207＝1995: 351）というように，アレントは，フランス革命の帰結がある種の断絶をもたらしたという独自の見方をしている。それにもかかわらず，なぜアメリカ革命が「革命的伝統」のなかから排除されて，フランス革命がその王座についているのか。この疑問に対して，真正面から挑戦したのが，アレントの『革命について』なのである。

3．アレントの〈ルソー＝ジャコバン・パラダイム〉批判

　アレントが〈政治的なもの〉の可能性を最大限に探求したテキスト『革命

について』の詳細な分析は，紙幅の関係でここではできない[4]。同書は，表層はもちろんアメリカ(独立)革命とフランス革命の比較研究であり，二つの革命はきわめて対照的に描き分けられている（小野, 2005: 137）。つまり，貧困(社会問題)からの解放を目的とする「社会革命」としてのフランス革命像と，共和主義的な「自由の創設」を目的とする「政治革命」としてのアメリカ(独立)革命像である。ここには，近代における「社会的なもの」と「政治的なもの」との関係をどのように考えるのか，というアレントが『人間の条件』（Arendt, 1958〔1998〕＝1994）で取り組んだ政治理論上の重要なテーマが潜んでいる。この二つの革命の比較研究とは，アレントに言わせれば，①ルソー＝ジャコバン流の「一般意志」という超越的権威の設定によって遂行された革命と，②アメリカ「革命の父たち」流の「超越なしに」人間の共生を「はじめる」政治行為としての革命の比較である。少しメタ次元の議論になるが，アレントが問題にしているのは，端的に言うと，ルソーの一般意志の理論とその思想を正当化したフランス革命の運命なのである。

アレントによるルソー批判のポイントは，ルソーが一般意志を超越的に設定する前提となっている「同情」（compassion）が孕む問題性に向いている。この問題については，小野紀明氏が「共和主義的規範理論」の一例としてアレントを論じる際に，「二つの革命：他者への同情と『他者』との対話」として鋭利に分析している。

　　ルソーの『社会契約論』をバイブル視した革命家たちは，人民を貧困から救うために必要であると彼らが考えた独裁体制を人民の一般意志の名において正当化した。これは，古代の共和政にあっては政治的決定が，意見(臆見)(ドクサ)の交換の結果として得られた合意によって正当化されたことと鋭い対照をなしている。なぜならば，常に絶対的真理(真知)(エピステーメー)の名において語る一般意志は，その確認のために常に全員一致を要求す

る。従ってそれは，複数性という人間の根本的条件を閑却している。これに対して合意は，人間の唯一性(ユニークネス)故に生じる意見(臆見)の相違を前提にしている。討論の過程を経て到達する合意は，唯一性を備えた複数の存在者の間でその都度獲得される蓋然的真理であり，彼らに共有される常識(共通感覚)である。前者が哲学者が探求する永遠の理性的真理であるとすれば，後者は実践の場で市民が共有するその都度の事実的審理である(小野，2005：137)。

小野氏の分析にあるように，貧者に対する強い「同情」というモメントには「逆説的に」実は他者に対する同情のようでいて，「他者」が欠落しているのである。「ルソーの著作に顕著に現れているように，こうした道徳的潔癖さの背後には他者と一体となりたいという実存的願望が潜んでいる」(小野，2005：138)からなのである。

　　ブルジョア的自我の内面的分裂を呪詛し，自らの分裂せざる全体性を確保するために他者と同一化し，他者と透明な関係を結びたいという欲望は，「一者における二者」という自我の本質的あり方を否定するものなのである。そこでは，自我における内的距離が欠落しており，従って同じことであるが，唯一性を備えた「他者」を尊重し，「他者」と相互に意見を交換するという態度が忘れられている(小野，2005：138)。

一つの政治共同体を統合していく「統合性(統一性)のモメント」と，その中で複数性(多数性)をあくまでも確保していく「解放のモメント」をどのように調和させていくかという，ルソー流の社会契約論の問題構成に対して，ルソー流の「一般意志」という超越的な存在を設定せずに解く政治理論上の古くて新しい〈解〉を，アレントは模索していると言えよう。アレントは，20世紀が全体主義の時代と化していくなかで，同時代に全体主義を「内破」

していく政治理論を求めているために，やはりプラトンの哲人王の思想からルソーの一般意志の思想を経て，それがマルクス＝レーニン主義のなかの前衛政党，つまり「現代の哲人王」としての共産党独裁の支配への流れの中に，全体主義をもたらした諸要素を求めている。このアレントの志向性が，ユートピア，つまり社会の理想的な状態を探求するという目的を掲げながら，手段としての暴力を解放してしまったがゆえに，結果的に全体主義に帰着した近・現代の革命の歴史を素材に，いわゆる革命の〈ルソー＝ジャコバン・パラダイム〉を全面的に批判する議論を生みだしている。

具体的には，ルソーは広大な領土に「民主的な共和政」を成り立たせるときに，「一般意志」といった超越的な「絶対者」を設定して，そこから法や権力をすべて正当化していくといった独創的な社会契約論的発想を採用したのである。アレントによれば，こうした超越的な存在を設定して，それによって法や権力を正当化するという発想が，暴力の解放と結びついてしまうのである。

> フランス革命の人びとが，すべての権力は人民にあるといったときに，彼らが理解していた権力というのは，その源泉と起原が政治領域の外部にあるような「自然的」力のことであり，革命がほかならぬ暴力のかたちで解放し，暴風雨のようにアンシャン・レジームの制度をすべて一掃してしまった強制力のことであった。...フランス革命の人びとは暴力と権力をどう区別するか知らないままに，全権力は人民からくるものでなければならぬと確信していた。そこでこの群集の前政治的な自然的強制力の前に政治的領域を開放したために，国王や旧権力が一掃されたように，今度は彼ら自身がその力に押し流されたのである（Arendt, 1963〔2006〕: 181＝1995: 293–94）。

こうしたアレントによるフランス革命の記述は，実際には 20 世紀のロシ

ア革命がたどった運命を，逆にフランス革命のジャコバン独裁に投影したかのような議論になっている。要するに，暴力を全面的に解放してしまったことが，革命の目的自体をすべて流しさってしまうというように，フランス革命やロシア革命の後にconstitution（憲法・政体）の創設に失敗し，「暴政」が誕生してしまう原因を，革命の〈ルソー＝ジャコバン・パラダイム〉そのものに求めているのである。

4．アレントの〈マルチチュード革命パラダイム〉

　それに対して，アレントは，革命の伝統から排除されているアメリカ（独立）革命の中の創造的な部分について，意外な視点から議論している。アレントは，革命の〈ルソー＝ジャコバン・パラダイム〉のように「一般意志」によって革命を正当化するのではなく，逆にトマス・ジェファソン（Thomas Jefferson），ジェイムズ・マディソン（James Madison），アレクサンダー・ハミルトン（Alexander Hamilton）のような「建国の父祖たち」がきわめてプラグマティックに古代ローマの共和政の経験をどのように広大な空間に実現するのかを試行錯誤した，アメリカ的共和政構想の非超越的な試みに着目している。アレントが特に着目したのは，この独自の「創設」の試みの中で，結果的に「人民」（people）の定義について新しい解釈が施された点である。それが，近年，ハート＝ネグリ（Hardt and Negri）らによって再び着目されている「マルチチュード」（multitude）概念を用いた「人民」解釈にほかならない（Hardt and Negri, 2000＝2003; 2004＝2005）。ここで言うマルチチュードとは，ルソー的な単数的存在としての人民ではなく，「多数性」（manyness）としての「人民」のことである。「様々な異質な人びとがバラバラに集まっている状態」を示す訳語として，「多数多様性」が

使われるようになってきている。

> 「人民」という言葉は彼ら〔創設者〕にとって多数という意味をもっていたのである。つまり，その尊厳がまさに複数性（plurality）に存するような，かぎりなく変化に富むマルチチュード（multitude）という意味であった。したがって万人の潜在的な意見の一致にほかならぬ世論に反対することは，アメリカ革命の人びとが完全に同意していた多くの事柄の一つであった（Arendt, 1963〔2006〕: 83＝1995: 138）。

このように，アレントは，「アメリカ的観念による人民とは，それぞれの意見と利害をもつ多数者という意味であった」（Arendt, 1963〔2006〕: 83＝1995: 138）と考えるがゆえに，各人が意見を戦わせ，そこに生まれてくる「現われの空間」としての公的領域（社会的なものの領域とは区別されている）を創設し維持する試みから，独自のアメリカ革命像を描いている。公的空間を創出し，それを支える constitution の創設に「革命」の核心を見るアレントのこうしたアメリカ革命像は，フランス革命においてルソー主義に心酔したジャコバン独裁がたどった運命と，意図的に対比させられていることは，先に見たとおりである。アレントがアメリカ革命に確認した「構成的権力」が行使されるベクトルの方向は，タウンミーティングを基盤とした下からの権力の構成であった。つまり，マルチチュードの力として下から権力を構成して，より上位の団体を正当化し，そして最終的に「連邦共和国」（confederate republics）という形で，広大な空間に共和政を実現していこうとするアメリカ革命の方向が，最終的にフランス革命に比べてはるかに地味な政治的出来事として「革命的伝統」からは見過ごされてしまった。しかし，革命の成果として創設された constitution（憲法・政体）のあり方に着目すらならば，アメリカ革命の方が「成功した」革命として評価されることになるわけである。

このアレント独自の評価は，そもそも「革命とは何か」という問題をめぐっており，後に論じるように，アレクシス・ド・トクヴィルの問題提起とも関連している。アレントの批判点は，革命における叛乱としての側面を強調する〈ルソー＝ジャコバン・パラダイム〉（民衆が立ち上がって旧体制に立ち向かう革命の最も派手な「叛乱」の部分を強調する見方）をめぐっている。アレントは，革命の概念史を再検討する。アレントによれば，「革命」（revolution）の原義は，天文学のいう「天体の回転」（*De revolutionibus orbium coelestium*）にある。この天文学用語を政治領域に比喩的に適用した言葉が「循環」（ポリュビオス）であり，そのラテン語訳が「革命」なのである。つまり，革命とは不可抗的に「回転する」という意味であった。この用語が17世紀に政治用語として定着したときには，名誉革命のような「復古」を意味した。「今日では新しい精神——近代の精神——の証拠をすべて示していると思われている17世紀と18世紀の革命は，復古をめざしていた」（Arendt, 1963〔2006〕: 33＝1995: 59）とアレントが論じるように，こうした「復古」としての「革命」概念は，近代の市民革命にも引き継がれていたのである。

　アレントがこうした「革命」概念の原義をことさら強調するのは，「革命という言葉の本来の意味にも，また，それを最初に政治用語として比喩的に使った場合にも，そこには新しさ，はじまり（beginning），暴力，つまり，今日の革命概念と密接に結びついているすべての要素は目立って欠如していた」（Arendt, 1963〔2006〕: 37＝1995: 65）にもかかわらず，革命の現代的使用法には天文学的用語法の「復古的な回転運動」の含みが消滅している一方で，「不可抗力性」の含みは「非常にはっきりと残されている」点に着目しているからである。逆に言うならば，革命の現代的使用法は，1789年のフランス革命のはじまりと同時に登場したのである。そして，「フランス革命以来，革命的であれ反革命的であれ，あらゆる暴力的な激動を，1789

年にはじまった運動の連続線上にみてそれを解釈することが一般的になって」(Arendt, 1963〔2006〕: 41＝1995: 70) いくのである。当然，この現代的使用法の登場に伴って，社会革命としての「大革命」こそが，革命中の革命の座を占め，「歴史的必然」の名のもとにフランス革命の延長線に位置すると想定された20世紀の共産主義革命の歴史が位置づけられたのである。

アレントは，この革命の現代的使用法が始まる直前に位置する「忘れられた」アメリカ革命に着目することで，「終わりとはじまり，もはや存在しないもの (no longer) とまだ存在しないもの (not yet) との伝説的な裂け目にほかならない」(Arendt, 1963〔2006〕: 205＝1995: 328) ものとして革命を捉えていたアメリカ革命の人びとの構想と方法の意義を強調したのである。アレントの革命論がきわめて「特異な」議論に思えるのは，この点に理由がある。アレントは，革命概念が古典的な使用法から現代的な使用法に移り変わっていく大きな混乱期に位置するアメリカ革命に着目することで，アメリカ革命の創設者たちが試みた「創設」という「政治的な (civic)」活動としての革命行為の意義を再発見しようとしたのである。つまり，アレントは，行為，言葉，出来事のような「政治的」ないっさいの事柄を「歴史的」にしてしまった，ヘーゲルの歴史哲学——理論的には，「フランス革命のもっとも深い帰結」であり，「絶対者は歴史的過程を通じてあらわれるというこの新しい啓示のモデル」こそがフランス革命なのである——が，新しい次元の問題を引き起こしたことを，その原点にさかのぼって批判しているのである。

その批判の方法とは，「その〔すべてが歴史的になった〕結果，18世紀の革命によってはじまった新しい世界が受けとったのは，トクヴィルが依然として主張していたような『政治の新しい科学』ではなく，歴史哲学」(Arendt, 1963〔2006〕: 42＝1995: 72) になってしまった現状に対して，トクヴィル流の「政治の新しい科学」＝新しい政治学・政治理論を展開するこ

とであった。アレントに言わせると、「フランス革命は悲惨のうちに終わりはしたものの世界史をつくり、他方、アメリカ革命は誇り高く勝利したものの局地的な重要性をもつにすぎない出来事にとどまった」(Arendt, 1963〔2006〕: 46＝1995: 77) という「痛ましい事実」のために、フランス革命以後の革命論に著しく欠落してしまったものは、「統治形態にたいする深い関心」(Arendt, 1963〔2006〕: 46＝1995: 78) であった。

対照的に、「このような統治形態への関心こそ、アメリカ革命にとくに際立った特徴」だったのである。このように考えるアレントからすれば、「群集の光景に威圧されてロベスピエールとともに『共和政だって？ 主政だって？ 私の知っているのは社会問題だけだ』と叫んだ」(Arendt, 1963〔2006〕: 46＝1995: 78) フランス革命の人びとは、「『共和国の魂』(サン＝ジュスト) である制度と憲法もろとも、革命そのものを失った」という評価になる。その意味で、暴力によってアンシャン・レジームに反逆するというフランス革命の歴史に学んだロシア革命の人びとは「歴史の道化」たらざるをえなかった。この近・現代の革命の歴史を支配した〈ルソー＝ジャコバン・パラダイム〉に終止符を打ったのが、フランス革命から200年後に起こった1989年東欧革命の世界史的な意味であった。この革命を指導したポーランド「連帯」運動のブレーンが立案した非暴力的な民主化プロジェクトが、アレントの政治理論に深く学んでいた点はいくら強調してもしすぎることはない (Michnik, 1995＝1995; Cohen and Arato, 1992)。

『革命について』を構成する主題は、この書が非暴力的な世界変革のテキストであることを示している。「幸福の追求」(第3章) でリベラリズム的な私的幸福にとどまらない「公的幸福」が重視されているところに、共和主義的なモメントが見られる。この「公的幸福」とは、公的権力に逆らっても私的幸福を追求するという、政府によって保護され一般的に承認されていた臣民の権利とはちがい、すなわち、僭主政の権力だけが廃止するような権利と

はちがい，公的領域に入る権利，公的領域に参加する市民の権利――ジェファーソンの適切な言葉によれば「統治参加者」となる権利――にあった。公的権力への参加を主張するために「幸福」という言葉が選ばれた事実は，「公的幸福」というようなものが革命以前にすでにこの国に存在していたということ，そして，自分たちの幸福が，ただ私生活のなかだけにあって，その範囲内で享受されているなら，全員がともに「幸福」ではありえないということを，人びとが知っていたことを強く示している (Arendt, 1963 〔2006〕: 118＝1995: 194-95)。

この公的幸福の観念は，「創設」（第4章・第5章）の行為が暴力を免れたアメリカ革命の特質と密接に関連している。この「創設の行為」そのものに権威が宿ることに成功したことこそが，アメリカ革命の「成功」の秘密であった。アメリカ革命の人びとがローマ共和政創設の経験から学んだ核心は，権威の機能はそれぞれ異なるものであったにもかかわらず――「ローマでは権威の機能は政治的なものであり，助言を与えることにあった」のに対して，「アメリカ共和国にあっては，権威の機能は法的なものであり，解釈することにある」(Arendt, 1963 〔2006〕: 205＝1995: 321)――，政治体を創設する「建国の父たち」こそが政治体に不可欠な「権威」の源であり，権威は「創設精神の生命力にかかっていた」のである。アレントが注意を促しているのは，この創設の行為そのもの，つまり「はじまりの行為そのもの」のなかに絶対者が内在しているという点である。このように権威の源泉を「不滅の立法者とか自明の真理とかその他の超越的で現世超越的な源泉」に求めなかったところに，アメリカ革命の人びとの真の独創性があった (Arendt, 1963 〔2006〕: 205＝1995: 321)。

この創設の行為に「命令的な暴力」がつきまとわなかった理由を，アレントは次のように論じている。

この点でアメリカ革命の進路は忘れることのできない物語を提供しており，ユニークな教訓を残していると思われる。というのは，この革命は勃発したのではなく，共通の熟慮と相互誓約の力にもとづいて，人びとによってつくられたものだからである。創設が一人の建築家の力ではなく，複数の人びとの結合した権力によってなされたあの決定的な時期を通じて明らかになった原理は，相互約束と共同の審議という，内的に連関した原理であった（Arendt, 1963〔2006〕: 206＝1995: 340）。

　アメリカ共和国の新しい始まりは，「ヨーロッパ式の国民国家の発展」という伝統を免れていたがゆえに，ローマ共和政の始まりの経験に直接学ぶことで，共和主義的なモメントに基づいた，新たな〈マルチチュード革命パラダイム〉を切り拓くことに成功したと言えよう。つまり，アレントが着目したアメリカ建国の新しさは，「共通善に基づく市民の同質性を断固として拒絶する点で，共和主義とも，そして多かれ少なかれ構成員の同質性を前提とする近代国民国家の理念とすら相違」しており，なによりも「出自を異にする多様な人間が平等な公的人格を備えて公的空間としての国家を構成している」（小野，2005: 143–44）というマルチチュード革命の側面であった。アメリカ革命の政治的創造性の高さを，「共和政の構造そのもののなかに，公的見解を形成するための永続的な制度つくりあげる方法を知っていた」（Arendt, 1963〔2006〕: 220＝1995: 369）点に求めるのが，アレントの〈マルチチュード革命パラダイム〉なのであった。

5. おわりに——《トクヴィル的モメント》とアレント

　こうしたアレントの革命論が，トクヴィルの議論とどのように関連してい

るのかは，一つの興味深い課題である。アレントと並んで，ソブール的なフランス革命史観を一新したフランソワ・フュレなどの議論も，トクヴィルのアンシャン・レジーム論を参照している。ここでフランスの共和主義の流れを全体として論ずる紙幅の余裕はないが，アレント以後の政治理論の中で，フランスの共和主義が果たしているインパクトに焦点をあてて考察を加えてみたい。すでに論じたように，アレントは『革命について』の主題であるアメリカ革命の共和主義的理解を論ずるにあたって，トクヴィルのアメリカ・デモクラシー論やアンシャン・レジーム論から深く学び，「新しい時代」の「新しい政治の科学」を展開しようとする《トクヴィル的モメント》を，巧みに取り入れている。同書が書かれた当時は，きわめて珍しかった，モンテスキューからトクヴィルへの政治理論の流れを重視する共和主義観は，今日では逆に主流の議論となっている（宇野，2007 および中村，2006）。

　アレントがモンテスキューの『法の精神』を重視するのは，やはり「〔フランス〕革命以前の理論家のなかではモンテスキューだけが，政治領域に絶対者つまり神的あるいは専制的権力を導入する必要を考えなかった」（Arendt, 1963〔2006〕: 180-81＝1995: 304）からである。

　　これは，私の知るかぎりでは，モンテスキューだけが「法」という言葉を，常にその古い厳密にローマ的意味で用いていたという事実と密接に結びついている。彼は『法の精神』の冒頭で，この法という言葉を，関係（*rapports*），つまり異なった実在のあいだに存在する関係だと定義づけている。なるほど，彼も宇宙の「創造者と保護者」を仮定し，「自然状態」とか「自然法」について語ってはいる。しかし，創造者と創造物，あるいは自然状態にある人間と人間のあいだに存在する関係は，世界の統治を決定し，それなしには世界はまったく存在しないような「規則」あるいはきまり（*règles*）以上のものではない。したがって厳密にい

うと，宗教的な法も自然法も，モンテスキューにとっては，「より高い法」を構成しないのである。それらは，ただ存在する関係，存在の異なった領域を維持する関係にすぎない。ローマ人と同じように，モンテスキューにとっても，法は単に二つのものを関連づけるものであり，したがって定義上から相対的なものであるので，権威の絶対的源泉を必要とせず，法の絶対的妥当性という厄介な問題をもちだすことなく，「法の精神」をのべることができたのである（Arendt, 1963〔2006〕: 180–81＝1995: 304）。

共和主義の系譜からするならば，18世紀フランスの共和主義を代表するモンテスキューとルソーの影響が，トクヴィルの「民主的共和政」論に流れ込んでいる（中谷，2004: 224）。しかも「絶対者」を設定しない非超越的な権威の源泉の流れから，トクヴィルとアレントの関連性に焦点をあてる本稿の視点からするならば，モンテスキューからトクヴィルを経てアレントへという共和主義の系譜（M-ストリーム）が重要になる。ある意味では，『革命について』は，この共和主義の系譜の輝かしい成果と言うこともできる。

　この系譜の可能性は，今日のアメリカの代表的な政治理論家であるシェルドン・ウォーリンの諸研究に示されている。アレントの影響を色濃く示す政治理論の定本『政治とヴィジョン』（Wolin, 2004〔1960〕）の増補版を近年著したウォーリンは，この共和主義の系譜とアメリカをめぐる政治理論について，重要な著作を発表している。『過去の現前』（Wolin, 1989＝2006）と『二つの世界の間のトクヴィル』（Wolin, 2001）がそれである。前者では，アメリカ革命の共和主義的解釈の問題を中心に，モンテスキュー，トクヴィル，アメリカ革命の人びと，そしてアメリカのデモクラシーの展開が論じられる。また後者では，副題に「ある政治的なものの形成と理論的生活」とあるように，「新しい政治学」を探求するトクヴィルの理論的探求における『ア

メリカのデモクラシー』と『旧体制とフランス革命』の複雑な関係の構造が明らかにされる。

　ウォーリンが論じるように，「トクヴィルと二つの世界」というテーマは，トクヴィルの理論的生活を基礎づけるものであった。『アメリカのデモクラシー』で民主主義という新しい世界を描き，『旧体制とフランス革命』で革命以前のフランスという旧い世界を描いたトクヴィルが，二つの世界のどちらにも偏らない立場から，新しい政治学を追求した試みに，政治理論の「範例」が見て取れる（Wolin, 1989＝2006：85-105）。トクヴィルは，19世紀半ば［正確には1831～32年—編者］のアメリカを旅しながら，アメリカの市民社会の中に「諸条件の平等」というデモクラシーの契機を発見していく。こうした議論は，アメリカ共和国の「デモクラシー」イメージを強烈に焼きつける結果となった。ましてや，フランス人が書いた著作だけに，徐々にアメリカの共和主義的なモメントよりもリベラリズム的なデモクラシー・イメージが強くなると，フランスでは「共和政のフランスと民主政のアメリカ」といったドゥブレ的な視点が強くなるわけである。

　近年，フランスにおいても急速にアレントの政治理論が受容されるなど，フランスの政治哲学においても，ようやく「大西洋文明における〈共和主義〉問題」を議論できる条件が整いつつあるようである。宇野重規氏の『政治哲学へ』（宇野，2004）は，フランスにおける政治哲学の復権が，日本における議論の動向も含めて，共和主義をめぐる対話の場が生まれつつあることを詳細に紹介している。アントニオ・ネグリの『構成的権力』（Negri, 1997＝1999）の原著がフランス語版で発表されたように，アレントのマルチチュード論とは別の方向から，「共同性—共通性（commonality）と多様性—多数性（multiplicity）という相補的な対」の関係を探求する試みも，多く出てきている。ネグリがマイケル・ハートの協力を得て著した『〈帝国〉』（Hardt and Negri, 2000＝2003）と『マルチチュード』（Hardt and Negri, 2004＝2005）も，もう一つの〈マルチチュード革命パラダイム〉を探求する試みの一つである。グローバル化時代の〈マルチチュード革命〉の可能性を探求するパラダイムについては，稿を改めて論じることにしたい[5]。

1) 言うまでもなく，こうした共和主義問題への関心の高まりは，1975年のJ.G.A. ポーコック著『マキァヴェリアン・モメント』（Pocock, 1975）の登場をきっかけとしている。いわゆる「作用影響史」と呼ばれる《共和主義的モメント》の探求は，その後の思想史研究の一つの潮流となった。現在の日本での研究水準については，田中・山脇編，2006を参照されたい。

2) アレントのアメリカ革命の解釈は極端であり，リベラリズム的な要素を一切排除して，資本主義や市場に基づく経済活動の側面を捨象して，非常にレス・プブリカ，すなわち公的なものを追求していく共和主義的なモメントを強調した議論になっている。『革命について』が著わされた1963年時点では，アメリカ革命の解釈のなかでも非常にリベラリズム的な解釈が定着していた。だからこそ，アレントは忘れられたアメリカ革命の共和主義的なモメントを発見していくという形で議論している。アレントの考えでは，「自由の創設」，自由の公的な空間をどのように制度化して，その自由を保障していくのかという点に，革命の本質がある。60年代当時の時代状況では，アレントの極端な議論は，理解されにくかった。ところが，70年代に入ってはじめて，特に1975年のポーコック著『マキァヴェリアン・モメント』（Pocock, 1975）の登場や，アメリカ史研究のなかでもゴードン・ウッドの研究（Wood, 1969）などの成果が現れ，アカデミックな世界のなかでも共和主義の問題が徐々に議論されるようになっていった。アレントの議論は，ある種，共和主義的な流れの議論のように見えるけれども，しかし，1963年の段階ではきわめて独創的な解釈であり，アカデミックな世界の議論の流れのなかでもどこに位置づけられるのかわかりにくい本になっていた。

3) アメリカ革命のリベラルな解釈の代表例は，Hartz, 1955＝1994であり，フランス革命のラディカルな解釈の代表例は，Soboul, 1951＝1980である。

4) アレントの革命論の詳細な分析に関しては，川原，2006：第2章，および川原，2007を参照されたい。

5) こうした試みの一端は，川原，2006：第7章ですでに試みている。

主要参考文献

Arendt, Hannah, 1958, *The Human Condition*, The University of Chicago Press (＝1994, 志水速雄訳『人間の条件』筑摩書房).

——, 1962〔1951〕, *Elemente und Ursprunge totaler Herrschaft*, Frankfurt am Main (＝1972–74, 大久保和郎・大島通義・大島かおり訳『全体主義の起原』全3巻, みすず書房).

——, 1963〔2006〕, *On Revolution*, The Viking Press (＝1995, 志水速雄訳『革命について』筑摩書房).

——, 1968a〔1961〕, *Between Past and Future*, Penguin (＝1994, 引田隆也・齋藤純一訳『過去と未来の間』みすず書房).

——, 1968b, *Men in Dark Times*, Harcourt Brace (＝2005, 阿部斉訳『暗い時代の人々』河出書房新社).

——, 1972, *Crises of the Republic*, Harcourt Brace (＝2000, 山田正行訳『暴力について』みすず書房).

Furet, François, 1978, *Penser la Révolution française*, Gallimard (＝1989, 大津真作訳『フランス革命を考える』岩波書店).

Cohen, Jean and Andrew Arato, 1992, *Civil Society and Political Theory*, MIT Press.

Hardt, Michael and Antonio Negri, 2000, *Empire*, Harvard University Press (＝2003, 水嶋一憲ほか訳『〈帝国〉—グローバル化の世界秩序とマルチチュードの可能性』以文社).

—— 2004, *Multitude: War and Democracy in the Age of Empire*, Penguin (＝2005, 幾島幸子訳『マルチチュード—〈帝国〉時代の戦争と民主主義』全2巻, 日本放送出版協会).

Hartz, Louis, 1955, *The Liberal Tradition in America: The Interpretation in American Political Thought Since the Revolution*, Harvest Books (＝1994, 有賀貞訳『アメリカ自由主義の伝統—独立革命以来のアメリカ政治思想の一解釈』講談社).

Michnik, Adam, 1995, *Aniol Demokracji: Zbiór esejów Adama Michnika* (＝1995, 川原彰・武井摩利・水谷驍編訳『民主主義の天使—ポーランド 自由の苦き味』同文舘).

Negri, Antonio, 1997, *Le pouvoir constituant: Essai sur les alternatives de la modernité*, Presses Universitaires de France (＝1999, 杉村昌昭・斉藤悦則訳『構成的権力—近代のオルタナティブ』松籟社).

大西洋文明における〈共和主義〉問題　213

Pocock, J.G.A., 1975, *The Machiavellian Moment: Florentine Political Thought and the Atlantic Republican Tradition*, Princeton University Press.
Soboul, Albert, 1951, *La Revolution francaise, 1789–1799*, Paris, Editions sociales（＝1980，小場瀬卓三・渡辺淳訳『フランス革命：1789–1799』全2巻，岩波書店）．
Wolin, Sheldon, 1989, *The Presence of the Past: Essays on the State and the Constitution*, The Johns Hopkins University Press（＝2006，千葉眞・斉藤眞・山岡龍一・木部尚志訳『アメリカ憲法の呪縛』みすず書房）．
——, 2001, *Tocqueville between two Worlds: the Making of a Political and Theoretical Life*, Princeton University Press.
——, 2004〔1960〕, *Politics and Vision: Continuity and Innovation in Western Political Thought〔Expanded Edition〕*, Princeton University Press.
Wood, Gordon S., 1969, *The Creation of the American Republic, 1776–1790*, Chapel Hill.
Young-Bruehl, Elisabeth, 1982, *Hannah Arendt: For Love of the World*, Yale University Press（＝1999，荒川育男ほか訳『ハンナ・アーレント伝』晶文社）．

宇野重規，2004，『政治哲学へ―現代フランスとの対話』東京大学出版会。
——，2007，『トクヴィル　平等と不平等の理論家』講談社。
小野紀明，2005，『政治理論の現在―思想史と理論の間』世界思想社。
川崎修，1995，「解説」，アレント『革命について』筑摩書房，467–478。
——，1998，『アレント―公共性の復権』講談社。
川原彰，1993，『東中欧の民主化の構造―1989年革命と比較政治研究の新展開』有信堂。
——，2001，『市民社会の政治学』三嶺書房。
——，2006，『現代市民社会論の新地平―《アレント的モメント》の再発見』有信堂。
——，2007，「書かれざる『戦争の政治学』―アレント革命論の理論的射程」『戦争の政治学　年報政治学2007Ⅰ』木鐸社, 35–55。
田中秀夫・山脇直司編，2006，『共和主義の思想空間―シヴィック・ヒューマニズムの可能性』名古屋大学出版部。
ドゥブレ，レジス・樋口陽一・三浦信孝・水林章，2006，『思想としての〈共和国〉―日本のデモクラシーのために』みすず書房。
中村孝文，2006，「〈書評〉『過去の現存』とアメリカのデモクラシー―ウォリン『アメリカ憲法の呪縛』とダール『アメリカ憲法は民主的か』の憲法批判」『思想』

992: 108–123。

中谷猛, 2004, 「近代のフランス政治思想における共和主義――モンテスキュー, ルソーとトクヴィル」『立命館法学』別冊「川上勉先生退職記念集」: 209–253。

第 3 章　奴隷制とコロニアリズムの遺産

『私はニグロであり，ニグロであり続ける』
――エメ・セゼールとフランツ・ファノン，「黒人の生体験」の二つのアプローチ――

フランソワーズ・ヴェルジェス

　はじめに，政治的考察においてしばしば軽視されるいくつかの事柄を取り上げよう。それはすなわち，フランスは2世紀以上もの間奴隷貿易を行い，その植民地に奴隷制システムを確立した国だということ，そしてヨーロッパで唯一，二度の奴隷制廃止（1794年と1848年）と奴隷制の復活（1802年）を経験し，1848年に奴隷制は廃止するも植民地というステイタスは存続させ，1881年には第三共和政のもとで「原住民法」訳注1を採択し，植民地帝国の内部で例外的身分を作り出した国であるということである[1]。フランスは血なまぐさく容赦ない植民地征服戦争を推し進め，民主化と脱植民地化の運動には激しく対立した。これらの事実の列挙は，人権の祖国であることを主張する国がその人権を侵害していることを確認するためではなく，フランス国民の歴史の中心においてさえ恣意性と例外の長い歴史があるのだということを指摘するためである。この国民のアイデンティティは，革命と共和主義の理想と，人民主権の概念と，自由・平等・友愛の原則への同意の上に構築された。しかしながら植民地においては，国民の母体から，ある民族や集団を排除することを正当化する必要性があった。この地においては市民であった者が，かの地では臣民になり，しかしながら全員が「フランス人」であった。

普遍性を標榜する言説の中心にこのような排除の制度が存在したことを考えると，我々は，この排除を正当化し，組織化し，法制化すらなしえたものが何であったのかという問題に立ち返らなければならない。もちろん，この排除は奴隷と植民地化された人々のみに関係しているのではない。我々は女性，労働者，狂人，アウトサイダーたちのことも考える必要がある。しかしながら，奴隷と植民地化された人々の場合に特殊なことは，「人種」というものに，すなわち人種言説とそのヒエラルキーや表象，そしてその言説に立脚した政治に与えられた位置なのである。エメ・セゼール（1913–　）とフランツ・ファノン（1925–1961）はこの位置を分析し，人種化された秩序を乗り越え，人種問題以後(ポスト＝ラシアル)の民主主義を提案するための返答を準備したのだ。

　フランスにおいて人種と人種主義に関するあらゆる議論は，平等原則と人種ヒエラルキー，政治と文化，人種支配と人種的欲望の間の関係性を考慮に入れてなされなければならない。それゆえ，「人権宣言」（1789）と「黒人法典」（1685）を，共和国憲法と「原住民法」（1881）を，奴隷制廃止の政令とアルジェリアを「フランスの県」に変える政令を，別々のものとして読むのではなく，併せて読む必要があるだろう。奴隷制という概念なくして自由という概念はありえず，奴隷という概念なくして市民という概念はありえない。普遍性からの排除という事態を考えずして権利の普遍性については考えられない。植民地化された労働者の存在なくして「フランス人」労働者は考えられず，奴隷の／植民地化された女性の存在なくして「フランス人」女性は考えられない。

1.　〈植民地〉と〈ナシオン＝国民〉

　この研究で要求されているのは，植民地を，外的な空間，「海外」，共和国

国境の外部にあるものとして考えるのではなく，そこにおいて形成，再形成された思想と実践が逆に本国の空間の中に翻訳されるような場所として分析することである。そして，その逆もまたしかりだ。ナショナルな文化と人種化された[2]政治が「肌の色は考慮されない (カラーブラインド)」はずの諸個人の権利要請に与える衝撃を分析すれば，普遍的権利と人種的例外の密接な関係性の系譜学に帰着する。〈国民 (ナシオン)〉とナショナル・アイデンティティとフランス共和国の建設の中で植民地が果たした役割について考えると，いかに「人種」という概念が共和国の政体にとって外部にあるものではなかったということ，そしていかにこの概念が共和国に深く関係していたかということを，我々は知ることになる。しかしながら，この事実を認めさせることは非常に難しい。今なお人種問題に対する否認は存在する。さもなくばそれは，外的なところに原因をもつ後進性や病気の徴候として扱われる。フランスでは，抽象的だが強く戦闘的な普遍主義の伝統が，いかなるものであれ差異の権利の要求は普遍的平等という共和国のドグマに反すると主張し続けてきた。しかしながら，ずっとこのドグマに反し続け，今なおそれに反しているのは，実際の現実の方である。〈国民〉（それ自体自然に発生するものではないのだが）のものではないあらゆる特殊性や歴史や文化の表明は，激しく抑圧される。市民権を獲得するためには，文化的，言語的，宗教的な特殊主義の構造から解放されたことを示し，特殊性を優遇するアンシャン・レジームとの断絶を表明する必要があった。このように受け止められた市民権とは，単純に投票権としての政治的権利を示しているのではなく，市民と外国人を隔てる境界としての共通文化を示しているのだ。そのような共通文化を支持できない個人は，フランス市民の共同体から排除されることになる。市民権の共和国的解釈は普遍主義的なもの——すなわち特殊主義からの解放——であるが，それはある差別へと繋がる理性の思想の上に作られた普遍性である。というのも，そこではある人間存在は他の人間存在よりもより理性に恵まれていると理解され

ているのである。諸集団の間でのヒエラルキー化された差異としての人種概念は，共和国の市民性に影響を与える。ある人々は他の人々よりもより市民なのである。植民地化された人々は常にこの矛盾を指摘してきた。そしてポストコロニアルの研究者たちは，この排除と恣意性のシステムと普遍的なものの主張の間の逆説的な関係を明るみに出してきた。

　フランスの場合は，奴隷制と植民地主義を考慮に入れながら，人種主義的現象について，フランスにおけるもの（反ユダヤ主義，移民に対する人種主義）と植民地化された地域におけるもの（奴隷制の人種主義，植民地の人種主義，場合によっては奴隷制的かつ植民地的な人種主義）の双方が研究されるべきであろう。フランスにおいては奴隷制と植民地主義が地理的に本国の外部に存在したことが，これらの現象は共和国フランスとなんら関係がないという幻想を強化した。共和国的な言説においては，奴隷主は文明化された人間や市民の裏面として描かれ，奴隷は解放し導いてやるべき犠牲者として描かれていた。そして両者ともにフランスという空間の「外部に」存在していた。しかしながら奴隷主も奴隷もフランスの植民地計画のために存在したのであり，植民地帝国とは共和主義者たちの手によって建設されたものなのだ[3]。常に「人種」が正当化と階級化のために利用されてきた。植民地化とは，現実とフィクションのある奇妙な混合に基づいている。現実とは強制労働と人種的社会的不平等を指し，フィクションとは良き寛容なる国フランスと植民地化された人々への愛を指す。ここで重要なことは，人種主義とその具体化を交差的に読むことであり，人種化された言説と表象が植民地から本国へいかに持ち込まれたかを分析することである。今日もなお，諸々の人種主義が諸々の領土において実践されていることを考慮しなければならない。すなわち「海外フランス」において，フランス本土において，そして海外フランスとフランス本土が含まれるヨーロッパにおいて[訳注2]。

　フランスにおいて植民地主義は，今なお多数派には「良いこと」として捉

えられており[4]，反植民地闘争はポストコロニアルな独裁体制の尺度で評価されてしまう。植民地の歴史は，方法論的かつ哲学的な革命を知らずにきたのであり，その分野において実りのあるものを生み出さなかった。さらには，ポストコロニアル研究は大いに軽視され続けている。それはしばしば，そこから投げかけられる議論を避けるために，「アングロサクソン的な」という言い方で飾られる（「アングロサクソン的」とは，イギリスに対抗するフランスのナショナリズムの古い用語であり，研究者たちはいかなる批判的距離もおかずにこの用語を使うが，ポストコロニアルの理論と批評は何より英語圏の研究者たち，すなわち［英語系の］インドや台湾やアフリカの研究者たちの力によって発展しきたものなのだ）。我々がまた注意しなければならないのは，フランスにおける批評研究に関して，それがかつて植民地化された国の研究者によってなされた場合は軽視される傾向があるのに，それが「生粋の」フランス人の手によるものであれば受け入れられるという点である。植民地の歴史とは，植民地における「文明化の使命」を擁護しようという欲求とそこから一つの批判的歴史を作り出そうという欲求の間の論争と葛藤の場なのだ。「記憶」の尊重という名目の下に，歴史から意味が抜き取られた。2005年2月の法訳注3は，いかなる植民地化も「良い」ものではあり得ないという認識に対する最近の抵抗を示している。同法の第4条は（後に撤回されたが）次のような原則を謳っている。「大学の研究プログラムにおいては，特に北アフリカのような海外フランスの存在の歴史に対しては，その価値に見合う位置が与えられるものとする。学校教育のプログラムにおいては，特に北アフリカのような海外フランスの存在の果たした肯定的役割がとりわけ認識され，その歴史とこれらの土地出身のフランス軍の戦闘員の犠牲に対して，それにふさわしく輝かしい位置が与えられるものとする」。諸々の「過ち」に対しては，橋や道路の建設，ワクチン接種と伝染病の根絶が引き合いに出される。植民地化の「成果」を，建設した道路の長さや「庭園に

変えられた砂漠」の広さや布教活動の量で測るということは，頑迷な盲目性の証明である．確かに，植民地化がいかに文化や諸観念の接触という現象を導いたかという研究は可能かもしれない．しかしながら植民地化を，すなわちある民族が他民族の国を支配し，その富を搾取するという権利を持つことを，直接間接を問わずその結果的側面から正当化することは馬鹿げている．

　フランスにおいては，2005年に「黒人問題」が再び浮上した．それは，CRAN（黒人協会代表評議会）が発足し，奴隷制の記憶とトビラ法訳注4をめぐる議論がなされ，2005年2月23日の法についての論争が起きた時のことであったが，そこで「黒人共同体」の存在と，何がその共同体を構成し統一しているのか（あるいはしていないのか）という問題が提起された．しかしながらこの問題は全く「新しい」ものではない．この問題の系譜は，1804年のハイチ革命まで遡ることができるし，あるいは他の日付としては，1930年代のレオポルド・セダル・サンゴールとエメ・セゼールによるネグリチュードの議論や，1956年のパリでの黒人芸術家作家会議，次いで1960年代のアフリカ文化やフランツ・ファノンの著作をめぐる議論などを引くこともできよう．では今日的な新しさとは何かといえば，この問題がなにがしか1人の哲学者なり知識人なり芸術家の専有物になっているのではなく，複数の協会や集団に取り上げられているということ，そしてそれが公共空間で議論される文化的社会的問題になっていることである．さらに新しいことは，この問題が浮上したのが，フランス政府が「移民の選別」を主張しながら強硬な移民規制政策を開始した時期であるということである．それゆえ，フランツ・ファノンが紹介した黒人の生体験は，今日ある新しい次元を獲得している．それはもはや脱植民地化の文脈の中にではなく，ネグリチュードのある新しい意識の中に書き込まれている．「黒人」であり「フランス人」であるということ，それは一体何を意味するのだろうか？　また，我々は黒人「共同体」について語ることができるのだろうか？　この新しく

出現した状況において，奴隷制と植民地主義の遺産は，どのように存続し適用されるのだろうか？　ある者たちは，黒人の統一についてのあらゆる考えに対して激しく対立する。私がエメ・セゼールとフランツ・ファノンのテクストから展開したいのは，このような側面なのだ。

　まず強調しておかなければならないのは，フランスの大学人や知識人の研究の中で，どのような観点からエメ・セゼールとフランツ・ファノンが周辺的存在になってしまったかという点である。セゼールは，よくて「フランス語圏の」詩人として扱われている程度である（「フランス人」詩人ではない）。ファノンは今なお悪評高き第三世界主義に結びつけられている。フランスの大学界において，これらの作家たちが，文学教育において読まれるべき名作と公認されたキャノンに入れられることはない。また，コロニアル世界やポストコロニアル世界研究のための方法論の革新に対する非積極性も強調しておかなければならない。ポストコロニアル理論に対するこれみよがしの抵抗はその徴候のひとつである。「アングロ＝サクソン的」と形容され，この理論は疑いの目で見られている。というのも，その歴史性の欠如と，「ポスト」の語を伴ったポスト構造主義やポストモダン，あるいは精神分析やフェミニズムとの類縁性が批判されるのだ。私の所見によれば，社会科学の研究は，現代に対して影響力を持つこれらの分野（コロニアルな歴史とポストコロニアルな歴史）の危機を経験している。確かに，その名残りや再出現に意識的である新しい流れは存在する。その中から名前を挙げるとすれば，エリック・ファサン，エリック・マセ，ナシラ・ゲニフ＝スイヤマス，そしてそれ以前の世代だとバンジャマン・ストラ，フェティ・ベンスラマ，ジャッキー・ダオメらがいる。しかしながら同業組合の防衛のように，抵抗は強固である。この問題には本稿の中で再び立ち返るかもしれないが，それより私が指摘したいのは，ある思想の伝播が途絶えてしまったことについてである。そのために，今日我々は，人種や市民権や平等といった問題については

今まで何も考えられてこなかったし練られてもこなかったと信じるようになってしまった。それゆえに，セゼールとファノンを再読することが重要なのだ。私は，私自身のセゼールとファノンとの「出会い」の話をしながら，彼らの再読に繋げたい。

2. 出会い

2004年7月，私はエメ・セゼールに会うためにマルチニックのフォール・ド・フランスに赴いた。私は彼に，インタビューを受けてくれるよう依頼する手紙を送っていたのだ。彼は積極的な返事をくれ，できるだけ早い時期にそれを実現させようとさえ提案してくれた。彼は56年間市長の職務を行った旧市庁舎の彼の部屋で私を迎えてくれた。私は初対面だったのだが，その男性は大変礼儀正しく，気を配ると同時に距離をとり，遠慮深いと同時に親しげで，興味を示したかと思えばすぐに無関心にもなった。私は彼に何冊かの本を手渡した。彼の興味はすぐに，最近の版である2冊のギリシャとラテンの古典作家の本に注がれた。彼は古典のテクスト，特にギリシャ悲劇に心酔していたし，それはその後も続いていた。逆に，歴史と芸術についての本はそれほど彼の興味を惹かなかった。そしてすぐに，彼は私に私の目的を明確にさせ，このインタビューがもたらすであろう意義に対しては懐疑的な態度を示した。彼は自分の著作に今でも反響があるとは信じられないと言い，私のロンドン大学の学生たちが，彼のテクスト，特に『植民地主義論』と『帰郷ノート』を研究し，引用していると知るととても驚いた。私は彼に，これらのテクストがアメリカにおいてどれだけ論じられているかを説明し，ニューヨーク大学でのシンポジウムの折，日本や英語圏カリブ海やドイツから来た専門家たちが彼の作品について議論を戦わせているのを聞いたことを

話した。それには彼も微笑んだ。私は主張した。彼は世界中で著名で，敬愛され，評価されている。彼の考え，意見は重要性を持っている。確かに彼のフランスでの立場はより低い。しかし，そのことに彼は驚いただろうか？「いいえ」，彼は私に言った。彼はこのように評価されていない状況を埋め合わせる必要性は感じていなかった。彼はその名誉や認知や栄光に対しては，距離を置いており，軽蔑さえしていると言明した。彼は，より大きな満足感をもたらしたかもしれない数多くの提案を断って，マルチニックで生きる選択をしたのだ。彼は，彼の島に満足しているのだと，私に何度も繰り返した。しかしながら，彼は常にフランス領アンティルに好意的であったわけではない。「［...］アンティルの歴史的側面を思い起こすと，私はアンティルと縁を切りたくなる。言わばそれは，歴史の埒外に置かれた飢餓と貧困と抑圧のおぞましい袋小路なのだ」[5]。彼の言葉は，次の二つのことを同時に表している。すなわち，『帰郷ノート』の冒頭の有名な「腹をすかせたアンティル，痘痕面のアンティル，アルコールに爆砕され，この湾の泥の中に，この不吉に座礁した街の埃の中に座礁したアンティル」[6]という一節が表しているような，熱帯の島々に対するロマンチシズムの拒絶と，「愛とモラルの幾何学的場所」としてのマルチニックへの深い愛情をである。彼はマルチニック人への「共感」を持っていた。もしこの「感情的動機」がなかったなら，彼が「ルーアンの港湾労働者よりも砂糖黍刈り達の運命に」より興味をよせる理由はなかっただろう。彼は，島の苦悩を共有しているのだと言った。「私は冷静な人間ではありませんでした。［...］私はアンティルの苦悩を持っていたのです」[7]。それは「自らの運命にもはや責任はなく，自らがその主人公であるはずの悲劇の中でも自分は脇役でしかないと感じてしまう民族の困難」[8]の徴候となる苦悩だ。そのことを彼はこのような言葉で私に言い直しもした。「いいですか，アンティル人であるとは簡単なことではないのです。レユニオン人であることも簡単ではないですね。しかしそれはそういうもの

なのですし，我々は勇気と自尊心と，必要ならば誇りをもってそれを引き受けなければならないのです」。

　私がこのインタビューを行おうと思ったのにはいくつかの理由があった。まず私は，植民地帝国の崩壊に貢献した世代の女性や男性の中でセゼールが果たした役割，非常にしばしば忘れられているように私には思えるその役割について思い起こしてみたかったのだ。私はまた，子供時代には，いつも人々が彼のことを語るのを聞いていた。私は彼の二つのテクストをよく知っていた。それは『帰郷ノート』（1947）と『植民地主義論』（1955）で，私はそれらを読むことが，脱植民地化の運動を知ろうとする者にとって不可欠であろうと思っていた。すなわち，セゼールとは，私が大いなる評価と敬意を抱く親愛なる人物なのだ。ところで，私が周囲の人たちに彼とのインタビューの考えを話した時，多くのフランス人は彼の作品も行動も知らなかったし，彼は死んだと思っていた人もいた。私はそれほど驚かなかった。それはフランスの世論の中で「海外フランス」が占める立場の数ある典型の一つである。すなわちそれは，無視された社会であり，その歴史と文化は，ちぐはぐでいい加減な断片という形で引用されてきたのだ。私がこのインタビューを望んだのは，セゼールの多くの指摘が現代に通じる側面を持っているにもかかわらず，多くの世論はセゼールのそのような現代的側面を否定し，とりわけフランツ・ファノンやエドゥアール・グリッサン，パトリック・シャモワゾーらを評価していることに，驚かされたからである。セゼールにとっては，黒人であるということは，一つの歴史，すなわち世界中に離散したディアスポラの源であったアフリカへと帰せられる。それは，付加的なものを示すのではなく，差異を示すものなのだ。そしてそれは，実存に対して，他者の次元より劣ったり優れたりするのではない一つの次元を与えるのだが，そこにおいて，その歴史を生々しい記憶の中にとどめる奴隷制や，強制収容所への監禁や，プランテーションや，新しい社会の創出の系譜学を

無視することはできないのである。

　私はフランツ・ファノンに会ったことはない。ファノンは私の父の世代に入る。私は1970年代の初めをアルジェで過ごし，彼の妻ジョジ・ファノンと息子のオリヴィエには会ったことがある。ジョジは，私のことをいわば「家族のように扱ってくれた。」というのも，私はその街では非常に若い女性で，そこは女性に対してとても厳しい街だったからだ。私は既にレユニオンを離れていた。私が育ち中等教育を受けたこの地を離れたのは，偏狭で凡庸な島世界への拒絶とフランスの誤った世界観にとらわれている高校への拒絶からだった。そしてバカロレア［大学入学資格試験］を受ける場所として私はアルジェを選んだ。私はアルジェリアを理想化していた。そして，独立から10年が経ったアルジェリアとは，女性を家に縛りつけ，彼女らが道路を自由に歩くことも禁止し，私が国内を旅行するためには自分の歳を誤魔化さなければならないような国であることを知った。ジョジ・ファノンは，既にアルジェリア国籍を取得して，フランツ・ファノンが分析したように，「二つに分裂した」世界，すなわち植民地化された者たちの世界と植民地化する者たちの世界を見続けてきたのだ。確かにアルジェリアは独立したが，植民地の旧権力は，いまだアルジェリアを隷属化しようと狙っていた。ジョジは私に，彼のアプローチの正当性を納得させようとしたが，女性の状況を考えると，私は必ずしもそれに賛同することはできなかった。ファノンの名著『黒い皮膚，白い仮面』(1952)と『地に呪われたる者』(1961)は，それ自体，この世界を二つの陣営に分裂させる傾向を持っていた。彼の語彙，すなわちその誇張や私の趣味にはいささか古臭過ぎる抒情性や，印象を強めようとするための過度なレトリックは，私をいらだたせた。私はファノンを1970年代に読んだ。そして私は，移民グループの中で，それについて議論した。しかしながら，私はフランス女性解放運動に参加したため，彼の著作からは遠ざかっていた。それはあまりにマッチョで男性的であったのだ。私はそれか

ら大分経って、ファノンを再び読んだ。それはホミ・バーバが、ポストコロニアル理論の中で彼に中心的位置を与えた時のことだった。次いで、イギリス人芸術家イサーク・ジュリアンと、フランツ・ファノンの映画『ブラック・スキン、ホワイト・マスク』(1996)の仕事をした時もファノンを読み返した。当時の私のファノン読解は、精神分析とフェミニズムに大きく影響を受けていた。より最近になって、私は再び『黒い皮膚、白い仮面』の文章、特に奴隷制についての部分に立ち返るようになった。私は『地に呪われたる者』はほとんど読み返していない。それは私には、あまりにイデオロギー的で狭量で排他的なナショナリズムのテクストのように思えるのだ。『黒い皮膚』は、たとえファノンはその影響関係を認めなくとも、そのスタイルにおいて、セゼールとその『帰郷ノート』に強くインスピレーションを受けている。

　この2人の作者にとって、ネグリチュードの経験、すなわち他者の視線の中で自らを「黒人」であると発見することが中心にある。この同定から何ができるのだろう？　黒人存在と奴隷存在を、黒人存在と無文化無文明存在を同一視してきたこの歴史から何をつくれるのだろう？　どのようにすれば、この同定から解放されるのだろう？　どのようにすれば、この同定を超越し、不平等の上に建設された世界の中で文化と寄与と歴史の平等性に基づいた「新しいヒューマニズム」を擁護できるのだろう？　セゼールとファノンの回答は、ある解釈を共有しながらも、異なったものとなる。

●セゼール、『私はニグロであり、ニグロであり続ける』[9]
　『帰郷ノート』において、次いで『植民地主義論』において、セゼールは、ヨーロッパの言説に関して、たとえそれが自ら普遍的なものであろうとしていても、それを構成している根深い不平等性に立ち返る。彼は、植民地化が作り出す基層的暴力を問い、植民地問題をヨーロッパの周辺にではなく、そ

の中心に据える。ヨーロッパが，黒という色を発明し，未完成や野蛮や粗野や時には大きな子供というレッテルを貼りながら，そこにひとつの文化的歴史的次元を与えてきたのだ。ヨーロッパは，アフリカ大陸を暴力の場所そのものにしようとした。そしてこの闇の奥は，不快であり魅惑的で，病的であり生気に満ちている，文明化以前の世界としてのその本性を露見させることになる。セゼールはこのヴィジョンに，豊かで肥沃で複合的な大陸のヴィジョンを対置する。セゼールのネグリチュード，すなわち彼の「ニグロであり，ニグロであり続ける」ことは，ヨーロッパの暴力に対する回答である。彼は言っている。そう，わたしはニグロです。そして私のネグリチュードは，世界内に存在するための，そして関係性を結ぶためのヒューマニズムの方法なのです。

　黒人の世界内存在という問題は，この色を作り出し，そこにある特定の意味を与え，そこに人種主義の印を刻んだのだが，この問題に対するセゼールの立場を読み返すと，我々はそこに，黒人の「色」に民族的アイデンティティを与えようとする問題系からの超越を確認することができる。ブラジルの社会学者リヴィオ・サンソネは，「民族性なき黒人性（ブラックネス・ウィズアウト・エスニシティ）」という大変説得力のある表現を発明したが[10]，それはセゼールの言説にも適合するように思われる（それは「民族アイデンティティなき黒人アイデンティティ」と遠回しに訳すことができるかもしれない）。サンソネは諸々のネグリチュードを，中間航路[11]によって作り出された民族横断的なアイデンティティの諸形態であると分析する（「中間航路（ミドル・パッセージ）」とは，アフリカ系アメリカ人によって作られた，アフリカと諸アメリカの間の奴隷船の航海を指す用語である）。「地球的な記憶」というものが存在するのだ。諸個人はそこから音楽や芸術や言語の諸形式を借り受けているのだが，そこではアフリカが象徴と記号の体系の源泉（「象徴の銀行（シンボル・バンク）」[12]）として機能している。こうして，黒人アイデンティティは折衷的で混淆的なものとして捉えられ，黒人大西洋世界（ブラック・アト

ランティック）はそこに，純粋性という幻想からは縁遠いコスモポリタンな次元を与える。「我がネグリチュードは塔でも大聖堂でもない」[13]と書くことによって，彼は何よりひとつの経験について語っているのだ。さらに彼は次のことに意識的である。「ネグリチュードは危険をはらんでいた。それはひとつの学派，ひとつの教義，ひとつの理論，ひとつのイデオロギーになる傾向を持っていたのだ」[14]。

彼の「私はニグロである」という態度は，ある日常的な現実に帰する。「それは，私が肌の色を信じているということではない」とセゼールは言う。しかしながら，「野蛮と文明」に分割され，文明がヨーロッパという唯一の世界に帰せられる世界では，「ええ，私はニグロです。それで？」[15]と言えることが必要なのだ。黒人であるということは，ある実存の問題であり，引き受けなければならない遺産なのだ。

セゼールは，文化的アイデンティティと歴史に中心的な位置を与える。「アイデンティティ，私はそれのために戦ってきたのです ... 。私は常に自分がある民族に所属しているという感覚を持っていました。私はアンチ＝フランスではありません。全くそうではないのです。私はフランス文化を持っています。しかし私は，自分がある別の大陸から来た人間であることを知っているのです。私はある別の文明の領域に所属してきて，今も所属しているのです。そして私は，その祖先を否定しない者たちの一員なのです」[16]。ファノンは人種問題以後(ポスト＝ラシアル)の社会を建設しようとし，そこでは「肌の色」がもはや識別因子ではなくなるのに対して，セゼールが主張するのは黒人という存在を可能にする社会，しかしながらそこにいかなる否定的な識別因子も結びつけられることがない社会なのだ。それはまた，「付加的な」記号でもない。それはあるひとつの歴史，奴隷貿易の歴史，奴隷制と世界中への離散の歴史の主張なのだ。そういうわけで「民族性なき黒人性」という概念は有用である。ネグリチュードとはそれゆえ「生体験の総和」であり，「被抑圧の共同

体」であり,「歴史の中の歴史を生きる方法」なのだ。「それはひとつの共同体の歴史なのだが,その共同体の経験は,実際,住民の強制収容所への監禁,人間のある大陸から別の大陸への移送,遠方の信仰の記憶,暗殺された文化の破片などを伴って,特殊なものとして現れるのだ」[17]。それは,「記憶として,誠意として,連帯としての差異の意識を持つこと」である。「抑圧の拒絶」として,ネグリチュードは「戦い」であり,それはまた「ここ数世紀の間に作り出された文化システム」と「ヨーロッパの還元主義に対する」「反抗」でもある[18]。我々はフォークロアや,時間を超越した永遠のアフリカの礼賛からは距離をとっている。我々は,単純化や理想化を避けながら,ヨーロッパとアフリカにとって,世界内に黒人が存在するということが何を意味するのかについての考察に近づいているのだ。人種問題は複合的で両義的である。そして,あらゆる自己への内向は,別の形式の分離に変化する。

　セゼールは,あらゆる経験にとって,常に複合的である現実に向き合うことが不可避であると強調する。それゆえ,セゼールはマルチニック社会を平和で穏やかな避難場にするようなことはない。彼とのインタビューの中で,彼はいかに,「息苦しい印象のある」この島を「出発する」ことができて,そしてこの「狭小で卑小な社会」から逃れることができて「満足していた」かを繰り返した。セゼールは,コントと砂糖工場のリズムにあわせて日々が過ぎ行く牧歌的なクレオールの幼年時代を体験してはいなかった。「私の幼年時代のことは放っておいて下さい。それは私にとって重要性を持ってはいませんでした．．．。パリこそが,開花の約束だったのです。実際,私はアンティル世界で安らぎを見いだすことはできませんでした。そこは味わいも正統性も欠いた世界だったのです」[19]。フランスに行くことは,「解放の行動」[20]だったのだ。

　黒人世界とその文化形成の民族横断的な次元は,多くの研究者によって強調されているし,それを身近なものにしたのはポール・ギルロイの『ブラッ

ク・アトランティック』であろうが,それはアイデンティティへの内向を拒絶し,交換と接触の地図を作製し,連帯の倫理学を提案する問題系の中に位置している。そしてそれは「我々の黒人の祖先と,我々の出身地である大陸,そしてそこから来てその遺産を共有しているあらゆる人々の間の水平的な連帯とともにあるのだ」[21]。この特殊主義を超越するアプローチは,黒人経験を話すことが「共同体主義(コミュノタリスム)」に陥っているとされてしまう二元論的ヴィジョンが支配的なフランスにおいては,いまだ周辺的な位置におかれている。フランスにおいては,個人は,歴史や特殊な文化を持たない抽象的存在でなくてはならないのだ。セゼールにとって「フランスはこの分野で常に遅れをとってきた」。それは文化的で特殊なアイデンティティの分野のことなのだが,そのためにフランスは,「政治的な意味での自治」[22]を渇望している海外県との関係の再考をすることが全くできなかったのだ。

● フランツ・ファノン,「奴隷制の奴隷にならないこと」[23]

　黒人の生体験に関するファノンの分析は,セゼールのそれと比較して,より政治的であり,「文化的」側面はより少ない。ファノンは何より,黒人をステレオタイプと紋切り型の中に閉じ込め,黒人を「人間 homme」にでは決してなく「黒 noir」に同一化するような人種主義に対抗しているのだ(ファノンの語彙は,セゼールのそれと同じように専ら男性的である)。彼は『黒い皮膚,白い仮面』の中で次のように書いている。「私の行動を私に強いるのは黒人世界ではない。私の黒い肌は特殊な価値を託されているのではない」[24]。

　「有色人として,私が望むことは一つだけだ。すなわち,道具が人間を支配することがないように。そして人間が人間を隷属させることが,すなわち他者が私を隷属させることが永久になくなるように。彼がどこにいようと,人間を発見し,それを望むことが私に許されるように。ニグロなど存在しな

いのだし、同様に白人も存在しないのだ」。ファノンは1952年、『黒い皮膚、白い仮面』の中でこう書いている[25]。ファノンはそこで明確に、彼を「〈歴史〉の囚人」にしてしまう決定論を否定した。彼は、彼を過去の中に閉じ込める奴隷制の遺産を拒絶したのだ。「私は今日、白人に対して17世紀の奴隷貿易の責任を認めるよう求めるだろうか？ [...] 私は、私の祖先を非人間化した〈奴隷制〉の奴隷ではない」[26]。ファノンにとって、解放とは自由の奪取によって、荒々しく暴力的な奪取によってなされた。もし自由が与えられたものだったなら、そこに解放はなかった。ところで彼にとって、自由とは奴隷たちに与えられたものだった。「ニグロは自由のための戦いを持たなかった。...激変は外部から黒人を襲った。黒人は働きかけられたのだ」[27]。それゆえ、黒人は黒人のままだった。彼は「人間」にはなれなかった。人種的アイデンティティは、フランスのニグロにとってなお監獄であり続けたのだ。そこから自己を解放するためには、ニグロは死を賭する必要があった。「激烈な戦いの中で私は、死の動揺を、不可逆な崩壊を、しかしまた不可能なことの可能性も感じることを認める」[28]。しかしながら、フランスのニグロは「自由の価値を知らない。なぜなら彼は自由のために戦ったことがないからだ」。それゆえ彼は「自分を嚙み、他人を嚙むことを運命づけられているのだ」[29]。ファノンは、植民地化された人間やアメリカの黒人とアンティルの黒人を区別した。植民地化された人間とアメリカの黒人は、自ら戦ったゆえに、疎外を免れることができた。アンティルの黒人は、白人になろうとしたために、歴史的意識に到達することができないでいた。それゆえ彼らは、白人によって課せられた弁証法の中に閉じ込められ続けたのだ。ファノンは、人種主義が必ずしもその犠牲者の間の連帯を生み出すとは限らないと、的確に分析する。彼が繰り返し指摘していることだが、アンティル人は自らを「アフリカの黒人よりも〈発達している〉[30]」と思っている。そしてそれは、マルチニック人の集団的無意識が「ヨーロッパ人的」だからなのだ[31]。

ファノンは人種問題を複数の土地から提起する。まずアンティル（とりわけ彼が生まれたマルチニック）があり、フランスがあり、そしてより示唆的にアルジェリア（そこに彼は第二次世界大戦中駐屯していた）があり、合衆国があり、アフリカがある。この複数の土地の間の往来は、フランスにとってのある特殊な側面を強調することになった。すなわち、「人種」に関して、そして人種主義に関して研究するためには、複数の領土における現象の複数性を研究すべきだということだ（このことは、奴隷制がその国家領土の内部で行われいていた合衆国の場合とは事情を異にする）。

　『黒い皮膚，白い仮面』の目的は、人種主義の糾弾にあるのではない。それは、ある「新しいヒューマニズム」のマニフェストとして発表された。そこでファノンは、黒人はいかにして人間になることができるのかを探求しようとした。それというのも、「黒人は人間ではない」[32]からだ。このテクストは、それが提案すること、それが語らないこと、その鋭利な主張、その限界ゆえに、重要なテクストなのだが、既に述べたように、目下フランスにおいてそれは研究対象になってはいない。それは「第三世界主義」という売り場に並べられて、非常に否定的な側面の分野として扱われてきた。一方スチュアート・ホールは、ファノンの「有色人を彼自身から解放する」という命題こそが、「脱植民地化を構成するものとしての表象と主体性の問題」[33]を研究する者たちにとっての彼の重要性を示していると言う。彼らはファノンの中に、解釈へと開かれた理論を見いだしている。それは自己のうちに閉じられる理論ではない。

　「黒人」であることとは、ひとつの生体験（『黒い皮膚，白い仮面』の中の一章の標題）である。それは人種化された秩序の規範的規律的理想を暴き出すものでり、それゆえそれは分析されるべき対象である。「人種」とは、合理的プランの上だけで打ち倒すべき単なる無分別ではない。それは社会生活に「巣作り」、社会生活を組織しているのだ。「黒人」とは、それに先立ちそ

れを越えゆく諸々の言説によって定義されるのだ。「私にはいかなるチャンスも許されていなかった。私は外部から決定されていたのだ」とファノンは分析する[34]。「黒」人の主体性とは、「人種」概念によって条件づけられる。人種概念は、内的かつ根源的な自己疎外をもたらす。なぜなら「黒人」の内的認識とは、白人の作った「千の細かい事柄、逸話、物語」[35]などによって培われているからだ。

　「人種」が「黒」人の主体性と切り離せないものとなった時、どうやって普遍的ヒューマニズムを想像できるというのだ？『黒い皮膚、白い仮面』の至るところで、ファノンは「どうやってそこから自らを解放するか？」という命題に帰着している。「私は、私の身体に責任を持たなければならなかったのと同時に、私の人種と私の祖先にも責任を持たなければならなかった」[36]。どのようにすれば、普遍的ヒューマニズムに至れるというのだ？　奴隷の相貌は、人種主義的言説とその表象の中に横断的に現れる。それは現在に重く影を落としていて、ファノンはその存在を認識している。しかし彼がその存在と内的親縁性を引き受けたとしても、彼がそれを理解することを受け入れるのは「知性の普遍的プランを通して」のことなのだ[37]。ファノンは、いかに「人種」が「黒」人にとっての牢獄であるかということを分析すると同時に、黒人経験を社会組織の基礎や植民地の人種主義に答えを出せない普遍的ヒューマニズムに仕立て上げようとする土着主義の提案を批判する。しかしながら、彼が提案する人種問題以後(ポスト＝ラシアル)のヒューマニズムとは曖昧で不正確なままだし、読者はその可能性を疑問視すらするだろう。なぜなら、ファノンは事実上、テクスト全編を通して、人種主義があまりに意識と無意識に侵入してしまうために、自分の主張するヒューマニズムは不可能だろうと示唆してしまっているからだ。しかしながらファノンは、テクスト全編を通して、フランス思想とフランスの自己構築の方法の中で、黒人／奴隷の存在が反論の余地なく中心的位置に存在しているという点に立ち返っている。ファノンの

この主張は現代性を持ち続けている。なぜなら，ナショナル・アイデンティティや市民権や人種主義や自由・平等・友愛の原則についての研究の中で，奴隷の存在を扱ったものはほとんどないからだ。その一方で我々が「人種」について話す時，我々は奴隷や植民地のことを話すことになるのだが。

3. 奴隷制と研究

『政治哲学事典』(1996)には，いかなる「人種」に関する項目も存在しない。また，人種概念への導入になったかもしれない「寛容」に関しての項目は，宗教上の寛容にあてられている。『共和国批評事典』(2002)では，「人種」あるいは「人種主義」に関してはいかなる項目も割かれていない。「人種」という語は「原住民の共和国」という項目に出てくるが，その部分を担当したエマニュエル・サーダは次のように結論している。「植民地にあっては，フランス国民は人種という形で認識された。このことは，国外の地での共和国の発展を特徴づけている」[38]。このような「人種」によって特徴づけられる国外の地での発展については，他の場所では明確に扱われていない。ピエール・ノラ編纂の『記憶の場』シリーズ[39]では，一章たりとも奴隷制について割かれてはいない。不在とは，忘却に深く根ざしたある考え方，すなわち「フランスを作ったのはフランスの歴史である。その住民はフランス人であるが，それは言外に白人のことを示す」という考え方の徴候である。しかしながら，フランスという概念や国民のアイデンティティや市民権が，いかに「フランス人」でなかった人々を排除することによって構築されたかという事実を明らかにする研究もないわけではない（排除という操作は，それ自体糾弾されるものではない。なぜならそれは自己構築のための作業の一部なのだから。問題なのは，国家から排除し追放すべきこの他者が誰であるの

かを分析することである)。しかし，この種の研究はいまだ市民権を得ていない。

4. 黒人と奴隷

　近代フランスにおける女性や労働者の歴史，あるいは政治史が紹介される時，植民地は忘れられている[40]。植民地帝国が分析される時しばしば人種が問題となるのに，いかに多くの研究の中で奴隷の存在が無視されているかを確認すると驚かされる。人種主義に関する研究の大部分において，中心にいるのは植民地化された側，植民地化された「アラブ人」か「黒人」である。ところで「人種」概念は実際，奴隷制廃止の後に，より広範な社会的，文化的，政治的要素を取り込んだとしても，世界の人種化は奴隷制期に既に行われていた。奴隷はヨーロッパ人の想像力の中では，永久に人種化されているのだ。奴隷であることは黒人であることであり，黒人であることは奴隷制へと運命づけられていることだ。しかしながら私が感じることは，我々はこの存在に立ち返ることを厭ってはならないということである。共和国が誇る偉業である奴隷制の廃止は「黒人＝奴隷」という等式に終止符を打たなかった。それこそ1948年4月27日にソルボンヌで催された，フランス植民地の奴隷制廃止100周年記念の式典の席上で，エメ・セゼールが強調していることである。彼は，1848年の解放は「偉大であり同時に不十分」(強調引用者)であったと主張する[41]。彼は，奴隷制廃止が，共和国の意とは裏腹に，数多くの共和主義者の意に逆らって達成されたことを確認する[42]。奴隷制廃止という業績のみにとどめ，そこを自らの限界点にしてしまおうという意思は，人種主義や，植民地の暴力や，ポスト奴隷制期の社会で労働に従事する女性や男性たちへの容赦ない搾取が永続化していることを，意識的に覆

い隠そうとする意思なのだ。「植民地の人種主義はそこに存在している。それは死に絶えてはいない．．．。植民地問題は提起され，解決されるのを待ち望んでいるのだ」[43]。

　しかしながらルネ・セーヴも書いているように，フランスの思想家の大部分にとって，奴隷制は「知的に解消され，その哲学的研究は本質的に歴史的な興味で飾られている」[44]。「奴隷制が，今日合法的なものと認められているものとは対極的な組織形態や社会概念の諸形式に結びついていたのだとしたら，それは〈近代社会〉と〈旧社会〉を対立するものとして考えることの試金石になるかもしれない」[45]。その場合人種主義とは，普遍的理想を解さない個人の偏見であり非理性ということになろう。それは，前近代的な偏見である。このような考え方は次のような結論を導く。すなわち，人種主義をなくすために必要となるのは，政策的倫理教育，人種関係の管理，差別や人種主義的行為への罰則規定などの対策を推し進めることなのだ。そして，これらの罰則規定や政治が積極的な効果を得ると，それによって，人種化された自由民主主義の歴史が，「人種」を道徳的に受け入れがたい概念であると拒絶する態度の裏に隠蔽されることになる。しかしながらファノンとセゼールにとって（そしてまたC・L・R・ジェームズ，W・E・B・デュボイス，スチュアート・ホール，トニ・モリスンあるいはポール・ギルロイにとっても同様に），奴隷制と近代性とを分けて考えることはできないのだ。〈旧社会〉と〈近代社会〉の対比のための試金石を提供するどころか，奴隷制は，ヨーロッパにおいて近代性がどのように考えられてきたのかを明らかにする。それは道徳問題ではなく，政治問題なのだ。奴隷制を旧世界の方に締め出してしまおうとする操作は，逆に，いかに近代人にとっても奴隷制は存在し，フランス人が自らに思い描いていた世界を奴隷制が形成し続けてきたかという事実を消し去ろうとする。しかしながら，主人のテクスト（マスター・テクスト），すなわち「白人」のテクストの拒否と告発に陥らないようにしなが

ら，奴隷制の影響力を研究するにはどうすればよいのだろうか。ドミニク・ラカプラは次のような方法論を提案している。すなわち，1) 参照の範囲をキャノンを越えたところまで広げる。2) キャノンがどのように確立したのかを研究することによって，人種問題に優先的な位置を与える。3) キャノンのテクストが書かれ，受容され，適切なものとされた歴史的文脈を考慮する[46]。歴史とは固定されたものではない。それは理論的研究を伴うものである。多くのヨーロッパの思想家にとって，近代性に対する批判は，ヨーロッパ人の作った絶滅収容所，すなわちヨーロッパのユダヤ人虐殺から始まる。ここで，近代奴隷制や植民地主義とナチズムとの間の醜悪な競合関係を指摘することは問題にならない。中には敢えてその問題に取り組むものもあるが，彼らの単純化されうんざりさせるような省略法は取り合いたくない。反対に，どのように絶滅と，階級化と，隔離と，排除と例外化の法律制定が，フランス共和国の植民地秩序の中心で実行されたのかを読み直すことは，我々に，ある種の無関心と盲目性について考え直すことを促す。

　問題となるのは，奴隷制と搾取と人種主義の経験が，どのように「黒人の生体験」から他に例を見ない歴史意識の経験を作り出したかを確認することだ[47]。奴隷貿易が生んだ効果のひとつは，奴隷制と労働を人種化しアフリカ化し，市民権に「色をつけた」ことだ。17世紀中葉以来，フランス語の中で，「ニグロ」と「奴隷」は類義語である（日常会話で，税制，行政，経済の用語で，辞書の中で）。人類（＝人間性）から除外され，ニグロ人種は商取引の対象となる。奴隷貿易はひとつのグローバリゼーションを引き起こし，そこではブラックアフリカが労働力の供給源として機能する。アフリカ大陸は，その住民を襲った人類（＝人間性）からの排除のために，経済-世界に編入されることになる。ある者たちにとっては，アフリカ人は永久にこの状況に運命づけられているし，別の「進歩的」な者たちにとっては，アフリカ人は人間性に到達しうる余地を残している[48]。奴隷制信奉者の主張は次の通りであ

る。たとえあらゆる人間が平等かつ自由に生まれるものとみなされているとしても、ある人間たち、すなわち奴隷たちは恐らく完全に人間ではない。それゆえ、ある強力な関係性が奴隷制と人種とを結びつけている。奴隷制は人種間のヒエラルキーを正当化する。人種間のヒエラルキーが奴隷制に自らを正当化する言説を与える。この二つの概念は、主人と奴隷の関係、白人と黒人の関係に関して、奴隷制社会から派生した定義を与えているのだ。誰であれ他者のために働く者は奴隷だ。自由であるということは、自らの労働力の所有者であるということだ。一方に奴隷制主義と植民地規定の頑固な影響があり、他方に奴隷制廃止主義と不可分な同化主義のドクトリンがある。この双方が、初めから逆説的で今日なお逆説的な市民権というものを作り出したのだ。なぜ逆説的なのか？　その理由は、市民権が提起する問題性にある。すなわちそれは平等は認めるが監督下におくということなのだ。

　奴隷制廃止の世紀である19世紀とは、新たな帝国主義の政治と人種ヒエラルキーの科学の誕生を見届けた世紀であり、そこで大きな目標となったことは、産業の発展と社会の調和を両立させることであった。奴隷制は糾弾されるべきものとみなされていたが、そこから必然的に黒人は〈理性〉を備えた存在であるという考えが生まれることはなかった。人道主義的な奴隷制廃止思想が踏み込んだ袋小路が存在した。その袋小路の中に帝国主義と折り合いのよい普遍主義が入ってゆくことになる。奴隷制廃止論者は、自由への自然権の革命的思想を再検討するが、あえて植民地というステイタスを問題視することはない。

　西洋が常に奴隷制を自由の対極とみなしている限りにおいては（また反対に自由をあらゆる形の隷属の排除とみなしている限りにおいては）、奴隷制の終焉とは即時かつ全面的な自由の獲得を意味するはずだった。奴隷制が自己の徴用であるとみなされていたのと同様に、自由もまた一種の所有形態として考えられていた。所有の自由、あるいは自己所有の自由を超越した自由

の思想が可能であるなら，それは一体どのようなものであろうか？　この概念から独立したところで奴隷制について考えることなど果たして可能なのだろうか？　数世紀にわたって隷属とは労働の条件そのものであった。ところで，隷属とは労働の諸条件のひとつを構成するものであり，言い換えればそれは無–価値を構成するものだ。そのような条件下では，労働自体が価値を作り出さず，それゆえその労働によって社会的アイデンティティを定義することは不可能であった。奴隷たちが隷属から解放されてからも，解放民となった彼らの多くの者は浮浪民の道を選択せざるを得ず，労働力が支配的価値を持つような大変動が起きている社会の中で，やはり社会的アイデンティティをほとんど持つことができない存在となった。たとえ奴隷制廃止論者たちが人種の名の下に強制されたヒエラルキーを告発したとしても，彼らは，そのヒエラルキーを糾弾しただけでは十分ではないと理解する能力は持っていない。彼らは次のように考えているのだ。奴隷の身体は，一度その鎖から解き放たれたなら，もはや「黒人の」身体ではなく「市民の」身体になりうるのだと。残念ながら道徳的糾弾だけでは不十分であることは自明だ。植民地の人種主義は奇跡のように払拭されるものではない。そして市民権にも「皮膚の色がつきまとって」いるのだ[49]。

　人種的ステレオタイプは平等原則に反する一要素を構成する。しかしそれでも，平等原則は毎回引き合いに出されるのだ。矛盾は以下の点にある。すなわち，近代性はその基礎においては自由・平等・友愛の理想に依拠しているのだが，同時に人種化された言説を作り出し，その言説自体が人種化されたアイデンティティ増大への道を作り出しているのだ。人種主義は，「その傾向の変動や逆転があろうとも，世界から，少なくともその舞台裏から消えることはない」[50]。反人種主義的言説の側は，共和主義的平等に基づくフランスの普遍主義を，差別や人種的ステレオタイプに対置する。しかしながら，後者は根強く存在する。それゆえ，これらの差別や人種的ステレオタイ

プは，しばしば「道徳的かつ市民的な教育」の欠如のせいであるとされる。そのような側面が考慮されれば，フランス植民地（そこでは，共和主義的奴隷制廃止論者による道徳面での再生計画は，植民地秩序や人種主義的文化や存続する不平等のために機能しなかった）における奴隷制廃止以後の状況に照らして，十分な道徳教育などは不可能であることは明白である。

　セゼールとファノンはそのことを強調していた。「理性的」議論とは結局ほとんど内実がないのだ。その点について議論するために，まず1948年のセゼールの演説に戻り，次いでファノンのテクストに戻ろう。セゼールは，四つのかつての奴隷制社会(マルチニック，レユニオン，グアドループ，ギュイアンヌ)を「海外県」に変えた1946年の法の2年後にこの演説を行っている。この海外県化法はずっと，これらの社会の疎外プロセスの帰結であると解釈されてきた。実際，フランス植民地帝国の他の地域においては国家的独立の要求がなされ，解放はフランスとの断絶にこそあると信じられていた時，これらの旧奴隷制社会ではより大きな統合の道への選択がなされていたのだ。このような批判にはこの［フランスへの統合の］要求を導いた社会の動きについての分析が欠けているために，それは次のような要約に帰結することになる。すなわち「地域ブルジョワジーは，それが黒人であれムラートであれ，常に白人に認められたかったのだ。それゆえ，彼らは自らを売り，その人民を売ったのだ」と。しかしながら，この1946年の平等要求を，奴隷制と平等についての考察に照らし，地域の反植民地主義言説の分析から読み直してみよう。これらの地域における反植民地主義的要求が生まれたのは，（製糖工場，鉄道事業，港湾事業などの）労働者，地方公務員，教育を受けているが土地を持たないプチブル，農園労働者や小作農民らの組合を通してであった。彼らは全員同じ文化的あるいは「民族的」[51]集団に属していたわけではない。（ストライキにせよ反乱にせよ）彼らの闘争は厳しく鎮圧された。セゼールが分析したように，これらの集団が要求したことは，1848年

の奴隷制廃止の時点では不完全なものであった平等性の公約の適用だったのだ（彼らは確かに市民にはなったが，植民地化された存在であった）。1936年の人民戦線は彼らにとって，地域の大地主に対抗するためになされるべきことを代表する存在だった。1946年の憲法制定議会において，これらの地域の議員たちは大地主の一族が処罰を免れていることを告発し，彼らの社会が健康，教育，社会法規，開発，集会・出版・言論の自由などの分野でいかに遅れているかを訴えた。1946年とは，共和国内部での民主化要求の年であり，文化的差異と平等の承認要求の年であった。これらの要求は（後に海外県の保守的右派によって文化的同化の要求へとねじ曲げられるのだが），普遍性が，自ら人種的な差別化を作り出していることを隠蔽してきたという欺瞞を明るみに出した。フランス共和国において，平等原則は特例の権利に譲歩し続けた。平等ではあったが完全な平等ではなく，同胞であり同時に臣民であった[52]。一方に肌の色は考慮しないという平等原則があり，他方に現実の差別がある。フランス国家は，大地主の経済的，文化的，社会的利益を保護し続けてきた。第四共和政と第五共和政の左翼政権は，右翼政権と同様，例外を認め続けてきた。選挙違反，鎮圧，検閲，これ見よがしのクレオール文化蔑視，経済的従属などは，権力の側からの応答であった。これらの社会の歴史や文化は重要性を持たなかった。海外県の住民たちは，彼らを受け入れてくれた〈母なる祖国〉に感謝を表さなければならなかった。市民としての相貌の裏に，常に奴隷と植民地化された者としての相貌が描かれていた。参考までに付け加えれば，このようにして社会的権利（全産業一律スライド制最低賃金，家族手当，失業最低賃金…）の平等が海外県において獲得されるのは，1980年代の終わりを待たなければならなかった。

　今日我々は，これらの社会の労働者階級が，独立よりも平等の要求のために行動することを選択したのを残念に思うことがある。しかしながら我々はまた，この要求を人種横断的な連帯の表現として読み直すこともできる。フ

ランス植民地帝国の奴隷制社会の歴史，すなわち彼らの抵抗と闘争と要求の歴史を読み直すためには，恐らくある思考の枠から距離をとることが要求されるだろう。それは恐らく，ナショナリズム闘争の側面というよりは，矛盾や限界につきまとわれながらも解決口を模索する公民権闘争の側面から捉えなければならない問題なのだ。そして我々はファノンの再検討に移ろう。確かにファノンは1946年の要求を批判した。そして『地に呪われたる者』においては，「真の」民族文化という基底を拒絶した（それはすべて略奪者的で腐敗した民族ブルジョアジーの出現に由来するのだ）。ファノンにおいては，上でなされたような読み直しの提案に同調する部分は全くない。しかしながらファノンの指摘は，キャノンにおける「人種」の位置の読み直しと海外県の闘争の読み直しの試みを同時に正当化する。ファノンが強調するのは「人種」言説の破壊の必要性であり，それは（「人種」によって作られた牢獄である）存在場所の強制的な割当てから逃れ，新しい連帯を構築するためのものであった。反植民地主義の闘争は『黒い皮膚，白い仮面』の中で展開された展望の中に位置づけられた。すなわちそれは，「新しいヒューマニズム」の構築の展望だ。植民地化と奴隷制から生まれた土地において，抵抗運動とは，人種によって決定された存在場所の強制的な割当てから逃れ，市民権を獲得することの模索であった。彼らの闘争の歴史は，ヨーロッパや奴隷制以後の植民地帝国の運動の歴史と同一ではありえない。彼らの歴史は，正に別ものであった。まず奴隷制があり，次いで奴隷制廃止後は，インドや中国など主にアジアからの契約労働者の集団形成があった。市民権と植民地のステイタスの問題があり，製糖産業の寡占状態，そしてあらゆる植民地と同様の貧困と人種主義があった。これら全ての要素が，ある特殊な状況を作り出していたのだ。これらの社会は今なお，国民(ナショナルな)の物語の中で自分達の位置がどこにあったのかについての分析の努力を必要としている。奴隷制と契約労働者制度訳注5に対しての沈黙について，どのような分析がなされるのだろう

か？　国民(ナショナルな)の問題系を超えたところで，フランスとこれらの領土の間の関係性をどのように考えればよいのだろうか？

　結論に移ろう。社会階級や，歴史によって決定されているものとしての民族的帰属（「黒人＝奴隷の子孫」という等式が成立しながら，植民地の人種主義は考慮されない）などいかなる重要性も持ち得ないと言い張る態度は，共和国内での植民地の長い恣意性の歴史と，フランス人（かつては植民者，今日では本国人）がそこから引き出してきた特権の双方に意識を向けることを拒む盲目性に由来している。「本国の特恵」は，その特恵を永続化させるために援用される共和国の「中立性」の裏に隠蔽されている。才能や能力といったものは，（沈黙のうちに）人種化されている。なぜなら，それらは（決しておおっぴらに言われることはないが）以下のことを前提としているからだ。1. この政治の恩恵に与る権利を持つはずの海外県人が，先天的にその資格がないものとされる事態が起こりうる。（そこから一つの疑念が湧く。すなわち「ある人々が無能だと決めつけられるのは，単に彼らが何々人であるからにすぎないのではないか」という疑念が。）2. 反対に，フランスのあらゆるフランス人は，自動的にその地位につく資格を持っていると考えられている（先に見た疑念とは反対に，フランスのフランス人にとっては，選別がなされるのは本来的にその能力に基づいてのことであると認識されているのだ）。この二つの前提は，排除や不平等の長い歴史（公教育システムの遅れ，高等教育へのアクセスの遅れ，二言語併用状況(ダイグロシア)）の否認に基づく。平等原則の盲目性は不平等の歴史を隠蔽する。ファノンにとっては，「ニグロなど存在せず，白人も存在しない」のだ（ここでは，ニグロとは白人と同様，十把一からげに括られたカテゴリーであり，それは幻想にすぎないが実効力を持っている）。必要なことは，ニグロであること，すなわち，犠牲者にとって致命的な副次効果を生み出し，平等へのアクセスを阻害する強制されたアイデンティティを忘れることを学ぶことなのだ。この点を考慮し直せば，白

246　第3章　奴隷性とコロニアリズムの遺産

人もまた「白人」であることを忘れることを学ばなければならないだろう。そしてセゼールを引用するならば，「彼らなしでは国が国でありえなかったであろう者たち」を排除しながらこの国について語ることなど果たしてできるのかということを学ばなければならない。

1) この問題に関しては，ACHAC（現代アフリカ史知識協会）の研究を参照せよ。*Zoos Humains*, 2000; *L'Autre et Nous*, 1995; *De l'indigène à l'immigré*, 1997; *Hommes et Migrations*, 1228, 2000; *Culture coloniale*, 2003; *Culture impériale*, 2004.
2) 私が「人種化された」という言葉を使ったのは，明示的にせよ暗示的にせよ，言説や実践の中で「人種」が何を参照しているかを説明したかったからだ。ここで「人種」とは，現代世界において「人種」の名のもとに作られた人種的分化のシステムを指す。
3) Pascal Blanchard, Nicolas Bancel et Françoise Vergès, *La République coloniale. Essai sur une utopie*, Paris, Albin Michel, 2004 を参照せよ。
4) 「フランス社会はアルジェリアに対して，さらに一般的に言えばその植民地の歴史に対して，遺憾も後悔も表明しなかった。今まで一度たりとも悔悛はなかった。一度たりとも！　2003年11月，すなわちオサレス将軍の告白とル・モンド紙の拷問に関する記事掲載の直後に実施された調査によれば，55％のフランス人が，130年にわたる植民地化に関してアルジェリアに謝罪をする必要はないと考えているという」(Benjamin Stora, *Le Nouvel Observateur*, 21–27 octobre 2004, pp. 42–44)。また，ジャン゠ピエール・シュヴェヌマンは『ヌーヴェル・オプセルヴァトゥール』誌の「恥に思うのは止めよう」と題された記事で，フランスの植民地化の積極的側面として「第一に学校があり，それは共和国の軍隊とともに，植民地化された人々に，彼らの解放のための知性の軍隊をもたらしてくれた」と主張している (Jean-Pierre Chevènement, in *Le Nouvel Observateur*, sous le titre «Cessons d'avoir honte»)。あるいは，1984年，最初のミッテラン政府の国際協力大臣であったジャン゠ピエール・コットは次のように書いている。「私には植民地化の信用が失われたとは信じられない。」さらには，アレクサンドル・アドレールによる『クリエ・アンテルナショナル』誌1997年4月24日の記事。「この試みの偉大さを思い起こすこと

は自然であり当然のことであろう... 共和国は，ラテン性に倣うことによって，後の時代も，混血を厭わなかったし，フランスの法に従うアフリカ人を潜在的フランス人とみなすこともできた。[...] そしてこれらのことは全て，アングロサクソンの世界では理解されないことである... アフリカ人の側にしても，彼らがフランスを愛したのは，この国が持つ最良の者たちのため，すなわち白人の神父，植民地の将校，医者といった，一世紀前に人道主義的行為を発明した人たちのためだった」(Alexandre Adler, in *Courrier international*, le 24 avril 1997)。

5) Daniel Guér, *Les Antilles décolonisées*, Paris, Présence africaine, 1956, p. 8 より引用。
6) Aimé Césaire, *Cahier d'un retour au pays natal*, Paris, Présence africaine, 1983, p. 8.［邦訳『帰郷ノート・植民地主義論』平凡社］
7) «Paroles de Césaire. Entretien avec K. Konaré et A. Kwaté, mars 2003», in Tshitenge Lubabu Muitibile K. (éd.), *Césaire et Nous. Une rencontre entre l'Afrique et les Amériques au XIXe siècle*, Cauris Éditions, 2004, p. 11.
8) Aimé Césaire, «Pour la transformation de la Martinique en région dans le cadre d'une Union française fédérée». 1958年3月22日マルチニック進歩党設立大会での演説(著者の私家版資料)。
9) 私がセゼールと行った対談を本にまとめたものの標題。2005年に Albin Michel 社から出版。
10) Livio Sansone, *Blackness Without Ethnicity. Constructing Race in Brazil*, Londres, Palgrave, 2003.
11) *Ibid.*, p. 15.
12) この点に関しては Sidney Mintz et Richard Price, *Anthropological Approach to the Afro-American Past. A Caribbean Perspective*, Philadelphia, Philadelphia Institute for the Study of Human Issues, 1976 を参照せよ。
13) Aimé Césaire, *Cahier d'un retour au pays natal, op. cit.*, p. 47.
14) 1971年12月8日パリでのインタビュー。Lilyan Kesteloot et Barthélemy Kotchy, *Comprendre Aimé Césaire*, Paris, Présence africaine, 1993, pp. 197–209, p. 203.
15) «Aimé Césaire à Maryse Condé», in *Lire*, juin 2004, pp. 114–120.
16) «Paroles de Césaire. Entretien avec K. Konaré et A. Kwaté, mars 2003», art. cité, 2004, p. 9.

17) «Discours sur la négritude. Première conférence hémisphérique des peuples noirs de la diaspora, 1987, Miami, Florida International University, Hommage à Aimé Césaire. Négritude, Ethnicity et cultures afro aux Amériques», in Aimé Césaire, *Discours sur le colonialisme*, Paris, Présence africaine, 2004, pp. 79–92, p. 81.
18) *Ibid.*, pp. 83–84.
19) Joseph Jos, «Aimé Césaire, nègre gréco-latin», in *Aimé Césaire. Une pensée pour le XXIe siècle*, Paris, Présence africaine, 2003, pp. 91–108.
20) 例えば以下の資料を参照せよ。François Beloux, «Un poète politique. Aimé Césaire», in *Magazine littéraire*, n° 34, novembre 1969; Patrice Louis, «Aimé Césaire, le Nègre fondamental», in *Le Point*, 20 juin 2003, pp. 102–104; Roger Toumson et Simonne Henry-Valmore, *Aimé Césaire. Le Nègre inconsolé*, Paris, Syros, 1993, pp. 31–32.
21) François Beloux, «Un poète politique», art. cité.
22) Alain Louyot et Pierre Ganz, «Aimé Césaire. "Je ne suis pas pour la repentance ou les réparations"», in *L'Express Livres*, 14 septembre 2005.
23) この節は、2005年 *Actuel Marx* 誌に掲載された論文の一部の再録である。
24) Frantz Fanon, *Peau noire, masques blancs*, Paris, Seuil, 1952, p. 184.［邦訳『黒い皮膚，白い仮面』みすず書房］
25) *Ibid.*, p. 187.
26) *Ibid.*, p. 186.
27) *Ibid.*, p. 178.
28) *Ibid.*, p. 177.
29) *Ibid.*, pp. 178–179.
30) *Ibid.*, pp. 20, 120, 154–155.
31) *Ibid.*, p. 154.
32) *Ibid.*, p. 6.
33) Stuart Hall, «The After-life of Frantz Fanon: Why Fanon? Why Now? Why *Black Skin, White Masks*?», in Alan Read (ed.), *The Fact of Blackness: Frantz Fanon and Visual Representation*, Londres, ICA, 1996, pp. 12–37.
34) Fanon, *op. cit.*, p. 93.
35) *Ibid.*, p. 90.
36) *Ibid.*, p. 90.

37) *Ibid.*, p. 92.
38) Vincent Declerc et Christophe Prochasson, *Dictionnaire Critique de la République*, Paris, Flammarion, 2002, p. 370.
39) Pierre Nona, *Les Lieux de mémoires*, Paris, Gallimard, 1984–1993. [邦訳, 全3巻, 岩波書店]
40) 物語の再検討を提案するためには, 以下を参照されたい。「移民資料記憶センター」の計画と批評。彼らのサイトの最初のページには「彼らの歴史とは我々の歴史である」とある。彼らの歴史とは, フランスに定住しにやってきた女や男たちの歴史のことである (www.histoire-immigration.com)。あるいは「奴隷制の記憶のための委員会」の報告書 (www.comite-memoire-esclavage.fr)。あるいは2005年2月23日の法と「共和国の原住民」の請願書をめぐる議論。
41) Gaston Monnerville, Léopold Sédar-Senghor et Aimé Césaire, *Commémoration du centenaire de l'abolition de l'esclavage. Discours prononcé à la Sorbonne le 27 avril 1948*, Paris, PUF, 1948, p. 32.
42) Françoise Vergès, *Abolir l'esclavage. Les ambiguïtés d'une politique humanitaire*, Paris, Albin Michel, 2002 を参照せよ。
43) *Ibid.*, pp. 27–28.
44) Declerc et Prochasson, *op. cit.*, p. 215.
45) Philippe Raynaud et Stéphane Rials, *Dictionnaire de philosophie politique*, Paris, PUF, 2003, p. 215.
46) Dominick LaCapra, «Introduction», in Dominick LaCapra (ed.), *The Bounds of Race. Perspectives on Hegemony and Resistance*, Ithaca, Cornell University Press, 1991, p. 3. 同書の Henry Louis Gates, Jr. と Kwame Anthony Appiah の論文も参照せよ。
47) David Lionel Smith, «What Is Black Culture?» in Wahneema Lubiano (ed.), *The House That Race Built*, New York, Vintage, 1998, pp. 178–184, p. 187.
48) Olivier Le Cour Grandmaison, «Le discours esclavagiste pendant la Révolution», in *Esclavage, Colonisation, Libérations Nationales*, L'Harmattan, 1990, Paris, pp. 124–132.
49) 参考文献として次の資料をあげておく。Michael Rogin, «The Two Declarations of American Independence», in Robert Post et Michael Rogin (eds.), *Race and Representation: Affirmative Action*, New York, Zone Books, 1998, pp. 73–96; Frank McGlynn et Seymour Drescher (eds.),

The Meaning of Freedom: Economics, Politics and Culture after Slavery, Pittsburgh, Pittsburgh University Press, 1992; David Theo Goldberg, *Racist Culture: Philosophy and the Politics of Meaning*, Cambridge, Blackwell Publishers, 1993; Paul Gilroy, *Against Race, Imagining Political Culture Beyond the Color Line*, Harvard, Harvard University Press, 2000, et *There Ain't No Black in the Union Jack: The Cultural Politics of Race and Nation*, Chicago, Chicago University Press, 1987; Henry Louis Gates Jr. ed., «*Race*», *Writing and Difference*, Chicago, Chicago University Press, 1985.

50) Etienne Balibar et Immanuel Wallerstein, *Race, Nation, Classe. Les identités ambiguës*, Paris, La Découverte, 1988, p. 291.［邦訳『人種・国民・階級―揺らぐアイデンティティ』大村書店］

51)「民族的」という用語自体,混血の状況を考慮すると使用するのは難しいが,それでもこの社会に対して,多様な民族による社会構成が大きく影響を及ぼしていたことは事実である。

52) Jean-Pierre Dozon の著作の標題, *Fréres et sujets: La Frence et l' Afrique en perspective*, Flammarion 2003.

［訳注］
1) 植民地の土着住民のみを対象に定められた違法行為の規定。無許可での集会の禁止,旅行許可証なしでの移動の禁止などが定められ,土着住民の反発を招いた。
2) 例えばフランスの4つの海外県は,位置的にはインド洋とカリブ海,南米に位置するが,「超周辺地域」région ultra-périphérique というステイタスで,EU の一部として定められている。
3)「フランス人引揚者に対する国民の感謝と国民的支援に関する 2005 年 2 月 23 日の法律 第 2005-158 号」を指す。同法律は特にアルジェリアからのフランス人引揚者に対して国家が感謝の意を示し支援を与えることを定めた法であるが,同時にフランスの植民地支配を正当化するものとして議論を引き起こした。特に,本論文でも引用される,公教育の場でフランスの植民地化の「肯定的役割の認識」を教えることを定めた第 4 条は,かつて植民地化された者たちや歴史学者らの反発をまねき,翌年 2 月の政令において同条第 2 項(「積極的役割」について定めた箇所)が削除されることになる。
4)「奴隷貿易及び奴隷制を人道に対する犯罪とみなすことを目的とする 2001 年 5 月 21 日の法律 第 2001-434 号」を指す。同法案は海外県ギュイアンヌ選出の議員

クリスチアーヌ・トビラによって提出された。その後，同法を根拠に，奴隷制がジェノサイドにはあたらないと主張した歴史学者ペトレ＝グルヌイヨが提訴されたり，「歴史のための自由」を標榜する19人の歴史学者によって同法の撤廃が要求されるなど，トビラ法は歴史を巡る議論の中で物議をかもしている。トビラ法および2005年2月23日の法について，詳しくは，平野千果子「歴史を書くのは誰か」(『歴史評論』2006年9月号 no.677, 校倉書房)を参照せよ。
5) アンティルの植民地においては，奴隷制廃止以降，アフリカ人の黒人奴隷に代わる代替労働力として，主にインドから大量の労働者が導入された。彼らは，形式上は労働契約を取り交わした賃金労働者であったが，実際は奴隷制下の労働条件に酷似した環境で働かされたという指摘もある。

(尾崎文太訳)

肌の色に関する諸問題
―― コロリスムの歴史，イデオロギー，実践 ――

パップ・ンディアーユ

　黒人であることは，一つの本質でも一つの文化でもなく，社会関係が生み出したものである。すなわち，人々が彼らを黒人として捉える故に，黒人は存在するのだ。けれども，歴史的に構築された黒人というカテゴリーの中には，いくつかの下位グループが存在している。これらのグループの人々の肌の黒さの度合いはまちまちで，それぞれに異なった取り扱いの対象とされてきた。黒人たちの肌の色の様々なニュアンスの問題は，社会的ヒエラルキーの見地からすると重要である。私は，アメリカ英語のカラーリズム（colorism）から来たコロリスム（colorisme）という用語を用いることを提唱したい。「黒い」と形容される肌の色が持つ数々の微妙な差異や，こうした差異についての社会的認識を問題として取り上げるためである。コロリスムについて考察することで，「白」と「黒」という二項対立で満足せず，より微妙な差異について語れるようになる。白／黒という対立は，確かに人種の差異を基に構築された様々な想像の産物においては基本的なものである。けれども，この対立は，それのみでは人種差別によって誘発された様々な社会的ヒエラルキーの説明にはならない。H・ラップ・ブラウンによれば，黒人が最初に意識するのは，「自分が白人とは違うこと」である。黒人が学ぶもう一つのことは，「自分たちが互いに違うこと」である。「黒人は，（肌の）色がき

わめて重要な意味を持つダブルスタンダードの世界に生まれたのだ。黒人の共同体には、肌の色に基づくヒエラルキーが存在している。このヒエラルキーは、白人世界におけるヒエラルキーに類似しており、従って二つの側面から支えられている。色白の肌をした黒人は、自分が優れていると考えており、より色黒の肌をした黒人は、色白の肌をした黒人が、こうした信念に基づいて行動するのを許している。」[1]

歴史家や社会学者が、かなり前からこの問題に対して興味を抱いているアメリカ合衆国とは対照的に、フランスにおける現代のコロリズムは、我々の知る限り研究対象とはなっていない。コロリズムの存在を認識し、その起源について熟考し、コロリズムの人間を疎外する効果の数々を確認することは、フランスにおける人種問題が抱えている、いまだ知られざる側面の一つを明らかにするだろう。アメリカでなされた研究や、インタビューに基づくこの試論の目的は、コロリズムの歴史的、イデオロギー的並びに実践的ないくつかの側面を探求し、将来の研究への布石を打つことにある[2]。

＊＊＊

アメリカ社会の注意深い観察者には、以下に述べることは周知の事実である。アフリカ系アメリカ人の中産階級は、アフリカ系アメリカ人の下層階級よりも、全体的に肌の色が白い。黒人のエリートたちは混血である。実際のところ、肌の色が白ければ白いほど社会的地位が相対的に高くなるという事実は、奴隷制の時代から、アメリカ文化においては頻繁に語られる常套句になっている。歴史家や社会学者は、この常識を確認し、人々の社会的地位とメラニン色素の沈着の度合いを相互に関連させながら肌の色の違いが引き起こす諸々の現象を分析した。20世紀初頭、W・E・B・デュボイスは、肌の微妙な差異を正確に算定したものを、人々について彼が行なった記述に添

えていた。こうした算定が，様々な社会的地位を推し量るのに重要だと彼には思えたからである。しかしながら，とりわけ最もはっきりとしたやり方で問題を提起したのは，物議を醸し出す書物『黒い中産階級』（1955）におけるE・フランクリン・フレイジャーである。フレイジャーは，アフリカ系アメリカ人の中産階級に厳しかった。フレイジャーが非難するのは，彼らが黒人の一般大衆を前にして自らの歴史的責任を顧みることなく，幻想の世界に，そして自己に対する憎しみに閉じこもったことである[3]。彼は，商売で財を成した黒人が属する新しい中産階級を，かつての黒人上流階級と区別している。後者は色白の肌をしており，奴隷制を擁護する南部の様々な大都市に住む，色から解放された者たちの血を受け継いでいる。そして，フレイジャーは，新しい中産階級に属している黒人たちが，肌に対して持っている様々な偏見を激しく非難していた。この新しい中産階級は，白人の中産階級が自分たちに対して振舞うように貧しい黒人たちに対して振舞っていたのだ。フレイジャーの説明によれば，奴隷制時代のように，「白人の血の微かな滴りでさえ，黒人たちを人類における上位の階級へと引き上げるように見える」とき，白人によって作られた人種的ヒエラルキーを受け入れるのは，アイデンティティなき個々人を作り出すという。こうした人々は，支配的なグループによって完全に締め出されながらも，黒人社会に自己を同一化するのを拒絶する。こうしたことから自己に対する憎しみが生まれるのである。というのも，黒人中産階級の人々が蒙っている軽蔑は，人々が黒人中産階級を黒人大衆と結びつけるという事実に原因があるからだ。つまり，フレイジャーが言うには，他の黒人たちを嫌悪し，何としてでも彼らと一線を画そうとするのは，自分自身を憎むことなのである。こうしたわけで，黒人中産階級は，自分たちがアフリカ人と混同されると，侮辱されたと感じる。そして，誰に対しても，「黒ん坊」は自分たちに嫌悪感を覚えさせると声高に叫ぶのだ，と彼は説明する[4]。フレイジャーの本が批判されたのは理解できる。

256　第3章　奴隷制とコロニアリズムの遺産

この本は公民権運動の初期に現れたが，少なくとも一時的に，この運動の幾つかのテーマを否定したのである。けれども，ここで重要なのは以下に述べる点である。フレイジャーが目にしたアメリカの黒人中産階級は，社会資本並びにメラニン色素の資本，一般的にはより色白の肌の資本に存在の基礎を置いている。つまり，「その者の顔色は本人にとって最も大切な財産なのだ。」[5]

アメリカの黒人社会における階級と肌の色の間にある相関関係が，それ以来，一般的に確認された。最近の研究では，アメリカの社会学者キースとヘリングが，黒人の人々における色のグループを独断的に以下の5つに弁別した。foncé: 色黒，brun sombre: 濃い褐色，brun médian: 半褐色，brun clair: 薄い褐色，clair: 色白。それと同時に，彼らは，これらのグループの各々が持つ社会的地位を次のように示した。例えば，管理職に就いている人に占める割合は，色黒の肌を持つ人々（foncés）が10パーセントであるのに対して，色白の肌を持つ人々（clairs）は30パーセントである。労働者として働いている人に占める割合は，色白の肌を持つ人々（clairs）が20パーセントであるのに対して，色黒の肌を持つ人々（foncés）は50パーセントである。色黒の肌を持つ黒人1人の収入は，色白の肌を持つ黒人1人の収入よりも30パーセント少ない[6]。アメリカ合衆国の監獄には，色黒の肌を持つ黒人たちが，過剰なくらいに大勢いるが，その一方で，黒人中産階級は混血階級となっている。「肌の色がもたらす様々な効果は，奴隷制と人種差別から受け継がれた歴史的好奇心の対象であるばかりでなく，アメリカでいささかなりとも財産を有する者にいまだに影響力を持っている。」[7] 各々の集団において，肌の色に関わる様々な区別が，白人（一部の白人）を頂点とする人種的ヒエラルキーと有機的に結びつく様々な不平等主義的待遇の基礎に存在する限り，黒人と白人の区別だけでは，アメリカにおける様々な人種的偏見を説明するのに充分ではないのだ。この意味で，コロリスムは人種差別主

義が生み出した不快な副産物のようなものである。すなわち，最も色黒の肌の人々に，他の場合に自分が白人を前に耐え忍んでいることを耐えさせるのは，人種的ヒエラルキーを承認する形式を巧みに作り上げ，自分に不利に働く支配関係の数々を作り上げることなのだ。それによって，黒人であるという事実が，議論の余地のない社会的ハンディキャップであることのみならず，黒人と分類された人々において，メラニン色素の度合いは，人種内の社会的諸関係において，また貴重な財物の獲得において機能することを理解しなければならない。

　コロリスムに与えられた最初の説明は，一つの世代から次の世代へと様々な利点が伝わる点にある。E・フランクリン・フレイジャーが述べていたのは，混血の人々がより恵まれた社会的地位を手にしており，この地位が同族結婚という戦略があるがゆえに一つの世代からもう一つの世代へと続いていたということだ。従って，フレイジャーにとって，相続することで色白の肌を持つ黒人たちが手にする相対的な社会的利点を生み出す原因は，白人の祖先の有無である。フレイジャーの視点には，社会経済的資本とメラニンに関する資本の遺産相続を考慮に入れるという長所がある。メラニンという資本の遺伝の改良のために好まれる戦略は適切な結婚であるが，肌の色によって人間の価値が決められるという現象を理解するための本質的な一要素である。差別的な烙印が，いかにして，そして何故，色黒の肌をした黒人たちに，いまだ強い影響を与えているかを理解するには，人種の差異を基に構築された様々な想像力の産物を作り上げる根底にある奴隷制について検討することが必要である。

1. 色が持つ様々なニュアンス：歴史的な起源の数々

　今やしっかりと確認されているように，「人種」(race) という現代的な観念は，植民地支配，とりわけ奴隷制がもたらす利益を正当化するために発明された。その時から，様々な肌の色に関するあらゆる歴史的考察が，支配からもたらされる利益についての考察や生産方式についての考察と複雑に混ざり合っている。1751年に，ある試論において，ベンジャミン・フランクリンは，イングランド人やサクソン人のみを白人とみなし，スペイン人，イタリア人，フランス人，ロシア人，スウェーデン人を褐色の肌をした者 (basanés) として考慮の外に置いていた[8]。完全な白人が最も強固に支配を受けた者であったためしはない。肌の色は，生まれつき備わった手段で自らの価値を認めさせることができるような普遍的なものではないのだ。肌の色は，それを見る目のみならず，解釈や分類を行なう精神にも語りかける。精神は例えばスウェーデン人を褐色の肌をした者として分類するのだ。黒さというものは，宗教や哲学，人類学，生理学，医学，環境といった様々な思考体系において考察の対象となっている。そして，これら諸々の体系は，黒さが持っている劣った性質，有害な性質，危険な，あるいは嫌悪感を起こさせる性質を示すように組み立てられている。自分たちの植民地が拡大していく中で，ヨーロッパ人たちは黒人であることが近代並びに現代において持つ意味を発明した。対照的に，白さは，正常さ，そして普遍性の指標となる。白さは，文明化の規準としての役目を務めたのである。

　コロリスムの諸起源を理解するためには，諸々の社会的な，そして奴隷制擁護の思考体系における色のヒエラルキーに立ち戻ることが重要である。様々な肌の色が持っている計り知れないほどの多様性は，奴隷制度が続いた間，精密な分類学の対象となっていた。マルチニック島のクレオール人弁護

士であり，サントドミンゴに関する法律論の著者，さらには奴隷制の大いなる擁護者であるモロー・ド・サン・メリー (1750–1819) が前提としていたのは，人間が 128 の部分から成る一つの全体として作られているというものである。純血の白人においては，あらゆる白人を作り，純血の黒人においては，あらゆる黒人を作るのである。混血に関して言えば，モロー・ド・サン・メリーが説明していたのは，黒人の部分と白人の部分の比率は，64 対 64，96 対 32 といった例から分かるように，数学的に変化するということである。彼は最も色黒の肌の者から最も色白の肌の者までを以下のように区別していた。sacatra, griffe, marabout, mulâtre, quarteron, métis, mameluco, quarteronné, sang-mêlé. こうした分類学は，科学を援用していたが，世界を様々な形で分類し，整理するという 18 世紀的な情熱を特徴としていた。しかしながら，モローが学者ではなかったのと同様に，ここで用いられているのは，学者が使う言葉ではなく，政治的な言葉であった。そして，これらの言葉は，奴隷制擁護の社会の組織と関係があったのだ。

　実際のところ，奴隷制擁護の秩序と植民地の秩序は，部分的に肌の色に支配されている社会的地位が持つ様々な区別の上に確立されていた。そこから，様々なニュアンスを描写することへの固定観念が生まれたが，この固定観念は，ほとんど詩的な一つの広がりを持っていた。ミシュレーヌ・ラベルは，ハイチに関する自著で，何十もの用語を書き記して肌が持つ様々なニュアンスを区別していた。黒(noir)，石炭のような黒(noir charbon)，ジェット炭のような黒 (noir jais)，ばら色をした黒 (noir rosé)，赤みを帯びた黒 (noir rouge)，薄い黒あるいは濃い黒 (noir clair ou foncé)，くすんだ (sombre)，褐色の (brun)，赤みを帯びた (rougeâtre)，マホガニー色の (acajou)，栗色の (marron)，赤銅色の (bronzé)，日に焼けたような (basané)，淡褐色の (caramel)，糖蜜 (mélasse)，肉桂色の (cannelle)，濃い紫の (prune)，ローズピンクの (pêche)，紫色の (violette)，カイミット (caïmite），カフェオレ（café au lait），チョコレート色の（chocolat），銅色の（cuivré），シロップ（sirop），サボジラの実（sapotille），ピスタチオ（pistache），青銅（bronze），油の色（couleur d'huile），黄色い（jaune），黄色っぽい（jaunâtre），ばら色をした黄色（jaune rosé），熟したバナナ（banane mûre），赤レンガ色（rouge brique），赤（rouge），ばら色の（rosé），ベージュ色の（beige），白（blanc），白っぽい（blanchâtre）等々[9]。

　概して，アメリカでは，色白の肌を持つ奴隷たちは，他の黒人たちよりも好ましい者と捉えられており，より高い社会的身分を享受していた。ただし，肌の色があまりにも白いので，白人として通用し，結果としてより容易に逃げることができた黒人たちは例外である。アメリカでは，次のように言われていた。「奴隷のまま留め置くには，あまりにも肌が白すぎる（too white to keep）」。スペイン人の奴隷主たちは，時として，あまりにも澄んだ目や過度に色白の肌をした奴隷たちに焼きごてを当てて，こうした問題に対策を講じていた。白人として通用していた奴隷たちへのこうした猜疑心は，女の奴隷には関係がなかった。彼女たちの中で，逃げ出す者は稀だった。そして，家の仕事や，諸々の性的な奉仕を行うにあたり，「細やかである」と言われていたように，顔色が色白であればあるほど，女性の価値は大きなものだった。プランテーション経営者たちは，自分の内縁の妻にするために，色白の顔をした奴隷の女性を選びたがっていた。合衆国南部では，こういった「極上の女性」（fancy girls）は，より色黒の肌をした女性よりも値が張るのである。奴隷商人は，彼らの「商品」の肌の色を正確に記述していた。というのも，肌の色は，奴隷の体つきや体重，歯並び，関節，鞭で打たれた跡がないこと等々と同様に，奴隷の価値に関する重要な評価の一要素だからである[10]。

　色白の肌をした奴隷が最も頻繁に割り当てられた仕事は，召使い，あるいは職人仕事である。というのも，彼らは色黒の肌をした奴隷よりも知性があ

り（彼らは様々な命令をより良く理解する），また体が弱いと考えられていたからである。肌の色は，固有の様々な長所を示すと見なされていた。色白の奴隷を選んだ主人は，その奴隷に対して，自分が持っている人種的イメージを投影していたことになる。すなわち，色白の肌は，知性や美しさ，繊細な仕事への適性，そして，白人が出す様々な要求への理解度などを計る度合いを意味していた。白人の主人たちは，色白の肌をした奴隷たちと一緒にいると，より気楽であると感じており，畑仕事をする奴隷たちとの距離を保つことができた。けれども，奴隷が完全に色が白いということはあり得ず，人種的な仕切りは，想像世界の中で，しかるべき場所にしかと留まったままであった。

　人種に関する分類学は，人種的イメージと主人たち自身によってなされた選択とに起因する様々な職業適性能力を取り入れていた。例えば，ある奴隷の顔色が色白であることを理由に，彼が別の奴隷よりも適しているという口実で，主人たちはその奴隷を鍛冶屋にすることができたのである（この奴隷に，より大きな価値を授けていたのだ）。職人や召使いが，畑で働く者たちよりも一般的に色白の肌を持っているとすれば，こうした奴隷は，子供の頃から，肌の色によって決められた様々な仕事を主人からあてがわれていたからである。最も色黒の肌をした奴隷は，一番丈夫で，痛みにもよく耐えると想定されていたので，畑仕事のために探し求められていた。肌が黒ずんでいると，その分だけ丈夫であるという評判を奴隷たちは得ていたのだ。家の中で働く奴隷について言えば，彼らは時として畑で働く奴隷を軽蔑の目で見ており，より礼儀正しい態度を鼻にかけていた。前者は，自分の責任で，主人たちの代わりを務めていた。確実に言えるのは，肌の色によって黒人内部で社会階層を分離させるこうした動きが，小規模のプランテーションにおいては存在しておらず，そこでは同じ奴隷が，様々な仕事に従事することが可能であった。それにもかかわらず，可能な場合，主人は，色白の肌をした奴隷

を，自分の家や手工業的な仕事に使い，色黒の肌をした奴隷を畑で使うのを好んでいた。色白の肌をした奴隷は，白人と奴隷の間の結びつきから生まれていた。主人や，彼の息子，あるいは土地の管理人が，一般的には無理強いして奴隷の女性と性関係を持ったのである。大半の場合，手荒で直接的なもの(強姦)にせよ，力関係があらゆる抵抗を無駄なものにしていたにせよ，これらの関係は力ずくで築かれていた。

　仏領アンティル諸島における観察者の報告によれば，手工業的・商業的な活動の数々が「混血人」によって独占されていた。19世紀初頭の観察者のひとりが書くところによれば，主人の支配下にある奴隷としてであれ，主人に依存する借地人としてであれ，また，自由になり独立した者として自分自身の利益のために，こうした「混血人」は，有益な技術や利益をもたらすあらゆる職業を実践するのだという[11]。事実，全体として，奴隷であれ，解放奴隷であれ，混血人は色黒の肌をした黒人よりも有利な社会的地位を享受していた。彼らの大部分は，カリブ海域や合衆国南部の町や都市に住んでいた。彼らの社会的地位は，白人と色黒の肌をした奴隷の中間に位置していた。例えば，ニューオリンズでは，自由になった黒人は，19世紀半ばの全人口の四分の一を形成していた[12]。自由な黒人は，自分が着る衣服やその物腰だけでなく，自分をあまりにも色の黒い奴隷としっかり区別したいがために，巻き毛を取る製品や香油の数々を使うことで，自分を他の奴隷と区別するよう気をつけていた。こうした社会的区別は白人によって助長されていた。自分たちの様々な利益にとって害になりかねない，自由になった黒人と奴隷の間の結束を回避する最良の方法を，白人はこうした区別の中に見出していたのである。『百科全書』の中で，ブルボン島(後のレユニオン島)の総督であるピエール・ベルコンブが執筆した「ムラート」(mulâtre)の項目には以下の点が明確にされている。「解放されたムラートの増加は，自由になった黒人(解放奴隷)の数を著しく増加させた。そして，このような自由に

なった黒人が属する階層は，異論の余地なく，常に奴隷の反乱に対する白人の最も確実な支えとなっている。」

歴史家のドミニク・ロジェ女史は，以下のことを示した。サントドミンゴでは，黒人のエリートには非常に混血が多い。具体的には，男性と女性のムラートや，黒人の血が四分の一入っている男女の混血人 (quarterons et quarteronnes) は，時として莫大な金額を動かし，商業的・手工業的な構造の中に，目立たない形で組み入れられていたのだ。ハイチの諺が述べているように「裕福な黒人はムラートであり，貧しいムラートは黒ん坊である (neg wiche sé mulat, mulat pov sé neg)」。けれども，1685年の黒人法典には，奴隷制を正当化するために，あるいは奴隷制を擁護する社会秩序を正当化するために，メラニンを論拠として用いる議論は含まれていなかった。

それでも，混血の奴隷の数が非常に少なかったことに変わりはない（彼らは，サントドミンゴ島にいる奴隷人口のおよそ2パーセントである）。メラニン的要因が持つ重要性は，ロジェ女史が以下に書いているように，様々な結婚によって確認されている。「カップ・フランセでは，およそ80パーセントのケースで，ポルトーフランスでは，およそ70パーセントのケースで，人々は自分と同じ肌の色をした者と結婚する。」

アフリカの植民地化もまた，メラニンの様々なヒエラルキーが確立されるにあたって，一つの役割を果たした。例えば，セネガルのサン・ルイやゴレ島では，色白の肌をしたアフリカ人は，特別の利益を享受していた。実際のところ，これらの町では混血人のエリートによって行政が行われていた。彼らは，19世紀の終わりから，（セネガルにある他の三つのコミューンと共に）フランス国籍を得る権利を有しており，しばしば，シニャール (signares) と呼ばれるアフリカ人とフランス人の間で行われる「この国独特の」結婚から生まれている[13]。地方権力は，19世紀半ばまでは，1764年にサン・ルイの最初の市長に任命されたジャン・テヴノのように，混血ムラートのエリート

たちによって握られていた。こうしたエリートの権力は，植民地の物産の商取引や奴隷貿易，そして市町村組織に基づいているが，こうした権力の正当性は，様々な家名や，可能な限り「色白である」肌に見出されていた。「ムラートたちの間にさえ，まったく浸透性を持たない幾つもの壁がある。彼らは自分たちの間で区別しあうが，こうした区別は，本物あるいは偽物の貴族の肩書きのみならず，とりわけ，彼らの肌の色合いや，行政官，将校あるいは大貿易商であった白人の祖父のおかげで有名になった家名に基づく。」[14]

こうした社会的ヒエラルキーが，色が持っている様々なニュアンスに以前ほど結び付けられないとしても，当該地域での奴隷制と植民地化の終焉後も，このヒエラルキーが再検討されることはなかった。奴隷制によって生み出されたこのヒエラルキーが，奴隷制が廃止された後も非常に強固なものであり続けたことは強い印象を与えずにいない。このヒエラルキーが問題として再び取り上げられない理由は，一方では，奴隷制から受け継がれた社会的ヒエラルキーが，かつて奴隷制を行われた地域で続いていたためである。もう一方では，奴隷制を擁護する分類学が，時間が経過しても揺らぐことのないメラニンを根拠とした疎外と差別を生み出したためである。そのような疎外と差別が長く続いたのは，黒い肌が価値あるものとする数々の運動があったが，それらの運動が，奴隷制擁護論の分類学を根本的に疑問視することがなかったからである。アメリカの，ある大衆的な童歌が次のように述べている。

　　君が白い時，君は魅力的だ。
　　君が黄色い時，君は温厚だ。
　　君が栗色をしている時，君は可愛らしい。
　　君が黒い時，君なんか見たくもない[15]。

2. フランスにおける事例

　今度はフランス本土に目を向けてみよう。合衆国での様々な研究と比較し得る，コロリスムに関する同時代における研究が我々にはない。それは第一に，フランスでは「黒人」の主題を非常に周辺的なものに限定する様々な理由があるからだ。アフリカ出身の移民や学生，アンティル諸島出身の公務員，セネガルの原住民兵等々[16]に関しての数々の良い研究があるのは確かだが，「黒人」は問題にされていない。あたかも，肌の色によるこうした表象が，様々な社会的状況を描き出すにあたって，正当性あるいは妥当性を持たないかのようである。我々は他の研究で人種差別に起因する過去及び現在のある種の状況を記述するために「黒人」という用語を用いることが正当であることを示した。その際，民族・人種問題に対するフランス人研究者たちの不信が，彼らがもっぱらそれにのみと言わないまでも，階級間の関係（これのみが「現実的」なものと見なされる），そして歴史的な使命を与えられた階級（労働者）になお関心を集中させていることに由来することを，我々は指摘した[17]。

　フランスとアメリカが大きく違う第一の理由は，共和国のイデオロギーが，理論上，様々な肌の色や，その他の様々な身体的特徴を無視するものとして規定された点にある。フランス人であることは古典的には，人種の差異を基に構築されたあらゆる世界観とは対照的に，出自を超えたナシオン（国民）への政治参加にあると見なされてきた。しかしながら，フランス帝国が巧みに発展したのは，非白人並びに非文明人と見なされ，市民権が認められなかった人々を支配下に置くのと同時であったのだ。（フランス国籍を有していたセネガルの「四つのコミューン」の住人たちのように）いくつかの例外を認めていたにせよ，市民 (citoyens) と臣民 (sujets) の間にある境界線

は，政治的で人種的なものであった。フランス人であることは，白人であることと同義であった。そこから，混血について考える難しさが生じてくる。というのも，文明の様々な指標を狂わせてはいたものの，混血人は支配者と被支配者の間に存在する有用な仲介者として役立つことができたからである。フランス国家の建設は，様々な政治的土台の上のみならず，同様に人種の差異を基に構築された土台の上にも築かれたのである。

フランスとアメリカの第二の違いは，少なくとも第一次世界大戦までは，白人の労働者階級が自己規定をする際の対比項となるに充分な数の黒人人口が，フランス本国に存在しなかった点にある。人種差別主義と外国人嫌いは確かに存在していた。けれども，この二つの要素は，アメリカと比べて，様々な社会的身分の本質をなしてはいなかった。1900年頃のフランスでは，ひとりの労働者であることは，一つの人種的な地位以上に階級上の一つの地位を意味していたが，その一方で，アメリカにおける労働者の身分は，階級と人種の上に作られたのだ。けれども，フランスで階級の区別が大きな優位を占めたとしても，50万人の黒人兵士や黒人労働者が本土にやって来た時，数々の人種的偏見が第一次大戦後は明確に感じられるようになった。

タイラー・ストヴァルの指摘によると，白人のフランス人と黒人のフランス人の間の恋愛関係は，公権力に不安を与えた。1916年3月，当局者は，セネガルの原住民兵のために隔離施療院を設立し，男性従業員をつけた。そして，戦時代母（女性の世話係）たちに次のような訓戒を垂れた。「この兵士たちにあまり近づかないように。彼らは，女性が軽蔑されている社会からやって来たのだ」。ストヴァルの説明によれば，こうした訓戒の目的は代母たちと兵士たちの間の関係を完全に疎外することではなく，フランスに「カラーライン」を作り出すことにあった。言い換えれば，植民地と同様に，本土においても，人種に関する諸々の考慮が社会秩序を統御することを目指したのである。人種の混合への恐怖や混血への恐怖が植民地世界には遍在して

いたが，こうした恐怖が本土に移動したのである[18]。そこから，休戦条約が署名されるや否や，植民地部隊の兵士を本国に送還しようという当局者の焦燥感が生まれた。しかし，こうした兵士たちの何千人かは，フランス本土に残る選択をした。ヨーロッパ出身の外国人とヨーロッパ以外から来た外国人を明瞭に区別していた受け入れ過程において，アルジェリア人だけが公式に受け入れられた。しかしながら，戦争による人的損失や出生率の低さが，諸々の産業や農業を成り立たせるために，外国からの移民を必要としていた。けれども，出産奨励の運動が，白人の労働者によるフランスの人口の更新を要求していた。肉体的並びに精神的に健康な国民を維持するためである[19]。その結果として，ストヴァルが再び言及しているように，植民地兵士が自国に戻り，フランス国民との安全な距離をとることを考慮すると，植民地労働者と比べて，植民地出身の兵士はより大きな人気を得た。「白い」空間の外への植民地兵士の本国送還は，フランスにおける政治勢力と労働組合の大部分の賛同を得て行われたが，例外は，反植民地的，国際主義的な立場に身を置いていた共産党だけだった。こうした措置は，植民地労働者がフランス本土で役に立たなかったことを意味するのではない。むしろ反対である。けれども，彼らは白人ではないという過ちを犯していたのだ。

　フランス人の身分が人種の差異によって作られる現象は，多くのポスター[など図像表現]によって示され，文明人と非文明人，「我々」と「彼ら」をしっかり区別することを狙いとした植民地展示会で公開された植民地的な異国情緒への称賛と平行するものであった。最も遠いところにおり，最も奇妙で，自然の秩序に最も近いところにいる「彼ら」は，アフリカの黒人によって構成されていた。植民地的な表象は，むしろ色黒の肌をしたアフリカ人に汚名を着せていた。彼らの肌の色の黒さはもちろんのこと，（大きな口や鼻，長い腕といった）身体的な特徴についても誇張された表現がなされた。こうしたアフリカ人と白人の入植者の間にある様々な相違点を増大させ，滑稽さ

を含んだ拒絶，あるいは恐怖を抱かせる拒絶を見る者に引き起こさせるためであった。植民地のイメージの数々は，歴史家のパスカル・ブランシャール，サンドリン・ルメール，ニコラ・バンセルらによってよく研究されているが，黒人の諸々のイメージを提示し，想像の中で，かつては執拗に残っていた人種的なステレオタイプを定着させた。ここで重要なのは，以下の点を示すことである。すなわち，黒人のステレオタイプ化は，ヨーロッパ人が持つ特徴の数々とは異なる，諸々の差別的特徴を誇張しながら行われたのだ。こうした差別的な特徴の中では，肌の色が顕著な例である。光沢のある黒い色は，植民地的な意味が付与された想像物を特徴づけており，人種的，従って社会的ヒエラルキーの最下層，文明化と共和国の外側に存在していた。

異国情緒を漂わせた瑠璃色は，展示会，動物園あるいは映画で，適切な距離を置いて見られる場合には高く評価されており，アフリカやアジア出身の労働者を排除する政策と完全に両立し得るものであった。この意味において，フランス本土と様々な植民地の間の国境は，政治的かつ人種的なものとして，しっかりと考えられていたのだ。白さは，フランス特有の数々の形態に従って，国家の主体性を形作ったのである。けれども，アメリカ，あるいはイギリスの「白さ」（whiteness）と本質的に違いがあるわけではない。フランス的な白さは，生物学用語で言うところの属，社会的階級，そして，どのような地域に帰属しているかといった諸々の要因との関係で国家の主体性を構成しているが，こうしたフランス的な白さが有するイデオロギーに関する将来の研究は，かの有名な共和国の普遍主義に関する社会的通念を確実に再検討することになるだろう。

とはいえ，関連した諸々の人口の統計的評価がないことを非難すべきである。要するに，フランスで生活している黒人の数を我々は知らないのである。さらになお，例えば，出生地を基にした数々の統計学の観点から調査を実施しない限りは，それぞれの職業・社会階層にどれだけの数の黒人が属し

ているかも分からない。我々は，それゆえ，パリ地域とリール地域においてたくさんのインタビューを行い，また，少なくとも，黒人の肌の色の微妙な差の問題が社会的重要性を帯びているかを確かめるために，インターネット上のチャットの数々を読むことで，調査を実施した。フランスでは，黒人において，メラニン色素の沈着の度合いが諸々の社会的状況に及ぼす影響力を客観的に推し測るのは，とても困難である。けれども，主観的にこうした影響力を推測するのは，もちろん可能である。

アレックスは，私が出会った色の黒いアフリカ人で，私に次のような話をしてくれた。彼は，ある「色白の」アンティル人女性を愛していたが，最後は破局を迎えた。というのも，彼女の両親が，「彼の肌の色が黒すぎる」と言って賛成してくれなかったのだ[20]。「僕らの故郷アフリカでは」と，彼はつけ加えた。「男であれ女であれ，混血の恋人を持つことは，社会的成功の一つの印なんだよ」。あまりにも色黒の肌をしていることに関して家族からの反対で破局に終わった2人の黒人の恋愛話を，私は幾通りも聞いた。しかしながら，インタビューに応じた人々は，2種類の論拠を拠りどころとして，肌の色に注意を向けることを否定している。何人かの人々は，一般的に肌の色に無関心であるという口実で，肌の色に注意を向けない。ジャックは色白の肌をしているが，「黒，白，混血，黄色，そんなのは，私には同じようなものです」という説明をして，バカロレアに合格したばかりの彼の娘は，彼女が望む相手と遊びに出かけていいと断言している[21]。他の人々は，共同体の至上命令という名において，肌の色に注意を向けない。アルーは，かなり黒い肌をしている男性で，次のように説明する。「黒人は，一つにまとまっていなければならないのです。我々を黒と混血の間で分けようとしているのは白人なのです」[22]。反対に，私がインタビューした人々の大部分は，色白と色黒の間にある様々な区別をする他の黒人たちについて言及している。ファニーは色黒の肌をしているが，私にこう言った。「混血の人が，ど

んな具合に私たちのことを尊大な態度で眺めているかを理解しなければならないわ。私は混血の女性を一人知っているけれど，彼女は私が彼女よりも色が黒いことをしっかりと私に感じ取らせるのよ」[23]。彼女は，フレイジャーの言葉と遠からぬ一つの説明を提供してくれた。「彼ら（混血人）は，仰々しく振舞うために混血を利用しているのよ。それだけだわ！」ジャックは，彼が抱いている普遍主義の諸原則の名において，このテーマについて自分の考えを述べることを最初はためらっていたが，次のように認めている。「黒人の間には人種差別主義があります。おまけに，それは二つの意味において機能しているのです。私は，私たちの前で絶えず偉ぶる色黒の黒人たちを知っています」。私が詳しく述べてくれるよう頼むと，ジャックは，自分の職場における色黒の肌の黒人が持つ特権主義について言及してくれた。彼は，自分は時折，白人よりも，色黒の肌をした黒人に「より多く苦労する」と加えている。アレックスはカメルーンの出身だが，次のように打ち明けている。「僕に同胞愛を示してくれたのは，ほとんどいつもグアドループ島の人たちなんだよ。マルチニック島の人たちは，あまりにも混血が進んでしまっているんだ」。私は，インタビューを行った一人一人に，結局のところ，色白の肌がいいか色黒の肌がいいかを尋ねてみた。フランスでは色白の肌でいることが「ずっと生活が楽だ」（アルー）という点で，全員の意見が一致している。

　黒人においては，色白の肌が，しばしばより高い価値を与えられており，時には人気があることをしっかりと確認しておかねばならない。肌の色を白くするのは，最初は姻戚関係を結ぶことによって，従って子供を作るという間接的手段によって行われる。アンティル諸島では，時として「逃れた者たち」のことが話題になる。彼らは，色黒の肌をした母親あるいは父親から生まれた色白の肌をした子供たちのことであるが，あたかも件の子供が自分の人種から逃れたかのようである。フレイジャーは，頻繁に行われていたこと

として以下のことを記していた。それは社会的に成功した黒人男性が己の成功を示す方法なのだが，黒人男性は，より色白の，あるいは白い肌をした女性の伴侶を持つことで，黒人女性たちの恨みをかき立てたという。彼女たちの結婚市場が狭められてしまうからである。

　化粧品に助けを求めるというのもあり得ることで，よく知られているのが以下に述べる事実である。アフリカ，アメリカ，そしてヨーロッパでは，肌を白くするための軟膏やクリームの市場が存在し，隆盛を極めている。パリでは，シャトー・ドー，あるいはシャトー・ルージュの通りにあるアフリカ系アンティル人が経営する小売店や，ジャヴェル水［漂白液］売りが彼らの商品を並べている歩道上で，こうした軟膏やクリームを容易に見つけられる。これらの製品は，正式には皮膚の色素を脱色させる性質のものではないが，原則として顔の色を一つにまとめ，染みを消すために売られているのだ。これらのクリームのいくつかは，コーチゾンやその他の有害な成分を含んでいる。こうした製品は，皮膚の不均等な脱色，焼け付くような痛み，諸々の病気などのようなひどい効果をもたらす可能性があり，皮膚の健康には，そのような製品を使わないようにと黒人に定期的に警告が発せられる。けれども，これらのクリームが売れるのは，黒人の客に情報が不足しているからではない。黒人の客は他の客以上に愚かで無知ではないのだ。こうした客は，合併症や副作用の危険を冒しながら，よく事実を心得た上で，皮膚の色素を脱色させる製品を使っているのである。それは，厳格な審美的観点からではなく，社会的観点から見た場合，問題が重要なことをよく示している。より正確に言えば，美容術は社会的なものなのだ。諸々の社会的ヒエラルキーとは関係なく美に関する基準について言及する際に，肌を白くするクリームについての問題を扱う多くの新聞記事は，自分たちの読者を取り逃がしてしまっているのだ。疎外の形式は確かに存在する。この形式によって黒人は，自分の外見を拒絶するのだ。けれども，色素の脱色は，まさしく理性

的な計算から生じるのであり，この計算によって，黒人はあまりにも色の黒い肌を持っているという社会的ハンディキャップを目立たなくしようとする。

　美の諸々の基準が，混血の肌が持つ価値をむしろ高めているというのは本当である。ソニア・ロラン（2000），あるいはコリーヌ・コマン（2003）のように，黒人のミス・フランスは混血女性であり，色白の肌をした黒人女性への偏愛は，マスメディアの世界では一般的なものとなっている。「ハリウッドの秘密」（secret d'Hollywood）を謳いながら，スキンブリーチング（Skinbreaching）社は，肌を白くする丸薬（whitening pills）をインターネット上で販売している[24]。この商標は，次のような問いを投げかける。「黒人やアジア系，インド系のセレブたちが，子供時代の写真では，もっと色黒の肌をしているのに，あんなにも色白の肌をしているのは何故だろうと思ったことはありませんか？」そして，「少しばかりの財産を，肌を白くする製品に使い」，この丸薬のおかげで，自分が抱いていた「夢がかなえられる」のを目にしたというセレブの様々な証言を紹介している。ハリウッド風の顔の色は，商標によって誉めそやされており，それは明らかに色白の肌をした顔色になっている。若いマルチニック人女性のエイミーは，インターネットサイトについて次のように説明する。「広告やテレビ，とりわけアフリカ人やアメリカの黒人を代表していると見なされる有名人たちは色白よ。ビヨンセを見れば充分。アメリカ人のラッパーたちが出ているビデオクリップでは，もちろん色白の素晴らしい人たちしかいないわ！　その上，ああいったビデオクリップでは，黒光りした肌の女の子たちは，集まった人たちからバカにされる醜いアヒルの子であることが多いの」。けれども，美の基準は歴史的に作られたものであり，数々の社会的決定因を参照している。これらの決定因は，女性に関しては，細さと色白の顔という時代に特有の美の基準と一致してほしいという男性的な要求によって強化された。インターネットの

チャット上に書き込んでいる黒人女性たちは，黒人男性が混血の女性や色白の女性を好んでいると述べている。例えば，彼女たちの何人かは，白人女性と一緒にいる黒人男性を目にすると不満を感じる。彼女たちは，「自己に対する憎しみ」に関して，相変わらずフレイジャーの考えに通じる言葉を用いて，黒人男性が肌の黒いことを恥じているのかどうかと尋ねているのである。

　しかしながら，このことは恐らくは事の本質を表わしてはいない。むしろ問題となるのは，個々人の社会的地位に関係した社会的議論の数々である。皮膚の色素を脱色させる製品は，色黒の肌によって代表される社会的ハンディキャップを修正するための社会的目的で用いられる。その点ではまさに，主要な当事者たちがメラニンの有無を根拠とする価値体系を自分の中に取り入れる現象がある。公務員のジャックが私に語ったところによれば，彼は色白の肌をしているので，皮膚の色素を脱色させる製品に頼る必要がない。そして，こうも言った。「皆は私のことを，しばしばアンティル諸島の人間だと思っているんです（彼はフラニ族の出身である）」。彼は，自分の周囲に，皮膚の色素を脱色させる件の製品に頼っている何人もの人を知っているが，そこには男性も含まれている。「キャリアのために」自分の肌を白くした，もうひとり別の公務員男性の話をジャックは私に語ってくれ，次のように付け加えた。「仕事の面においては，少しばかり肌の色を白くすると，それが助けになるのは確かなんですよ」[25]。

　こうした現象は，フランスに住む黒人に特有のことではない。アフリカ，カリブ海，そしてアメリカ合衆国でもまた，同様の現象を目にする。セネガルでは，このような脱色行為を（ウォロフ族の言葉で白を意味する xéss を使って）"xéssal" と呼ぶ。そして，この行為は，ダカールをはじめとする大都市に広まっている。ダカールにある社会衛生学研究所の推定によれば，セネガルの首都における，皮膚の色素を脱色させる製品への年間支出は，750

万ユーロ(50億CFAフラン)であった。

　肌を白くすることに関する大部分の人々の意見は，それは良くない，危険だ，自分の外見から逃げてはならないというものであり，肌を白くする製品を使っている男女を批判している。こうした製品の使用は，黒人が自分の肌を恥じていることを意味するだろうか？　そのことを示す証拠は何もない。むしろ反対である。つまり，黒人は自分の黒い外見に，しばしば無関心であるか，誇りさえ持っているのだが，数々の社会的理由によって，より色白の肌を好んでいるようなのである。実際のところ，肌を白くするクリームの成功は，黒い外見の消去ではなく，より色白の肌をした黒人になることを目的としている。インタビューに応じた人々は，自分たちの遺伝的形質を消すことを望んではいない。むしろ，肌を選択する自由があるとしたら，彼らは色白の肌をした黒人であることを望むだろう。ファニーは，色白の肌は彼女にもっと似合うだろうと説明する。「肌が白ければ，きっと色んな場所で，今までよりも社会的に受け入れられるでしょうね」[26]。けれども，彼女は自分の肌を白くしたりしない。それが危険だと知っているからだ。

　肌の色は，一般的には自分の意のままになるものではない。そして，ある人間が，思いのままに自分を黒人，あるいは白人として通すと決められるのは稀なことである。非常に白い肌を持つ家族の中で，ひとりの子供が「黒人」になり，もうひとり別の子供が「逃走」し「白人」になることを選ぶという事態が生じうるが，これは，自分がそのような者であるとする意思表示を意味している。このように自分の所属を変える可能性は，もちろんメラニン要因が曖昧な状態であることが証明された場合にのみ可能である。大抵の場合，黒人であるという事実は，一つの社会的選択を意味するものではない。その結果として，社会が拒絶しているものを本来的に手に入れようとする肌の色を白くするクリームの成功が生まれてくるのである。

　フランスのように，黒人が少数派に属している社会では，黒人は自分が少

数派であることを幼年期に学ぶ。少数派であることから逃れ，自分の肌の色について策を弄し，メラニンに起因する多くの壁を取り払い，自分の好みのままに，時間，場所，その他のものに従って己のアイデンティティを選ぶのは難しいのだ。マリー・ルイーズ・ボンヴィシーニは，ある黒人少年の話をしてくれた。この子は白人でありたいと望んでおり，学校の友達が彼に勧めたように，漂白作用のあるジャヴェル水に頼る決意をした。母親は息子に，指をジャヴェル水の中に浸したままにするよう提案する。その子は，自分の指の色をまったく変えられないことが分かった。母親は息子に言って聞かせた。「お前の父さんは黒人で，母さんも黒人。お爺さんだって黒人。そして，お前も黒人。それを変えるための薬はないのよ。お前は黒人なの。お友達が白人なのと一緒よ。自分の肌に誇りを持たなければだめ」[27]。自分の肌に満足していようと，無関心であろうと，誇りを持っていようと，恥じていようと，肌の色には，我々がこの色と折り合いをつけられないという取り返しのつかない性質がある。名前や，宗教的所属，団体への所属，服装が示す数々の性質といったものは乗り越え得る。しかし，肌については，そうはいかない。マイケル・ジャクソンは，20年来，自分の目鼻立ちや，生まれついて持った色を消そうと試みているが，私がインタビューを行ったフランスの黒人たちの目から見ると，彼は狂気の迷宮の中に迷い込んだ悲壮感漂う人物のように思える。というのも，彼は皮膚の色素を脱色する製品をたくさん使用しているだけでなく，——この点に関しては，彼はアフリカやヨーロッパ，アメリカでこうした製品に頼っている何百万という黒人たちと少しも変わらない。——「黒人の外見」へと彼を連れ戻すかもしれないものを根本的に消し去ろうと夢中になって，外科医のメスにも頼っているからである。しかし，マイケル・ジャクソンの社会的地位は，いかなる点においても，彼にそうした手術を強いるものではない。ご存知のように，彼は身体的な変化の前に有名になっていたからだ。

奴隷制と人種隔離政策から受け継がれた「自己に対する憎しみ」に終止符を打つことによって、アメリカでは公民権運動が黒い肌の価値を高める一つの運動を引き起こしたという事実がある。この事実ゆえにアメリカ合衆国とフランスは区別されるという議論があるが、こうした議論には、それを行うだけの価値がある。実際、1960年代の終わりから、黒人としての誇りを訴える運動が、色黒の肌に新たな価値を与えた。そしてジェームス・ブラウンも次のように歌っていたのだ。「声高に叫べ！ 俺は黒人だ。そして、それを誇りに思っている」(Say it loud! I'm black and I'm proud.)。縮れが取れた髪の毛になりたいという願望は、男性も含むアメリカの黒人にとっての強迫観念だったが、こうした運動以後は、以前ほど求められなくなった。そして、アフロヘアーが、みるみる内に広まっていった。色黒の肌は、もはや嘲笑の的ではなくなっていた。そして、オープラ・ウインフレイは、本人が非常に驚いたことに、1971年に、彼女よりも色白の肌をした娘たちを前にして、「ミス・ブラック・テネシー」に選ばれさえしたのである。ヘンリー・ルイス・ゲイツは、「美しい黒人の兄弟姉妹」(beautiful black brothers and sisters)と呼びながら、生まれつきの髪の毛を誇らしげに見せ、アフロコーラを飲んでいた若者たちの幸福感を語ってくれた。しかし、こうした運動は長続きしなかったし、肌の色の様々なニュアンスによって人間の価値を決めようとするコロリストたちの数々の先入観をなくしもしなかった。恐らく、これらの先入観は、個々人の善意によって消し去れるものではなく、強固に植え付けられた様々な社会的、家族的構造に属しているのだ。同様に以下のようなことがあり得る。フランスでは、アイデンティティに関する運動は、最初、1970年代のアンティル諸島に現れ、より最近になってフランス本土に姿を見せた。黒人として描かれるフランスの黒人たちが、最近になって公の場面に登場したのに続いて、この運動は人々が以前は恥と見なしていたこと——黒人であること——を誇りへと変化させようとしてはいるが、コ

ロリスムを土台から崩しはないだろう。アメリカ合衆国，フランス，そして間違いなく他の場所でも，この単純で悲劇的な事実は続いている。肌が黒いのであれば，近いものであろうが遠いものであろうが，白人の世界との何らかの繋がりを明らかにしてくれる肌の色を持つ方が良いのだ。

＊＊＊

　黒人たちに行ったインタビューは，黒人マイノリティー独特のある社会的経験を明らかにしてくれる。黒人であることは，白人であるという事実との対比によって，一つの気がかり，一つの心配事を意味しているが（大多数が黒人で占められている社会に住んでいる白人に関しては別である），こうした気がかりについて，我々は決して考えたりはしない。多数派のグループの特権は，自分自身の肌の色に無関心でいられることだ。というのも，こうしたグループの肌の色は普遍的なものと見なされるからである。しかし，こうした普遍主義は，現実には以下二つのことを意味するために，こうした特権は全く正常なものとは言えない。普遍主義が問題となるのは，民族的かつ人種的に少数派の人々が蒙っている多くの不平等の問題を否定するからであり，あたかも不平等が，奇妙で怪しげな固定観念であるかのように，不平等を指摘する人々に教訓を垂れようとするからである。大部分の黒人たちにとって，肌の色の問題は社会的に重要であり，一般的には，彼らの日常生活において無視できないことである。この問題は，白と黒の二分法によってのみならず（この状態は，しかしながら，数々の支配関係において本質的な要素である），メラニンの多寡によって定められた色見本のパレットによっても様々に変化する。この色見本は「白い血の滴り」の原則の上に作られており，この原則がもたらす人間を疎外する諸々の結果は，通常の人種主義とも比較し得るものである。

たとえマスメディアや広告からの様々なメッセージが，かつてと同じくらい戯画的な方法で，もはや美を肌の白さと結びつけないとしても，メラニンに関する差別が，色黒の肌をした黒人により重くのしかかることに変わりはないのだ。それに関しては合衆国で明確に見定められている。そして，恐らくフランスでも，類似した多くの事実が確認されるだろう。社会学的観点から見た場合，色白い肌と結びついている諸々の利点は消えなかった。まさにその反対である。確かに，混血であることは独特の心理学的，社会的困難を生じさせるが，混血人がその人種ゆえに蒙る損害は，色黒の肌をした人々が蒙る損害よりも軽度のままだ。多くの場合，多様性は表面的な称賛を受ける。それにもかかわらず，次のようなことがあり得る。ある人間の外見が，白人の考える数々の美の基準と一致し，その人物の社会的地位が高まると，その分だけその人物にのしかかる多くの差別が相対的に和らぐのだ。従って，混血が時として受ける表面的な称賛は，あまりに色黒い肌をした女性や男性を色白の肌にしようという願望のようにも理解され得るのであり，そのことが逆説的にコロリズムを強化するのである。

1) H. Rap Brown, *Die Nigger Die!*, New York, Dial Press, 1969, pp. 4–7.
2) この論文を再読してくれたジャンヌ・ラザリュス，ディディエ・ファッサン並びにエリック・ファッサンに謝意を表したい。もし誤りがあれば，それは筆者の責任である。
3) E. Franklin Frazier, *La bourgeoisie noire*, Paris, Plon, 1955. 初版はフランスで，一年後にアメリカ合衆国で第二版が発売された。
4) Frazier, p. 204.
5) Frazier, p. 124.
6) Michael Hughes et Bradley Hertel, "The Significance of Color Remains", *Social Forces*, 1990, 69, 1, 1105–1120.
7) Verna M. Keith and Cedric Herring, "Skin Tone Stratification in the Black Community", *American Journal of Sociology*, n°3, 1991, 767–770.
8) Frye Jacobson, *Whiteness of a Different Color: European Immigrants and*

the Alchemy of Race, Harvard University Press, 1998, p. 40. フランクリンは "basané" というフランス語に対応する "swarthy" という語を使用している。

9) Micheline Labelle, *Idéologie de couleur et de classes sociales en Haïti*, Montréal, Presses de l'université de Montréal, 1987, p. 131. Magali Noël-Linnemer によって以下の書物より引用。"Le référentialisme intraracial dans la communauté noire américaine des origines à nos jours", thèse de doctorat de l'université de Paris 8, 2001, p. 14.

10) Walter Johnson, *Soul by Soul: Life inside the Antebellum Slave Market*, Cambridge, Mass., Harvard University Press, 1999.

11) Charles-César Robin. Caroline Oudin-Bastide の以下の書物に引用されている。*Travail, capitalisme et société esclavagiste*, Paris, La Découverte, 2004, p. 92.

12) Ira Berlin, *Slaves without Masters; The Free Negro in the Antebellum South*, New York, Pantheon, 1974.

13) Jean-Pierre Biondi, *Saint-Louis du Sénégal. Mémoires d'un métissage*, Paris, Denoël, 1987.

14) Abdoulaye Sadji, Biondi の前掲書 p. 106 に引用。

15) When you're white, you're just right / When you're yellow, you're mellow / When you're brown, you can come around / When you're black, get way back.

16) Christian Poiret, *Familles africaines en France*, Paris, L'Harmattan, 1997; Fabienne Guimont, *Les étudiants africains en France, 1950–1965*, Paris, L'Harmattan, 1997; Philippe Dewitte, *Les mouvements nègres en France, 1919–1939*, Paris, L'Harmattan, 1985; Alain Anselin, *L'émigration antillaise en France. La troisième île*, Paris, Karthala, 1990.

17) Pap Ndiaye, "Pour une histoire des populations noires de France, préalables théoriques", *Le Mouvement social*, sept-déc. 2005.

18) Tyler Stovall, "Love, Labor and Race: Colonial Men and White Women in France during the Great War" (unpublished paper).

19) Cf. Elisa Camiscioli in *Gender and History* et *French Politics, Culture and Society*.

20) アレックス，2005 年 9 月 26 日のインタビュー。

21) ジャック，2006 年 6 月 28 日のインタビュー。

22) アルー，2006 年 5 月 16 日のインタビュー。
23) ファニー，2006 年 1 月 9 日のインタビュー。
24) http://www.skinbleaching.net/
25) ジャック，2005 年 6 月 15 日，パリで行なわれたインタビュー。
26) ファニー，2006 年 1 月 9 日のインタビュー。
27) Marie-Louise Bonvicini, *Les femmes du lundi*, Paris, Les éditions ouvrières, 1992, pp. 38–39.

(佐々木優訳)

アルジェリアのユダヤ人，三つの追放

バンジャマン・ストラ

司会三浦信孝による講師紹介[0]

　本日（2007年2月18日）はアルジェリアの近現代史がご専門のバンジャマン・ストラさんに二つのテーマについて講演をお願いしています。まず『アルジェリアのユダヤ人，三つの追放』（*Les trois exils. Juifs d'Algérie*, Paris: Stock, 2006）という最近出された御本についてお話をいただきます。ストラさん自身アルジェリアのユダヤ人の家系に属しており，自分のオリジンを遡りながら書かれたいわば自伝的歴史書で，2006年度のルノドー賞エッセー部門最終選考まで残り，3票差で次席に終わりましたが，大変高い評価を受けた作品です。次に午後3時からは「トクヴィルとアルジェリア」というテーマでまた別のお話をいただくことになっております。トクヴィルがアメリカに調査旅行に出かけ『アメリカのデモクラシー』を書いたのは1830年代のことですが，フランスのアルジェリア征服は1830年に始まりますから，トクヴィルはこれを同時代人として生き，アルジェリアについてかなりの量の旅行記や報告書を書いています。アルジェリア史の専門家としてトクヴィルをどう見ているか，非常に興味深いテーマです。

　ストラさんにはこの訪日期間中，14日火曜日は日仏会館のこの会場で「フランス社会におけるアルジェリア戦争の記憶」という大変すばらしい講演を

していただき，翌 15 日水曜日には東京日仏学院で，「原住民部隊(アンディジェーヌ)」(2005)，要するに第二次大戦中，北アフリカの植民地人がフランス兵として徴用され前線で戦った，その原住民部隊についての評判の映画を観た後に，フランス映画が植民地支配・植民地主義をどのように扱ってきたのかについてお話をいただきました。

本日は出発前日のところ無理をお願いして最後の講演会ということになるわけです。

今，ストラさんの代表作を 3 冊回覧しております。一つは *La gangrène et l'oubli, la mémoire de la guerre d'Algérie* (Paris: La Découverte, 1991, réédition en proche, 1998) 。ご本人にとって一番大事な本だということです。『壊疽(えそ)と忘却——アルジェリア戦争の記憶』という訳しにくい題名ですが，日本語に翻訳するならば何よりもまずこの作品であると思います。二つ目は『1830 年から 1954 年までの植民地アルジェリア史』(*Histoire de l'Algérie coloniale — de 1830 à 1954*) という 1993 年刊の作品。それから冒頭でご紹介した『アルジェリアのユダヤ人，三つの追放』です。

それではストラさん，よろしくお願いいたします。

講　演

私の最新作『アルジェリアのユダヤ人，三つの追放』は，フランスの植民地だったアルジェリアにおける特殊なマイノリティ，アルジェリアのユダヤ人について論じたものである。アルジェリアのユダヤ人は，19 世紀にフランス人が渡来するはるか以前からそこに住んでいた。よって，彼ら自身も土着の原住民だったわけである。彼らはその後フランス市民権，フランス国籍を得ることになり，その他の原住民つまりムスリムの現地人からは区別され

るようになった。その歴史がこの本のテーマである。

　アルジェリアのユダヤ人の歴史の細部に入る前に大きな枠組みとしておさえておきたいのは，植民地状況における同化(アシミレーション)の現象，あるいは文化変容(アカルチュレーション)の現象である。これは非常に重要な問題だ。なぜかというと，植民地状況では同化現象・文化変容現象が起きるか，あるいは逆に，同化に抵抗しそれを拒否する現象が起きるか，そのどちらかであるからだ。このアルジェリアのユダヤ人というマイノリティは植民地史の中でも非常に特殊な例であり，注目に値するケースと言えるだろう。それは，植民地の原住民(アルジェリアのユダヤ人)が支配的文化(フランス社会，植民地国家たるフランス)に次第に同化されていく過程の典型的な一例であるからだ。

　フランス軍がアルジェリアに上陸し，征服を始めるのは1830年のことだが，これは軍事的な征服であった。それにはるかに先立って，大雑把に言うと約2000年前からこの北アフリカに暮らしていたユダヤ人がいた。その起源は，イスラエルのエルサレム神殿の破壊の時に北アフリカに離散したユダヤ人の一部と考えられる。したがってイスラーム教徒(ムスリム)たちが北アフリカにやってくるよりもはるか以前，キリスト教紀元ぐらいから彼らはすでにこの地にいたことになる。

　7世紀のアラブ勢力の侵入に際し，ユダヤ人たちが手をこまねいていたわけではない。いくつかのユダヤ人部族の抵抗があった。その中でも神話的な存在，オーレス山地の女王カーヒナ[1]が最も有名な象徴的人物と言える。彼女はアラブ軍の騎兵に抗戦したけれども，最後には屈服を余儀なくされたため，イスラーム教への改宗を望み，実際に改宗したユダヤ人部族もわずかながらいた。しかし大半のユダヤ人はこのイスラーム化された領土における従属臣民，自由な宗教に属する臣民としての地位に甘んずることになる。この身分のことをアラビア語でズィンミー[2]という。これが，元々住んでいて，イスラーム教徒と共存することになった第一の定住ユダヤ人である。

第二のユダヤ人定住の契機はいわゆるレコンキスタ［1492年］，つまりキリスト教世界によりイベリア半島のイスラーム帝国が再征服されてカトリック王国が築かれたため，アラブ人とユダヤ人が追放される時点である。これを機にいわゆるセファラディムと呼ばれるイベリア半島のユダヤ人が北アフリカにも数多く移住してくる。この人たちは［一緒に追放されたアラブ人や］北アフリカの特にベルベル人などの原住民と比べ文明化の度合いが高かったとされるが，彼らも土地の人々と混じり合って定住することになる。レコンキスタでモロッコ，アルジェリア，チュニジアにやって来たユダヤ人を第二のカテゴリーとするならば，彼らが元々いたユダヤ人［第一の定住ユダヤ人］と混わることにより，アルジェリアのユダヤ人共同体の数が増えていった。三番目のカテゴリーのユダヤ人として，いわゆる商人のユダヤ人も北アフリカには相当数暮らしていた。〈リブルヌ［Juifs de Libourne］〉とか〈フラン〉と呼ばれるユダヤ人で，これは商人なので裕福なユダヤ人ということになる。彼らはフランスやイタリアやスペインと北アフリカ，つまり地中海の両岸を結ぶ媒介者の役目を果たしていた。このカテゴリーに含まれる者の中に，アルジェの太守(デイ)とフランス国の仲介をした重要な人物がいる。少し細かい説明になるが，フランス革命の時期，アルジェ太守はフランス人たちに資金を貸し与えていて，後にその返却を要求した。ところがフランスが支払いを拒否したため，1827年，アルジェ太守はフランスの駐アルジェ総領事に有名な〈扇の一打〉を加えることになる。これを口実にフランスは1830年，アルジェリアへの侵攻を開始した（この時のフランスは七月王政下のフランスである）。この時代，アルジェ太守とフランスとの間で融資の仲立ちをしていたのが，ビュスナッチとバクリ[3]という裕福なユダヤ人であった。

　こう考えると，フランス人がアルジェリアにやって来た時，アルジェリアのユダヤ人共同体は社会的に分裂していたことになる。共同体の大部分は非

常に貧しく，商業を営んでいたのはほんの一部であった。そのため侵略者であるフランスに対するアルジェリア・ユダヤ人の態度はまちまちなものになる。

特に首都アルジェにおいて，また西アルジェリア地方に住んでいたユダヤ人には，この侵略者，植民者であるフランス人の助けを借りて，植民地状況を利用する形で悲惨な社会的状況から抜け出したい，ムスリムに対して法的に劣位に置かれてきた社会的地位から脱出したい，という感情があった。例えば一定の職業が禁止される，夜間の外出が禁止される，服装に一定の制限がある，というように，彼らはイスラーム教徒と同じ権利を享受していたわけではなかったのである。こうして，積極的にフランスに奉仕することによって，この劣位の社会的な地位から脱却しよう，さらにはフランス国籍を得ることによって，フランス人になることによって社会的な向上を図ろうというユダヤ人が出てくることになる。

他方，特にアルジェリア東部，それから南部領土と呼ばれるサハラ，特にムザブ［Mzab］という地方などでは，ズィンミーの身分が適用されていたものの比較的緩やかにであって，彼らはイスラーム教徒と相互に影響を与え合いながら暮らしていた。したがってこれらの地域のユダヤ人はフランス国籍への参入を拒否していた。つまり同じユダヤ人の中でも，ズィンミーの身分の適用の仕方に応じてまったく対照的な態度が見られたわけである。

繰り返しになるが，アルジェリア征服が始まった1830年から1870年の間，この40年間はアフリカの一現地人共同体，特殊なマイノリティであったユダヤ人共同体に，フランスの存在に対する対照的な反応が見られた。フランス国家の中に入ることを希求する者がいる一方で，それを拒否して自分たちの源泉すなわちモーゼ法，ラビの法律に従うヘブライ国家にとどまろうとするユダヤ人もいた。後者はズィンミーとしてイスラーム法，シャリーアの神政政治の原則にも同時に従属する形で暮らしていた（シャリーアとはイ

スラームの伝統的な宗教的法律のこと)。だから態度が二つに分かれたわけである。イスラーム教徒と同様に，自分たちの出身国，自分たちの「国家」の原則に忠実であろうとするアルジェリア・ユダヤ人がいる一方で，コード・シヴィルすなわち平等な市民権を原則とする法律を採用したいと望むユダヤ人たちもいた。

　1870年に大きな出来事が起こる。クレミュー法の公布で，——クレミュー[4]というのは法律のもとになったフランスのユダヤ系政治家の名前——，これは北アフリカのみならずイスラーム世界の歴史においては有名で，非常に重要な出来事と考えられている。この法律は北アフリカ，特にアルジェリアにいるユダヤ人に，彼らがフランス国家にわざわざ要求しなくても自動的にフランス国籍を与えるというものであった。だから，北アフリカの原住民の一部であるユダヤ人だけをフランス人並みに扱うことにする，という法律と言い換えることができるだろう。

　なぜこの法律が発布されたかというと，これにはいろいろな議論があって単純ではない。しかしながら，大きな要因を二つ挙げることができる。一つはフランス本国に少数ながらフランスに同化したユダヤ人がいて，このユダヤ人共同体が北アフリカにいるユダヤ人をフランスに同化させたいという強い意志をもっていた，という理由である。クレミューはそういう志をもったユダヤ系の政治家で，名士中の名士であった彼は当時の表現を使うならば「フランスのイスラエリット」[5]であった（彼はまた，アリアンス・イスラエリット・ユニヴェルセル[6]の創設者でもある）。彼はこの小さな共同体をフランス共和国に組み入れるために実に重要な役割を演じた。しかし，もう一つ別の理由もあった。現地の一マイノリティであるユダヤ人がアラビア語を完璧に話せてフランス軍とムスリム大衆との間の仲立ちができると知ったフランス政府が，彼らを利用する気になったのである。このやり方は，相異なる原住民のグループを相互に対立させることによってうまく統治するという

古くからある植民地システムの問題を想起させる。もちろんこのシステムが実際に円滑に機能したわけではなかったが，少なくとも原住民が二つに分割されたのは事実である。すなわち，数の上で多数派のイスラーム教徒と少数派のアルジェリア・ユダヤ人という構図である。

　そうなると，問題はアルジェリアのユダヤ人がフランス人になりたいかなりたくないかという問題ではもはやなくなってしまう。全てのユダヤ人にフランス国籍が与えられたわけだから。したがって，アルジェリアの原住民が大きく二つに分離されることになる。なぜならユダヤ人だけがフランス国籍ならびに市民権をもって，公職，つまりアルジェリアに設置されたフランス政体の職務に就くことができるからだ。これは本当に歴史的な転回点であった。軍事支配とはいえ，もちろん行政的な仕事も少なからずあるわけで，植民地経営において現地のユダヤ人が管理職，あるいは行政的に重要なポストにも就けるようになったのである。しかも，単に命令を受けて下働きをするだけではなくて，小学校教師にはじまり中等教育教師，徴税人，郵便局員にいたるまで，ムスリムの現地人が就くことができないあらゆる公的職業への門戸が開かれたのである。結果として，このように法的・社会的に二つに区別されたことが，のちのち非常に重大な影響を残すことになる。私の本の中ではこれを〈第一の追放〉と呼んでいる。すなわち，数千年も続いた歴史の外へ分離・移動させられてしまったということである。オリエントからオクシデントに実際に移住するのではなく，その場に居ながらにしてオリエントからオクシデントに鞍替えさせられてしまったわけだ。一番のパラドクスは，これらのユダヤ人がオリエントにとどまりながらオクシデントに入ってしまった，という一点につきると考えられる。

　このユダヤ人のフランスへの同化はかなりのスピードで進行した。それにはいくつかの理由がある。真っ先に挙げられるのが，極めて逆説的ではあるがヨーロッパの反ユダヤ主義である。どういうことかと言えば，北アフリカ

288　第3章　奴隷制とコロニアリズムの遺産

の一部の階層，フランス人に限らずヨーロッパ系の入植者(コロン)がクレミュー法の適用に激しく異を唱えた。実際，彼らは1940年のヴィシー政府成立までクレミュー法撤廃の要求に終始する。このような反応の理由として，原住民の一部にフランス国籍を与えることが彼らにとっては大きな脅威であったことが挙げられる。なぜならば，一握りのユダヤ人にフランス国籍を与えることがきっかけとなって，ユダヤ人以外の全ての原住民，300万近い数のムスリムにもフランス国籍を与えることになりはしまいか，と危惧したわけである。したがって，クレミュー法は極めて危険な法律であり，撤廃すべきである，これが彼らの論拠であった。

　こうしてみると結局，アルジェリアのユダヤ人ができるだけ早くフランス国籍を取得し，フランス人に同化しようとしたのは，自らの身の保全のためだったと言える。このように彼らがフランス国籍を失ってしまわないかと案じていたことが，同化が早いスピードで進んだ一つの要因である。長期的に見た場合，1940年のヴィシー政府成立時にクレミュー法の撤廃が実現することを考えると，逆説的に，フランス人入植者の反ユダヤ主義が同化を早めることになったと言えるだろう。

　さて，時代背景としてやや後のことになるが，1894年にドレフュス事件が起こる（ゾラの有名な「私は弾劾する！」は1898年）。ここで非常に重要なことは，このドレフュス事件でドレフュスを弾劾する側に回った反ユダヤ主義者の主要なメンバーが，アルジェリア出身のヨーロッパ系代議士であったということである。例えばエドゥアール・ドリュモン[7]はアルジェリア出身の代議士だったし，当時一躍有名となったマックス・レジス［アルジェ市長］もそうだった。彼らは根っからの反ユダヤ主義者，反ドレフュス派として名が知られるようになり，ヨーロッパ系アルジェリア人のリーダーと目されるようになった。ドレフュス事件に際して表面化した反ユダヤ主義のこれほどまでに強力な潮流は，アルジェリア・ユダヤ人が大量にフランス共和国

の組織内に侵入していたことを反映していると言える。翻って，今日も存在するフランス人権リーグ［人権連盟］[8]，あるいはフリーメーソンのグラントリアン（Grand Orient），それからもちろんフランス社会党，こういった結社(アソシアシオン)や団体にユダヤ人，アルジェリアのユダヤ人の選良(エリート)が参画してゆく。

したがって，19世紀末のドレフュス事件，それから1914年から18年の第一次世界大戦，これらはユダヤ人のフランス共和国への同化について考えると，そのいずれもが非常に重要な事件だったと言える。特に第一次大戦では多くのユダヤ人がフランス人として戦争に参加した。そしてまた多くのユダヤ人が公務員になることができた。公務員になるということは非常に重要なことである。これら全ての要素が非常に速いスピードで重なり合って，少数派のアルジェリア・ユダヤ人のうちにフランスへの情熱，一種の愛国心が芽生えることになる。この情念が，彼らをアルジェリアの他の現地人，つまり，フランス国籍をもつ可能性が封じられていたムスリムの現地人から遠ざけることになる。

ところで，1940年に成立したヴィシー政府，いわゆる対独協力政府が真っ先に講じた措置がクレミュー法の撤廃であった。この措置によってアルジェリアのユダヤ人は元の原住民の地位に戻されることになった。地主はその土地を没収され，ユダヤ人の財産の〈アーリア化(アリアニザシオン)〉が進められた。実際，公職から追放されるだけでなく，弁護士や医師といった自由業を営むこともできなくなってしまう。あたかも一挙に天国から地獄へ突き落とされるようなものである。

その時点までアルジェリアのユダヤ人はフランス共和国に情熱を傾け，共和国に完全に同化しようとしてきた。ユダヤ人本来の宗教も言語も，あるいは伝統的な服装をも捨てて共和国に同化しようとしてきたのである。それまでは原住民と同じような服装をしていたが，今度は西洋人の服装を取り入れる。そうすることによって自らの全ての過去，出自(オリジン)を忘れようとしたのであ

る。それなのにある日突然ヴィシー政府がやって来て、ユダヤ人に向かって、お前たちは自分たちがいたところへ帰れ、すなわち〈アンディジェナ〉[9]と呼ばれる原住民の身分へ戻れ、と命じたのである。

　こうしてユダヤ人はイスラーム教徒と同じ原住民の身分に舞い戻ってしまう。それがこの時期ユダヤ人とイスラーム教徒たちを歩み寄らせることになる。二つの共同体の間に積み重なった怨恨は決して浅いものではなかったが、ムスリムたちがこの状況を利用してユダヤ人に意趣返しをするというような現象は見られなかった。1940年以前、ユダヤ人社会と圧倒的多数のムスリム社会の間には社会的・法的な溝が築かれていたために、怨念や嫉妬が生じ、両者の関係はぎくしゃくしていたに違いないが、この1940年から43年という、歴史的に見ていわば括弧にはさまれた期間が二つの共同体を接近させることになる。かくして、この括弧の期間、この〈第二の追放〉のおかげで、二つの共同体が互いを再発見することになったのである。1942年11月8日、アメリカ軍がアルジェリアに上陸しヴィシー政体を追い払った。しかしクレミュー法が復活し、フランス市民権が回復されるのはそれから1年後の1943年10月になる。

　この第二の追放はアルジェリアのユダヤ人に非常に重要な痕跡を残すことになった。フランスは一方の手でプレゼントしたものを他方の手で取り上げる、という仕打ちをした形になった。よく考えてみると、クレミュー法の復活に1年もかかったということは、アルジェリアのユダヤ人を共和国に再び迎え入れようという意志がそれほど強くはなかった、ということを示すものと思われる。

　さて、クレミュー法が発布されたのは1870年で廃止されたのが1940年、その間に70年の歳月が流れている。ユダヤ人はそのような体制の中でほぼ三世代にわたって暮らしを営んできたので、後戻りは不可能である。ヴィシー政府が到来し、それによって深い心の傷(トラウマ)が刻まれたり、迫害されたりし

たにもかかわらず，いきなり原住民の生活に戻ることはできない。彼らはまったくフランス人と同じように暮らしていたのだから。しかも三世代もの長きにわたって....。70年といえば相当長い期間である。そういうわけで，第二次大戦後，彼らの大半はアルジェリア・ナショナリストの側につかなかった。もちろんそちら側に身を投じたユダヤ人もわずかながらいたが，ここではこれ以上細かく立ち入らないでおく。

　1945年5月8日，セティフ (Sétif) の町で民衆が蜂起し，それをフランス軍が鎮圧する際に大量の犠牲者が出る。このような大事件にもかかわらず，アルジェリア・ユダヤ人の中でアルジェリアのナショナリストに加担する者は少なかった。さらに1954年にアルジェリア独立戦争が始まったが，この時も大多数のアルジェリア・ユダヤ人はナショナリストたちの蜂起への呼びかけに応じようとはしなかった。実際に戦争が始まっても，ユダヤ人の多くは絵空事のために実利を失いたくなかったのである。どういうことかと言えば，アルジェリアが新しい独立国家になることはその時点ではあくまでも仮説上の話に過ぎなかった。確かなのは一度そこから追い出されたフランス国家に帰属したままでいることなので，ユダヤ人マイノリティは地位が極めて不安定な状況に立たされた。彼らはフランス人の身分を維持する方を選ぶ。絵空事のためにフランス国籍という実利を失わないためである。

　アルジェリア戦争勃発に際し，FLN (Front de libération nationale)[10] というアルジェリアの民族解放戦線に加担するユダヤ人も若干存在した。それから，アルジェリア戦争末期，OAS (Organisation de l'Armée Secrète, 秘密軍事組織)[11] の陣営に走ったユダヤ人も少数ながらいた。OASは「フランスのアルジェリア」を死守するという主張を掲げる極右団体で，植民地独立運動を弾圧するためにフランス人が秘密裏に組織していた。しかし，大部分のアルジェリア・ユダヤ人は「フランスのアルジェリア」の存続，ただし共和国的な権利・自由権・市民権を万人へと拡大する方向性での存続

に賭けたのである。けれども、この選択は結局のところ不首尾に終わった。最終的には独立運動が勝利し、アルジェリアの独立とともに「フランスのアルジェリア」は消滅してしまったのである。

　アルジェリア戦争の極めて複雑な歯車に巻き込まれ、二つのナショナリズムの衝突に翻弄されたユダヤ人たちであったが、最終的には、アルジェリアに数多く住んでいたフランス人を含むヨーロッパ系アルジェリア人のカテゴリー、後に〈ピエ・ノワール（pied-noir）〉と呼ばれることになる集団に混じり込む形でアルジェリアを後にしてフランスへ集団移住することになる。この1962年のフランスへの集団移住のことを私の本の中では〈第3の追放〉と呼んでいる。フランス人が襲来するずっと前から、2千年の長きにわたってアルジェリアで暮らしてきたユダヤ人が、その歴史を最終的に捨ててフランスへ移住したわけである[12]。このように移住したユダヤ人はいわば〈ピエ・ノワール〉に同化し、一緒にフランスへ渡ったので、当初は自分たちも彼らと共にヨーロッパ人共同体の構成員であるという感情を抱いていた。しかしその後、時間が経つにつれ、自分たちは〈ピエ・ノワール〉ではなく、ある特殊な共同体に属している、〈ピエ・ノワール〉の歴史とは異なる特殊な歴史に帰属しているという意識が次第に強まってくるのである。

　結論として大状況を振り返ってみると、植民地状況における同化（アシミレーション）現象や文化変容（アカルチュレーション）の現象、あるいはそれに対する抵抗が生じる中で、現地人の一部だけがいわば特権的な身分を享受することによって、原住民同士が分割されるという構図があった。アルジェリアのユダヤ人はフランス国籍の有無という境界線の中に入らされたり、追い出されたりという経験をして、結局はフランス人になっていった、これが彼らの歴史であると私は考えている。この歴史に注目すると、どうしてもフランスの共和国モデルの功罪を問題とせざるをえない。なぜならば、全ての出自を越えて原住民を共和国に同化させるというこの戦略がある程度機能したことはしたのだが、他方、マイノリ

ティの出自にかかわる民族・宗教・歴史にかかわる痕跡を完全に消去することはできなかったからである。

　今日，様々な共同体(コミュニティ)ごとに，あるいは同じ一つの共同体の中でさえも，極めて複雑な形での記憶の目覚めという現象が起こっている。マイノリティたちは，もはや自らの出自にただ一つのお定まりの枠組みしか与えられず，様々な出自があるのにただ一つの物語しか語られないままでいることを見過ごせなくなっている。単純で図式的過ぎる観方に安住せずに，より不安定で，より雑多で複雑な痕跡を積極的に模索しているのである。言うなれば今日改めてアイデンティティの要求がなされていると言える。アルジェリアのユダヤ人の歴史を学んでいくと，共和国への同化なるものがいかに困難な道のりであるかが浮き彫りになると思う。

ディスカッサント菅野賢治との質疑応答

質問　私が勤める都立大学の昨年度の授業で，アルジェリアのユダヤ人の作家，アルベール・ベンスッサン［Bensoussan, 1935年生］とアンドレ・シュラキ[13]という人のテクストを採り上げたところ，学生たちが興味をもって取り組んでくれたので非常に良かったです。もう一度日本へいらして，今回のようなお話をしてください。

　私の一つ目の質問ですが，アルジェリア西部のユダヤ人はどちらかというと親フランスの態度をとり，その反対に，東あるいは南のアルジェリア在住のユダヤ人（あるいはユダヤ教徒）はフランス植民地に組み込まれることに非常に抵抗があるために，むしろイスラームのシャリーアの下でズィンミーとして暮らしていた方がいい，という態度をとったというお話でしたが，その違いの原因は何だったのでしょうか？

回答　今，アルジェリア出身の作家の名前を何人か挙げていただきました

が，私の方からさらに3人追加させていただきたいと思います。まず，世界的に有名な哲学者ジャック・デリダ[14]はアルジェリアのユダヤ人として生まれ育ちました。次に，アルジェリアに関する著作を数多くものし，皆さんご存知かと思いますが『ル・ヌーヴェル・オプセルヴァトゥール』という有力な週刊誌の編集長を務めているジャン・ダニエル[15]もアルジェリア出身で，今なお健在です。3人目は，フランスではかなり名が通っている女性の前衛作家エレーヌ・シクスー[16]です。現代フランスの知的世界におけるこの3人の重要性は言うまでもありませんが，彼らは三つの歴史の合流点に位置しています。すなわち，フランスの歴史，フランス共和国の歴史はもちろんのこと，彼らの母国，生まれ故郷であるアルジェリアの歴史，それからオリエント，あるいはアラブ・イスラーム世界の歴史，この三つの歴史です。これらの歴史が交わっている状況は複雑で捉えにくく見えるかもしれませんが，実はその複雑さこそが本質であり，今日のオリエント・オクシデント関係を考える上で重要な視点を提供するでしょう。

　さて，あなたのご質問にお答えしましょう。アルジェリア・ユダヤ人のフランスに対する態度が東西で違ったのはなぜかという質問でしたが，それぞれの状況によって異なるとしかお答えできないでしょう。各地の太守（デイ）がイスラーム法を実際にどのように適用したかによって，例えば非常に厳しく，権威主義的，暴力的に適用する場合ともう少し柔軟なやり方で適用する場合とでは，その土地に住むユダヤ人たちの反応が違ってくるのは当然です。この違いが実際に異なる態度を生み出したわけです。例えばチュニジアに近い，コンスタンチーヌを中心とするアルジェリア東部はイスラーム法に関してはオスマン・トルコの影響が強いのですが，この地では太守がユダヤ人からも敬愛されていました。なぜかというと，一種の相互的影響が何世紀にもわたって醸成されてきたからです。したがってフランスに対しては同化願望が弱かったということになります。

逆に，広大なアルジェリアの西部では，太守（デイあるいはベイ）が極めて暴力的で残酷な仕方でイスラーム法をユダヤ人に適用しました。その結果，彼らのフランスへの希求が強まったと考えられます。したがって何よりもまず，万事はシャリーアという法律の適用の厳格さ次第である，と言えます。東部と西部でユダヤ人のフランスに対する態度の違いがどうして生まれたかについて，それ以外にもいろいろな要素があると思います。例えば，フランス軍の残忍さの違い，それぞれの地方を統治したフランス人将軍の個性にもよるでしょう。将軍たちは自分たちの軍隊に通訳としてユダヤ人を登用しましたが，その時の扱われ方によって様々な態度の違いが生まれたと考えられます。それに，フランス軍の前進に対するムスリム系原住民の態度の違いということもあるでしょう。ユダヤ人たちがムスリム原住民を裏切った，あるいは敵に寝返ったとみなされて，彼らに対する報復，復讐，簒奪などの行為があったと思います。非常に過激な連鎖反応も見られました。そういう個々の事象から，それぞれの歴史が生じては続いていき，おのずと展開していったのです。なぜなら，物事は東部と西部で鮮明に態度が分かれるような形では進行しないからです。万事は，30年にわたる連鎖反応の原因とみなされる多種多様な要素次第と言えるでしょう。2年かそこらの話ではありません。30年というのは決して短い歳月ではないと思います。フランスによるアルジェリア征服が始まったのが1830年で，クレミュー法は70年，その間には30年，いやもっと長い40年の年月が流れているのです。この期間は具体的な地域の状況によってしか説明されないと思います。

質問　シュラキやベンスッサンらアルジェリアのユダヤ人作家を読んでいて，アルジェリアのユダヤ人の一部には，その地から追放されてきたにもかかわらず，かつて栄光に包まれていたスペインに帰属していた誇り，自分たちの祖先の血統が栄光のスペインにつながっているという誇りがあるのでは

と想像しました。そう考えた場合，かつてスペインに加わったという記憶がひょっとして今度はフランスという西洋の国に参加する同化主義を促した要因にはならなかったのでしょうか？

回答 おそらくそれはないと思います。なぜかというと，スペインにはユダヤ人だけでなくムスリムも一緒に住んでいたのですから。イスラーム教徒たちにも同じような自尊心はあったはずです。オリエントの文学や音楽の世界を考えてみてください。例えば2007年の段階でも，失われたアンダルシアに対するノスタルジーが単に北アフリカだけではなくて，シリアのダマスカスとかイラクのバグダッドでも歌われているのです。

質問 それでは，スペインに帰属していたという自尊心が，アルジェリアのユダヤ人のフランスへ同化しようとする態度を後押ししたわけではないということですね。

回答 とても複雑な話ですが，先ほどお話したように，イスラーム教徒も自分たちが偉大な歴史を動かしていたという感情をもっているのです。つまりレコンキスタが達成される1492年以前の歴史，あるいはセルジューク・トルコや，後のオスマン帝国などを含めて，イスラームの黄金期の偉大な歴史のことです。ユダヤとムスリム，二つの共同体のどちらもが，過去に例を見ない偉大な歴史に参加したという気持ちを抱いているのです。

　レコンキスタの後で，スペインから北アフリカにやってきたユダヤ人は数の上ではベルベル系ユダヤ人よりも少なかったのです。原住民のベルベル系ユダヤ人は新しい来訪者たちよりも数が多く，はるか昔から住んでいて，いわばイスラームとの間の混交宗教を実践していました。ベルベル系ユダヤ人にあっては，祭礼・典礼，言語，食事の儀礼などがムスリムたちと一緒なわけです。要するに文化的にイスラーム世界に同化しているとまでは言えないものの，イスラームとの共存を通して，文化的な混交が見られたということ

です。

　そういうわけで，スペインから来たユダヤ人と，元々そこにいて，ベルベル族と共存していたユダヤ人との間で祭礼は異なっていました。もちろん，スペインから来たユダヤ人が失われた栄華の感情を抱いていた可能性はありますが，私の考えでは，それによってフランスへの同化を説明することはできないと思います。なぜならばスペインのイスラーム帝国に帰属したという感情はイスラーム教徒たちと共有しているものであるからです。フランスへの情熱の有無に関して正反対の態度が見られたのはむしろ，フランス共和国が提示した市民の平等にその理由を見出すべきでしょう。平等というのがポイントです。平等が実現している国であるからこそ，ユダヤ人はいち早くフランスへと同化していったのです。重要なのは平等の問題であると私は思います。

［訳注］
0) 本稿は 2007 年 2 月 18 日に日仏会館で行った公開研究会の記録である。講演と質疑応答はフランス語でなされ，ここでは日本語への通訳を録音から起こしている。ただし第一講演のみ収録し，第二講演は割愛した［編者］。
1) カーヒナ［カエナ］(Kahina, Kahéna) 女王──マグレブとオーレス山地を治めていたユダヤの女王。アラブの侵攻に抵抗したが，693 年に敗れる。
2) ズィンミー (dhimmi)──被保護民。非イスラーム教徒に対する生命・財産の保証「ズィンマ」を与えられた者。
3)「ビュスナッチとバクリは，特に 1798–1803 年まで，穀物商取引を独占していた。フランス総裁政府や執政政府を財政的に支えたが，その債権がのちにアルジェリアとフランスの関係を悪化させる原因となったと言われる。」『ブローデル歴史集成 I　地中海をめぐって』，浜名優美監訳，坂本佳子，高塚浩由樹，山上浩嗣訳，藤原書店，2004 年，162 頁。
4) クレミュー（アドルフ，本名 Isaac Moïse）(1796–1880)──弁護士，政治家。国防政府の法相として，アルジェリアのユダヤ人にフランス市民権を与えた（クレミュー法，1870 年 10 月 24 日）。

298　第 3 章　奴隷制とコロニアリズムの遺産

5) 「〈イスラエリット〉(Israélite) の語は，(1)「古代イスラエル人(ひと)とその末裔」を指すラテン語 Israelitae に発し，古くからフランス語として定着していたが，フランス革命後，(2)ヨーロッパ諸国に先駆けて解放を果たしたフランスのユダヤ系市民を指す言葉（とりわけ自称）として新たな意味を帯びるにいたった。以後，フランス以外の国についても，市民権を手にしたユダヤ住民を指してこの語を用いる例が見られる。」（レオン・ポリアコフ『反ユダヤ主義の歴史』，第三巻「ヴォルテールからヴァーグナーまで」，菅野賢治訳，筑摩書房，2005 年，715 頁）

6) アリアンス・イスラエリット・ユニヴェルセル (Alliance israélite universelle)——フランスを拠点とする国際的なユダヤ人組織。1860 年のダマスクス事件に応じる形でアドルフ・クレミューにより創設。住む場所の如何を問わずユダヤ市民の人権を守ることを目標として掲げている。この組織は多くのユダヤ人学校を運営し，ラディノ語の学習をカリキュラムに組み込んでいる。

7) エドゥワール・ドリュモン (1844–1917)——フランスのジャーナリスト。記録的な発行部数を誇る著書『ユダヤのフランス——現代史の試み』(1886) と，みずから創刊した反ユダヤ主義機関紙『ラ・リーブル・パロール』(1892 年刊) をもって，現代フランス反ユダヤ主義の祖と位置づけられる。

8) 正式名称《La Ligue française pour la défense des droits de l'homme et du citoyen》は一般に《Ligue des droits de l' homme》あるいは《LDH》と呼ばれる。フランス共和国の公的生活のあらゆる領域で，人権を監視・擁護することをめざす組織で国際人権連盟に加盟している。1898 年，ドレフュス大尉を擁護するルドヴィク・トラリューにより公式団体として登録された。

9) アンディジェナ (indigénat)——原住民の身分。あるいは，最初にアルジェリアで実施され他のフランス海外領土にも及んだが，過酷さゆえに 1945 年に廃止された原住民統治制度。

10) F.L.N. (Front de libération nationale)——アルジェリアの民族解放戦線。1954 年に結成され，フランスからの独立闘争を開始。62 年の独立達成後，89 年まで一党独裁を敷く。89 年に憲法が改正されてアルジェリアは複数政党制へ移行する。その後のイスラーム主義運動の伸張については，私市正年『北アフリカ・イスラーム主義運動の歴史』，白水社，2004 年が詳しい。

11) 1961 年 2 月 11 日，ジャン=ジャック・スュシニとピエール・ラガイヤルドが結成した政治的・軍事的な秘密組織。アルジェリアにおいてフランスの勢力維持を支持する人々を糾合し，テロ行動に訴えた。フランスがアルジェリアを失うことに強く反対した歴史家ラウル・ジラルデと人類学者ジャック・ソステル

らの主張が OAS 創設メンバーに間接的な影響を与えている。62 年 6 月 17 日に活動停止。

12) 移住者の中には初めてフランス本土の地を踏むユダヤ人も多く，バンジャマン・ストラ自身，初めてフランスへ渡ったのは 1962 年のことであった。

13) アンドレ・シュラキ（Chouraqui）(1917 年生) ——フランス領アルジェリア生まれ，のちにイスラエル国籍を取得した弁護士，聖書研究者，フランス語・ヘブライ語表現の歴史家，作家，思想家。邦訳に『ユダヤ思想』（渡辺義愛訳，白水社，1966 年），『イスラエル』（増田治子訳，白水社，1974 年），『旧約時代の日常生活』（波木居斉二訳，山本書店，1978 年），『ユダヤ教の歴史』（増田治子訳，白水社，1993 年），『イエスとパウロ—イスラエルの子』（長柴忠一訳，新教出版社，2005 年）。レオン・ポリアコフ編・著『反ユダヤ主義の歴史』，第五巻，現代の反ユダヤ主義（合田正人／菅野賢治監訳，小幡谷友二／高橋博美／宮崎海子共訳），筑摩書房，2007 年，403, 562–563 頁参照。

14) ジャック・デリダ (1930–2004) ——哲学者，思想家。アルジェリアのエル=ビアール（アルジェ）生まれ。『グラマトロジーについて』(1967)，『エクリチュールと差異』(1967) など著作の多くは邦訳されている。マグリブ関連では，1996 年『他者の単一言語使用』［邦訳『たった一つの，私のものではない言葉—他者の単一言語使用』（守中高明訳，岩波書店，2001 年）］中，デリダは自らの諸言語との関係ならびにマグリブ文化との関係について改めて思索を巡らせている。同 96 年，ラバトにおいて〈固有言語(イディオム)，国籍，脱構築〉というテーマで，マグリブ，アラブ，フランスの研究者たちと対談。2003 年 5 月，パリにあるアラブ世界研究所で，フランスにおけるアルジェリア年に際して開かれた〈文明の未来〉をテーマとするシンポジウムに出席し，アルジェリア人哲学者ムスタファ・シェリフと対談（ムスタファ・シェリフ『イスラームと西洋—ジャック・デリダとの対談』（小幡谷友二訳，駿河台出版社，2007 年）。2006 年 11 月，アルジェリアにおいて 2004 年 10 月に逝去したデリダの功績を称えるアルジェ国際シンポジウムが催される。

15) ジャン・ダニエル（本名ジャン=ダニエル・ベンサイード，1920 年生）——フランスのジャーナリスト。アルジェリア，ブリダのユダヤ人家族のもとに生まれる。アルジェリアの「自由フランス」派レジスタンス運動を経て，アルジェリアとフランス本土の解放戦に参加する。みずから小説『誤謬』(1953) を著し，カミュの高い評価を得るが，アルジェリア戦争をきっかけとして文筆家としての本領はジャーナリズムに発揮されることとなった。1954 年 11 月 1 日，『レクスプレス』に掲載された一文を皮切りに，アルジェリア戦争の実態を伝え，と

300　第3章　奴隷制とコロニアリズムの遺産

りわけフランス軍による拷問を告発，マンデス・フランスが主張するFLNとの対話路線を支持する。1964年,『レクスプレス』誌を去り,『ル・ヌーヴェル・オプセルヴァトゥール』を創刊。同誌論説委員として今日にいたる。邦訳に『神は狂信的か──現代の悪についての省察』(菊地昌実訳，法政大学出版局，2000年)。ポリアコフ編・著『反ユダヤ主義の歴史』，第五巻，現代の反ユダヤ主義，前掲書，163, 543頁参照。

16) エレーヌ・シクスー──作家，詩人，劇作家，文芸批評家(1937年─)。アルジェリアのオランで，ドイツ・アシュケナジム系ユダヤ人の母とアルジェリア・セファラディム系ユダヤ人の父との間に生まれる。ジョイス研究者として出発。エッセー『ジェームズ・ジョイスの逃亡あるいは代替の技法』(1968)。自伝的小説『内部』(1969)でメディシス賞を受賞。邦訳に『メデューサの笑い』(松本伊瑳子ほか編訳，紀伊國屋書店，1993年)，『ドラの肖像─エレーヌ・シクスー戯曲集』(松本伊瑳子，如月小春訳，新水社，2001年)。

(小幡谷友二訳)

「われわれは皆同じ場所にいる...」
―― カテブ・ヤシーヌ：文化の出会いの「原光景」――

ミカエル・フェリエ

　二つの，あるいは複数の文化は，どのようにすれば，互いに損ない，否定し，破壊し合うことなく，出会い，向き合い，互いに再形成されることができるだろうか？　真の「諸文化の横断」を可能にする条件とは何であろうか？　世界化(モンディアリザシオン)が経済的グローバリゼーションに還元されるものでないとしたら，この問いこそが，正に世界化において重要な点であり，またそれが，比較文学的な視野で，世界と時間を横断する文化の接触がもたらしうる多様な形態を研究することによって，本書が答えを出そうと試みている問題なのだ。

　文化の出会いに結びつけられる問題や可能性を考える時，植民地化から生まれた文学作品は，われわれに，モデルではなく，重要な参照点と考察点を示しているということは確実である。ところで，フランス語表現の文学の場合，ある反復的な場面が存在する。それは様々な作品において，実に多様な形式をとって繰り返し現れるモチーフなのだが，あまりに執拗に出てくるので，人々の注意をひかずにはいない。それは，フランス共和国の学校の体験の場面である。われわれはその場面を，驚くべき多くの例とともに，マグレブ文学において（カテブ・ヤシーヌ『星形の多角形』，アブデルケビル・ハティビ『入れ墨された記憶』，モハメド・ディブ『織り機』，ムラド・ブル

ブーヌ『えにしだの山』，ムルド・マンメリ『安眠』）と同様に，アンティル文学において（ラファエル・コンフィアン『朝まだきの谷間』，パトリック・シャモワゾー『クレオールの幼年時代』）も確認することができる。それは，代わる代わる——またしばしば同時に——トラウマと同時に幸運として，毀損と同時に好機として体験されるのだが，私にはこのような場面は，植民地化とともに消え去るものではなく，文化の世界化の最も現代的な形によって今日なお再活性化されている文化的出会いのある種の形を象徴しているように思われるのである。

ここで私に与えられた範囲内で，このように豊富な文献を網羅的なやり方で検討することは，もちろん不可能である。しかしながら，カテブ・ヤシーヌに絞ってそのテクスト中の場面を検討するだけでも，最も重要ないくつかの点を浮き彫りにすることは可能であろうと思われる。

1. クンタからカテブへ：現実的暴力と象徴的暴力

「主人が君に何かを与えれば，君はそれを受け取る。彼は君に名前を与えたんだ。それは素晴らしい名前だ。トビーだって。そしてそれは，君が死ぬ日まで君のものになるんだ...」小説『ルーツ』[1]の有名な場面において，故郷のガンビアからヴァージニアのプランテーションに強制連行された主人公は，奴隷監督の命令によって，おぞましいやり方で鞭打たれる。マンディンカ族の一員である15歳ほどのこの若い奴隷は，自らクンタ・キンテと名乗り，彼に与えられた新しい名前，すなわち彼の主人が言うところのトビーという「確固たる英語の名前」に対して返事をすることをかたくなに拒むのだ。血が出るまで鞭打たれたこの若者は，ついに屈服し，焼けるような鞭の痛みに目を半ば閉じながら，石のように固まった他の奴隷たちが見守る中

で，大声で二度続けざまに，彼の新しい名前を声に出す。それゆえそれ以降，彼の名前はトビーとなる。そして，アフリカ系アメリカ人であり彼の遠い子孫であるアレックス・ヘイリーの小説だけが，公に，クンタ・キンテという彼の真の名を再び彼に与えることになるのだ。

　この場面が驚異的なのは，単に目に見える彼の感情的な痛手のためばかりではない。確かに，幼年時代を終えたばかりの青年が惨たらしい鞭打ちを受け，そのおぞましい鞭打ちの中で，彼の新しい名前が文字どおり彼の肉体にまで刻み込まれたことはショックであろう。しかしまた，同様に，この場面には残酷な皮肉が込められている。奴隷をトビーと名付けることは，実際に，彼に「確固たる英語の名前」を与えることなのであるが，その名前は彼を，シェイクスピアの『十二夜』のサー・トビー・ベルチや，ローレンス・スターンの『トリストラム・シャンディ』の叔父トビーといった英語の偉大な登場人物たちに近付けると同時に，有名な『パンチ・アンド・ジュディー』の人形劇に出てくる犬に近付けることにもなる。それは言わば，二重に自分のものではない言語と文化への亡命に署名することである。そこではあなたは，盲従的な物まね役者か，人間性を欠いたマリオネットでしかないだろうと言われることになる。しかしながらこのくだりが「心を打つ（刻印する）」のは，何よりそこにおいて，小説的状況を作るたぐいまれな才能によって，支配関係の本質的な仕組みが，すなわち命名の仕組み，あるいはより広義には，人の身体と記憶にまで疎外を刻み込むような規律＝訓練的方法による言葉とその強制の仕組みが赤裸々に表現されているからである。そしてそれは，人の存在の中心において混乱と恐怖をもたらす。

　しかしながら，言語の鞭を使った支配とは別のやり方がある。ある文化が他の文化を支配するためのより狭猾でおそらくより一般的なもう一つのやり方なのだが，われわれはそれを，ピエール・ブルデューにならって「象徴的

暴力」と呼ぶ。われわれは，そこにおいては，最初の例で見られたような，規律あるいは訓練としてのフーコー式の支配理論からは距離を置いたところにいる。今ここで問題となっているのは，むしろ「穏やかな暴力」，しかしながら効果的な暴力の一つなのだ。それは「それを被る者たちの無意識的な共犯性とともに行使されるような暴力」[2]だ。主観的構造から客観的構造へと，精神的構造から社会的構造へと無意識のうちに適応させることによって，支配者は自らの価値観と世界観を強制する。象徴的暴力とは，不可視的で，その犠牲者たちの無意識的な協力によって実現するものなのだが，それは，認識に関わる機関，とりわけ学校を通じてもたらされる[3]。そしてそれは，何よりまず，言語を通じてもたらされるのだ。

それゆえ，フランス語表現のポストコロニアル文学において，共和国の学校の体験が繰り返し現れるテーマの一つであることは，偶然ではない。カテブ・ヤシーヌは，彼の傑作『星形の多角形』の中で，このことを，「狼の口」に放り込まれるという印象的な表現で呼び表している。最初少年は，アルジェリアとチュニジアの国境から遠くないセドラータにあるコーラン学校に通っていたのだが，彼の父は，彼を無理矢理フランスの学校に入れるのだった。そこでは，彼は支配者の言語であるフランス語を学ばなければならない。父親は自分の決断について，息子にこう説明する。

> 「フランス語は支配的だ。お前はフランス語を支配しなければならない。そして楽しかった子ども時代に私たちが教え込んだことは，すべて後ろに置いてゆくのだ。」

それゆえ少年は，ある場所から別の場所への(彼は村をかわっている)，ある文化から別の文化への(とりわけ宗教学校から非宗教性の学校へ)[4]，そしてある言語から別の言語への(アラビア語からフランス語へ)移動を経験することになる。その結果は悲劇的だ。彼は，ただ単に，幼年時代の指標を失い，

自らの母語から追放されたと感じているだけではない。彼自身明確に意識しないうちに，次第に，彼の母は「今までになく，遠く，青白く，無言に」なってゆく。彼は，その母親と言葉を同時に失う運命にあるのだ。「それらは失われるはずのない宝物だったのに，失われてしまった！」「臍帯の二度目の断絶」，「内的追放」，修復不能な疎外，カテブはこの経験を十全に言い表すだけの重みのある言葉を持たない。われわれはこの経験を解体＝場所分裂(ディス＝ロカシオン)と表現することができるかもしれない。すなわち，ある主体が，突然自分が二つの異なる場所に引き裂かれてしまったと感じるのだ[5]。このエピソードは語り手の幼年時代の出来事であるにもかかわらず，小説の最後に，表層的な興味のみによって語られる。物語の始まりを成すこの場面が，あたかも本の終わりにおいてしか語られることができなかったかのように。ここにおいて，時系列に沿った一般的な語りの方法が転覆させられることによって，世界の転覆がもたらされる。世界は反転し，炸裂する。植民地的秩序によって，起源と継承と因果関係に関するあらゆる伝統的法則と，記憶との関係性が，再び疑問視される。

2. 「原光景」

しかしながら，『星形の多角形』の若き語り手がアルジェリアのコーラン学校からフランスの学校に移された時，彼はすぐにこの新しい教育を好きになったことを隠さなかった。それは，彼にその教育を施したのが「快活な女性教師」であったために，なおさらであった！ 異国の言語と文化のあらゆる魅力は，この女性によってもたらされたのだ。彼女は，コーラン学校の教師であるタレブとは対照的であった。子供たちは，タレブの鞭と山羊髭を嫌っていた（この二つの属性は，男性的で権威主義的な宗教権力の否定的な

象徴として位置づけられる)。ある対談の中でカテブは、より明確に、メデルサ(アラビア語での宗教教育の中学校)での教育とは、「足の裏を棒で叩く罰」を伴った機械的な徒弟制度のようなものだと評した後、フランスの学校を次のようなものとして結論づけた。「すなわちフランスの学校とは、コーラン学校が私に決してもたらさなかったものを私にもたらしてくれた、決定的な存在でした。それは、深刻な矛盾と言えるかもしれません。でも、それはそういうものだったのです。」[6]

この「深刻な矛盾」は、カテブの作品を理解するばかりでなく、植民地化以降のフランス語表現の外国人作家の一般的状況や、さらには、この矛盾がその説得力のあるモデルとなるような「諸文化の横断」の様々な状況を理解する上でも本質的なことである[7]。というのも、この矛盾は、単に二つの国の間にあるのではなく、自己の内部にあるのだ。論理的には、この矛盾はまず、閉鎖的で実体的で存在論的な一つのアイデンティティという考えを再び問題にする。すなわち、アルジェリア人のアイデンティティは複数的で、若きカテブがそこから連れ出されたコーラン学校のアラブ=イスラム文化と、彼が順応したフランス語文化に分裂しているのだ。それ以来、そしてそれからずっと、彼は決して完全にどちらか一方に所属する存在ではなくなった。あるインタビューでのカテブは、この問題に関してとても明快である。当時このような立場を取ることは、とりわけ居心地が悪く、勇気のいることであったが、彼は、「イスラム教徒のアラブ人」と「フランス語話者のアルジェリア人」とは、「二つのゲットー」なのだと言う。彼はこのゲットーを避けようとし、そのような二つのあり方を、アルジェリア人にさし向けられた同一の「罠」の二つの相貌として捉える[8]。

さらにアルジェリア独立後には、カテブは、この二分法(実際それはアラブ/フランスという二項的均質化の植民地的図式の焼き直しでしかない)を否定しながら、アルジェリア史における他の構成要素、とりわけベルベルの

文化を強調する。彼はベルベル文化の擁護者となり、新たな支配者層がこの国に敷こうとする強権的アラブ化の政治に対抗する。その死に至るまで、彼は複数のアルジェリア、多言語のアルジェリア（古典アラビア語、方言アラビア語、フランス語、ベルベル語）を賞揚し続けてきた。そのようなアルジェリアの象徴的人物は、明らかに、彼のヒロイン、謎の起源を持つアルジェリア女ネジュマであろう。彼女こそ「どのような混血が作り出したのか分からない女」、「あらゆる後見人から逃れゆく黒薔薇」なのだ（*Le Polygone étoilé*, p. 154, p. 156）。

　私はこの学校の場面を、精神分析にならって「原光景」と呼びたい。フロイトはとりわけ狼男の観察によって、次いでユングとの議論の中でこの理論を発展させてきた。原光景とは、子供がその父親と母親の性的関係を想像したり夢見たりするやり方のことである。フロイトによれば、ある主体がその両親の性行為を想像するやり方は、精神構造を組織し、各人の個性を構成する幻想の一部をなしている。このテクストは多くの解釈と論争を引き起こしたのだが、その細部に立ち入らないまでも、フロイトがそれを1914年に書き始め、1918年に『ある幼児期神経症の病歴より』という標題で出版したという事実を知ることは、取るに足らないことではない。すなわち、この臨床事例の研究は、正に人間の歴史において、戦争の最初の世界化と同時期のものなのだ。さらに、複数言語と文化的相互作用の問題は、狼恐怖症の事例において根本的なものである。狼恐怖症であるセルゲイ・パンケーエフは多言語話者のロシア人であるが、彼は、母親の言語であったロシア語と、彼のイギリス人女性教師の言語と、ドイツ人家庭教師の言語の間に引き裂かれていた。性欲はつねにフロイト的な分析の根幹をなしているのだが、〈私〉と性欲の関係性を超えたところで、われわれは原光景を、主体にとって、差異の謎や差異から固有に生み出されるものの謎との出会いが示されるような場面として解釈することができるだろう。われわれが理解するところでは、こ

の場面はカテブにとって、単なるバイリンガリズムや二重文化の問題に帰されるものではなく、われわれの時代における出会いと差異の、諸言語とそれらの使用の複数性の、そしてそれらの秘密めいた受胎の大きな問題へと開かれているのだ。

　カテブが持ち込んだ根本的に新しい要素は、複数の文化への帰属を全面的に許容するための要求なのだ。彼のアラブ文化の要求と、フランス文化やカビリア文化の要求は同程度なものだ。当時この選択は新しく、政治的文脈の中では、非常に危険を伴うものだった。彼は、フランスの検閲制裁と同様に、アルジェリアの権力側からの制裁を受ける可能性もあった。彼の大胆さを理解するには、もうひとりのアルジェリアの大作家ジャン・アムルーシュと比較すれば十分である。同時期に彼は、自らを「歴史に有罪宣告を受けた」者と感じて、次のように書いている。「私は文化的混血です。文化的混血は怪物です。とても興味深い怪物ですが、将来を持たない怪物なのです。」[9] カテブは、逆の戦略をとる。彼は、文化アイデンティティの境界の固定性を問題視し直し、（フランス語の）領有と（カビリア文化や民衆の演芸や口承性の）再価値化の戦略によって、数世紀来続いてきた保存され索引化された文書空間に混乱を与えるような、新しい思考／階級化の方法論を提案した最初のひとりなのだ。ここにおいて彼は、植民地主義から産み落とされた存在というよりも、21世紀の前触れなのである。

3. 裂け目とポリフォニー

　カテブの言語との関係は、説得力のある例である。彼が1970年代初頭にフランス語で書くことを放棄し、メール・ド・バブ・エル゠ウエド劇団のために方言アラビア語で戯曲を書き始めたことは、しばしば言及される。しか

し，それは完全には正しくない。実際，カテブが長い間，植民者の言語を使うことからくる疎外を感じていたとしても，彼はまた，その言語がもたらしうる抵抗の可能性を軽視することは決してなかった。「私がフランス語で書くのは，フランス人に対して，私はフランス人ではありませんと言うためなのです」。彼はある有名なくだりで，皮肉と矛盾を混ぜながらこう語っているし，さらには次のようにも言っている。「フランス語で書くということは，とても高いところで，パラシュート兵の手にある銃をとりあげるようなものなのです！ それと同じくらいの価値があるのですよ」(*Entretiens*, p. 62)。しかし何より，諸言語の正面衝突の中で植民地化の言語体系を有効化する一言語を選ばなければならない状況とは対極的に，カテブは15年間，アルジェリアのアラビア語とフランス語とベルベル語の複雑な往来の中で，この三言語全てを書記言語として用い続けてきたのだ。そのことは，アマジーグ・カテブとゼベダ・シェルギが，彼のテクストを集めて作った選集で示されている（参考文献を参照）。未完の戯曲である『ルイーズ・ミシェルとニューカレドニア』においては，彼はカナク語の一節も追加することになる。

　同様の方法で，カテブはまた，マダガスカル，ベトナム（『ゴムサンダルの男』），パレスチナ（『裏切られたパレスチナ』）について書いている。1986年に彼がネルソン・マンデラについての戯曲を書いたのは，その戦いが，それ以降，歴史的問題系と地理的状況の関係性の網の目の中で，世界中に広がりゆくものになるということを知っていたからだ。1988年には，彼はフランス語で，フランス革命200周年のためのロベスピエールに関する戯曲『サン・キュロットのブルジョワ，あるいはモンソー公園の幽霊』を書き，それはアヴィニョン演劇祭で上演されることになる。マンデラと啓蒙主義というこの二つの参照先は興味深い。そしてもうひとり，強くアルジェリアに結びつけられた思想家が，その人生の終わりに近づくに従って，同じテーマに興

味を抱き始める。ジャック・デリダだ。2人にとって問題になるのは，マグレブの響きを(言語的，文化的，政治的な)複数性において聴き取ることであり，多言語で語る思想に自らを開き，その出自を問わずあらゆる言葉を，特に解放のための偉大な言葉を聞こうとする態度なのだ。これは，特異な思想の働きだ。それは境界を横断することができ，与えられた世界に限定されない。それは，世界で起こるあらゆる事柄や，あらゆる変化，あらゆる進化，そこに属するあらゆる発明に開かれている。それは，時間と空間を，出現しつつある世界社会の約束と混乱へと開いてゆき，より影響力を広げつつあるこのミクロ＝空間を出発点に作用し始める[10]。その壮麗で炸裂し多声的(ポリフォニック)な散文によって，彼は，人類学の遺産である古い参照の枠組みを覆し，刺し貫く。そして諸々の二元的な図式とグローバルな概念（遠方と近隣，未知と親密，同一者と他者，諸文化の画一化と多文化主義など）を動員して，世界を，その組成的複合性とやむことのない相互作用の中で考えようとするのだ。

　ここで注目すべきは，カテブの経験が，ある厳密な歴史的文脈を経ていることである。すなわちそれは，カビリアにおける集中的教育のことであるが，それは多くの歴史家によって，少なくとも量的側面では大きな「成功」であったとみなされている。それ以来，アルジェリアにおけるフランスの植民地化を肯定的に読むやり方でこの教育を理解したいという誘惑が大きくなった。すなわち，植民地化は確かに土地と住民を搾取したが，同時にそれは，特に教育を通して，植民地化の庇護のもと，そこの住人に強力な道具をもたらしたのだ，また植民地化こそがアルジェリア人を世界に開き，彼ら自身の解放のための道具すら与えたのだ，と考えたい誘惑である。これこそ，世界中の植民地化の場面で聞かされる，よく知られた常套句である。

　歴史的文脈を注意深く研究すれば，このような一連の読みは，単純化されており偏ったものだということが分かる[11]。カビリアでのフランス語教育は，実際大きな成果を得た。歴史家のコロナとハイム＝ブライミは，カビリ

アの教育をコルシカの例と比較している。カミーユ・ラコスト゠デュジャルダンはといえば，真の「超教育制度」について，その起源にまで遡って語っている。カビリアの最初の学校は1874年に建てられる。その後も次々と新しい学校が建てられ，程なくしてカビリアには38のフランスの初等学校ができることになる。その数は，アルジェリアにあるとされる全ての初等学校の半数にもなっていた！　この熱心な教育は，これらの住民を非宗教性の学校に結びつけることの大きな成功に繋がり，1956年まで続くことになる。そしてこの教育制度によって「アルジェリアの文化エリートたちの中でカビリア人が占める位置の重要性が語られるのだ。」[12)]

　しかしながら，カビリアでの教育が植民地化の成果だとしたら，それはジュール・フェリー大臣の側近であった人々の貢献によるものであり，彼らは，当時「植民地派(コロニスト)」と呼ばれていた原住民の教育に反対する最も強硬な植民地勢力に対抗したのだ。シャルル゠ロベール・アジュロンは，「イスラム・アルジェリアとフランス」についての研究書の中で，1892年10月の『アクバル』紙の例を引用しているのだが，その中で，次のような懸念が示されている。「カビリアの人々は，あまりに学校に通いすぎるし，あまりに早く，正確に学びすぎる。」ジャーナリストは更に続けている。「人々は，これほど多くの教育を受けたアラブ人（原文通り）を見て怖れを抱き，彼らが成長した時どうすればいいだろうかと自問した」。「アルジェリア派(アルジェリアニスト)」とか「原住民愛護派(アンディジェノフィル)」とか「反植民地派(アンティコロニスト)」などと呼ばれていたポール・ブルド，アルフレッド・ランボー，ジャン゠ユジェーヌ・シェール，エミール・マクレ，イズマイル・ユルバンといった人々は，彼ら自身も植民地行政官であったのだが，「征服の見返りとしての」補償という形で学校の創設を奨励した。このカビリア人に特権的な教育が生まれることになったのは，植民地派勢力に対する彼らの抵抗があったおかげなのだ。とはいえ，カテブの仕事は，植民地化のなんらかの「肯定的側面」[13)]の結果として捉えることはできないだ

ろう。むしろそこからは深い矛盾が見えてき，逆説を誘う。カテブは，植民地化の果実ではなく，植民地システムそれ自体のただ中に存在する裂け目の果実なのだ。

　カテブがポストコロニアルのマグレブ作家の雑種性を象徴しているのだとしても，彼はまた，自身の雑種性を，あらゆる時代のあらゆる伝統文化の雑種性との関係性の中に置いている。それゆえ，重要なことは，権力関係の逆転ではなく（権力関係の逆転とは，権力を再生産する方法に過ぎないのだから），各々の役割分担を，深く持続的なやり方で再び問題にすることなのだ。カテブが，エッセーと戯曲，詩と散文，書き言葉と話し言葉を織り混ぜながら，驚くべき多声的様式で試みたことは，タマジットの大いなる神話（7世紀にイスラム勢力の拡張と戦ったベルベルの女王カヘナの物語）とともに，西洋の偉大な文学者（フォークナー，プルースト，ジョイス）にも繋がるものなのだが，それは単なる被支配／支配の逆転などではなく，また疎外を引き起こす言語を再び手にしてその疎外からひとつの価値を作り出そうという試みでもなく，より大きな視野で，世界を構成する多様性と他者性に価値を与える試みなのだ。そこでは，アイデンティティとはもはや，規範的な石化・固定化（わたしはフランス人である，アルジェリア人である，モロッコ人である，日本人である etc.）ではなく，また多かれ少なかれフォルクロール的な皿の上に並べられる諸価値の追加でも並列でもない（ここでは多文化主義のようなものを言っているのだが，そこでは，アフリカ系アメリカ人，ヒスパニック系アメリカ人のように，レッテルばかりが増えてゆき，しかしながらそこにおいて「多様なるものから一へ」という有名なアメリカの標語において謳われているような，大いなる実体の中に均質化していこうとする再編成の意思は問題とされていないのだ）。そうではなく，アイデンティティとは，受容され，選択され，強制された諸文化の間の果てしない翻訳の作業であり，それらを織りなしてゆくことなのだ。『ルーツ』においてクンタ・キ

ンテの拷問で彼の身体に振り下ろされた鞭は，自らの意思で刺青を刻みこむ行為に変わったのである。

4. 結　論

　それゆえ，私が「原光景」と名付けたものは，単に，自伝的な意味合いのテーマでもなければ，あるトラウマのモチーフを文学的に美しく描き直したものでもない。「原光景」が植民地状況における諸文化の接触の唯一の原型だというと言い過ぎかもしれないが，それは世界中に広まっているポストコロニアル状況の多様性を象徴しうるものなのだ。しかしながら，このような場面が繰り返し現れることは，単にその感傷的理由ばかりから説明されるものではなく，むしろ私の考えでは，それが（かつての植民地化や，今日の世界化のように）非対称的な全体化を目論む世界関係の体系的構築によって特徴づけられる均質なシステムから生じうる知の新しい形態を象徴しているからなのだ。おそらくそのような理由から，カテブの作品は，それが歴史的地理的にどのよう位置づけられていようと，今日なお，かつてないほど強く，われわれに語りかけてくるのだ。

　なぜなら，カテブにとってアルジェリアのアイデンティティやナショナルな領土というテーマがいかなる重要性を持っていようとも，彼の作品は，そのようなテーマの反芻なのではなく，彼自身が「〈現代的時間〉の罠」と呼んでいるものについての考察なのだ。彼のテクストにおいて問題となっているのは，単にフランスとアルジェリアの関係性ではなく，また狭義の植民地的関係性でもなく，さらにはカビリア民族の運命に限定されるのでもなく，これら三つの問題系を結び，それを乗り越えたところにある，現代世界とのひとつの関わり合い方なのだ。ところで『星形の多角形』の出版以前に，こ

のようなことを主張した最初でほぼ唯一の作家は，エドゥアール・グリッサンであった。しばしば軽視されるのだが，実際グリッサンこそが，1959年に彼の戯曲集の非常に美しい序文においてカテブの天才を讚え，さらには彼をアルジェリア民族のアイデンティティの問題のみに引きつけるのではなく，後に「世界化」と名付けられることになる移動と関係性のプロセスの総体に結びつけることをした，最初のひとりであった。彼は言う。

> 「今日，世界はその地理的全体性の中で探求されているのであり，地上のこれこれの民族を軽視することが可能な方法などないのだ。今日，これまで以上にわれわれは，相互に接近し理解し合うことを試みる多様な人種と文化の人間たちの困難な努力の外部では，われわれの生と芸術に向き合えない現実にあるのだ。今日，円環は閉じられ，そこで，われわれは皆同じ場所にいるのだ。それこそが，地球の全体である。」[14]

1) アレックス・ヘイリー『ルーツ』，社会思潮社，1977年（Alex Haley, *Roots: The Saga of an American Family*, Garden City, New York, Doubleday Books, 1976.）
2) P. Bourdieu, in G. Mauger et L. Pinto, *Lire les sciences sociales*, Belin, 1994, volume 1, p. 322.
3) ピエール・ブルデューとジャン=クロード・パスロンは，象徴的暴力の理論の最初のアプローチを，学校研究から出発して展開している。『再生産—教育・社会・文化』藤原書店，1991年（P. Bourdieu et J. C. Passeron, *La Reproduction. Eléments pour une théorie du système d'enseignement*, Minuit, 1970.）
4) メデルサ［イスラムの宗教学校］では，イスラム法，法学，神学が教えられていることを想起する必要がある。
5) 「わたしが生まれた世界の略奪」，それは，クレオール世界を「不具の内的廃墟」にする作用とともにある。パトリック・シャモワゾーにおいても，ここで，フランスの植民地学校への批判は辛辣である。彼は，味わい深いやり方で，マルチニックの口語クレオール語の「地域的苦悶」を，学校の〈教師〉の「普遍＝フランス的幸福」に対置させる（*Une enfance créole*, tome 2: *Chemin-d'école*,

Gallimard, 1994)。
6) *Le Poète comme un boxeur — Entretiens 1958–1989*, Seuil, 1994, p. 14.
7) 例えば、モロッコ人作家アブデルケビル・ハティビもやはり、フランスの学校での学業について詳述している。彼は交差配列法(キアスム)について、次のように語っている。「私が思うに、モロッコ文学とは交差配列法の中に位置づけられるのです。まず一方で、それは、当事者がそれを望む、望まぬにかかわらず、フランス語の伝統に属しています。［...］他方でこの文学は、母語や、口承の物語の噴出や、諺的な言い方などによって作られるのです。」(Entretien avec Marc Gontard, in *Violence du texte*, L'Harmattan, 1981) 交差配列法という修辞学的形式は特に興味深い。というのも、それは、対立の効果を引き起こすと同時に、接触を経験した異文化間に生じる相互補完性をも引き起こすからである。
8) *Le Poète comme un boxeur — Entretiens 1958–1989, op. cit.*
9) *Éternel Jugurtha dans L'Arche*, n°13, Paris, 1946.
10) カテブ・ヤシーヌの息子であるアマジーグは、今日彼のやり方で、グナワ・ディフュージョンというグループを率いながら、音楽界での越境的仕事を続けている。このグループは、アラビア語、フランス語、英語といった混淆したテクストの上に、グナワ、チャービ、ラガ、ロック、レゲエといった多様なリズムを併せる。
11) ここでの私の意見は C.-R. Ageron, F. Colonna, C. Haim-Brahimi, そして C. Lacoste-Dujardin の素晴らしい研究に依拠している。巻末の参考文献を参照せよ。
12) Camille Lacoste-Dujardin, «Un effet du «postcolonial»: le renouveau de la culture kabyle», in *Hérodote*, Paris, n°120, 2006, pp. 96–117.
13) 名高き 2005 年 2 月 23 日の法の第 4 条のことを考えてみればよい。同法は「［アルジェリア戦争からの］フランス人引揚者に国家が感謝の意を示し、国家支援を行うこと」を定めたものだが、「海外、特に北アフリカにおけるフランスの存在の肯定的役割」にも言及している。この部分は後に削除されることになるのだが。
14) カテブの『円で囲まれた死体』の序文。Préface au *Cadavre encerclé* de Kateb, dans *Le Cercle des représailles*, théâtre, Seuil, Paris, 1959.

参 考 文 献

AGERON Charles-Robert, *Les Algériens musulmans et la France (1871–1919)*, 2 vol. Paris, PUF, 1968.

AMROUCHE Jean, *Éternel Jugurtha*, in *L'Arche*, n°13, Paris, 1946.

BOURBOUNE Mourad, *Le Mont des genêts*, Paris, Julliard, 1962.

CHAMOISEAU Patrick, *Une enfance créole*, en 3 tomes: *Antan d'enfance*, 1990, *Chemin-d'école*, 1994; tome 3: *À bout d'enfance*, 2005, tous trois à Paris, chez Gallimard.（日本語訳：パトリック・シャモワゾー『幼き頃のむかし』恒川邦夫訳，紀伊國屋書店，1998.）

COLONNA Fanny et HAIM-BRAHIMI Claude, «Du bon usage de la science coloniale», in *Cahiers Jussieu*, n°2, Paris, Union générale d'éditions, 10/18, 1976, pp. 221–241.

CONFIANT Raphaël, *Ravines du devant-jour*, Paris, Gallimard, 1993.（日本語訳：ラファエル・コンフィアン『朝まだきの谷間』恒川邦夫・長島正治訳，紀伊国屋書店，1997.）

DIB Mohamed, *Le Métier à tisser*, Paris, Seuil, 1957.

GLISSANT Edouard, préface au *Cercle des représailles* de Kateb, Paris, Seuil, 1959.

HALEY Alex, *Roots: The Saga of an American Family*, Garden City, New York, Doubleday Books, 1976.（日本語訳：アレックス・ヘイリー『ルーツ』（上，下），安岡章太郎・松田銑訳，社会思想社，1977.）

KATEB Yacine, *Nedjma*, Paris, Seuil, 1956.（日本語訳：カテブ・ヤシーヌ『ネジュマ』島田尚一訳，現代企画室，1994）; *Le Cercle des représailles*, Seuil, Paris, 1959; *Le Polygone étoilé*, Paris, Seuil, 1966; *Le Poète comme un boxeur —Entretiens 1958-1989*, réunis par Gilles Carpentier, Paris, Seuil, 1994; *L'Œuvre en fragments*, inédits littéraires et textes retrouvés, rassemblés et présentés par Jacqueline Arnaud, Paris, Sindbad/Actes Sud, 1986 (rééd. 1999); *Boucherie de l'espérance*, Paris, Seuil, 1999; *Un théâtre en trois langues*, textes réunis par Amazigh Kateb et Zebeida Chergui, Paris, Seuil, 2003.

KHATIBI Abdelkébir, *La Mémoire tatouée*, Paris, Denoël, 1971; *Maghreb pluriel*, Denoël, Paris, 1983.（日本語訳：アブデルケビル・ハティビ『マグレブ複数文化のトポス／ハティビ評論集』澤田直・福田育弘訳，青土社，2004）; *Amour bilingue*, Montpellier, Fata Morgana, 1983.

LACOSTE-DUJARDIN Camille, *Dictionnaire de la culture berbère en Kabylie*, Paris, La Découverte, 2005; «Un effet du «postcolonial»: le renouveau de la culture kabyle», in *Hérodote*, Paris, n°120, 2006, p. 96–117.

MAMMERI Mouloud, *Le Sommeil du juste*, Paris, Plon, 1952; «Le Zèbre», in *Preuves*, Paris, n°76, juin 1957, pp. 33–67.

（尾崎文太訳）

第 4 章　離散・アイデンティティ・文化表象

離散するスロヴァキア人の
エスニック・アイデンティティ

川　崎　嘉　元

1. 多民族が通過し，遭遇したスロヴァキアの地

　はじめに，われわれ日本人には馴染みの薄い，ヨーロッパの小国スロヴァキアを紹介することからはじめよう。

　地理的には，ヨーロッパを東西(イベリア半島からウラル山脈まで)にみても，南北(スカンジナビアからバルカンまで)にみても，スロヴァキア共和国の地はヨーロッパのほぼ真ん中に位置している。したがって社会主義の終焉と政治的・経済的にソ連圏から離脱してからのスロヴァキアは，政治的あるいは地政学的なカテゴリーであった「東欧」ではなく，チェコ，ハンガリー，オーストリアなどとともに「中欧」に属する国と呼ばれるのがふつうである。社会主義終焉後，スロヴァキアは1993年1月にチェコと分離し，チェコ・スロヴァキア共和国ではなく，単独でスロヴァキア共和国になっている。

　このヨーロッパの真ん中に位置するというスロヴァキア共和国の地理的な特性によって，スロヴァキアの地は多くの民族が通過，遭遇し，ときに共生したり，ときに対立・抗争に巻き込まれたりする歴史に彩られてきた。

　ではどのような民族がこの地を通過したのであろうか。歴史的に確認できるのは，紀元前4世紀ごろのケルト人にはじまり，つぎのような民族がこ

の地に登場してきている。ダキア人(紀元前50年頃)，ローマ人(紀元前1-4世紀頃)，スロヴァキア人，アヴァール人(紀元6世紀頃)，フランク商人＝サモ帝国のサモ人(紀元623-628年)，モラヴィア人＝大モラヴィア帝国(9世紀末-10世紀初頭)，ハンガリー人＝ハンガリー王国の形成(紀元11世紀—)，ドイツ人(12-14世紀)，ユダヤ人(12, 13世紀-17世紀)。ユダヤ人は17世紀にウクライナの迫害から逃れて大勢がこの地にやってくる。ロマ

表1　1991, 2001年のスロヴァキアにおける民族構成

民　族	1991		2001	
	絶対数	%	絶対数	%
スロヴァキア人	4 511 679	85.6	4 614 854	85.8
チェコ人	53 422	1.0	44 620	0.8
ハンガリー人	566 741	10.8	520 528	9.7
ロマ	80 627	1.5	89 920	1.7
ルシン人	16 937	0.3	24 201	0.4
ウクライナ人	13 847	0.3	10 814	0.2
ドイツ人	5 629	0.1	5 405	0.1
ポーランド人	2 969	0.1	2 602	0.1
その他	17 084	0.3	66 511	1.2
合　計	5 268 935	100.0	5 379 455	100.0

(出典) リュボミール・ファルチャン，マーリア・ストルーソヴァー「多民族と交差，共生するスロヴァキア人」川崎嘉元編著『エスニック・アイデンティティの研究—流転するスロヴァキアの民』2007年(中央大学出版部)

表2　スロヴァキア共和国の宗教(2001年)

ローマカトリック	69%
エヴァンジェリック(福音ルター派)	7%
ギリシャカトリック	4%
改革カルヴァン派	2%
正教	1%
無宗教	13%
無回答	3%

(出典) 表1と同様

(14世紀以降)，オスマン帝国による殖民化政策の影響によるワラキアやトランシルバニアからのルーマニア人の流入(14—15世紀)，ルシン(ルテニア)人[1)，ウクライナ人，ポーランド人(14—15世紀)，オスマントルコの侵略から逃れ，離散してスロヴァキアの地までやってきたクロアチア人(17世紀)，チェコ・スロヴァキア時代のチェコ人。

　長い歴史のなかでスロヴァキアの地に流入してきたこのような民族の一部はスロヴァキアの地に滞留したまま現在に至り，1993年にチェコと別れて誕生したスロヴァキア共和国に多民族国家としての性格を与えている。1991年と2001年のスロヴァキアの地での民族別人口構成は表1のようになる。

　また，宗教の構成は表2のようになる。

2. 長いあいだ祖国をもたなかったスロヴァキアの民

　スロヴァキア人には長いあいだ自らの国がなかった。その歴史の大半(11世紀末から第一次大戦終了の時まで)はハンガリー王国の一部にすぎなかった。第一次大戦後にチェコ・スロヴァキアという国がつくられ，スロヴァキア人は新しい国家の民族構成の一翼を担うようになるが，チェコ・スロヴァキアの時代にもスロヴァキア人はチェコ人にたいしてマイノリティであった。スロヴァキアの人口はいつの時代にもたいていチェコ人の半分であった。第二次大戦後の社会主義時代を経て，自らがマジョリティになる祖国(スロヴァキア共和国)をもったのは，チェコと分離した1993年1月のことである(第二次大戦中のナチ支配下1939-1945年を除く。この時期「スロヴァキア人民党」の主導によりスロヴァキアに独立国家があった。この国家はチェコ人に言わせるとナチの傀儡国家である)。長いこと祖国をもたな

かったスロヴァキア人はいったいどのようにして、自らのエスニック・アイデンティティを自覚し、保持してきたのであろうか。非常に興味深い問題である。

　スロヴァキア人が自らの民族的まとまりを自覚したのは、あるいは意識するようになるのはいつ頃のことだろうか。スロヴァキア人はアヴァール人とスラブ人の混血によって作られたという説がある。そしてスロヴァキア人として自らを意識するきっかけは、9世紀にスロヴァキア中部の町ニトラにできたニトラ公国であった。これはいまのスロヴァキアの地におけるネーションビルディングの最初の出来事であったといえよう。

　9世紀末から10世紀初頭に作られた大モラヴィア帝国もまた、スロヴァキア人の民族的自覚を覚醒させた。スロヴァキアがその重要な一翼を占め、帝国の最後の皇帝はスロヴァキア人だとみなされているからである。さらにキリルとメトディオスという2人のギリシャ人宣教師がモラビアのスラブ人にたいして聖書をスラブ語で訳し、スロヴァキア人のキリスト教化（正教スラブ人との差異化）に貢献したのもこの頃である。また当時すでに古スロヴァキア語が確立されていたともいわれる。

　しかし大モラビア帝国がハンガリーに敗れて以降は、スロヴァキア人はハンガリー王国のなかに沈殿して、民族的まとまりの自覚をもつことも難しく、スロヴァキア人の民族的覚醒（National awakening）は、19世紀まで俟たねばならなかった。

　そして、上記のスロヴァキア人の歴史物語のほとんどすべては、おそらく19世紀のハンガリー王国時代の強制的なハンガリーへの同化政策に反発して起こったスロヴァキア人の民族運動が盛り上がったときにつくりあげられたもの（神話？）だと考えられる。そこで19世紀に起きた中部ヨーロッパのスロヴァキア人を含む民族意識覚醒の運動の歴史を簡単に紐解いておこう。

　一般に、中欧に属するハンガリー人、チェコ人やスロヴァキア人、ポーラ

ンド人の民族運動は，西欧のフランス革命やドイツロマン主義の影響を受けて，時代的には西ヨーロッパでのナショナリズムの運動からやや後れて19世紀に台頭する。しかし上記の諸民族の民族的覚醒は歴史的文脈を異にする。たとえば，18世末に列強に分割されたポーランドのばあいは，1814—15年のウイーン会議の結果つくられたロシア領内の「ポーランド王国」が愛国者の拠点になり，1830年11月の「蜂起」（結果は敗北で，蜂起者の国外への大亡命）があり，1846年にはオーストリアに併合されていたクラクフでシラフタ（土地貴族）の蜂起（結果は短期間で鎮圧）があった。

チェコのばあい，「白山の戦い」（1620年）以来ドイツ人の支配を受けてきたボヘミアのチェコ人は，ハプスブルク王朝の中央集権化政策に反発して，19世紀のはじめの数十年に，農民の言葉であったチェコ語の文語や辞典が整備され，パラッキーの「チェコ民族史」に象徴される文化的な覚醒がみられた。

ハンガリー人の19世紀における民族運動は，チェコ人同様おもにハプスブル家王朝の中央集権化政策とドイツ化政策にたいする反発として起こった。その象徴的運動がハンガリー語の公用語化の運動である。1836年と1844年にはラテン語にかえてハンガリー語を公用語とする法律がうまれ，そして1867年以降はハンガリー語が排他的な公用語になる[2]。

実はこのハンガリー語の独占的公用語政策は，裏返せばハンガリー国内の他民族のハンガリーへの同化強制策でもあった。ハプスブルク王朝にたいするハンガリーの民族運動が他民族の自立や民族運動の否定につながる。歴史の逆説がここにある。スロヴァキア人の民族アイデンティティ確立の希求は，このハンガリー人の民族同化運動なくしては語れない。

言語の強制を中核とするハンガリー同化政策に反発する19世紀のスロヴァキア人の民族覚醒運動は，したがって共通するスロヴァキア言語の確立運動が中核となっていく。スロヴァキア人には他民族がもつ「英雄物語」は

なく,「スロヴァキアの民族意識の起源を求めるときにはつねに, 言語あるいは文語を基準にせざるを得なかった」[3] といわれるが, 19世紀のハンガリー同化政策に対抗する民族運動も同様の文脈にあった。

長いあいだ自らの国をもつことがなかったスロヴァキア人は, ハンガリー王国のなかで, スロヴァキア人としての全体的まとまりと居住地の範囲を自覚することは難しかった。そのためスロヴァキア人自身の固有の文化は, スロヴァキア人全体の民族文化というよりも, ローカル色の濃い, 土着のにおいをもった文化の寄せ集めという特徴をもっていた。各地にその地域固有のコスチューム, 民謡と民俗舞踊, クリスチャンとしての宗教儀式, 民芸品, 料理があり, スロヴァキア語も西部, 中部, 東部でそれぞれの方言に分かれていた。それはインテリゲンチャのような文化的リーダーをもたずに形成されてきた各地の生活文化であった。

ハンガリーの同化(マジャール化)政策への反発はこのようなローカル色をもった文化をスロヴァキアの国民的文化に統合し, 民族共通の言語を確立することにつながる。その象徴が1852年の中部スロヴァキア方言を中心とするスロヴァキア語の標準化であり, その前後から文字文化を中心とするナショナリズムの高揚期を迎える。そしてハンガリー王国内に離散するスロヴァキア人の民族意識と民族文化を維持, 組織する上で大きな役割を果たしたのが, マティッツア・スロヴェンスカー[4](スロヴァキアの母) という組織である。

19世紀のスロヴァキアの民族覚醒運動の経緯はつぎのように語られる。

「19世紀のスロヴァキア地域では, 18世紀末のA・ベルノラークによるスロヴァキア語文法制定運動を発端として, 19世紀半ばには, L・シトゥールを中心とする知識人サークルを中核として, スロヴァキア民族の理念が確立した。民族意識の成立に引続き, 1848年革命時の「ス

ロヴァキア民族の請願書」や，1860年代初めにハプスブルク君主国の憲法制定をめぐる議論が高揚した際に提出された「スロヴァキア民族の請願」などに代表されるようなスロヴァキア民族の名での要求が提示され，自治地域の設立が要求されるに至った。これらの要求は受け入れられることはなかったものの，1861年の覚書を機に文化団体であるマティッツァ・スロヴェンスカーが，皇帝の裁可を得て，スロヴァキア中部のトゥリエツ県（ハンガリー語ではトゥーロツ県）の県都であるトゥルチャンスキ・スヴェティー・マルティンに設立された。アウスグライヒ後の1875年に，ハンガリー王国内のマジャール化の高揚を受けて，マティッツァが閉鎖された後も，スロヴァキア民族運動家の包括団体であるスロヴァキア国民党の本拠地であるマルティンを核として，スロヴァキア民族運動は一定の勢力を維持することとなった。」[5]

だが，実際には，スロヴァキア人の民族運動は他の民族のそれにくらべればインパクトは強くなかった。ハンガリーの強制的同化政策はすさまじく，スロヴァキア人の民族運動はそれに対抗できるほどの実質を伴っていなかったといわれる。「スロヴァキア人は独自の研究教育機関を奪われ，その教会組織も親ハンガリー派に浸透され，また経済的にもひどい貧困に悩まされてきた。そのためスロヴァキア人には二つの可能な道しか残されていなかった。すなわちハンガリー化を認めるか，移民するかの二つであった。もともと弱々しいスロヴァキアの文化や民族意識はほとんど瀕死状態にあったといえる。もう一世代もすれば，ハンガリー人による同化はおそらく完成されていたであろう」[6]ともいわれている。第一次大戦後のチェコとの一体化によるチェコ人とスロヴァキア人の民族国家の建設もチェコ人の民族文化的なリーダーシップのおかげであったことは事実であろう。しかし，後に述べるように，かつてハンガリー領であったがいまは他国の地域に住むスロヴァキ

ア人コミュニティの民族アイデンティティの存続の強さを考えれば，ハンガリーの強制的同化政策がいかに強くとも，彼らの民族的アイデンティティは生き延びたに違いないともおもえる。民族同化政策とか浄化政策とは所詮そのようなものである。

　1918年のチェコ・スロヴァキア共和国誕生後も，国内ではスロヴァキア人は経済的にも苦しいマイノリティであり続けた。そのためチェコ人との差異化をはかるスロヴァキア人としての文化的アイデンティティの意識は，つねに潜在的に生き続けてきた。ナチ侵略下でのスロヴァキア独立国家の誕生や，社会主義崩壊後のチェコとの分離はそのことを暗に物語っている。

3. 離散して暮らすスロヴァキアの民[7]

　スロヴァキアの民は，現在のスロヴァキア共和国の領域にのみ住んでいるわけではない。2001年の統計では，スロヴァキア本国に住むスロヴァキア人は約460万人強であるが，現在のアメリカ合衆国には，自分はスロヴァキア人であると主張する人々が188万人強いる。彼らの祖先は1880年から1920年にかけてアメリカに移住してきた人達である。移民の多くは貧しい農民であり，移住の動機は経済苦とハンガリーの強制的同化政策だといわれている。数は少ないがアメリカ大陸ではカナダやアルゼンチンにもスロヴァキア人は生活しており，オーストラリアに移住した人々もいる。

　さらに現在のスロヴァキア共和国の近隣の国々に住むスロヴァキア人がいる。ハンガリー王国時代に，さまざまな理由で領地を離れて，王国のさまざまな地域に住むことを余儀なくされた人々である。本国での苦しい生活を逃れるために(経済的理由)，オスマントルコ撤退後に当時のハンガリー王国の辺境への殖民団として(政治的理由)，あるいは宗教的迫害から逃れる逃亡地

として（宗教的理由）王国の他の地域に住むことを余儀なくされたスロヴァキア人がいる。もちろん殖民団として辺境に移住した人には，スロヴァキア人だけでなく，チェコ人，ドイツ人，ハンガリー人，ルーマニア人なども含まれる。

　現在のハンガリーには自分の国籍はスロヴァキア人であると主張する人が約17,700名おり，スロヴァキア文化にアイデンティティをもつと語る人は27,000人近くにのぼる。ハンガリー領地へのスロヴァキア人の移住は1690年頃からはじまる。初期の移住者にはプロテスタントが多く，宗教的迫害からの逃避が移住動機のひとつであった。しかしいまに至るあいだの宗教的同化は大きく，現在ハンガリーに住むスロヴァキア人にはプロテスタントはほとんどいない。また移住者は貧しい農民が多かった。

　一般的には，ハンガリーに住むスロヴァキア人は同質的コミュニティをつくって生活する傾向はなく，現在は各地に拡散して居住している。そのため，ルーマニアやセルビアに住むスロヴァキア人にくらべれば，ハンガリーの同化政策もあって，ハンガリー化している人々の割合が高い。スロヴァキア人のあいだで，民族的，文化的アイデンティティの（スロヴァキアとハンガリーへの）相対的な両極化が進んでいる。

　西ウクライナのカルパチア地方（ウジホロト，ウクライナ語でウジゴロド市を中心に）にもスロヴァキア人が住んでいる。この地域は，1918年以前はスロヴァキア同様にハンガリー領であった。1918年のハンガリー帝国の解体以降はポトカルパッカー・ルスと呼ばれ，チェコ・スロヴァキアに編入される。大戦間の1939–44年には再びハンガリー領に，そしてソ連軍による解放以降はソビエト連邦に，社会主義崩壊後のウクライナ独立後にはウクライナに属する。まさしく国際政治の波に翻弄されてきた地域である。

　いまここに住むスロヴァキア人は，一部はウジホロトに住む人々のように昔からここに住んでいた人であり，一部は昔ここに移住してきた人である。

18世紀の終わりから19世紀のはじめにかけて鉱物資源の産地や公益の仕事を求めてこの地に移住してきたスロヴァキア人がいた。さらに大規模な移住はポトカルパツカー・ルスの時代に起きた。公務員などの移住者が大量に生まれた。もちろん逆に，この地域からチェコ・スロヴァキアに移住した人もいる。

　この地の多様な歴史的変遷を映し出すかのように，スロヴァキア人のほかにも，ルシン人，ハンガリー人，ドイツ人，ルーマニア人，チェコ人，ロマなど多くの民族がこの地にいまなお共存している。また異民族間の通婚も多い。

　かつてハンガリー領であったセルビア共和国のヴォイヴォジナ州とルーマニア南西部のおもに4つの山村にも，スロヴァキア人が少なからず住んでいる。セルビアのヴォイヴォジナ州は旧自主管理社会主義の時代からコソヴォとならんで自治州の地位が与えられている。ヴォイヴォジナが多民族共存地域だからである。ヴォイヴォジナの全人口は2001年にはおよそ200万強であるが，民族構成は，セルビア人114万人強を筆頭に，ハンガリー人，クロアチア人，スロヴァキア人63,545人と続き，そのほかモンテネグロ人，ルーマニア人，ロマの人々，ルシン人，マケドニア人などが住み，居住民族の合計は26に上る。なお，ヴォイヴォジナで公用語として認められているのは，セルビア語，ハンガリー語，スロヴァキア語，ルーマニア語，ルテニア語（ウクライナ語），クロアチア語である。

　スロヴァキア人口は，1930年には約10万人近かったが，それ以降減少に向かう。とくに1990年代のユーゴの民族紛争と内戦の影響が人口減に拍車をかけたといわれる。また良く知られているようにコソヴォの住民のおよそ8割はアルバニア人であり，それが独立をめぐる紛争を呼ぶことになる。ルーマニアには現在約2万人強のスロヴァキア人が暮らしている。

　ヴォイヴォジナとルーマニアへのスロヴァキア人の大移動は18世紀の後

半にはじまり，その後何回かの波を経験する。たとえばルーマニアのばあいは，18世紀後半の第一期の移民は現在のスロヴァキア共和国の地からの移民である。第二派の移民はすでにハンガリーやヴォイヴォジナに移住していたスロヴァキア人のルーマニアへの再移動である。ヴォイヴォジナへの移動も18世紀後半に最盛期を迎える。移動の主たる理由はハンガリー王国領からオスマントルコが撤退した後，その跡地への殖民政策である。オスマントルコの撤退は1685年であり，1711年のサトマール講和[8]後入植がはじまるので，入植のための移動は18世紀のはじめ頃から徐々にみられてはいた（たとえば，ルーマニアへのスロヴァキア人の入植は1719年にもあったという記録がある）が，大規模な移動の波は18世紀末から19世紀のはじめにかけて起こる。その後20世紀になっても入植移民は続いたといわれる。これらの地への移動は，スロヴァキア人だけでなく，多くの他の民族にもみられた。しかし移動には，宗教的迫害からの逃避と動機も絡んでいたとおもわれる。母国スロヴァキアは圧倒的にローマカトリック信徒が多いが，現在のヴォイヴォジナに住むスロヴァキア人には，後にみるようにプロテスタントの「福音ルター派（エヴァンジェリック）」が大半を占め，ルーマニアに住む4割近くのスロヴァキア人も「福音ルター派」である。いずれにせよ移動当初より殖民のための移動地は多民族共存を宿命づけられていたといえる。ハプスブルク帝国のイタリア系官僚は殖民政策についてつぎのように語っている。

　「トルコ人の追放の後，ハプスブルク家権力はこの地域全体に人々を呼び込む必要があり，沼地や湿地を干拓し，川の流路を整え，用水路を掘削し，居留地を造営しなくてはならなかった。それゆえ，王国の役人は，組織的に新たな居住地を設置し始めたのであり，その地にはドイツ人やフランス人，ワロン人，スロヴァキア人，チェコ人，そしてユダヤ

人が定住するようになった。彼らは当地のルーマニア人やセルビア人，マジャール人，ジプシーたちと共生することになるだろう。」[9]

　ヴォイヴォジナとルーマニアに住むスロヴァキア人，とくにヴォイヴォジナのスロヴァキア人はハンガリーのスロヴァキア人とくらべるとホスト社会への同化が少なく，スロヴァキア人としてのアイデンティティを強くもち，強い民族的連帯を維持し，母国の出身地から引き継いだ言語と文化をいまなお受け継いでいるといわれている。

4. 離散して暮らすスロヴァキア人のエスニック・アイデンティティ

　では，離散して暮らすスロヴァキア人のエスニック・アイデンティティはどのようなものか，またどのように受け継がれてきたのだろうか。中央大学社会科学研究所の「エスニック・アイデンティティ」をテーマとする研究チームは，スロヴァキア科学アカデミー社会学研究所の協力を得て，文部科学省の科学研究費（2000–2002年）による標記テーマにかんする共同調査を実施した。調査はアンケートおよび現地フィールドワークであった。アンケート調査は，スロヴァキア共和国全体と首府ブラティスラヴァにおけるサンプル調査およびスロヴァキア共和国内東部の多民族共生地区およびカルパチア地方，北ハンガリー，ルーマニア，ヴォイヴォジナのスロヴァキア人にたいしてなされた[10]。フィールドワークは上記のうち，東部スロヴァキア，カルパチア，ヴォイヴォジナ，ルーマニアおよび北ハンガリーでなされた。東部スロヴァキアを除く各地の調査地は，以下のとおりである。
① 　西ウクライナ・カルパチア地方: Uzihorod, Antalovce, Seredne 等
② 　セルビア共和国・ヴォイヴォジナ: Novisad, Petrovec, Padina, Sta-

rá-pasova 他

(2001 年のスロヴァキア人口は 63,545)

③ ルーマニア： Timişoara, Arad, Oradec, Nadlak 等）

(現在のスロヴァキア人口は 2 万人強)

④ 北ハンガリー： Mlynky, Kestuc, Čiv, Santov

　そこで，アンケート調査およびフィールドワークから，スロヴァキア共和国外の上記各地に住む離散したスロヴァキア人を中心に，彼らのエスニック・アイデンティティについて考えてみたい。ただし各地域におけるアンケート調査は母集団の確定が困難なため，ランダムサンプリングの手法による調査ではないので，あくまで参考データにすぎない。サンプル数も各地域まちまちである（カルパチア： 500，ヴォイヴォジナ： 600，ルーマニア： 309，北ハンガリー： 200）。

　まずアンケート調査から離散するスロヴァキア人の居住地区ごとにいくつかの項目を比較しておこう。

　以下 4 つの表からどのようなことが分かるだろうか。

　信仰宗教については，プロテスタントの「福音ルター派」（エヴァンジェ

表 3　離散するスロヴァキア人の各地域におけるアンケート調査

(1) 信仰宗教(%)

	カルパチア	ヴォイヴォジナ	ルーマニア	ハンガリー
① なし	0.4	4.5	—	9.0
② ローマカトリック	73.8	0.7	57.8	88.0
③ ギリシャカトリック	21.2	0.3	—	1.5
④ 福音ルター派	0.2	91.0	39.9	—
③ ユダヤ教	—	—	—	—
④ 正教	4.4	0.8	—	—
⑤ その他	—	2.7	1.6	1.5

(2) いつも母国語のように話している言葉(%)

	カルパチア	ヴォイヴォジナ	ルーマニア	ハンガリー
① スロヴァキア語	88.8	99.7	95.1	83.5
② ハンガリー語	0.8	—	0.7	15.0
③ ウクライナ語	3.2	—	—	—
④ ルシン語	7.0	—	—	0.5
⑤ ロマ語	—	—	—	—
⑥ チェコ語	—	—	0.7	—
⑦ ロシア語	0.2	—	—	0.5
⑧ セルビア語	—	—	—	—
⑨ クロアチア語	—	—	—	—
⑩ ルーマニア語	—	0.3	2.9	—
⑪ その他	—	—	—	0.5

(3) スロヴァキア語以外に話せる言語(%)（第一位選択）

	カルパチア	ヴォイヴォジナ	ルーマニア	ハンガリー
① ハンガリー語	34.8	5.2	22.8	88.8
② ウクライナ語	58.0	3.0	2.3	—
③ ルシン語	6.6	24.0	3.6	0.6
④ ロマ語	—	—	0.3	—
⑤ チェコ語	—	13.7	29.5	—
⑥ ロシア語	0.6	11.2	2.6	1.1
⑦ セルビア語	—	38.2	2.3	—
⑧ クロアチア語	—	3.7	—	—
⑨ ルーマニア語	—	0.3	33.1	—
⑩ ドイツ語	—	0.5	1.7	3.9
⑪ 英語	—	—	0.3	2.2
⑫ 仏語	—	—	1.3	—

(4) 両親，配偶者，本人の民族がスロヴァキア人の割合(%)

	カルパチア	ヴォイヴォジナ	ルーマニア	ハンガリー
① 父　親	75.0	96.8	95.4	86.0
② 母　親	67.2	66.5	56.4	44.5
③ 配偶者	31.4	68.7	55.2	49.0
④ 本　人	99.4	100	97.7	83.5

リック)がヴォイヴォジナでは圧倒的多数を占め，ルーマニアでも4割近くに上る。現在のスロヴァキア本国ではローマカトリックの信者の割合は約7割であり，「福音ルター派」の信者は7%にすぎない。旧ハンガリー王国の辺境に位置した殖民先の移動には宗教的理由も絡んでいたに違いない。不思議なのは，スロヴァキア人のハンガリーへの移動がはじまる1690年頃には反抗的なプロテスタントが多かったという記録があるにもかかわらず，アンケート調査では，「福音ルター派」は1人もいないことである。ハンガリーによる宗教的同化政策の結果なのであろうか，あるいは更なる宗教的迫害を避けるために，いまのハンガリーの地から，王国の僻地であったルーマニアやヴォイヴォジナへと逃避行を続けた結果なのであろうか。セルビア正教の国のなかにあるヴォイヴォジナのスロヴァキア人には正教の信者は1人もいない。

　言葉については，「いつも母国語のように話している言葉」は，どこの国でもスロヴァキア語が圧倒的に多く，とりわけヴォイヴォジナではほとんどすべての人がスロヴァキア語で日常生活を送っている。とはいえセルビア語はスロヴァキア語に近く，セルビア語を聞いたり，読んだり，話したりすることはスロヴァキア人には難しくないが，ヴォイヴォジナのスロヴァキア人のスロヴァキアにたいする思い入れは，他の地域とはくらべものにならないぐらい強い。一般的にいえば，スロヴァキア語の継承は多くのスロヴァキア人のエスニック・アイデンティティの核をなしている。それでもハンガリーに住むスロヴァキア人の15%が「ハンガリー語」を日常の言語としている事実は，ハンガリーに住むスロヴァキア人のホスト社会への同化が相対的に高いことを物語っている。ハンガリーに住むスロヴァキア人でハンガリー語を話せる人の割合(第一選択)は88%に上り，群を抜いて高い。

　表(4)は本人，配偶者，本人の両親のエスニシティを尋ねた結果であるが，ハンガリーに住むスロヴァキア人のうち，16.5%は自分の民族はスロヴァ

キア人ではないと答えている。父親よりスロヴァキア人の自覚をもつ割合は低い。おそらく父親がハンガリー女性と結婚したときに自分のエスニシティはハンガリーだと答えていると推測される。カルパチアでは両親の他民族との通婚の割合が高いが、その子供のスロヴァキア人としてのアイデンティティは99.4%とかなり高い。ヴォイヴォジナでは、スロヴァキアへのエスニック・アイデンティティは100%である。異なる民族間の結婚による子供のエスニック・アイデンティティの選択は興味深い問題である。

　他民族との通婚の割合は、カルパチアで高い。本人の配偶者がスロヴァキア人である割合は3割程度である。両親の世代より異民族間の結婚の割合は高くなっている。ヴォイヴォジナでのスロヴァキア人の民族内婚の割合は、父親の世代と同様に高く、7割近くに達する。スロヴァキア人の民族内婚の割合は、ヴォイヴォジナのつぎにルーマニアが高く、50%を超え、つぎにハンガリーが続く。しかし、カルパチアを除けば、両親の世代より異民族間の通婚が増えている事実はない。

　総体的にみれば、他国に離散して暮らすスロヴァキア人のスロヴァキア人としてのエスニック・アイデンティティは依然として根強いといえよう。

　最後に、インタビュー調査をつうじてえられたエスニック・アイデンティティにかんする知見を箇条書きにまとめておこう。

① 他国で離散したマイノリティとして暮らすスロヴァキア人は、日々の生活のなかで常に他の民族と接触し、共生することになるので、本国でマジョリティとして暮らすスロヴァキア人より、民族意識に敏感であり、エスニック・アイデンティティが強まる傾向がみられる。

② スロヴァキア人のアイデンティティの維持・存続にとってもっとも重要な要件は、スロヴァキア語の保存と継承である。スロヴァキア語を忘れることはホスト社会や民族マジョリティへの同化のはじまりである。

③ スロヴァキア語の伝承はたいてい家族、親族の古い世代から若い世代

へと日常の会話をとおしてなされる。しかしこのことは，伝承されるスロヴァキア語がアルカイックになることを避けられない。たとえばヴォイヴォジナにある99％がスロヴァキア人であるパジナ（Padina 1806年から移住がはじまる）という集落を訪問した際，同行したスロヴァキア人がパジナの人々の話すスロヴァキア語があまりにアルカイックなのに驚いていたことを思い出す。またスロヴァキア語に近いチェコ語は，かれらにとって，チェコ語ではなく，スロヴァキア語の変な方言と受け取られることもあった。私たちが訪問した離散したスロヴァキア人の住む集落のなかで，このパジナがスロヴァキアの言語と文化と生活慣習がもっとも強く残されていた地域である。

④ スロヴァキア人が集合的な生活を送っている地域には，スロヴァキアの学校や協会のあるところも少なくなく，そこでは，話し言葉だけでなく文字文化も継承される。リテラシーは，ナショナリズムの必須要件であると言う主張[11]をおもいだそう。

⑤ 日々の日常生活での会話をとおして言葉が伝承されていくということは，スロヴァキア人多数が集合的に生活していなければならない。それは，スロヴァキア人コミュニティがあり，コミュニティへの帰属意識が強く，居住地へのアイデンティティがエスニック・アイデンティティと重なっていることを意味する。とくにスロヴァキア人コミュニティがスロヴァキア人の移住元の地域を同じにしている人々から成り立っているばあいには，その地域の文化や伝統が容易に継承されやすく，エスニック・アイデンティティの保持に役立つ。

⑥ スロヴァキア人の民族内婚は，スロヴァキアの言語や文化が世代をとおして継承される条件であるが，集合して同一居住地に多くの同一民族の人が住んでいなければ民族内婚の機会は訪れない。一般に他民族との通婚は，エスニック・アイデンティティの構造に変化を与えるようであ

⑦　移住を繰り返すのは，生活の経済的条件が厳しいからであるが，移住先からまたべつの地に移住するばあいは，スロヴァキア人コミュニティから離れることが多く，あたらしい移住先でホスト社会に同化されやすい傾向がみられる。

⑧　スロヴァキア人は一般に，強いエスニック・アイデンティティを保持していても，たとえばスラブ語以外の言語であるハンガリー語やルーマニア語を話すことに抵抗はなく，マジョリティの社会に適合しようと努める傾向もみられる。スロヴァキア人はエスニック・アイデンティティの保持と他民族との共存を容易に両立できる民族のようである。たとえば，ルーマニアに住むセルビア人は，ルーマニア語を学ぶことに抵抗を感じているといわれる。もちろん　同じスロヴァキア人でも，住んでいる国，地域，職業，就業機会などによって，現地への適合やエスニック・アイデンティティの継承とその変容の姿は異なることはいうまでもない。

　離散して他国に住む少数民族，今回の事例研究はスロヴァキア人であるが，彼らは200年以上ものあいだなぜかくも強いエスニック・アイデンティティを保持し続けるのであろうか。驚きである。

1) 英語で Ruthenian（ルテニア人），スロヴァキア語で Rusíni（ルシン人）はスロヴァキア共和国内では，プレショウ地方を中心とする東部スロヴァキアに多くが住むが，その民族アイデンティティについては，近重亜朗「社会変動とエスニック・アイデンティティの変容——東スロヴァキアの少数民族ルシンの事例をもとに」川崎嘉元編著『エスニック・アイデンティティの研究——流転するスロヴァキアの民』中央大学出版部　2007年を参照。
2) ここの記述は，森安康達，南塚信吾『地域からの世界史12　東ヨーロッパ』朝日新聞社，1993年，pp. 145–158 を参照した。

3) P. F. シュガー，I. J. レデラー編，東欧史研究会訳『東欧のナショナリズム　歴史と現在』刀水書房，1969年，p. 131。
4) 「マティッツア・スロヴェンスカー」はハンガリー王国に属していた時代の1867年に，スロヴァキア国内文化を守り，継承するためにスロヴァキア北部の小都市マルティンにつくられた民族文化団体である。スロヴァキア人が住む他国にも支部組織があり，スロヴァキアの言語や文化の存続のための支援をしている。
5) 伊東孝之他監修『東欧を知る事典』平凡社，1993年，p. 673。
6) 前掲『東欧のナショナリズム』p. 154。
7) この節の記述は，前掲川崎嘉元編著書所収の以下の論文を参照している。前掲. ファルチャン論文，ヴラスタ・ラズ「ルーマニアのスロヴァキア人の歴史」，佐藤雪野「ヴォイヴォジナのスロヴァキア人」，マイケル・J. コパニッチ「合衆国のスロヴァキア人」，ズデニェク・シチャストニー「北ハンガリーのスロヴァキア人」，その他。
8) トルコ支配を脱却したハンガリーが，さらにハプスブルグ家の支配から脱却するために，ハプスブルグ家に解放戦争をしかけるが，国際的支援をえられず，結局ハプスブルグ家と和解することになった講和条約。
9) 前掲川崎編著書所収，ヴラスタ・ラズ論文，p. 146。
10) 各地のアンケート結果の集計表は，川崎嘉元（研究代表）『複数エスニシティ地域における住民アイデンティティの構造と変容——東欧の事例』科研費研究成果報告書，2003年を参照。
11) Anderson, B. 白石さや他訳『増補　想像の共同体　ナショナリズムの起源と流行』NTT 出版，1997年。

参考文献

伊東孝之他監修『東欧を知る事典』平凡社，1993年。
R・オーキー（越村勲他訳）『東欧近代史』勁草書房，1987年。
川崎嘉元編著『エスニック・アイデンティティの研究』中央大学出版部，2007年。
川崎嘉元（研究代表者）文部科学省科研費報告書『複数エスニシティ地域における住民アイデンティティの構造と変容—東欧の事例』2003年
P. F. シュガー，I. J. レデラー編，東欧史研究会訳『東欧のナショナリズム　歴史と現在』刀水書房，1969年。
沼野充義監修『中欧　ポーランド・チェコ・スロヴァキア・ハンガリー』新潮社，

1996年。

森安達也,南塚信吾『地域からの世界史―12　東ヨーロッパ』朝日新聞社,1993年。

矢田俊隆『世界現代史26　ハンガリー　チェコスロヴァキア史』山川出版社,1978年。

Atlas I'udovej kultúry Slovákov v Mad'arsku「ハンガリーにおけるスロヴァキア人民俗文化地図」(1996), Ústav etnológie SAV Bratislava (スロヴァキア語).

Atlas I'udovej kultúry Slovákov v Juhoslávii「ユーゴスラヴィアにおけるスロヴァキア人民俗文化地図」(2002), Ústav etnológie SAV (スロヴァキア語).

Atlas I'udovej kultúry Slovákov v Rumunsku「ルーマニアにおけるスロヴァキア人民俗文化地図」(1998), Ústav etnológie SAV (スロヴァキア語).

Bolerácová, Zdenka, (2003), *Slováci na zakarpatsku a ich kultúra.*「ザカルパチア地方のスロヴァキア人とその文化」Bratislava, Katedra kulturológie (スロヴァキア語).

Ellena Mannová (2000), *A Concise History of Slovakia,* Academic Electronic Press.

Miestny Odbor Matice Slovenskej v Padine (2000), *Padina 1806–1996* (スロヴァキア語).

Miroslav Kollár, Grigorij Mesežnikov (ed.) *Slovensko 2002,* Inštitút pre Verejné Otázky (スロヴァキア語).

Stanislav J. Kirschaum (1995), *A History of Slovakia ― The Struggle for Survival ―,* Palgrave Macmillan.

日系アメリカ人をめぐる展示表象の多文化ポリティクス
——強制収容,ミックスプレート,Hapa——

森　茂　岳　雄

はじめに

　近代国民国家の形成において,博物館は教会や学校と並んで国家の過去の記憶や理想的国民像を提供することによって,国民統合のイデオロギー装置の一つとして機能してきた(西川,1995: 10-14)[1]。しかし,ピータースも指摘するように,今日のグローバリゼーションの時代において,国家の博物館はその役割を失い,「ノスタルジアの殿堂」(ピータース,1996: 136)となってきている。

　一方近年の多文化主義の台頭の中で,国家の博物館とは異なる特定のエスニック集団の過去の記憶や自己像を展示するエスニック系の博物館がつくられてきている。そのような博物館は,従来の「啓蒙主義的な教化装置」(田中,2004: 137)としての役割を脱ぎ捨て,その集団の過去の記憶や自己像を展示することで,その集団の歴史的文化的アイデンティティを強化すると同時に,多文化主義の実践の場としての役割を担っている[2]。またそこにおける展覧会は,「自己と〈他者〉のイメージを提示する特権的闘技場」(Karp & Lavine, 1991: 15),「展示というメディアを通して,特定の価値を普及

する手段」（金子，2007：86）となっている。その意味で博物館展示は，極めてポリティカルな意味を持っている。

本章では，アメリカ合衆国を例に，そのようなエスニック系の博物館の中から，全米日系人博物館 (Japanese American National Museum) を取り上げ，代表的な企画展（移動展示）やその展示を活用した教育プログラムの分析を通して，同博物館が時代の中で日系アメリカ人の歴史の記憶や自己像をどのように生産し，消費してきたか，その多文化ポリティクスを探る。

1. アイデンティティ生成空間としての博物館

1960年代後半以前，スミソニアンを含むアメリカの主要な博物館は，「ヨーロッパ系エリート白人男性の価値観を反映した『文化の殿堂』であり，マイノリティ集団の歴史や文化に関する資料の収集，保存，分析の努力はほとんどみられなかった」（能登路，1999：191）といわれている。アメリカにおいて，博物館がマイノリティの歴史的経験を「我々の経験」として積極的に展示するようになる契機は，1950年から60年代にかけての公民権運動であった。公民権運動の波は70年代に入ると，各マイノリティ集団のアイデンティティを追求するさまざまな分野の文化運動の活性化を招いた。特に，教育の分野においては，アフリカ系アメリカ人やアメリカ先住民等，各マイノリティ集団の歴史的経験や文化的遺産を評価し，学校の教科内容としてカリキュラムに導入しようとする試みや，多文化的視点から教科内容を再構成しようという試みがなされた。

このような動きは，学校という公的な教育機関だけでなく，博物館や美術館など社会教育機関における歴史展示のあり方や教育プログラムの内容にも影響を与え，さまざまなマイノリティ主体によって自己の属する集団の歴史

像を多文化的視点から再構成し，表現し，学習する場として多くのエスニック系の博物館が作られた。このように今日，博物館は「収集，保存，研究，解釈，教育，展示といった旧来の活動に加えて，人々が自らの歴史認識や価値観を確認，修正，再構成するアイデンティティ生成の場としてきわめて政治的意味合いをもつ」(能登路，1999:188)ようになってきている。

　本章で取り上げる全米日系人博物館は，「日系アメリカ人の歴史と体験を，アメリカ史の大事な一部として人々に伝えていくことによって，アメリカの人種と文化の多様性に対する理解と感謝の気持ちを高めることを活動の目的」[3]とする全米で最大の博物館である。また，同館は単に日系人の歴史保存だけを目的とするのではなく，日系人の歴史と文化に関する展示やさまざまなプログラムを通して，(1)日系人と他のアメリカ人，マイノリティ・グループの人々との相互理解，(2)日系人と日本人との相互理解，(3)日米両国の相互理解の三つの相互理解を深めることをめざしている(全米日系人博物館，n.d.)。同館は，日系人の戦時補償運動が盛り上がりを見せた1985年に開館の準備が開始され，日系人の強制収容のきっかけとなった大統領行政命令9066号発令の50周年記念の一環として，1992年にロサンゼルスのリトルトウキョウの一角にある旧西本願寺ビルを改築し本館としてオープンした。1999年1月には，本館に隣接してその約3倍の展示スペースと研究

全米日系人博物館全景 (Photo by Norman Sugimoto)

や教育のための施設を備えた新館がオープンし，現在日本人移民・日系人に関する世界最大級のコレクションを有する博物館となっている。

　同館は，明治期の一世の渡米から現在にいたるまでの百年を越す日系社会の歴史を紹介した「コモングランド——コミュニティの心——」（1999年〜現在）と名付けられた常設展示の他，毎年いくつかの企画展示，移動展示を行ってきている。常設展の「コモングランド」とは，人種や国が違ってもだれもが持っているひとつのコミュニティを結び付けてきた「共通の絆」を象徴的に指している。企画展示としては，1992年の開館記念として1885年から1924年までの日系移民一世の歴史を紹介した「一世のパイオニアたち」と題した展示を行って以来，現在（2007年末）まで日系人（一部アジア系を含む）の歴史，人物，美術，工芸，スポーツ，音楽，日米関係等をテーマとした48の企画展を開催してきた[4]。

　本章では，それらの中から象徴的な三つの企画展示を取り上げる。ここで，常設展示ではなく企画展示を取り上げるのは，それがその時代の中における日系人像を象徴的に示していると考えたからである。その一つは「アメリカの強制収容所——日系アメリカ人の体験を語り継ぐ——」（1994〜95年）であり，二つは「ベントウからミックスプレートへ——多文化ハワイの日系人——」（1998〜99年），三つ目は「一部アジア系・100% Hapa」（2006年）である。企画展の中でもこれら三つの展示は，その時代における日系アメリカ人のアイデンティティの三つの異なる所在を象徴的に示しており，同じエスニック集団が時代や地域に呼応して，いかに異なる自己像を生産し，消費してきたかを知るうえで興味深い。

　以下，三つの展示が表象する日系アメリカ人の異なる自己像のポリティクスを探る。

2. アメリカの強制収容所——日系アメリカ人の体験を語り継ぐ

　日系アメリカ人の歴史的経験の中で最も象徴的な出来事は，第二次世界大戦期の強制収容体験であった。日本軍による真珠湾攻撃が行われた翌 1942 年 2 月 19 日，時の大統領ルーズベルトは「行政命令 9066 号」にサインし，それによってアメリカ西海岸に居住していた約 12 万人の日系人が，「軍事上の必要性」という名目の下，強制立ち退き，収容を余儀なくされた。しかもその約 60% がアメリカ国籍を有していたにもかかわらず，人種を理由にそれが行われたのである。

　アメリカ国内 10 カ所に点在した強制収容所の多くは，砂漠や湿地帯など住環境に適さない地域に作られた。有刺鉄線に囲まれた敷地内にはバラックが建てられ，6 メートル四方の一部屋に一家が暮らすという状況であった。部屋には水道もトイレもなく，共同の洗面所や洗濯場にいかねばならなかった。収容所の生活は，プライバシーがなく，長い行列と狭苦しい空間など，何をするにもいつも混乱をきたしていた。

　戦後長い間，当事者の多くはこの収容所体験を恥ずべきことと考え，それについて「集団的記憶喪失」状態のようになって沈黙を守った (Yoo, 1996)。このような「集団的記憶喪失」状態は，1980 年代に入って急速に進展した補償運動の中で徐々に回復していったが，この展示はまさに日系人にとって個人的記憶を集合させ，「集団的記憶喪失」状態からの回復をめざしたものであった。その意味で本展示は，日系人にとって 30 年以上も抑制され，議論することを拒絶されてきた強制収容という経験に対する「カタルシスを提供する場」（イヌイ，2004: 111）ともなった。

　この展示では，強制連行や集団抑留の様子を撮影した歴史的な写真や，実録フィルムを公開したほか，収容者の所蔵品や体験談等を通して，強制収容

346　第4章　離散・アイデンティティ・文化表象

「アメリカの強制収容所——日系アメリカ人の体験を語り継ぐ——」展
(Photo by Norman Sugimoto, 1994)

所の歴史を伝えている。さらに，ワイオミング州ハートマウンテンにあった収容所のバラックを野外に再現し，見学者に参加体験的共感を促すように工夫された。(写真参照)

　この展示に現れた歴史認識にかかわって注目すべきは，これまで連邦政府がナチのユダヤ人に対する強制収容と混同されるのを嫌い一貫して使用してきた「避難命令 (evacuation)」や「集合所 (assembly center)」「転住所 (relocation center)」といった婉曲表現にかわって，事実にそくして「監禁 (incarceration)」や「強制収容所 (concentration camp)」という言葉が明確に使用されたことである (Hirabayashi, 1994)。このような表現を用いることにより強制収容が，単に日系人だけの問題でなく憲法の保障する基本的人権や市民的自由の剥奪というすべてのアメリカ人にかかわる問題であることを強く印象づけた。

　この展示を活用した教育プログラムにおいても，排日運動や強制収容に関する年表や文章を読んで，「集合所」と「強制収容所」の違いを考えさせた

日系アメリカ人をめぐる展示表象の多文化ポリティクス　347

「アメリカの強制収容所――日系アメリカ人の体験を語り継ぐ――」
展（Photo by Norman Sugimoto, 1994）

り，「転住所」という表現がなぜ間違いなのかを考えさせる活動や，収容所で暮らす日系人の身になって連邦政府や大統領にその生活がどのような理由で不当で非人間的であるかを訴える手紙を書くといった活動が構想されている（Kajikawa, 1998: 6–7）[5]。

　このような展示や教育プログラムの意味は，これまでアメリカ史の「大きな語り」の中で場所が与えられなかった日系人の強制収容という「小さな語り」をジグソーパズルの不可欠な一片として明確に位置づけて示したことである。また，強制収容という一エスニック集団の特殊な体験に焦点を当てながらも，それを通して憲法上の基本的人権や市民的自由といったすべてのアメリカ国民として共有すべき共通の価値の大切さを学ぶことによって，アメリカ国民としての日系人のアイデンティティを明確に示したものといえる（森茂編，1999: 68；森茂 1999: 180）。

　本展示は，最初第二次世界大戦の終戦50周年を記念して，1994年11月11日から翌1995年10月15日までロサンゼルスの全米日系人博物館で公

開され，その後エリス島の移民博物館などアメリカ各地で巡回展示を行った。

3. ベントウからミックスプレートへ——多文化ハワイの日系人

　ハワイでは，プランテーションに従事するために集まってきたさまざまな国からの移民の交流によって，歴史的に独自の文化が形成された。特に，食文化はその象徴的な事例である。サトウキビなどのプランテーションに従事した初期の日本人移民は，毎日の昼食に下段にご飯，上段に漬物や豆腐などの簡単なおかずの入った二段重ねのアルマイト製の弁当箱を持参した。プランテーションで働く労働者には，ハワイの先住民に加えさまざまな国からの移民も多く，彼らは共に昼食をとる間に自然にお互いに持ち寄った食べ物を交換しあうようになった。例えば，フィリピンのパンシット麺，ポルトガルのチョリソー・ソーセージ，プエルトリコのパステレ・ポーク，中国のチョイサム(キャベツ料理)，韓国のカルビー，琉球のアンダギ・ドーナッツ，そしてハワイ先住民のロミロミ・サーモン(鮭料理)などである。やがてこれらの経験が，さまざまな国や地域の郷土料理を一つの皿に盛りつけた「ミックスプレート(またはプレートランチ)」と呼ばれるハワイ特有の食文化を誕生させた。このような食文化の融合は現在まで受け継がれており，現在ミックスプレートはハワイ料理のレストランにおいて代表的なメニューの一つになっている(今日の代表的なミックスプレートの一例は，ご飯，マカロニ・サラダ，鶏の照焼き又はカワル・ビック(豚肉料理)，キムチ等である)。

　このミックスプレートは，まさに今日の多文化社会ハワイの象徴表現である。すなわち，ハワイでは，移民が持ち込んだ文化や価値観と先住民やアメリカ本土のそれらが接触，変容して新しい独自の文化が生まれた。それを一般に「ローカル」と呼んでいる。本展示では移民当初から今日のローカル文

「弁当からミックス・プレートへ――多文化社会ハワイの日系人――」展（Photo by Takeo Morimo, 2000）

化（loco culture）が生まれるまでの日系人の歩みを写真，ビデオ，工芸等の展示を通して紹介している。

　例えば，展示の入口近くには「典型的な」ハワイ日系人家庭のガレージとリビングルームが復元されている。ガレージには，ゴルフ道具やパスタを作る機械など「洋風」の道具が並べられる一方で，アメリカの家庭には普通存在しない日本式の鍋や粉をひく石臼，火山岩で作られた餅つきの臼などが並べられている。同様にリビングには，ソファーや本棚などの「洋風」の家具が並べられる一方で，日本的な下駄箱，伊万里焼，だるまなどが並べられている。さらに，コアというハワイ特産の木を使ったテーブルランプや，（ポルトガルとハワイ文化の融合を示す）ウクレレなども配置され，ハワイ文化の混在性が表現されている。また，ガラスケースの中には，一世の女性がプランテーションでの労働に着ていた現在一般にハナハナウェアと呼ばれる労働着一式が陳列されている。これは「日本の伝統をある程度保ちながら，他

のエスニック・グループから学んだ」ものを組み合わせた結果，誕生したスタイルである。麦わら帽子は地元のラウハラ（パンダナスの葉を乾燥させたもの）を編んだもので，紺のかすりの上着のスタイルは中国系移民の影響を示している。このように一世の女性たちが日本から持参した着物は，ハワイの気候や農作業に合うように，異文化を取り入れながら，独自のスタイルに変遷していったことが表現されている (Japanese American National Museum, 1997a: 14; 矢口, 2000: 63-64)。

本展示で表象されているのは，日系人の固有の伝統的文化の強調でも「アメリカの強制収容所」展で意図されたような憲法に示されたアメリカの普遍的な価値でもない。ここで強調されているのは日系文化を含む多様な文化が共存するハワイの多文化性であり，それらの多様な文化が接触，交流する中で生まれたローカルな文化の生成過程である。ここには，本土とは異なるハワイ日系人の多文化的アイデンティティが表象されている。

本展示には，学校で利用する教育キットが付いている。この中の小学校を対象にした単元では，ハワイと本土の日系人の歴史的経験や文化を比較することによって，同じアメリカに住む日系人にも文化差があり，同じように一つのエスニック集団内にも多様性があることを理解する学習活動が構想されている。また，中・高等学校を対象にした単元では，単に日系人の歴史だけでなく，多文化共生のハワイの現実の認識から生徒一人一人が多文化主義を推し進めるための行動計画を立て，履行するような学習活動が提案されており，それによって多文化的なアイデンティティの育成が目指されている (Japanese American National Museum, 1997b)。

本展示は，全米日系人博物館のハワイの諮問委員会によって企画され，1997年にホノルルのビショップ博物館で公開され，1998年3月14日から翌1999年1月3日までロサンゼルスの全米日系人博物館での開催を経て，その後ワシントン DC のスミソニアン博物館，ハワイ島ヒロのライマン博

物館を巡回し，2000年11月10日から12月10日まで沖縄のハワイ移民百周年を記念して那覇の沖縄県立博物館で公開され，2001年には大阪の国立民族学博物館で，また2002年には広島県立美術館と新潟県立歴史博物館と，日本にも巡回した．

4. 一部アジア系・100% Hapa

　現代アメリカの人口動態の変化の特色の一つは，「多様性の増加」である．出身国別割当制度の廃止を盛り込んだ1965年の修正移民法によって，アメリカへの移民の出身地域はヨーロッパ中心からアジア，ラテンアメリカ中心へと大きく転換した．そしてアジア，ラテンアメリカからの非ヨーロッパ系エスニック集団の移民が増大するにつれ，アメリカの人口構成の動態は1970年代以降急速に多様性を増した．

　「多様性の増加」と並ぶアメリカの社会変動のもう一つの特色は，「多様性の多様化」（Diversification of Diversity）（ホリンガー，2002: 103–104）という現象である．すなわちアメリカでは，異人種間の結婚（interracial marriage）による人種のハイブリッド（異種混淆）化が進展してきている．2000年の国勢調査のデータによれば，一つ以上の人種的背景を持つと答えたものは約730万人で，総人口の2.6%に達している．その中で，最も多い32%を占めるのは白人と「ある他の人種」（Some Other Race）の組み合わせである．「ある他の人種」と答えた人々の97%がヒスパニック（あるいはラティーノ）であることから，白人と「ある他の人種」のほとんどは，白人とヒスパニック（あるいはラティーノ）の組み合わせと考えてよい．続いて，白人とアメリカン・インディアン（あるいはアラスカ先住民）の組み合わせが17%，白人とアジア系が12%，白人と黒人が11%の順になっている．

表1　二つあるいはそれ以上の人種混合: 2000年

混合	人口	二つあるいはそれ以上の人種人口の%
合計	7,270,926	100.0%
白人とその他の人種	2,322,356	31.9%
白人とアメリカンインディアンとアラスカ先住民	1,254,289	17.3%
白人とアジア系	862,032	11.9%
白人と黒人	791,801	10.9%
黒人とその他の人種	462,703	6.4%
アジア系とその他の人種	280,600	3.9%
黒人とアメリカンインディアンあるいはアラスカ先住民	206,941	2.8%
アジア系と先住ハワイ人あるいはその他の太平洋諸島系	138,556	1.9%
白人と黒人とアメリカンインディアンあるいはアラスカ先住民	116,897	1.6%
白人と先住ハワイ人あるいはその他の太平洋諸島系	111,993	1.5%
アメリカンインディアンあるいはアラスカ先住民とその他の人種	108,576	1.5%
黒人とアジア系	106,842	1.5%
その他すべての混血	507,340	7.0%

Source: U.S. Census Bureau, Census 2000 Summary File 4.

〈表1参照〉

　このような異人種間結婚の増加による人種のハイブリッド化の進展は，各個人の中に既成のエスニック集団に還元されない混成的で重層的なアイデンティティを生成してきている。

　前述した2000年の国勢調査によれば，日系アメリカ人の約3分の1（30.6%）が多人種的な遺産をもつ存在として，また混成したエスニックとしてのアイデンティティをもつ存在として自己を認識している[6]。このような人口動態変化の背景の中で，全米日系人博物館では，2006年6月8日から10月29日まで，「キップ・フルベック——一部アジア系・100% Hapa——」という企画展を行った。現在カリフォルニア大学サンタバーバラ校芸術学部の教授で，学部長でもあるキップ・フルベックは，写真家，映画制作

日系アメリカ人をめぐる展示表象の多文化ポリティクス　353

「一部アジア系・100% Hapa」(Photo by Norman Sugimoto, 2006)

者，作家，ギター奏者，サーファーと，さまざまな顔をもつ語るアーティストである。自身Hapaであるフルベックは，2000年の国勢調査の折に一つ以上のエスニック背景にチェックをすることが許されるようになったことを契機に，自分と同じHapaに興味をもち，3年間に渡って全米を旅し，さまざまな年齢と階層のHapa 1000人以上を撮り続けた。本企画展は，そのポートレートを展示したものである。

　Hapaとは，ハワイ語に由来し，"part"あるいは"mixted"を意味するスラングで，本来人種的・民族的コノテーションをもつ言葉ではなかったが，ヨーロッパ人やアメリカのプランテーション所有者がハワイに来るようになって以降，土地所有者（白人）と異人種間結婚したハワイ人を *hapa haole*（part Caucasian）と呼ぶようになり，人種的・民族的コノテーションをもつ言葉となった（ちなみに，日本人の混血を *Hapa kepani*，アフリカ系の混血を *Hapa popolo* と呼ぶ）。その後，遅れてハワイにやって来た日本人

の間では，Hapaは "half"（混血）を意味する蔑称として使われた（Asakawa, 2004：122）。しかし今日では，Hapaは「アジア系および/あるいは太平洋諸島系に部分的なルーツをもつ混成された人種の遺産や人種それ自体」を指す言葉として用いられているばかりでなく，その人達の間で誇り高き言葉として採用されている[7]。

　フルベックの展示作品は，Hapaや彼自身が日常生活の中でしばしば聞かれる，「あなたは何者か？」という問いに，彼らのポートレートと言葉で答えを模索したものである（Fulbeck, 2006）。具体的には，化粧をせず，宝石や眼鏡などの装飾品や衣服を身にまとわない素顔のHapaの肩から上のポートレートと，その下に自分が何者かを記した手書きの言葉を組み合わせて，Hapaの身体的美しさとハイブリッド化されたアイデンティティを力強く表現している。これは，日系人ばかりではなくすべての人種の将来のハイブリッド化したアイデンティティを象徴的に予言している。

おわりに

　以上，全米日系人博物館の三つの企画展示を例に，その展示に現れた日系アメリカ人の表象について検討してきた。一つ目の「アメリカの強制収容所」展では，「強制収容」という日系人に固有な歴史的経験をテーマにしながら，それを通して憲法に示された基本的人権や市民的自由といったすべてのアメリカ人が共有すべき共通の価値の大切さをメッセージとして展示することによって，「アメリカ国民としての日系人」というナショナルなアイデンティティを表象したものといえる。また二つ目の「ベントウからミックスプレート」展では，「ミックスプレート」というハワイ独自の食文化の象徴性を例に，異なる民族や文化が接触，交流する中で生まれたローカルで多様

な文化が共存するハワイの多文化性を展示することで,本土とは異なるハワイ日系人の「多文化的アイデンティティ」が表象された。三つ目の「一部アジア系・100% Hapa」では,ミックスプレートのような多文化の「共存」ではなく,Hapaという多文化の「混成」を展示することで,これからますます増えるであろう将来の日系人の,ひいてはすべての人種の「ハイブリッド化されたアイデンティティ」が表象された。

　それは,全米日系人博物館の展示表象が「アメリカにおける日系人の歴史上の役割とその存在を専ら主張するというところから,アメリカ民族文化の多様性の理解をさらに進めるために,日系アメリカ人の体験を共有していこう,というように変わってきた」(イヌイ,2004: 105) からである。このようにエスニック系博物館の展示は,時代や地域によってそのエスニック集団の自己像をさまざまな形で表現している。そこでは,同じエスニック集団でも歴史的経験の相違やそれを表現する作成主体の多文化ポリティクスによって多様な自己像が生産され,消費される。ここで取り上げた三つの展示は,本土とハワイの,また時代の変化における日系アメリカ人のアイデンティティの多様性を象徴的に表象している。

1) 西川長夫は,フランス革命期に行われたさまざまな政策や事業を広義の国民統合(国民国家の形成)の観点から下表のようにまとめている。

表　国民統合の前提と諸要素

(1) 交通(コミュニケーション)網,土地制度,租税,貨幣——度量衡の統一,市場...植民地	←経済統合
(2) 憲法,国民議会,(集権的)政府——地方自治体(県),裁判所,警察——刑務所,軍隊(国民軍,徴兵制)	←国家統合
(3) 戸籍——家族,学校——教会(寺社),博物館,劇場,政党,新聞(ジャーナリズム)	←国民統合
(4) 国民的さまざまなシンボル,モットー,誓約,国旗,国歌,暦,国語,文学,芸術,建築,修史,地誌編纂	←文化統合
(5) 市民(国民)宗教——祭典(新しい宗教の創出——ミシュレ,伝統の創出——ホッブスボウム)	

356　第4章　離散・アイデンティティ・文化表象

(出典：西川長夫「日本型国民国家の形成」『幕末・明治期の国民国家形成と文化変容』新曜社，1995 年，11 頁)
　　ここで(1)は下部構造に関わる部分，すなわち経済統合(資本主義形成)の側面である。(2)は国民の統合——支配に関わる諸機関，いわゆる抑圧装置と呼ばれるものである。(3)に列挙されているのはイデオロギー装置であり，博物館は学校，教会等と並んで国民統合のための重要な装置と位置づけられている。(4)には上の諸装置やさまざまな革命運動によって生み出された国民的なシンボルや制度の際立ったものが列挙されている。(5)は国民統合のシンボルとイデオロギーに関する一つのコメントである。(西川，1995: 10–14)
　　また，現代のカナダを事例にナショナル・アイデンティティ形成の場としてとしての博物館・美術館に関する研究として溝上 (2003) が，多文化アイデンティティ創出の場としての博物館に関する研究として Allen & Anson (2005) がある。

2) この点について，田川泉も「1990 年代は全米の政治的・社会的な変化を受け入れながら，博物館が文化的多様性をどのように実現していくことができるのか試みていた時代であったと考えられる」(田川，2005: 13) と述べている。
3) http://www.janm.org/jpn/general/mission.html
4) 開館から現在 (2007 年末) までの企画展のタイトルと開催期間は，以下の通りである。*Issei Pioneers: Hawaii and the Mainland, 1885–1924* (April 1, 1992–June 19, 1994), *The View From Within: Japanese American Art from the Internment Camps, 1942–1945* (October 13, 1992–December 6, 1992), *In this Great Land of Freedom: The Japanese Pioneers of Oregon* (August 7, 1993–January 16, 1994), *America's Concentration Camps: Remembering the Japanese American Experience* (November 11, 1994–October 15, 1995), *Fighting For Tomorrow: Japanese Americans in America's Wars* (November 10, 1995–January 12, 1997), *The Life and Work of George Hoshida: A Japanese American's Journey* (January 1, 1997–May 1, 1997), *The Kona Coffee Story: Along the Hawai'i Belt Road* (February 9, 1997–June 9, 1997), *Whispered Silences: Japanese American Detentioncamps, Fifty Years Later* (May 3, 1997–September 14, 1997), *Sumo U.S.A.: Wrestling the Grand Tradition* (July 3, 1997–November 30, 1997), *Kenjiro Nomura: An Artist's View of the Japanese American Internment* (October 4, 1997–January 11, 1998), *Asian Traditions/Modern Expressions: Asian American Artists and Abstraction, 1945–1970* (De-

日系アメリカ人をめぐる展示表象の多文化ポリティクス 357

cember 10, 1997–February 15, 1998), *The Heart Mountain Story* (February 18, 1998–August 22, 1999), *From Bento to Mixed Plate: Americans of Japanese Ancestry in Multicultural Hawai'i* (March 14, 1998–January 3, 1999), *Humanity Above Nation: The Impact of Manjiro and Heco on America and Japan* (May 1, 1998–August 2, 1998), *Coming Home: Memories of Japanese American Resettlement* (August 14, 1998–February 7, 1999), *Bruce and Norman Yonemoto: Memory, Matter, and Modern Romance* (January 23, 1999–July 4, 1999), *A Process of Reflection: Paintings by Hisako Hibi* (July 27, 1999–January 30, 2000), *An American Diary: Paintings by Roger Shimomura* (October 8, 1999–January 16, 2000), *An American Diary: Paintings by Roger Shimomura* (October 8, 1999–January 16, 2000), *More Than a Game: Sport in the Japanese American Community* (March 4, 2000–February 18, 2001), *Allen Say's Journey: The Art and Words of a Children's Book Author* (July 28, 2000–February 11, 2001), *For a Greener Tomorrow: Japanese American Gardeners in Southern California* (October 28, 2000–May 1, 2001), *Henry Sugimoto: Painting an American Experience* (March 24, 2001–October 7, 2001), *Beliz Brother, Mei-ling Hom, and Kim Yasuda: Celebrating U.S.-Japan Creative Artists Exchange Fellowship Program* (May 11, 2001–September 2, 2001), *Flo Oy Wong: Angel Island, Immigration, and Family Stories* (September 27, 2001–March 31, 2002), *Living in Color: The Art of Hideo Date* (October 27, 2001–April 7, 2002), *C.O.L.A. 2002* (May 3, 2002–June 30, 2002), *Passports to Friendship: Celebrating 75 Years of U.S.-Japan Friendship Doll Exchange* (July 27, 2002–October 13, 2002), *Boyle Heights: The Power of Place* (September 8, 2002–February 23, 2003), *Crafting History: Arts and Crafts from America's Concentration Camps* (November 16, 2002–May 4, 2003), *Finding Family Stories* (March 14, 2003–July 6, 2003), *Sights Unseen: The Photographic Constructions of Masumi Hayashi* (May 31, 2003–September 14, 2003), *Object Lessons: Exploring the Permanent Collection* (August 2, 2003–January 4, 2004), *Drifting: Nakahama Manjiro's Tale of Discovery. An Illustrated Manuscript Recounting Ten Years of Adventure at* (October 11, 2003–January 4, 2004), *Isamu Noguchi and Modern Japanese Ceramics* (February 7, 2004–May 30, 2004), *September 11: Bearing Witness to History*

(July 1, 2004–August 15, 2004), *George Nakashima: Nature, Form and Spirit* (September 1, 2004–January 2, 2005), *Lasting Beauty: Miss Jamison and the Student Muralists* (February 6, 2005–July 24, 2005), *Japan after Perry: Views of Yokohama and Meiji Japan* (February 6, 2005–May 1, 2005), *Big Drum: Taiko in the United States* (July 14, 2005–January 8, 2006), *Toshiko Takaezu: The Art of Clay* (August 6, 2005–November 27, 2005), *Southern California Gardeners' Federation: Fifty Years* (October 25, 2005–November 13, 2005), *Isamu Noguchi: Sculptural Design* (February 5, 2006–May 14, 2006), *kip fulbeck: part asian, 100% hapa* (June 8, 2006–October 29, 2006), *Ansel Adams at Manzanar* (November 11, 2006–February 18, 2007), *The Sculpture of Ruth Asakawa: Contours in the Air* (March 10, 2007–May 27, 2007) *Akio Morita* (July 13, 2007–September 9, 2007), *Giant Robot Biennale: 50 Issues* (November 3, 2007–January 13, 2008). 各展示の詳細は，http://www.janm.org/exhibits/past/ 参照のこと。
5) 本教育プログラムについては，森茂（2001）において紹介した。
6) 矢野泉が，1999年に全米日系人博物館のスウエットランド副館長に行ったインタビューによれば，「若い世代の3世，4世は日系アメリカ人というよりアジア系アメリカ人としてアイデンティファイしているように見える」と述べている（矢野，2003：40）。アジア系アメリカ人の異種混淆化とアイデンティティの問題については Williams-Leon & Nakashima (2001) を参照。
7) http://www.janm.org/exhibits/kipfulbeck/home

引用文献

イヌイ，ロイド（2004）「全米日系人博物館とアメリカにおける日系人の展示―個人的見解―」国立歴史民俗博物館編『歴史展示のメッセージ：歴博国際シンポジウム「歴史展示を考える―民族・戦争・教育―」』アム・プロモーション。

金子淳（2007）「歴史展示の政治性―『政治的存在』としての博物館とその実践―」大阪人権博物館編『博物館の展示表象―差別・異文化・地域―』。

全米日系人博物館（n.d.）「全米日系人博物館の目指すもの―3つの相互理解―」全米日系人博物館。

田川泉（2005）『公的記憶をめぐる博物館の政治性―アメリカ・ハートランドの民族誌―』明石書店。

田中きく代(2004)「博物館・美術館における多文化主義の試み」栗林輝夫・関西学院大学アメリカ研究会編『21世紀アメリカを読み解く』関西大学出版会。

西川長夫(1995)「日本型国民国家の形成」西川長夫編『幕末・明治期の国民国家形成と文化変容』新曜社。

能登路雅子(1999)「歴史展示をめぐる多文化ポリティクス」油井大三郎・遠藤泰生編『多文化主義のアメリカ―揺らぐナショナル・アイデンティティ―』東京大学出版会。

ピータース，ヤン・N.(1996)「多文化主義と博物館―グローバリゼーション時代における他者に関する言説―」日本記号学会編『多文化主義の記号論』（記号学研究16），東海大学出版会。

溝上智恵子(2003)『ミュージアムの政治学―カナダ多文化主義と国民文化―』東海大学出版会。

森茂岳雄(1999)「アメリカの歴史教育における国民統合と多文化主義」油井大三郎・遠藤泰生編『多文化主義のアメリカ―揺らぐナショナル・アイデンティティ―』東京大学出版会。

森茂岳雄(2001)「多文化共生社会に応える社会科教育―移民史学習によるグローバル教育と多文化教育の結合―」隻住忠久・深草正博編『21世紀地球市民の育成―グローバル教育の探求と展開―』黎明書房。

森茂岳雄編(1999)『多文化社会アメリカにおける国民統合と日系人学習』明石書店。

矢口祐人「弁当からミックス・ランチへ―博物館とハワイ日系移民史の表象―」国立民族学博物館地域研究企画交流センター編『地域研究論集』Vol. 3 No. 1, 2000年，平凡社。

矢野泉(2003)「全米日系人博物館と多文化教育」『横浜国立大学教育人間科学部紀要（教育科学）』第5巻。

Allen, Garth and Caroline Anson (2005) *The Role of the Museum in Creating Multi-Cultural Identities: Lessons from Canada*, The Edwin Mellen Press.

Asakawa, Gil (2004) *Being Japanese American: AJA Sourcebook for Nikkei, Hapa... & Their Friends*, Stone Bridge Press.

Fulbeck, Kip (2006) *part asian・100% hapa*, Chronicle Books.

Fulbeck, Kip (2006) "Kip Fulbeck on Being Part Asian, 100% Hapa", *Japanese American National Museum Member Magazine*, Summer.

Hirabayashi, J. (1994) "'Concentration Camp' or 'Relocation Center': What's in a Name?" *Japanese American National Museum Quarterly*, Vol. 9–3.

Holinger, David A. (2000) *Postethnic America*, Basic Books.（ホリンガー，藤田

文子訳『ポストエスニック・アメリカ―多文化主義を越えて―』明石書店，2002年)。

Japanese American National Museum (1977a) *From Bento to Mixed Plate: Americans of Japanese Ancestry in Multicultural Hawai`i.*

Japanese American National Museum (1997b) *From Bento to Mixed Plate: Americans of Japanese Ancestry in Multicultural Hawai`i, Educational Materials.*

Kajikawa, L. (1998) "The Japanese American Experience: A Way to Look at Global Education," *Issues in Global Education*, No. 147.

Kelly, Matt and Sashya Tanaka Clark (2006) "Mixed-Heritage People and the Redefinition of Racial Diversity", H. Richard Milner & E. Wayne Ross, *Racial Identity in Education* (*Race, Ethnicity, and Education*, Vol. 3), Praeger Perspectives.

Karp, Ivan and Steven D. Lavine (1991) "Introduction; Museums and Multiculturalism", in idem (eds), *Exhibiting Cultures: the Poetics and Politics of Museum Display*, Smithsonian Institution Press.

Williams-Leon, Teresa and Cynthia L. Nakashima (2001) *The Sum of Parts: Mixed Heritage Asian Americans*, Temple University Press.

Yoo, D. (1996) "Captivating Memories: Museology, Concentration Camp and Japanese American History," *American Quarterly*, Vol. 48–4.

みやげ物と絵ハガキ
——映画の中のニュージーランド——

中 尾 秀 博

1.『ラストサムライ』の森

　映画『ラストサムライ』(*The Last Samurai*, 2003) のネイサン・オールグレン大尉 (トム・クルーズ Tom Cruise as Captain Nathan Algren) は南北戦争の英雄であり，第七騎兵隊屈指の「インディアン・ファイター」でもあったのだが，上官の命令に逆らいきれず，どう見ても非戦闘員でしかない「インディアン」の女・子供を虐殺してしまった。爾来，そのことが悪夢となってかれを苛む。

　そんなオールグレン大尉の傷ついた精神が「消えゆく日本人」[1)]——「サムライ」との魂の交流で再生する。こんなステレオタイプの東洋神秘趣味がいまだにハリウッド映画では流通し，その一方で，日本の観客の安直なナショナリズムをくすぐる。ハリウッドから教えられる古き良き武士道精神というわけだ。もちろん，これはハリウッドの海外マーケット戦略の一環でもあり，日本での興行収益 137 億円はアメリカでの興行収益を凌駕している。

　『ラストサムライ』開始後 20 分ほど，森での戦闘シーンで，敵役の勝元盛次 (渡辺謙) が初めてオールグレンと出会う。軍隊を近代化すべく明治政府に雇われたオールグレンが近代的な鉄砲隊を率いて，勝元に統率され近代化

を拒否する「サムライ」討伐に向かう。この場で凱歌を挙げるのは，その後の大勢とは逆で，「サムライ」側だ。この戦闘で「サムライ」に惨殺される鉄砲隊員は明治になって士農工商の軛から解放されたばかりの元農民たちで，かぎりなく非戦闘員にちかい存在だ。いくら最新式のウィンチェスター銃で武装しても，たとえ南北戦争の英雄が指揮を執っても，元農民のにわか仕込みの鉄砲隊では，何世代も職業軍人を続けてきた「サムライ」の精鋭軍の気迫に圧倒されてしまう。武士道精神が近代化を一蹴した場面だ。ただし，この勝利の見事さが暗示するのは，皮肉にも，近代化の最終的な勝利でしかない。今回は機能しなかった鉄砲隊は何度でも再編成・強化されるが，「サムライ」にそのような未来はないのだから。

　戦う意志も，能力もないのに殺された「インディアン」の女・子供たち。短期集中訓練の甲斐なく，全滅してしまった鉄砲隊の元農民たち。そして，一時的・局地的な勝利を収めはするが時代の流れに抗しきれるはずのない「サムライ」たち。本国の戦場でトラウマを抱えて海を渡るオールグレンは，中毒症状ででもあるかのように，戦場を離れることができない。しかもマイノリティー側，敗者側，反体制側に心を惹かれることになり，戦場の「正義」が勝者側にはないことを悟ってゆく。

　この『ラストサムライ』をニュージーランド映画に分類することは可能だろうか。エグゼクティブ・プロデューサーがニュージーランド人で，撮影もニュージーランドで行われていたので，広義のニュージーランド映画と呼ぶことは許されるだろう[2]。上記の戦闘場面を見たニュージーランド人がにやりと笑うのは，日本の森であるはずの場面に目ざとくニュージーランド独自の植生を発見するときだが，それは御愛嬌。にやりとしたニュージーランド人も見逃しがちで，実は笑いごとではないのが，日本の森を連想させる樹木，つまり，ニュージーランドには元来，存在するはずのなかった外来種の針葉樹の存在のほうだ。もちろん，『ラストサムライ』のアメリカ人観客に

とっては，そのような植生の異種混合は前景化されない。このシーンではただなんとなく鬱蒼とした異国風のロケーションで近代が前近代に打ち負かされる迫力ある場面を目撃し，「ラストサムライ」勝元の捕虜になったオールグレンの行く末を心配するだけだ。大方の日本の観客には時代劇でお馴染みの森に見えるだろう。

　このシーンの伏線のようなテレビ CM が放送されていた（2000 年）。広島に本社を置く建材メーカー住建産業（JUKEN）（2002 年，株式会社ウッドワン（Wood One）に社名変更）は，商品である住宅建材用の広大な植林地をニュージーランドで経営している。CM は，ニュージーランド先住のマーオリ人（Maori）の労働者が植林する場面や，二酸化炭素を吸って酸素を出す森林のエコロジカルな働きを説明するナレーションや，森林浴マイナスイオン効果が画面からも発生しているような映像で構成されている。地球に優しいジューケンの仕事をやわらかくアピールする優良企業広告の典型のようだ。この CM が『ラストサムライ』の森の予告編のように，日本のテレビで放送されていたのだ。

　『ラストサムライ』の森がニュージーランドの森であることを端的に示していたシダ植物は既に 1 億年前からニュージーランドの原生林を彩っていた。もちろん 1 億年前はニュージーランドではなく，マーオリ人の呼び名，アオテアロア（Aotearoa）でもなかったが，シダ植物はこの土地のアイデンティティの証として生き続けてきた。なかでもギンシダ（silver fern）は日本の桜に相当するナショナル・アイコンになっている。そんなシダ植物や広葉樹が主役であったはずの原生林で，北米産の「ラジアータ・パイン」が植林され，主役の座に納まっている。亜熱帯から熱帯雨林のニュージーランドの原生林で北半球の温帯から亜寒帯に生育する針葉樹を植林すると 2〜3 倍の生育速度を示すといわれていて，いかにも北半球的な経済原理が働いているのがわかる。外来種の「ラジアータ・パイン」と原生のシダ植物は，それぞれ『ラストサムライ』の森での戦闘シーンで対峙する新旧二つの価値観

を，さらにはグローバルな経済活動とローカルなアイデンティティを表象している。

ニュージーランドの森のかつての主役はトータラ，リム，カウリに代表される原生の広葉樹で，樹齢数百年を誇る大木は，ヨーロッパ人の入植以前からの「住人」であった。神格化して共生していた先住のマーオリ人とは異なり，ヨーロッパ系の入植者たちは，このような樹木を，あるいは単に開墾のために，あるいは貴重な住宅用高級建材として，乱伐を重ねていった。「ラジアータ・パイン」がニュージーランドの森に登場したのは1860年代で，1955年にはニュージーランド全土の森林面積の過半数を外来樹木が占めるに至り，なかでも「ラジアータ・パイン」はその代表格となる[3]。

2007年現在，株式会社ウッドワン（旧ジューケン）は，

> ニュージーランドに広がる約6万8千ヘクタールの「JUKENの森」では，「木を守り，育て，活かす」輪伐システムを採用し，定期的な植林によって森林の良好な環境を保全しながら，30年サイクルで森林資源を再生・活用しています。（ウッドワン @www.woodone.co.jp/）

深刻な地球温暖化で，各企業とも「環境保全」を謳うことが常識になっている近年，このようなウッドワンの企業理念は実に「グリーン」で好感度をあげているだろう[4]。

ニュージーランドは1934年には「原生植物保護法」（the Native Plants Protection Act）を制定していた。しかし強制力も弱いうえに罰則も軽く，現実はヨーロッパ系白人入植以来の「開発」優先の方向性が変更されることはなく，原生植物は根本的には保護されなかった。1960年代，西側諸国で急速に地球環境保護への関心が高まり，ニュージーランドでも「クジラを救え！」（Save the Whales）を合言葉に展開されたキャンペーンが政府の開発優先の方針を転換させ，1971年「海洋保護区法」（the Marine Reserves

Act），78年「海洋哺乳類保護法」(the Marine Mammals Protection Act) が制定される。以後も，86年の「環境法」(the Environment Act)，87年の「保全法」(the Conservation Act)，91年「資源管理法」(the Resource Management Act)，93年「森林回復法」(the Forests Amendment Act)，96年「水産業法」(the Fisheries Act)，そして2000年の「エネルギー効率及び保護法」(the Energy Efficiency and Conservation Act) とニュージーランドが「環境保全」を目指す方向性は，繰り返し法制化され，確認され続けてきているように思われた[5]。

しかしながら，現実には「環境保全」は建前に過ぎず，根元的な開発志向は挫かれるどころか，依然として促進されている。99年にボンで開催されたCOP5（国連気候変動枠組条約第五回締約国会議）に際して，ニュージーランドが92年に約束したCO2排出量5%削減に反して30%増加させていたことを理由にNGO団体から最も不名誉な「化石賞」が授与された[6]。「環境保全」を実現させるはずのさまざまな環境関連法が，実際は十全には機能しないような法体系を構成してしまっているからだ，という指摘もある[7]。そもそも「保全」される「環境」の原状をどこに設定するのか？ 本質的に根強い開発志向が影響力を発揮し続けた結果，「原状」とは決してヨーロッパ系白人入植以前の状態ではなく，ある程度の開発が進んで「安定」した状態であるという政治的な判断が下されているのだ。ウッドワンの「グリーン」な企業理念が目指す「環境保全」はニュージーランドの根元的な開発志向に反することはない。「ラジアータ・パイン」の針葉のグリーンは原生樹木の広葉のグリーンとは本質的な色合いが違う。『ラストサムライ』の豊かな森は，勝元の捕虜になって再生するオールグレンのように，アンビヴァレントなのだ。

2.『ピアノ・レッスン』の海岸

テレビ CM におけるニュージーランドの表象をもうひとつ見てみよう。ドイツの高級車アウディのテレビ用 CM シリーズのなかに，ニュージーランドの海岸で撮影されたものがある。ロケ地はジェーン・カンピオン（Jane Campion）監督作品『ピアノ・レッスン』（*The Piano*, 1993）でピアノとともに主人公たちが上陸するニュージーランド北島，カレカレ（Karekare）の海岸線の北側の延長線上，タスマン海を望むベゼルズ・ビーチ（Betheles Beach）で行われている[8]。

主役は「アウディ・クアトロ」（Audi Quatro）。共演者はウェイクボーダー（ガーヴィン・ブロートベント Gervin Broadbent）で，運転手の姿はまったく映らない。サーフボードより短いウェイクボードをアウディ・クアトロが牽引し，ブロートベントは水上スキーのように乗り回しながら，トリッキーなジャンプなどを決めていく。ウェイクボードもアウディ・クアトロも波を切り，水しぶきをあげ，自在に動き回る。ナレーションなどは一切なく，アウディ・クアトロとウェイクボードが波と風を切る音だけが，『ピアノ・レッスン』のあの壮大なロケーションを背景に響く。最後に「クアトロ」，そして「アウディ」のロゴのアップで CM は終了する。

ガーヴィン・ブロートベントはニュージーランド・チャンピオンのプロウェイクボーダーで，撮影の前年，99 年のフロリダ・ワールドチャンピオンシップでは 5 位入賞を果たしている。ディレクター，カメラマン，プロデューサー以外は全てニュージーランドのスタッフが採用され，撮影は 9 日間，延べ 40 人のクルーで行われたそうだ。アウディ・クアトロにとってはぎりぎりの深さ，ウェイクボードにとってはぎりぎりの浅さの水深でなければ成立しないところがこの「共演」にとって最大の困難なのだが，ベゼル

ズ・ビーチは理想的な砂浜だった。この企画を手がけたのは広告代理店の「バートル・ボーグル・ヘガーティー」（Bartle Bogle Hegarty）だ[9]。

「バートル・ボーグル・ヘガーティー」は英国を代表する広告代理店で，ロンドンに本社を，アジアは東京とシンガポールと上海，北米はニューヨーク，南米はサンパウロに支社を置き，ジョニー・ウォーカー，英国航空，ソニー・エリクソン，リーヴァイス，メントス，ボーダフォンなどを顧客として国際的なマーケットで仕事をしている[10]。

この「アウディ・クアトロ」のCM撮影に関して「ディレクター，カメラマン，プロデューサー以外は全てニュージーランドのスタッフ」ということは，「ディレクター，カメラマン，プロデューサー」は「バートル・ボーグル・ヘガーティー」ロンドン本社の人間ということを意味する。ニュージーランド・チャンピオンのプロウェイクボーダー，ガーヴィン・ブロートベントの活動の拠点は地元ニュージーランドではなく，競技の性質上，必然的にアメリカ合衆国ということになる。これらは，いわゆるグローバル化した市場原理をストレートに反映している。撮影スタッフに関しては，「ディレクター，カメラマン，プロデューサー」と「その他」というヒエラルキーが存在し，主軸は本場から出向くが末端は現地採用でコストダウンを図っているということ。ウェイクボードに関しては，プロスポーツ競技会運営を支える巨大資本の存在が世界中の才能をアメリカ合衆国に集めているということ。『ラストサムライ』の森が北半球主導の経済原理にニュージーランドが進んで巻き込まれていることを表象していたことと同様のメカニズムがここでも働いている。株式会社ウッドワン本社を頂点として，ニュージーランド本社，現地工場，「ジューケンの森」というヒエラルキーとの相似形が，このCMの撮影現場にも見出せるのだ。

それだけではない。「アウディ・クアトロ」のCMと『ピアノ・レッスン』にも共通の構図が使われている。それぞれ，メタリックな高級車とクラシッ

クなピアノが荒々しい海岸を背景にする印象的な構図は，テクノロジーと自然，あるいは文明と自然のコントラストを際立たせている。このような欧米の表象との組合せにおけるニュージーランドは，21世紀に向かう最新鋭高級車の場合も，19世紀中頃の入植にまつわる物語の場合も，それぞれ主役を前景化するロケーションとして機能しているのだ。ロケーション＝ローカルを背景にしてグローバルなメカニズムが起動する。

　『ラストサムライ』に比べれば，この『ピアノ・レッスン』は堂々とニュージーランド映画といえるはずだ。カンヌ映画祭のパルムドール大賞と主演女優賞，そしてアカデミー賞の主演女優賞・助演女優賞・オリジナル脚本賞の受賞で，「ニュージーランド映画を代表する名作」のはずなのだが，実際はすっきりしない。まず，製作にはオーストラリアン・フィルム・コミッション（Australian Film Commission）とフランスのCIBY2000の資金が使われ，ニュージーランドの資金は使われていない。そして，監督・脚本のジェーン・カンピオンはニュージーランド生まれではあるが，育ったのはオーストラリアであり，現在の拠点は北米にある。オーストラリアでは，だから『ピアノ・レッスン』はオーストラリア映画だ，とする主張もある。カンピオン自身はニュージーランドの新聞社のインタビューに応えて「ニュージーランドで撮影し，ニュージーランド人が携わった，ニュージーランド映画」であり「ニュージーランドの物語」だと発言しているが，自らの「二枚舌」も認めている[11]。

　しかしながら『ピアノ・レッスン』がオーストラリア映画かニュージーランド映画かという問題は，レオニー・ピハマ（Leonie Pihama）が指摘するように，表層的な問題に過ぎない。要するに「ヨーロッパ系白人」植民国家同士が「所有」を主張しあっているだけなのだ。だからマーオリのことばで「ヨーロッパ系白人」を意味する「パーケハ」（Pakeha）を冠して「パーケハ映画」と定義すればいい，という。「けっこうなホワイトの物語」なのだ，

と[12]）。

　レオニー・ピハマの論考にはスティービー・ワンダーとポール・マッカートニー（Stevie Wonder & Paul McCartney）の1982年のヒット曲と同じ「黒檀(エボニー)と象牙(アイボリ)」（"Ebony and Ivory"）という表題がつけられている。盲目のアメリカ黒人と元ビートルズのイギリス白人のデュエット曲は「♪ピアノの黒鍵と白鍵が仲良く並んでいるように，黒人と白人も完璧な調和のなかで生きよう」と訴えかけていたが，ピハマの訴えは『ピアノ・レッスン』があくまで象牙＝白人を主役とする物語で，黒檀＝マーオリ人の役割は昔ながらの偏見に基づいたステレオタイプに過ぎない，ということだ[13]）。

　グラスゴーから運ばれてきた主人公エイダ（ホリー・ハンター Holly Hunter as Ada）愛用のピアノは口の利けない彼女の感情表現の手段として重要な意味をもたされている。上陸直後の海岸でマイケル・ナイマン（Michael Nyman）作曲のあのオリジナル・テーマを鍵盤部分の梱包の板を外して弾き始めるエイダの足元を突然，打ち寄せる波が襲う。繊細で哀しいメロディーは唐突に中断されてしまう。このピアノが「ジョン・ブロードウッド＆サンズ」（John Broadwood & Sons）社製であることは後に調律師のコメントが明らかにする。ただのピアノではない。「ジョン・ブロードウッド＆サンズ」は世界最古のピアノ製作会社で英国王室御用達。1740年にジョージⅡ世のハープシコードを製作して以来，現エリザベスⅡ世まで歴代の英国国王・女王用ピアノを製作し続けている。モーツアルト，ハイドン，ショパン，ベートーベン，リストも使用した由緒ある「ジョン・ブロードウッド＆サンズ」の一台が最果ての海岸に放置され，エイダは原生林の奥へと嫁いでゆく。この最も場違いのピアノはどうなるのか？[14]）

　やがて文盲だがマーオリ語を解する元イギリス人，ベインズ（ハーヴェイ・カイテル Harvey Keitel as Baines）がエイダの夫スチュアート（サム・ニール Sam Neil as Stewart）との物々交換で放置されたピアノを獲

得し，エイダから「ピアノ・レッスン」を受けることになる。

　スチュアートはマーオリ人の土地を騙すようにして獲得する大英帝国の手先として生きている。「ジョン・ブロードウッド＆サンズ」を海岸に放置するように決めるのも，一転してベインズの土地との交換に応じるのも，スチュアートの独断で，エイダの意志は無視される。大英帝国がニュージーランドを「所有」するように，スチュアートはエイダも，エイダのピアノも「所有」するのだ。

　ベインズは，オリジナル・スクリプトによれば，元々捕鯨船員としてニュージーランドを訪れ，やがてマーオリ人の生活になじんで，アイデンティティを曖昧にしていった典型的な「パーケハ＝マーオリ」（Pakeha-Maori）で，マーオリ語に堪能なだけではなく，顔にマーオリ風の刺青までしている（実際の映像では元捕鯨船員という出自には言及されないが）[15]。そんなベインズが「ジョン・ブロードウッド＆サンズ」を獲得し，エイダから「ピアノ・レッスン」を受けることになるのだが，マーオリ人にはピアノ（が表象する文明）がまったく理解できない，というストーリーが組み立てられ，映像化されている。マーオリ人とピアノの関係は，海岸から道なき原生林を運ぶ不注意な人足役でしかない。運搬中バランスを崩し山道にぶつけて不協和音を響かせたり，パーケハの不在時にはサルのように鍵盤を叩いてはしゃいだり。この辺りがピハマの訴える「マーオリ人の役割は昔ながらの偏見に基づいたステレオタイプに過ぎない」という実例のひとつだ[16]。

　「この映画では土地と現地人と女性に対する暴力が無批判に描出されている」と『ピアノ・レッスン』の欺瞞を糾弾するベル・フックス（bell hooks）は，ベインズをターザンや「ホワイト・ニグロ」の系譜に位置づけ，顔に施されたマーオリ・モコが演出する怖さとあこがれのからくりを説明する[17]。あるいは，ベインズをJ・F・クーパーのアンビヴァレントなヒーローの南太平洋型と見ることもできるかもしれないが[18]，ベインズの「パーケハ＝

マーオリ」の二重のアイデンティティは充分には掘り下げられていない。マーオリの表象を陳腐なステレオタイプにしたために、図式的な「パーケハ＝マーオリ」の設定がアンビヴァレンスを形成するには至らないからだ。一方、「土地と現地人と女性に対する暴力」を行使するスチュアートは植民地主義の野望を体現する人物だが、その「罪」に対して妻の離反というかたちの「罰」を受ける。この罪と罰の関係も図式的といえば図式的だが、スチュアートの苦悩は扇情的に映像化されている。ベインズの人物造形が苦悩の深さの描出でスチュアートに及ばないのは、フックスの見立てを引き継いでいえば、物語のエピローグのベインズが「ジェーンと結ばれ、ジャングルを出て、文明化されるターザン」になっているからでもある[19]。

　監督・脚本のジェーン・カンピオンは「芸術的な妥協をして作品をPC (politically correct) ポリティカル・コレクト的にはしない」と発言しているが、「芸術的な」映画製作の前提に非PC的ステレオタイプの再生産があるというのも『ピアノ・レッスン』が「ニュージーランド映画」であるという意味のアイロニーかもしれない[20]。ベル・フックスは「現地人と土地の征服と同様、女性性の征服も賛美されている」とも指摘しているが、ジェーン・カンピオンの「暴力の無批判な描出」や「征服の賛美」を可能にしているのは、非PC的ステレオタイプの再生産にほかならない。これは「芸術性」を口実にしたハリウッド映画式の政治的口実だが、『ピアノ・レッスン』がニュージーランドを代表する名作であるという国内外の定評があるのは、この国が根元的には非PC的ステレオタイプを維持しているということの、あるいは、内外の観客に意識化されないほどのステレオタイプの根深さの、証でもある。

　ベル・フックスの論考は『無法者文化』(*Outlaw Culture*) という評論集の「ギャングスタ・カルチャー——性差別、女性嫌悪」("Gangsta Culture—Sexism, Misogyny") と題された章で展開されている。フックスの

論点は「暴力的」と批判される「ギャングスタ・ラップ」の非PC的表現の外枠として君臨し続けている「白人至上主義的資本主義的家父長制」(white supremacist capitalist patriarchy 以下，WSCP) の周到さの指弾にある。黒人の若者文化「ギャングスタ・カルチャー」が性差別，女性嫌悪をトレードマークとしているのは，それが黒人若者文化固有の現象なのではなく，実は，コンテクストを共有する社会階層的に上位のWSCPの秘められた要請だからなのだ，と。そもそも「ギャングスタ・ラップ」とは隔離された黒人若者文化内で真空培養されたものではなく，マスメディアが発信するメインストリームの文化を無批判に消費した結実なのだから，と[21]。

『ピアノ・レッスン』を包括しているマスター・ナラティヴは，「ギャングスタ・ラップ」と同様，WSCPであり，同じ海岸線を疾駆する「アウディ・クアトロ」のCMを支えるグローバルな仕組みを起動させているのもまたWSCPにほかならない。本来，自然の波の力を利用して浮力と推進力を獲得するのがウェイクボードなのだが，波を切る「アウディ・クアトロ」に引っ張られる様子は暴力的で，残酷ですらある。これがグロテスクな光景ではなく，クールなものとして演出され，受容されるのがメインストリーム文化の約束事なのだ。

3. 『クジラの島の少女』のワカ

『ピアノ・レッスン』プロローグに続くシーンで，エイダと娘とピアノはボートから上陸する(沖合いには本国からの母船が停泊中のはずだ)。ブルーグレーの海中からボートの船底の黒い影を映すカメラワークは印象的だった。エピローグ直前のシーンで，海に沈んでゆくピアノとエイダの黒いシルエットを映し出す海中シーンの伏線にもなっているのだが，そのときエイダ

と娘とピアノ，そしてベインズを乗せたボートは再出発を期して，最初に上陸した海岸から北の町，ネルソン（Nelson）へと向かう途中だった[22]。

　冒頭と結末のボートは映画のストーリーが円環構造を成すことを示しているが，上陸と出発の違いとは別に，ボートそのものの違いにも注目しなくてはならない。冒頭のボートは赤道を越えてきた母船から上陸用に降ろされたもので，ヨーロッパ系植民者＝パーケハが代々使ってきた型のものだ。一方，結末のボートは先住者＝マーオリ独特の「ワカ」（Waka）と呼ばれるカヌー型のものだった[23]。

　先住民のマーオリには祖先が伝説の島，ハワイキ（Hawaiki）からワカに乗ってアオテアロア＝ニュージーランドに渡ってきたという起源譚があるが，北島東海岸の小さなマーオリ・コミュニティー，ファンガラー（Whangara）の起源譚は祖先のパイケア（Paikea）がクジラに乗って渡ってきたというものだ。ニキ・カーロ（Niki Caro）監督・脚本『クジラの島の少女』（*Whale Rider*, 2002）は，このパイケア伝説に基づいたマーオリ作家ウィティ・イヒマエラ（Witi Ihimaera）の小説を原作としているのだが，原作には登場しないワカが重要な役割を担っている[24]。

　ラストシーンでは，主人公の父親（クリフ・カーティス Cliff Curtis）が完成させたワカが進水式を迎え，コミュニティーの現ランガティラ＝リーダー（rangatira），祖父（ラウィリ・パラテーン Rawiri Paratene）と将来のランガティラ，孫娘の主人公（ケイシャ・キャッスル＝ヒューズ Keisha Castle-Hughes）とが肩を並べて乗り込み，沖に漕ぎ出してゆくというハッピーエンドにふさわしい映像が見られる。ファンガラーの美しい砂浜と海と空の魅力が一艘の勇壮なワカの背景として最大限に引き出されるシーンになっている。

　『クジラの島の少女』は主人公とは双子の男の子と母親がお産で亡くなる悲痛なシーンで始まる。後継の男子誕生を期待していたランガティラの祖父

の心無い言葉に傷ついた父親は故郷を離れ，生き残った主人公は臨終の母の命名でパイケアと名のり，祖父母のもとで成長するが，男系のコミュニティーの伝統を守ることに腐心する祖父は，主人公の顕在化しつつあるリーダーとしての資質を彼女が一族の長男ではないという理由から頑なに認めようとしない。新旧世代対立とジェンダー問題は原作同様，この映画のテーマとして設定されている。暗いオープニングと重たいテーマの物語は，最後に一気に美しいハッピーエンドで収束する。

主人公の父親はマーオリの伝統彫刻家だが，自分の父親との確執から，ワカの装飾彫刻を仕上げることなく，ドイツで現代芸術家として暮らしている。愛慕する祖父から冷たく拒否され続ける主人公は度々，この未完成のワカに逃げ込む。主人公の祖父はマーオリの伝統彫刻を次世代に伝える義務を放棄して，外国に逃げた息子を許すことができず，外国で認められている作品を「みやげ物」に過ぎないと言い捨てる。元来，書記言語を持たなかったマーオリにとって彫刻は重要な伝統継承のメディアのひとつであったので，現ランガティラとしては息子の出奔・転向は認めがたい所業なのだ[25]。

だから結末の進水式のシーンは美しい。船首・船尾・サイドパネルにはさまざまな意味を担った伝統彫刻が施され，さらに鮮やかな羽根飾りもつけられ，ワカは勇壮に波を切って沖に漕ぎ出される。その40人余の漕ぎ手には，主人公の父親と叔父も含まれている。祖母と叔母，そして新しい母親になるはずのドイツ人女性も浜辺でにこやかに見送っている。この映画におけるワカがコミュニティー再生の表象として機能していることを納得させる場面だ。

撮影で使われたワカは全長25メートルで，マーオリ・パーケハ間の条約で歴史的に名高いワイタンギ（Waitangi）の地に保存してあるワカに匹敵する最大級のものだ[26]。伝統的には，ニュージーランド在来種のトータラのような大木から彫りだして作り上げるものなのだが，現在ではそのような樹木

自体が稀少であることと撮影日数・予算が限られていることから，驚くべき方策が講じられていた[27]。

映像で見るかぎり全く伝統的なワカにしか見えないが，実際はトータラの丸木船などではなく，薄層状に重ねた木材で成形し，外側をファイバーグラス・シートで補強するという現代ヨーロッパ式造船技術が駆使されている。しかも，最大で60人乗り，船体重量2.7tをわずか一月足らずで完成させているのだという。

さらに観客の目を欺いているのが，船首・船尾・サイドパネル部分に施されている見事なマーオリ伝統彫刻の制作方法だ。船体は，まがりなりにも木材でできていたが，装飾彫刻部分は木製ですらない。合成樹脂のポリスチレンが使用されているのだ。制作を担当したのは2人のマーオリ彫刻家で，最後にプラスチック・コーティングをして，5日間で仕上げたそうだ。鑿と木槌というより，カッターとチェーンソーが活躍している[28]。

一方，ワカが登場しない原作の中心的な表象――『ピアノ・レッスン』におけるピアノのような――はクジラが担っている。原作では，ファンガラーの三世代の物語と平行しながら，大洋を回遊するクジラの群れの壮大なストーリーが展開し，現代のファンガラーとパイケア伝説との結びつきを紡いでゆく。この海中の物語は映画化にあたって削除され，クジラの登場は冒頭の主人公パイケア誕生の場面の一瞬のフラッシュバックと終盤のファンガラーの海岸に限定される。この削除は映像作品としての統一感を優先するための選択なのかもしれないが，その結果パイケア伝説の奥行きと物語の拡がりが失われてしまった。クジラの視点から言及されるフランスのムルロア環礁水爆実験にまつわる政治的な挿話も削除されている。南太平洋の島嶼国と歴史的・文化的にも深いつながりを持ち，マーオリ文化を超えたナショナル・アイデンティティの形成の中核に環境保全を据えているニュージーランドにとって，ムルロアはきわめて切実な問題であり，原作はその問題に独特

のアプローチをしていた[29]。

　映画化にあたって，原作からもうひとつ重要な挿話が削除されている。主人公の叔父，ラウィリのパプアニューギニア（Papua New Guinea）体験が完全に削除されているのだ。原作では語り手を務めるラウィリは作者の分身的な存在で，オーストラリアで知り合ったパプアニューギニア人の故郷を訪ね，植民地主義の残滓と人種差別意識の根強さに深く傷つき，マーオリの歴史を振り返り，未来を憂いながら，ファンガラーに戻ってくる。この挿話でウィティ・イヒマエラは依然として，あの「黒檀と象牙」の構図が執拗に根を張る現代史の文脈に作品を位置づけていた。ニュージーランドの国是であるマーオリとパーケハの「二文化主義」が建前に過ぎないという批判は根強い。パプアニューギニアでラウィリを傷つけた問題はニュージーランドでも解消されていないが，映画からは消去されているのだ。

　これらの挿話が削除されることで『クジラの島の少女』は映像作品としての統一感あるいはわかりやすさを獲得しているのかもしれないが，それぞれの挿話に込められていた原作者の政治的なメッセージも文学的な奥行きも削除されてしまった。ニキ・カーロ監督は作品の「普遍性」と「特殊性」に関して，「普遍性は文化の特殊性から生まれるものなので，外国の観客用に文化の特殊性を薄めたりすることは絶対にない」と，きわめて優等生的な発言をしているのだが，果たしてこの映画がその証明になっているのだろうか[30]。

　ここで想起されるのが，ジェーン・カンピオン監督の「芸術的な妥協をして作品をPC的にはしない」という発言だ。『ピアノ・レッスン』の場合，「芸術性」の獲得が非PC的ステレオタイプの再生産とセットになっていたが，ニキ・カーロの『クジラの島の少女』におけるセットは「普遍性」の獲得と政治性の削除といえるだろう[31]。

　「文化の特殊性を尊重し，そこから普遍性を獲得する」はずのニキ・カー

ロが獲得した「普遍性」からは肝心の「特殊性」が削除されている。もちろん『クジラの島の少女』からマーオリ文化のすべての「特殊性」が削除されているわけではない。問題は演出された「特殊性」と削除された「特殊性」の違いにある。ムルロア水爆実験やパプアニューギニアの挿話を削除することによって失われる「特殊性」には，伝統的なマーオリ固有の文化にとどまらないニュージーランドのナショナル・アイデンティティへの視点もそれに対する批判も内包されていた。これこそ原作者が意図した「文化の特殊性」の典型で，「普遍性」が獲得されるとすればここからでなくてはならない。削除は「尊重」ではないはずだ。

　一方，演出された「特殊性」は，ワカに代表される。マーオリ文化の表象としてきわめて視覚的でわかりやすいのだが，わかりやすさの演出のために本来の「特殊性」が犠牲になっている。『クジラの島の少女』の舞台，ファンガラーはパイケア伝説の土地であり，地元のマーオリ・コミュニティーは起源譚を守り続け，コミュニティーの中心である集会所＝ファレヌイ (wharenui) の頂点にはクジラに跨った勇者パイケアの木彫りの像が据えられ，自らが渡ってきた海を睥睨している。ウィティ・イヒマエラの原作でも，当然，ファンガラーの物語はこのパイケア像を中心にしている。ところが，ニキ・カーロのファンガラー物語は，ラストシーンが如実に示しているとおり，ワカの進水式をピークにしているのだ。このすり替えはカーロが自らに禁じていた「文化の特殊性を薄める」行為にほかならない。土地との結びつきを尊重するマーオリの文化を映画用に「普遍」化する際に，カーロはファンガラーの「特殊性」を尊重してはいない。

　さらに皮肉なのは，このワカの製作がマーオリの伝統を尊重するのではなく，いかにも映画産業的な効率主義で行われたことだ。伝統工法が芸術志向であるとすれば，それと相反する効率主義はみせかけの「らしさ」の再現を最小の労力・最短の時間で達成する。映画のなかで，外国で認められている

主人公の父の「芸術」を祖父は「みやげ物」と断ずる場面があったが、ラストシーンを飾るワカこそ「みやげ物」にほかならないのではないだろうか。いや、この映画そのものが「みやげ物」なのかもしれない[32]。

　ウィティ・イヒマエラの小説『ザ・ロープ・オブ・マン』(*The Rope of Man*, 2005) 第二部「帰還」に、登場人物が母国ニュージーランドへの郷愁をロンドンにいる仲間たちと共有する挿話がある。話題の中心は同国人、ピーター・ジャクソン (Peter Jackson) 監督作品『ロード・オブ・ザ・リング』(*Lord of the Rings*) 第二作『二つの塔』(*Two Towers*, 2002) の一場面。ニュージーランドの名勝、サザンアルプスの景観を活かした感動的なシーンについて、次のように宣言する。「サザンアルプスの頂上に焚き火が灯された場面で泣かなかった奴は許さない。ピーター・ジャクソン最高！」[33]

　いまや『ラストサムライ』の森よりも『ピアノ・レッスン』の海岸よりも国際的に有名なニュージーランドの景観は『ロード・オブ・ザ・リング』の山頂だろう。ただし、それをニュージーランドの名勝、サザンアルプスの景観と認識して感動するのは愛郷心を燃やすニュージーランド人に限られる。外国人は、トールキンの原作『指環物語』の世界が奇跡的に映像化されていることに感動はしても、泣きはしないし、泣かなくても許される。

　ニュージーランド人以外は観光旅行的な興味を持ってニュージーランド映画を鑑賞することもあるだろう。ニュージーランド政府観光局は、そんな外国人を実際の観光に誘うべく "100% PURE NEW ZEALAND" キャンペーンを展開し、旅行業者は映画のロケ地ツアーを仕掛ける[34]。現に21世紀になってから、特にピーター・ジャクソン監督『ロード・オブ・ザ・リング』の大成功により、映画産業を積極的に活用し外貨獲得を図る勢いは盛んだ。ファンガラーにはあの「みやげ物」のワカが寄贈されているし、『ラス

トサムライ』や『ロード・オブ・ザ・リング』は撮影セットを残したまま,ロケ地ツアー観光客を待っているのだ[35]。

　グローバリズムの時代の映画は,植民地主義の時代に絵ハガキが果たした役割を果たしているのかもしれない。絵ハガキの被写体の「文化の特殊性」は適度に脱色され,本国人の異国趣味(エキゾチシズム)を満たす構図が選ばれる。映画の中のニュージーランドはエキゾチックだがアンビヴァレントな森を提供し(『ラストサムライ』),WSCP「白人至上主義的資本主義的家父長制」のステレオタイプが再生産される舞台となり(『ピアノ・レッスン』),政治色を削除した「みやげ物」を生産する(『クジラの島の少女』)。もちろん「絵ハガキ」や「みやげ物」で収益を吸い上げる構造を補強する映画ばかりが製作されているわけではないが,その考察については稿を改めなくてはならない。

1) Leslie A. Fiedler, *The Return of the Vanishing American* (NY: Stein and Day, 1968) は西部劇について考察し,「インディアン」を「消えゆくアメリカ人」と呼んでいる。

　　古典的ハリウッド西部劇の勧善懲悪パターンを PC 的に修正した新しい西部劇として有名なのがケヴィン・コスナー（Kevin Costner）主演の『ダンス・ウィズ・ウルブス』（*Dances with Wolves*, 1990）だが,その設定を明治維新の日本に移すと『ラストサムライ』になる,という指摘は多い。

　　『ダンス・ウィズ・ウルブス』の主人公ジョン・ダンパー中尉の原型は,「アメリカ小説の父祖」J・F・クーパー（James Fenimore Cooper, 1789–1851）の「革脚絆物語(レザーストッキング)」五部作（Leather-Stocking Tales, 1823–41）の主人公。人種的にはアングロ・サクソンだが,心情的にはネイティヴ・アメリカンというアンビヴァレントな設定だった。最近の映画化作品としてはダニエル・デイ・ルイス（Daniel Day Lewis）主演の『ラスト・オブ・モヒカン』（*The Last of the Mohicans*, 1992）がある。

2) ヴィンセント・ウォード（Vincent Ward）はカンヌで最初に認められたニュージーランド人監督でもある。『ラストサムライ』は日米ニュージーランド合同製作。

3) 最初に「ラジアータ・パイン」が原産地カリフォルニアから移植されたのは、ヒマラヤスギやアメリカスギと並んで庭木用としてだったという。Helen M. Leach, "Exotic Natives and Contrived Wild Gardens: The Twentieth-century Home Garden", in Eric Pawson and Tom Brooking, eds., *Environmental Histories of New Zealand* (South Melbourne: Oxford UP, 2002), p. 219.

「ラジアータ・パイン」の植林に関しては、Alfred Cockayne, "The Monterey Pine, The Great Timber-Tree of the Future", *New Zealand Journal of Agriculture*, vol. 8, no. 1, 1914, pp. 1–26. 及び、Michael Roche, "The State as Conservationist, 1920–60: 'Wise Use' of Forests, Lands, and Water", in Eric Pawson and Tom Brooking, pp. 183–199.

4) 琵琶湖に匹敵する面積 (68,000ha) の森と4つの工場と現地本社を所有。www.woodone.co.jp/

5) Nicola Wheen, "A History of New Zealand Environmental Law", in Eric Pawson and Tom Brooking, pp. 261–274.

6) 「化石賞」(Fossil of the Day Awards) は NGO の Climate Action Network が認定する最悪の環境対策国へ贈呈される。

7) S. Tromans, "High Talk and Low Cunning: Putting Environmental Principles into Legal Practice", *Journal of Planning & Environmental Law*, vol. 2, 1995, p. 780.

8) 『ピアノ・レッスン』のストーリー上は南島でなければならない。

9) アウディ・ジャパン提供の CM メイキング・ビデオに拠る。

10) バートル・ボーグル・ヘガーティー @www.bartleboglehegarty.com/

11) 「二枚舌」「ニュージーランドで撮影し、ニュージーランド人が携わった、ニュージーランド映画」Peter Calder, "Playing from the Heart", *New Zealand Herald* (Auckland), 16 September 1993: section 3, p. 1.

「製作資金」「ニュージーランドの物語」Russell Baille, "Jane Campion: Storyteller Supreme", *Sunday Star* (Auckland), 19 September 1993: C1.

12) 「パーケハ映画」Leonie Pihama, "Ebony and Ivory: Constructions of Maori in *The Piano*", in Harriet Margolis, ed., *Jane Campion's The Piano* (Cambridge: Cambridge UP, 2000), p. 116.

「けっこうなホワイトの物語」Cherryl Smith and Leonie Pihama, "A Nice White Story: Reviewing *The Piano*", *Broadsheet* 200 (Summer 1993): 52.

13) "Ebony and ivory live together in perfect harmony / Side by side on my piano keyboard, oh lord, why don't we?" 作詞：スティービー・ワンダー，作曲：ポール・マッカートニー。
14) ジョン・ブロードウッド＆サンズ @www.uk-piano.org/broadwood/
15) Jane Campion, *The Piano* (NY: Hyperion, 1993), p. 55.
16) Leonie Pihama, "Are Films Dangerous: A Maori Women's Perspective on *The Piano*", *Hecate: An Interdisciplinary Journal of Women's Liberation* (Brisbane) 20: 2 (1994): 239.
17) bell hooks, *Outlaw Culture: Resisting Representation* (NY: Routledge, 1994), pp. 119–120.
18) 「J・F・クーパーのアンビヴァレントなヒーロー」については註1を参照。
19) エイダを出迎えるときのスチュアートのヨーロッパ式正装をエイダの再出発をエスコートするベインズが引き継いでいる。エピローグでのベインズの顔面のモコをカメラが捉えることはない。文明化されたターザンはもはや密林の王者ではなく，英国貴族のグレイストーク卿にほかならなかった。
20) Kim Langley, "Dark Talent", *Vogue* (Australia) (April 1993): 140.
21) hooks, pp. 115–123.
　　監督と主人公が女性だからといって，そして一見フェミニスト的な主張をしているように見えるからといって，それだけでこの映画が性差別や女性嫌悪を批判していることにはならない。むしろ擁護・奨励していることを見逃してはならない。
22) グレーとブルーの中間色のような海水の色は，上陸時の荒れ模様の空と海と海岸の色でもあり，鬱蒼とした原生林の色でもある。
23) ヨーロッパ式ボートは進行方向に背を向けた漕ぎ手のオールが推進力になり，カヌー型のワカは進行方向を向いた漕ぎ手のパドルで前進する。各地の先住民にはカヌー型が普及しており，ヨーロッパ系の植民者がオール式のボートで上陸する様を初めて目撃した際には，背中あるいは後頭部に眼があるのではと慄いたという言い伝えが残っている。
24) Margaret Orbell, *Hawaiki: A New Approach to Maori Tradition* (Christchurch: Canterbury UP, 1985).
　　広義のワカには親族の集合体を意味するファナウ(whanau＝拡大家族)，ハプ(hapu＝准一族)，イウィ(iwi＝一族)の更に上位概念の意味がある。
25) 映画化にあたって登場人物の名前や設定に変更が加えられている。
26) ワイタンギ条約(Treaty of Waitangi)は当時のイギリス王室とマーオリの主な

ランガティラたちとのあいだで 1840 年に交わされた。
27) 『ピアノ・レッスン』のワカは約半分の長さで，上陸用のボートも同じく中型のものだった。製作に関しては DVD『クジラの島の少女』特典映像に拠る。
28) ポリスチレンに気泡を含ませて成形したものが発泡スチロールになる。
29) 映画ではドキュメンタリー映像とアニマトリックス模型と CG（＝コンピュータ・グラフィックス）の三種類の映像が組合せられているが，ニキ・カーロ監督はドキュメンタリー映像の「説得力」を高く評価している（DVD 特典映像）。
30) Lorenzo Munoz, "A Girl Shall Lead Them", *Los Angeles Times*, 6 May 2003.
31) クリス・プレンティスは，主人公の父親の新しい妻を原作のマーオリ女性からドイツ女性に変更した狙いを映画の営業戦略であると分析している。パプアニューギニア挿話は映画化に馴染まないだけでなく，パプアニューギニア自体がマーケットにもならないからだ，とも。更に，「普遍性」発言に関してはボードリヤールを援用し，カーロの「ユニバーサル」は実は「グローバル」のことだと指摘している。Chris Prentice, "What Was the Maori Renaissance?", in Mark Williams, ed., *Writing at the Edge of the Universe* (Christchurch: Canterbury UP, 2004), pp. 102–3.
    ボードリヤールに拠れば，「グローバル」は「ユニバーサル」の同義語などではなく，むしろ反対概念であり，「ローカル」との共存を「グローバル」は許容しないという。Jean Baudrillard, "The Global and the Universal", @ www.egs.edu/faculty/baudrillard-the-global-and-the-universal.htmal#top
32) 観（光）客に買ってもらう「みやげ物」にも販売戦略はある。新機軸を打ち出すか，二匹目のドジョウを狙うか。ニキ・カーロ監督は二匹目を狙ったようだ。
    第一にキャスティング。『ピアノ・レッスン』でアカデミー助演女優賞を受賞したアンナ・パキン（Anna Paquin）をスカウトしたのがダイアナ・ローワン（Diana Rowan）。カーロは彼女をキャスティング・ディレクターに迎え，主演にケイシャ・キャッスル＝ヒューズを抜擢した。彼女もアカデミー主演女優賞にノミネートされ戦略は的中する。父親役のクリフ・カーティスは『ピアノ・レッスン』ではピアノを担ぎ，ヒット映画『ワンス・ウォリアーズ』（*Once Were Warriors*, 1994）では主人公の乱暴な父親（Temuera Morrison）の息子を演じていた売れっ子のマーオリ俳優だ。
    第二に音楽。ハリウッドで『グラディエーター』（*Gladiator*, 2000）や『インサイダー』（*The Insider*, 1999）など大作映画の音楽を担当したリサ・ジェラード（Lisa Gerrard）を起用して，『ピアノ・レッスン』のマイケル・ナイマ

ンを追体験するような音楽が作られている。

　原作者もファンガラーの地元の人々も撮影に「全面協力」して完成したそうだが，特にウィティ・イヒマエラは自作が「みやげ物」に変容することに抵抗はなかったのだろうか。自分の作品は政治的であり，多少の誤解があってもマーオリの認知度が上がることを優先するのが自分の立場である，と語ってはいたが（中央大学文学部主催特別講演会 "Maori Literature: Writing Maori into Existence", 2006年6月20日），この映画化は許容範囲なのだろうか。

33) Witi Ihimaera, *The Rope of Man* (Auckland: Reed, 2005), pp. 180–181.
34) 100% PURE NEW ZEALAND@www.newzealand.com/travel/:『ラストサムライ』の森で確認したとおり，ニュージーランド的な景観は決して100% PURE NEW ZEALANDとは限らない。緑の大地で羊がのんびりと草を食む―いかにもニュージーランドの典型的なイメージだが，人口の十倍の四千万頭の羊も広大な緑の大地も，白人植民者たちが「南洋の大英帝国」建設を目指す過程で移入し，切り拓いた人造の景観なのだった。
35) ピーター・ジャクソン監督『キング・コング』（*King Kong*, 2005），アンドルー・アダムソン監督『ナルニア国物語』（Andrew Adamson dir., *The Chronicles of Narnia*, 2006）も撮影をニュージーランドで行っている。アダムソン監督もニュージーランド出身者。ピーター・ジャクソン監督が自らのウェタ（Weta）特撮スタジオを構えた首都ウェリントンは，業界関係者の間ではハリウッド（Hollywood）＋ウェリントン（Wellington）で「ウェリウッド」（Welliwood）と呼ばれ，新世紀の映画の聖地になりつつある。

引用文献

Baille, Russell, "Jane Campion: Storyteller Supreme." *Sunday Star* (Auckland), 19 September 1993.

Baudrillard, Jean, "The Global and the Universal." 14 February 2007, http//www.egs.edu/faculty/baudrillard-the-global-and-the-universal.htmal#top

Calder, Peter, "Playing from the Heart." *New Zealand Herald* (Auckland), 16 September 1993: section 3.

Campion, Jane, *The Piano*, NY: Hyperion, 1993.

Cockayne, Alfred, "The Monterey Pine, The Great Timber-Tree of the Future", *New Zealand Journal of Agriculture*, vol.8, no.1, 1914.

Fiedler, Leslie A, *The Return of the Vanishing American*, NY: Stein and Day,

1968.
hooks, bell, *Outlaw Culture: Resisting Representation*, NY: Routledge, 1994.
Ihimaera, Witi, *Whale Rider*, Auckland: Reed, 1987.
―――, *The Rope of Man*, Auckland: Reed, 2005.
―――, "Maori Literature: Writing Maori into Existence", the lecture at Chuo University, 20 June 2006.
Langley, Kim, "Dark Talent." *Vogue* (Australia), April 1993.
Leach, Helen M, "Exotic Natives and Contrived Wild Gardens: The Twentieth-century Home Garden", Eric Pawson and Tom Brooking, eds., *Environmental Histories of New Zealand*, South Melbourne: Oxford UP, 2002.
Margolis, Harriet ed., *Jane Campion's The Piano*, Cambridge: Cambridge UP, 2000.
Munoz, Lorenzo, "A Girl Shall Lead Them", *Los Angeles Times*, 6 May 2003.
Orbell, Margaret, *Hawaiki: A New Approach to Maori Tradition*, Christchurch: Canterbury UP, 1985.
Pawson, Eric and Tom Brooking, eds., *Environmental Histories of New Zealand*, South Melbourne: Oxford UP, 2002.
Pihama, Leonie, "Are Films Dangerous: A Maori Women's Perspective on *The Piano*", *Hecate: An Interdisciplinary Journal of Women's Liberation* (Brisbane) 20:2, (1994).
―――, "Ebony and Ivory: Constructions of Maori in *The Piano*", Harriet Margolis, ed., *Jane Campion's The Piano*, Cambridge: Cambridge UP, 2000.
Prentice, Chris, "What Was the Maori Renaissance?", Mark Williams, ed., *Writing at the Edge of the Universe,* Christchurch: Canterbury UP, 2004.
Roche, Michael, "The State as Conservationist, 1920-60: 'Wise Use' of Forests, Lands, and Water", Eric Pawson and Tom Brooking.
Wheen, Nicola, "A History of New Zealand Environmental Law", Eric Pawson and Tom Brooking, op. cit.
Smith, Cherryl and Leonie Pihama, "A Nice White Story: Reviewing *The Piano*", *Broadsheet* 200, Summer 1993.
Tromans, Stephen, "High Talk and Low Cunning: Putting Environmental Principles into Legal Practice", *Journal of Planning & Environmental Law*,

vol.2, 1995.

［映画］

Adamson, Andrew, dir., *The Chronicles of Narnia*, Walt Disney Pictures, 2006: DVD.
Campion, Jane, dir., *The Piano*, Jan Chapman Productions & CIBY 2000, 1993: DVD.
Caro, Niki, dir., *Whale Rider*, South Pacific Pictures, 2002: DVD.
Costner, Kevin, dir., *Dances with Wolves*, Orion Pictures, 1990: DVD.
Jackson, Peter, dir., *Two Towers*, New Line Cinema, 2002: DVD.
──, dir., *King Kong*, Universal Pictures, 2005: DVD.
Mann, Michael, dir., *The Last of the Mohicans*, 20th Century Fox, 1992: DVD.
Tamahori, Lee, dir., *Once Were Warriors, Fine Line Features*, 1994: VHS.
Zwick, Edward, dir., *The Last Samurai*, Warner Brothers, 2003: DVD.

［その他］

ウッドワン．26 September 2006. http//www.woodone.co.jp/
ジョン・ブロードウッド＆サンズ．8 May 2006. http//www.uk-piano.org/broadwood/
バートル・ボーグル・ヘガーティー．10 October 2006. http//www.bartleboglehegarty.com/
100%PURE NEW ZEALAND. 27 April 2006. http//www.newzealand.com/travel/

エピローグ──比較史と文化の翻訳

松　本　悠　子

　本プロジェクトは，「はじめに」で書かれているように，大きな目標を掲げた魅力的なプロジェクトであるが，その核心であるクレオールの「脱中心化された複数性の思考」を追求すればするほど，共同研究として企画を立てることの難しさを感じさせられたプロジェクトでもあった。一年目の企画では，英米文学文化専攻の藤平育子研究員や中尾秀博研究員のご助力でいくつかの研究会を行うことができたが，集中的にひとつの課題に興味を持って研究者が集まったわけではないため，研究会を重ねても，共同研究としての成果が目に見える形でなかなか生まれなかったことも事実である。

　しかしながら，私個人にとっては，学問領域も研究対象も異なるひとびとが自由に議論を交わすことによって何かがうまれてくるという形の共同研究は，特に次の二点で魅力的であった。第一に，本プロジェクトの参加者には，文学，思想，政治学などの専門家が多く，草の根レベルに視座をおいてアメリカの社会の歴史を見て来た私にとって，個人として言葉を公的に表現する機会を持たない人々の歴史が，思想や文学などの言説とどのように交錯するのかをあらためて考える契機となった。

　第二に，対象地域が異なる研究者との対話をおこなうことによって，文化や歴史を比較するということはどういうことなのかを自らに問い直すことになった。本プロジェクトは，「はじめに」でも解説されているように「ポストナショナルな比較文化論」を目標とし，「文化の横断」，「文化の混淆」あるいは「クレオール化」を基本理念として始められた。しかし，よく考えて

みると，そもそも，純粋な文化は世界のほとんどの地域に存在していないであろう。どの地域のひとびとも多様な人と文化の移動や交流の結果として今日までの歴史を作って来たのであるから文化の混淆は当然のことであり，私自身，それをなぜ強調しなければならないのだろうかと，はじめは戸惑いを感じた。しかし，私も含めて多くの研究者の研究領域を見ても分かるように，フランス，アメリカといった従来の国民国家を基盤とした文化，あるいは西洋文明，イスラーム文明といった単位は，あたかも本質的なまとまりと境界を持つものとしてとらえられることが多い。それぞれの単位は，近代化の過程で自他の「比較」によって「他者」を作り出しながら構築された歴史を持つにもかかわらず，本質的な人間社会の分類であるかのように見えるのである。したがって，国民国家および地域の閉鎖性，あるいは地域や国家間の力関係を相対化するためには，このような単位や分類をいったん解体して，文化の「開放性」や「混淆」あるいは「横断性」を指摘し直さなければならないことを，私も本プロジェクトをとおして再認識できた。

　ところが，従来の文化概念の見直しあるいは解体をめざすために，何か新しいアプローチの仕方が用意されているわけでは必ずしもなかった。単に「トランスナショナル」な現象を探すだけでは十分ではない。アメリカ合衆国においても，歴史研究者は「アメリカ例外主義」を排して「トランスナショナル」な歴史に注目する傾向にあり，たとえば，アトランティック・ヒストリーの再評価がおこなわれている。しかしながら，見方によっては，アトランティック・ヒストリーは大西洋文明という新たな分類をつくることになり，文明や文化の閉鎖性を見直すことに必ずしもならないのである。また，狭義の意味のクレオール研究は非常に興味深いが，どのように他の地域や時代の研究に適用できるかは未知数のところがある。たとえば，生物学的にも文化のレベルでも，アメリカ合衆国はもっとも「混淆」を体験している地域のひとつだが，よく言われるようにカリブ海やラテンアメリカとアメリ

カ合衆国の歴史とでは，「混淆」あるいはハイブリディティの社会や文化における位置づけが相当異なる。同じ言葉でも意味や価値観が異なるとき，分析用語として導入するためには細心の注意が必要になるのである。

　結局，本プロジェクトにおいても，具体的には，各研究者が帰属している研究対象地域と学問領域を足がかりとして，文化や思想の分析，文化変容の歴史，あるいはこれまでの比較史ないしは比較文化の方法論を経由して，「ポストナショナルな比較文化論」を目指すこととなった。ただし，フランスと日本の文化の共通点，異なる点といった比較は，閉鎖的な文化の単位を再生産することになり，あまり意味を持たない。では，比較の基礎となる文化や歴史が本質的でも閉鎖的でもないことを前提としながらも，従来の文化の分類を比較の単位とすることはどのような意味を持つのであろうか。私自身まだ答えは見つかっていないが，本プロジェクトで，多くのフランス研究に接して，ともに普遍的理念を国是とし，移民の国であり，人種問題を抱えるという共通点が見られるアメリカとフランスの歴史や文化において，共通すると思われる理念や言葉が，実は驚くほど異なる意味で用いられてきたことをあらためて認識した。そのため，日本語にすれば同じ言葉を使いながら，分析の方法や視点もずれてくるのである。

　それは，単に翻訳の問題ではない。国家，ナショナリズム，自由，民主主義などの一見「普遍的」に思われる概念が，トクヴィルも指摘しているように，大西洋の両岸を行き来する中で相互に異なっていく過程もある。本書の第1章，第2章では大西洋両岸のみではなく，日本も含めて比較を試みた。また，本書第3章，第4章が明らかにしているように，それぞれの国家が抱える植民地問題，奴隷制，民族問題などの歴史が異なることによって，人種主義や多文化主義などの言葉が異なる意味を持つこともある。あらためて，比較史とは，それぞれの対象地域の研究成果と対話しながら，それぞれの国家の歴史のなかで対応する概念や言説の意味がどのようにずれていった

かを丹念にたどることから始める必要があると感じた。とりわけ，日本という視点からたとえばフランスとアメリカといった他の地域間を比較することは，不利な点も多いが，独自の視点から分析できる可能性がある。そうすることによって，それぞれの国家の歴史の閉鎖性を解放するとともに，他の地域でも使われている理念や言説の「普遍性」を問い直すことになるのではないだろうか。

私個人の体験だけではなく，研究対象地域の異なる研究者や日本以外の地域出身の研究者との対話をとおして比較の意味を探ることが，本プロジェクトの成果の一つであったと考えられる。そのような視点から本書を読むと，テーマは多様でも，各論文には視点の置き方に共通性が見られるのである。ただし，本プロジェクトではいわゆる西洋が中心となってしまったため，比較の可能性を十全に論じられたわけではない。今後，より大きな規模で，「ポストナショナルな比較文化論」の可能性を探ることが必要であろう。

なお，本プロジェクトでは，外国から多くの研究者をお招きし，本書に寄稿していただいた。それぞれの原稿を翻訳していただいた宮崎海子氏，小野潮氏，尾崎文太氏，佐々木優氏，小幡谷友二氏にお礼を申し上げたい。最後になるが，なかなか形にならなかった共同研究を忍耐強く支えてくださった人文科学研究所の佐藤久美子氏，本書の刊行を可能にしてくださった中央大学出版部の平山勝基氏には，心から感謝の意を表したい。

付録1　研究活動記録

■プレ企画(1)　公開研究会　　2003年12月11日(木)
　　タイトル：自然と文化，文明と野蛮
　　報告者：永見文雄研究員
　　テーマ：ルソーと自然
　　報告者：三浦信孝研究員
　　テーマ：クレオール的リンケージのすすめ

■プレ企画(2)　公開研究会　　2004年1月22日(木)
　　タイトル：大西洋間のギャップは埋まるか？──米仏対話の可能性
　　報告者：松本礼二氏(早稲田大学教授)
　　テーマ：フランス知識人のアメリカ批判
　　報告者：川原彰研究員
　　テーマ：アーレントの米仏革命比較論

■プレ企画(3)　公開研究会　　2004年3月15日(月)
　　テーマ：歴史的クレオール化について：奴隷制，その記憶と忘却
　　講　師：ミリアム・コチアス氏(仏国立科学研究センター研究員)

■第1回　公開講演会　　2004年5月26日(水)
　　テーマ：Internment, 9.11, Paradox of American Racism
　　講　師：ロン・クラシゲ氏(南カリフォルニア大学教授)

■第2回　公開講演会　　2004年6月16日(水)
　　テーマ： Creole Louisiana: The Lost Social Geography of Multicultural U.S. Identity
　　講　師： サディアス・デイヴィス氏(米ヴァンダービルト大学教授)

■第3回　公開セミナー　　2004年9月29日(水)
　　タイトル： フランツ・ファノンの遺産
　　講　師： リチャード・フィルコックス氏(翻訳家)
　　テーマ： ファノンの英訳を終えて
　　講　師： 本橋哲也氏(東京都立大学助教授)
　　テーマ： 英米圏におけるファノンの受容

■第4回　公開研究会　　2004年10月7日(木)
　　講　師： 中村和恵氏(明治大学法学部助教授)
　　テーマ： トウキョウのアボリジニ──クロス・カルチュラルな辺境における先住民の消失/発見

■第5回　シンポジウム(「歴史と人間」研究会共催)　　2004年11月6日(土)
　　タイトル： 帝国文化のかたち──均質化か混淆化か
　　　挨拶・問題提起　松本悠子研究員
　　　報告1　永原陽子氏(東京外国語大学助教授)
　　　　　　『人種戦争』と『人種の純粋性』をめぐる攻防──20世紀初頭のナミビア
　　　報告2　中野聡氏(一橋大学教授)
　　　　　　南部から南へ──アメリカ黒人社会学者のアジア体験
　　　報告3　井野瀬久美惠氏(甲南大学教授)

　　　　イギリスは何を見せられてきたのか——インフォーマン
　　　　ト再考
　　コメント1　後藤春美氏(千葉大学助教授)
　　コメント2　妹尾達彦研究員
　　総合討論
　　司会進行　森村敏己氏(一橋大学教授)
　　企　　画　見市雅俊研究員

■第6回　公開シンポジウム　2005年2月5日(土)
　　タイトル：9.11以降のグローバリゼーションとジェンダー
　　　　　　——「アメリカ」をめぐるマネーとメタファー
　　講　　師：大沢真理氏(東京大学社会科学研究所教授)
　　テーマ：9.11後のグローバル・フェミニズムの政治地勢
　　講　　師：三浦玲一氏(一橋大学助教授)
　　テーマ：アイデンティティの政治学とポスト歴史主義
　　報告者：高尾直知研究員
　　テーマ：『アメリカ』の戦争言説と文学表象
　　講　　師：竹村和子氏(お茶の水女子大学教授)
　　テーマ：ナルシシズムの変容と性的差異——アブグレイブの写真
　　企　　画　藤平育子研究員

■第7回　公開研究会　2005年6月13日(月)
　　講　　師：アニェス・アントワーヌ氏(フランス社会科学高等研究院教授)
　　テーマ：トクヴィルの政治哲学——『アメリカの民主政治』を中心に

報告者：植野妙実子研究員
　　テーマ：フランス公法における普遍主義と差異主義
　　報告者：新原道信研究員
　　テーマ：境界領域で生成する社会文化的な島々

■第19回　公開研究会　　2007年2月18日（日）
　　講　　師：バンジャマン・ストラ氏(仏国立東洋言語文化研究院教授)
　　テーマ：アルジェリアのユダヤ人，三つの追放の歴史
　　　　　　トクヴィルとアルジェリア

付録2　シンポジウム・プログラム

グローバル化とクレオール化
——文化接触・文化変容・文化混淆——

日　時：2006年12月8日(金) 15:00〜18:30
　　　　2006年12月9日(土) 11:00〜18:00
場　所：中央大学多摩キャンパス　1号館4階1406号室

12月8日(金)
15:00　　開会
　　主催者挨拶　　永井　和之(学長)
　　開会の辞　　　阪口　修平(人文科学研究所所長)

15:10〜18:30　オープニング・セッション「グローバル化と日本」
　　招待講演　　ピエール・スイリ　氏(ジュネーヴ大学教授)
　　　　　　　　「過去と未来の間——1868年前後の歴史表象」
　　　　　　　　西川　長夫　氏(立命館大学教授)
　　　　　　　　「欧化と日本回帰・再論——〈戦争〉と〈戦後〉を改めて考える」
　　司会通訳　　三浦　信孝(文学部教授)
　　討論者　　　モジュタバ・サドリア(総合政策学部教授)

12月9日(土)
11:00〜13:00　第2セッション「ヨーロッパとアメリカの史的形成」

小野　　潮（文学部教授）「ナポレオンのヨーロッパ，スタール夫人の
　　　　　　　　　　　　　　　　ヨーロッパ」
　　　松本　悠子（文学部教授）「海を渡った自由の女神──アメリカの理
　　　　　　　　　　　　　　　　念とヨーロッパ」
　　　川原　　彰（法学部教授）「アレントによるアメリカ革命とフランス
　　　　　　　　　　　　　　　　革命」

14:30〜16:30　第3セッション「人種・離散・アイデンティティ」
　　　三浦　信孝（文学部教授）「トクヴィルにおける人種問題と植民地問
　　　　　　　　　　　　　　　　題」
　　　川﨑　嘉元（文学部教授）「離散スロヴァキア人のエスニック・アイ
　　　　　　　　　　　　　　　　デンティティ」
　　　森茂　岳雄（文学部教授）「博物館展示にみる日系アメリカ人表象の
　　　　　　　　　　　　　　　　多文化ポリティクス」

16:30〜16:45　コーヒー・ブレイク

16:45〜17:30　第4セッション「メタファーとしてのクレオール」
　　　中尾　秀博（文学部教授）「ローカルとグローバルの狭間で──
　　　　　　　　　　　　　　　　ニュージーランド映画の現在」

17:30〜18:00　総括討論・閉会
　　　司会　　　三浦　信孝（文学部教授）
　　　　　　　　松本　悠子（文学部教授）
　　　閉会の辞　日髙　克平（企業研究所所長）

[シンポジウム趣旨]

　1989年11月のベルリンの壁崩壊後、共産圏が解体し資本主義と自由民主主義が勝利したと思われたのも束の間、世界各地で民族や宗教の違いによる紛争が多発し、経済的にはグローバル化したはずの世界を「文明の衝突」論が支配した。「戦争と革命の20世紀」が終わり平和と共生への期待がふくらんだが、その期待も2001年の「9・11」とそれに続く「テロとの戦争」で無残に破られ、世界は混迷を極めている。
　しかし世界の「グローバル化」は冷戦後始まった現象ではない。われわれはその起点を、1492年のコロンブスによるアメリカ「発見」に続くヨーロッパの世界拡大に置く。アフリカからアメリカに黒人奴隷を輸送した船が植民地の産品をヨーロッパに持ち帰る「三角貿易」ほど、世界経済のグローバル化をよく表わす形象はない。「近代世界システム」（ウォーラーステイン）として始まった資本主義はヨーロッパを世界の中心に押し上げ、同時に植民地化された世界の周辺部にさまざまな「文化接触」をもたらした。文明力に明らかな差があるとき、文化接触は支配や同化による「文化変容」を引き起こす。しかし、植民地人が支配者の言語や文化を盗み加工して独自の混成言語・混成文化をつくることがあり、かかる「文化混淆」のプロセスをわれわれは「クレオール化」と呼ぶ。「クレオール」は熱帯や混血を連想させる言葉だが、もとはといえば植民地生まれのヨーロッパ白人を指す言葉だった。その意味では、アメリカ合衆国もクレオール国家として出発している（B・アンダーソン）。独立後アメリカは、先住民や奴隷の子孫に加え世界中から流入する移民によって一大多民族国家と化し、ここ数十年来「多文化主義」が新しい統合原理として議論を呼んでいる。
　では、黒船来航で鎖国を破られ、「文明開化」「脱亜入欧」をモットーに帝国化による近代化をはかった日本はどうだろう。明治維新以後、「欧化と日

本回帰」（西川長夫）のサイクルを繰り返した日本は今、「黒船」と「敗戦」に続く第三のグローバル化の波に洗われている。かつて加藤周一は、近代日本に起こった文化接触と文化変容を、単なる西洋化でも単なる国粋化でもない基底部からの雑種化として捉えたが、「雑種文化論」は今なお有効だろうか。また、近代文明の中心を自任してきたヨーロッパも、ユダヤ・キリスト教の一枚岩として括るにはあまりに多様であり、域外を含むさまざまな民族や文化の移動と接触によって形成されたと考えるべきではなかろうか。共産圏の脅威から解放されたヨーロッパは今イスラムとの対話が重要課題になっているが、その内部矛盾と多様性を、統合への障害から統合のバネに転化できるだろうか。

　本シンポジウムは、世界のグローバル化によって引き起こされたさまざまな文化接触を、クレオール化をひとつの範列として比較分析し、「共生のための文化の詩学」にいささかでも貢献しようとするものである。

（三浦信孝）

Mondialisation et traversée des cultures
Globalization and Crossing Cultures

21st Chuo Academic Symposium

Contents/Sommaire

Préface par MIURA Nobutaka, Créolisation et traversée des cultures21

I - Mondialisation et « histoire nationale » en procès

Michel WIEVIORKA, Mémoire, Histoire, Nation

Pierre SOUYRI, « Histoire du Japon » à l'époque Meiji: représentations et enjeux

NISHIKAWA Nagao, Occidentalisation et revirements nationalistes: repenser la « guerre » et « l'après-guerre »

MIURA Nobutaka, Sur l'usage juste du mot *kamikaze*. Le culte de la mort dans le Japon impérial

II - Formation historique de l'Europe et de l'Amérique

NAGAMI Fumio, Rousseau et le colonialisme: critique, ignorance ou indifférence?

ONO Ushio, L'Europe de Napoléon, l'Europe de Madame de Staël

MATSUMOTO Yuko, The Journey of the Statue of Liberty: Liberty in "Sister Republics"

KAWAHARA Akira, Transatlantic Argument about Republicanism: The Arendtian Revolution in a Comparative Perspective

III - Esclavage, colonialisme et après...

Françoise VERGES, *Nègre, je suis, nègre je resterai*. Aimé Césaire et Frantz Fanon: Deux approches de « l'expérience vécue du Noir »

Pap NDIAYE, Questions de couleur: Histoire, idéologie et pratiques du colorisme

Benjamin STORA, Les trois exils des Juifs d'Algérie

Michaël FERRIER, Kateb Yacine: Une « scène primitive » de la rencontre des cultures

IV - Diaspora, Identities, Cultural Representations

KAWASAKI Yoshimoto, Ethnic Identity in the Slovak Diaspora

MORIMO Takeo, Multicultural Politics in Museum Exhibitions of Japanese Americans: Concentration Camps, Mixed Plate and Hapa

NAKAO Hidehiro, Souvenirs and Picture Postcards: Promoting New Zealand Films

Afterwords by MATSUMOTO Yuko, Comparative History and Translation of Cultures

Published by Chuo University, Tokyo, March 2008